中国信息服务产业发展报告

（2011—2012）

本书编委会　编

人民邮电出版社
POSTS & TELECOM PRESS

图书在版编目（CIP）数据

中国信息服务产业发展报告. 2011～2012 / 《中国信息服务产业发展报告》编委会编. -- 北京 : 人民邮电出版社, 2012.2
ISBN 978-7-115-27293-5

Ⅰ. ①中… Ⅱ. ①中… Ⅲ. ①信息服务业－产业发展－研究报告－中国－2011～2012 Ⅳ. ①F719

中国版本图书馆CIP数据核字(2011)第269241号

中国信息服务产业发展报告（2011—2012）

◆ 编　　　本书编委会
责任编辑　李　强
◆ 人民邮电出版社出版发行　　北京市崇文区夕照寺街 14 号
邮编　100061　　电子邮件　315@ptpress.com.cn
网址　http://www.ptpress.com.cn
北京艺辉印刷有限公司印刷
◆ 开本：787×1092　1/16
印张：21.5　　2012 年 2 月第 1 版
字数：459 千字　　2012 年 2 月北京第 1 次印刷
ISBN 978-7-115-27293-5

定价：200.00 元

读者服务热线：(010)67129264　印装质量热线：(010)67129223
反盗版热线：(010)67171154

本书编委会

编写组组长：王　宁

副　组　长：张永泽　刘　宇　谢智勇　杨学成

编写组成员（按姓氏笔画）：

王　宁　王晓玲　兰　冰　孙　明　陈　鑫　张　驰
张夏露　李瑾粱　胡小阳　郭奋奇　蒋柳艳　隋　越
熊　慧　梁柳云

前言

本书定位于运用经济学理论对中国信息服务业的发展进行全面的分析和系统的梳理。首先，本书试图全景式地概括 2011 年中国信息服务业的发展轨迹，其中既有收入、产值、增长速度等经济指标的描述，也有云计算、物联网等产业发展热点的分析，还有产业发展重大事件的记载。其次，本书尝试运用产业经济学、区域经济学相关理论对于信息服务业发展的结构、布局、环境、政策等进行理论分析，以期更为深刻地揭示和把握信息服务产业发展的内在规律性和特点。在上述基础上，本书运用计量经济学模型、相关分析、因子分析、指数平滑方法、季节因子分析、灰色预测分析等多种分析方法，对于中国信息服务业 2012 年以及未来发展趋势作了预测和判断。最后，本书还试图构建一些分析指标和指数，对于信息服务产业的增长趋势、区域发展格局、企业经营绩效进行分析、评价。

全书共分为四篇。第一篇——概览篇主要概述了信息服务业总体发展的历程、现状以及 2012 年的发展趋势，旨在总述和统揽全书，其中，对于信息服务业信心指数进行了分析。第二篇——热点篇集中对近年来信息服务业发展热点进行专题分析和预测，其中包括云计算、物联网、移动互联网、三网融合和电子商务。第三篇——分析篇进一步对信息服务业的细分行业结构和区域结构进行了分析，并对信息服务业区域发展态势进行了比较分析和评价。第四篇——行业篇，主要是对信息服务业各细分行业 2011 年发展状况进行分析，其中对于部分企业发展做了评价。在此基础上，对这些行业 2012 年的走向和发展趋势进行了预测。

序

当今社会，信息革命方兴未艾。在席卷全球的信息浪潮催涌下，技术发明和技术进步日新月异，不但诞生了互联网产业，还创新了信息生产、信息存储、信息利用和信息服务的方式。特别是，信息化导致了信息服务业的诞生，包括网络游戏、数字出版、数字影视、数字音乐、云存储、搜索引擎、社交网络、电子商务、电子政务等，这些产业已经发展成为全新的、更具活力的信息服务业态，使得信息服务业成为国家和地区转变经济增长方式、实现跨越式增长的强劲引擎。

虽然信息服务产业发展迅猛，但这些新兴业态本身仍在不断地形成与发展过程中，所有新兴业态均是即将到来的伟大时代变革的前奏。美国总统信息技术委员会提供的报告指出，计算科学的潜力只有较少的一部分正在得到利用。可以预见，若干年后，当我们回顾人类社会的变化时，一定会感叹信息革命对整个人类社会的改变之巨！

面对这一历史性的发展机遇，作为政府，应该转变传统发展观念，加快国家信息化的进程，以此推动和催生信息时代的新兴产业，从而转变经济增长方式。与此同时，大力发展信息化的新兴产业部门，把信息革命导致的经济社会转型作为创新发展的模式。

作为实践人士，应该充分意识到信息服务业所能带来的巨大发展潜力，包括信息技术（如芯片、计算机、手机、通信设备、数字电视、软件等）、信息内容（如数字文化、数字出版、数字音乐、数字娱乐、远程教育等）、信息应用（如电子商务、电子政务、金融、物流、教育、医疗、社区、搜索等）和信息基础设施（如电信网络、广播电视网络、互联网络等）。

作为专家学者，应该站在国家和产业的高度上，深入细致地围绕信息服务业展开调研，及时梳理业界智慧，形成信息服务领域的深厚知识积淀。为整个产业的良性发展出谋划策，研判各种可能的发展路线图。

《中国信息服务产业发展报告（2011—2012）》一书正是一群关注信息革命、关心信息产业发展并愿意为之贡献绵薄之力的专家学者们，经细致调研、深入研判和多方求证而成的力作。本书对中国信息服务业在2011年的发展情况进行了详尽的调研和梳理，及时总结凝练了产业智慧。以此为基础，对2012年的发展前景进行了展望和预测，为政府、从业者和研究人员提供了翔实的产业全貌。

衷心希望《中国信息服务产业发展报告（2011—2012）》能够一直延续下去，成为中国信息服务业大发展、大跃迁、大变革的忠实见证者和虔诚记录者！

王亚杰

2012 年 1 月

目　录

第一篇　概 览 篇

第二篇　热 点 篇

第一篇 概 览 篇

第1章　2011年产业发展概况

1.1　研究范围

信息服务业是随着人类经济活动的发展以及信息产业影响的深化而逐步形成的新的产业形态。但是，信息产业的统计和分析的分类标准已经无法跟上产业迅速发展的需要，特别是20世纪90年代中期以来，服务概念的兴起，使得信息服务业的划分显得更加迫切。由于信息服务产业涵盖范围广，研究视角多，发展变化快等原因，相关产业的统计和分析的分类标准一直是个难题，分类标准的制定也一直没有形成统一的国际标准。目前，《北美产业分类体系(NAICS)》(1997年)、联合国《全部经济活动的国际标准产业分类》第3.1版、经济合作与发展组织（OECD）"信息和通信技术标准"（ICT）等影响较广。

在我国，2002版的《国民经济行业分类》发布以后，国家统计局于2003年12月在以上基础上发布了《统计上划分信息相关产业暂行规定》。《暂行规定》选取"中口径"，将信息产业分为五个部分——电子信息设备制造、电子信息设备销售和租赁、电子信息传输服务、计算机服务和软件业、其他信息相关服务。而后三者就是我们一般意义上所说的信息服务业。从行业小类分布来看，信息服务业包括电信相关服务、互联网信息服务、广播电视传输服务、卫星传输服务、计算机相关服务、软件相关服务、广播/电视/电影和音像相关服务、新闻出版相关服务、图书馆与档案馆相关服务等。为了兼顾统计信息的获取性和相关研究的针对性，本书主要从以下三个口径界定信息服务业的范围。

1．国民经济行业分类的口径

这是一般意义上的"中口径"界定。由于研究的侧重点不同，实践中给出的信息服务业相关产业在研究范围上则是宽窄有别。通过考察国内外不同研究者和管理实践中形成的对信息服务业的不同理解，我们发现，即使已经有国家或国际组织给出比较综合的定义，信息服务业在范围定义以及可操作性上仍然有进一步讨论的空间。

根据依托载体和技术手段的不同，信息服务业可以分为传统信息服务业和现代信息服务业两大类。现代信息服务业是指充分利用计算机、通信和互联网等现代信息技术手段对信息进行生产、传输、存储、处理和利用，为社会提供信息产品和服务的特定行业的集合体。从具体内容上看，信息服务业可以划分为信息传输服务业、信息技术服务业和信息内容服务业

（见表 1-1）。这个口径与国家统计局电子信息传输服务、计算机服务和软件业、其他信息相关服务方面的内容比较接近，在本书总量分析中较多采用。

表 1-1　　信息服务业与国民经济行业分类与代码对应关系

大　类	小　类	国民经济行业分类与代码
信息传输服务业	电信	6011，6012，6019
	互联网	6020
	广播电视	6031，6032
	卫星	6040
信息技术服务业	软件产品	6211，6212，6290
	维护服务	6120，6130
	信息咨询与集成服务	6110
	营运服务	6190
信息内容服务业	数字内容服务	8910，8920，8931，8940
	传统内容服务	88，90，91，92

2. 结合行业主管部门的调整口径

考虑到统计局信息发布的频率以及相关数据的获取难度，我们在以上国民经济行业分类与代码基础上参考工业和信息化部的相关统计口径，把信息服务业的研究范围在某些方面做一些调整。

本书在细分行业的研究过程中采用小口径信息服务业的概念，结合信息服务业相关主要活动和过程，将《国民经济行业分类》中属于信息服务业的行业纳入本分类范围，并对行业小类进行了重新组合（见图 1-1）。这个口径主要忽略了卫星传输服务和传统内容产业的内容，前者占信息传输服务的比例已经很小，并且相关统计数据发布的频次降低，后者的发展已经比较成熟，不是本书的研究重点。

3. 考虑新兴信息服务业发展的口径

在与国家统计局发布的《统计上划分信息相关产业暂行规定》相衔接，参考了联合国相关分类标准和国内其他地区提出的信息服务业统计办法，结合统计工作调查实际，注重统计数据的可获得性，有利于信息服务业统计数据的收集、开发和监测的基础上，本报告为了增强研究的针对性，在细分行业分析中主要采用以下结构框架（见图 1-2）。

在信息的使用中，电子商务是一个重要组成部分。但是，电子商务涉及的范围很广，综合性也很强，目前国内电子商务统计工作和指数体系建设相对滞后，大多从电子商务交易规模进行统计。本书主要研究信息服务业的发展，所以不能从交易规模的角度入手，而是更加注重电子商务中涉及信息服务的内容。

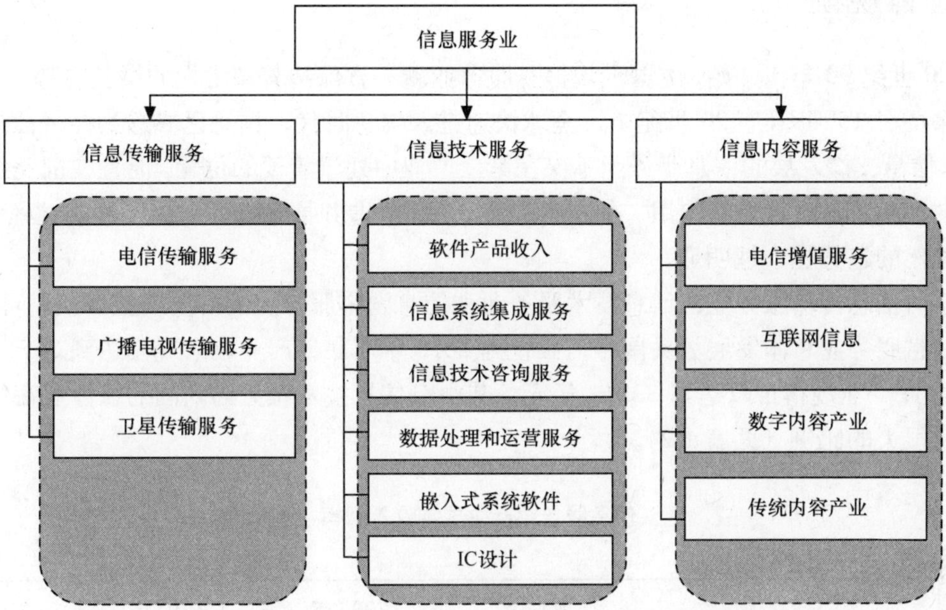

图 1-1 信息服务业的细分内容

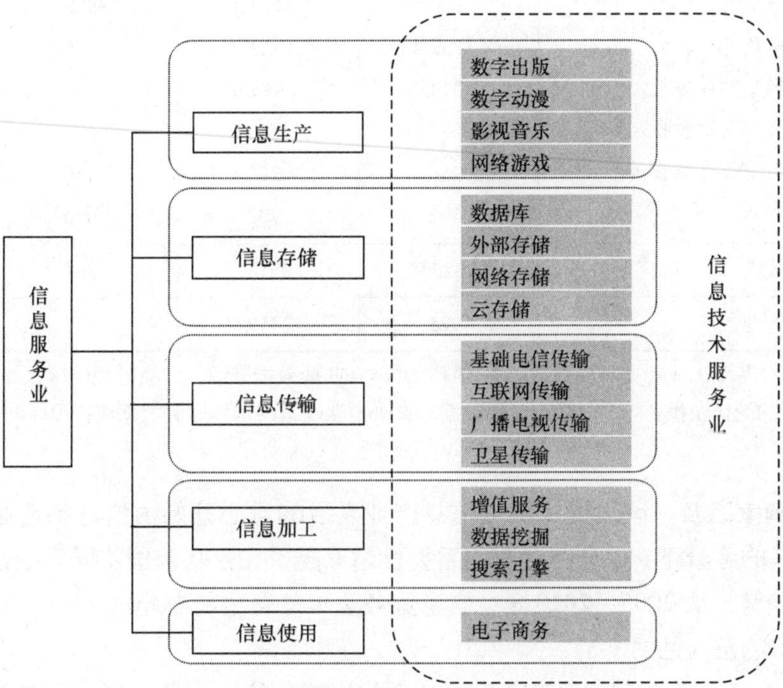

图 1-2 信息服务业产业链

1.2 总体规模

从 20 世纪 90 年代开始，中国现代信息服务业就一直保持着超常规的增长态势，年平均增长速度保持在 15%以上。20 世纪末，全球快速进入信息时代，信息已渗透到经济社会的各个领域。以信息支撑发展的信息服务业不仅在第三产业中处于重要的位置，而且在国民经济和社会发展中也起着举足轻重的作用。在人类认识世界、改造并推动世界向前发展的过程中，信息产业服务化的趋势越来越明显。

经过对信息传输服务业、信息技术服务业和信息内容服务业的必要调整，我们可以看到，我国的信息服务业总体发展势头良好，截止到 2010 年年底，产业收入规模达到 26717 亿元，2011 年年底产业规模可以达到 32861 亿元，其中以信息技术服务为内涵的软件业在信息服务业中占到很大的比例（见表 1-2）。

表 1-2　信息服务业产业总体收入规模

单位：亿元

	2008 年	2009 年	2010 年	2011 年
信息服务业	18589.8	21363.3	26717	32861
电信业务收入	8139.9	8424.3	8988	9886
其中：增值电信业务收入	1769.2	1923.0	2175	2570
数据通信网业务收入	798.4	994.0	—	—
广播电视传输服务（含财政收入）	1584	1853	2238	2708
其中：有线电视收视费收入	250	285	506	612
广告收入	702	782	970	1212
软件业务收入	7572.9	9513	13364	17640
数字内容产业	1925	2359	2889	3511

注：表中的数据主要基于工业和信息化部的相关统计，并结合其他数据来源。广播电视传输服务数据主要参考国家广播电影电视总局的统计快报；数字内容产业的数据来自于本课题组的市场监测数据库；2011 年的数据来自于本课题组的预测模型

很多发达国家以及一些发展中国家信息产业发展的重心开始由信息制造业转向信息服务业。正是在这样的背景下，信息服务业的重要性越来越突出。从我国实际发展情况来看，基本上体现了上述趋势。从 2005—2010 年，信息服务业年复合增长率超过 15%，2010 年全部增加值达到 13091.8 亿元（见图 1-3）。

2007 年以来，由于受到信息产业发展放缓的影响，信息服务业增长率略有下滑。但是从总体发展态势来看，中国信息服务业收入规模仍在快速增长，2011 年，信息服务业占 GDP 的比例为 2.8%，较前几年有所下降（见图 1-4）。

注：信息传输服务业、信息技术服务业的增加值根据统计局相关统计数据整理计算；信息内容产业的增加值只包括数字内容产业部分，来自于课题组的预测模型

图 1-3 信息服务业增加值发展趋势

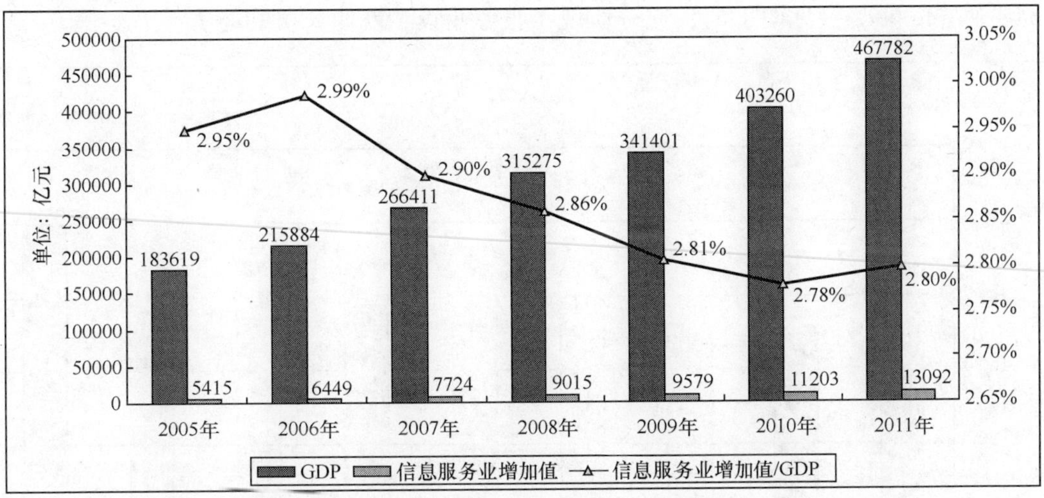

图 1-4 信息服务业增加值占 GDP 的比重

在信息服务业的固定资产投资中，信息传输和信息技术服务业占到较大的比例。截止到 2010 年年底，信息传输和信息技术服务业固定资产投资达到 2454.5 亿元，相对于 2009 年的 2589 亿元下降了 5.2%（见图 1-5）。因为信息传输服务（尤其是电信传输服务）的投资在信息服务业的固定资产投资中占很大的比例，经过前几年 3G 的大规模投资，信息服务业固定资产投资目前进入一个相对的低潮期。

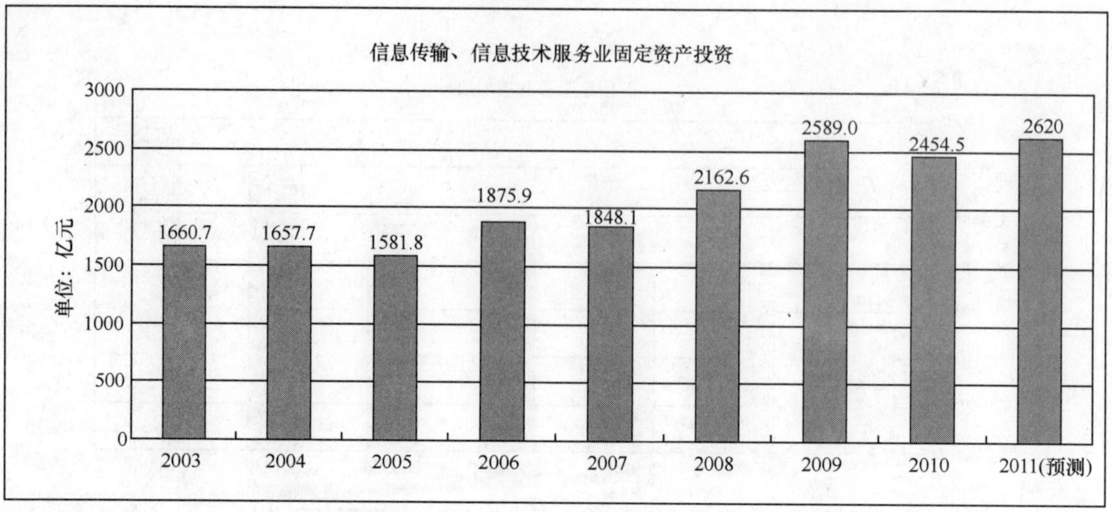

数据来源：根据国家统计局2011年统计年鉴相关数据整理

图 1-5　信息传输、信息技术服务业固定资产投资总体投资规模

截止到2010年年底，信息传输、信息技术服务业就业人数达到185.8万人，比2009年的173.8万人增长6.9%（见图1-6），充分体现了服务业吸纳就业人员的能力。

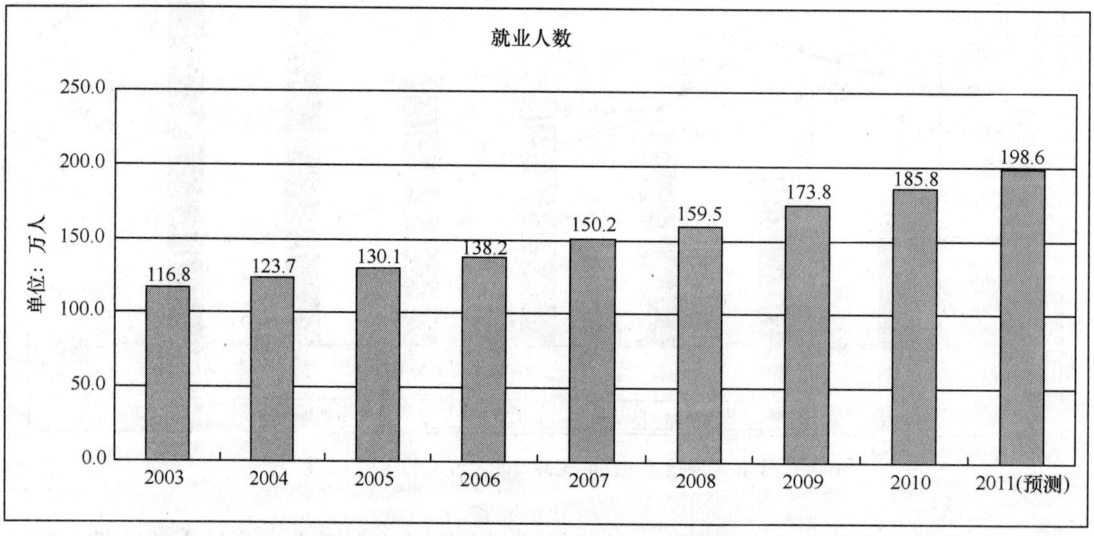

图 1-6　信息传输、信息技术服务业就业人数

在发达国家，相关行业的职工失业率不断上升，但是计算机、软件等高新技术行业的就业比重却呈现出增加的势头。我国信息服务业也呈现出类似现象。在信息产业尤其是信息服务业中，基础设施投入不是行业发展最重要的影响要素，而人力资本的投入是决定行业发展程度的关键因素。在信息产业中的知识密集型产业里，所投入的主要生产要素是劳动者的知识与技能。信息服务业中人力资本比物质资本和金融资本占有更加重要的位置。

1.3　结构分析

从总体发展态势来看，中国信息服务业在收入规模快速增长的基础上，其产业结构也在不断优化。其中软件产业、电信业、互联网信息服务业的发展尤为突出。软件产业规模持续增长，服务外包成为新的亮点，信息资源开发利用取得积极进展，创造了一批优秀的数字内容产品。

截止到 2010 年，信息传输服务业收入规模达到 7749.7 亿元；信息技术服务业收入规模达到 13364 亿元；信息内容服务收入规模达到 5603.3 亿元。2011 年信息传输服务业收入规模达到 8497.4 亿元；信息技术服务业收入规模达到 17640 亿元；信息内容服务收入规模达到 6723.6 亿元（见表 1-3）。

表 1-3　　信息服务业产业收入结构　　（单位：亿元）

	2008 年	2009 年	2010 年	2011 年
信息服务业收入	18589.8	21363.3	26717.0	32861.0
1．信息传输服务	6923.5	7071.3	7749.7	8497.4
其中：电信传输服务	5971.5	6004.3	6273.7	6673.4
广播电视传输服务	952.0	1067.0	1476.0	1824.0
2．信息技术服务收入	7572.9	9513.0	13364.0	17640.0
3．信息内容服务收入	4093.4	4779.0	5603.3	6723.6
其中：电信增值服务	1769.2	1923.0	2175.0	2570.0
互联网信息服务	399.2	497.0	539.3	642.6
数字内容产业	1925.0	2359.0	2889.0	3511.0

注：广播电视传输服务数据主要参考国家广播电影电视总局的统计快报；数字内容产业的数据来自于本课题组的市场监测数据库；2011 年的数据来自于本课题组的预测模型；其他数据来自于工业和信息化部的统计月报

2011 年，信息传输服务收入占信息服务业总体收入的比例为 25.9%，信息内容服务收入占信息服务业总体收入的比例为 20.5%，信息技术服务占信息服务业总体收入的比例为 53.7%（见图 1-7）。

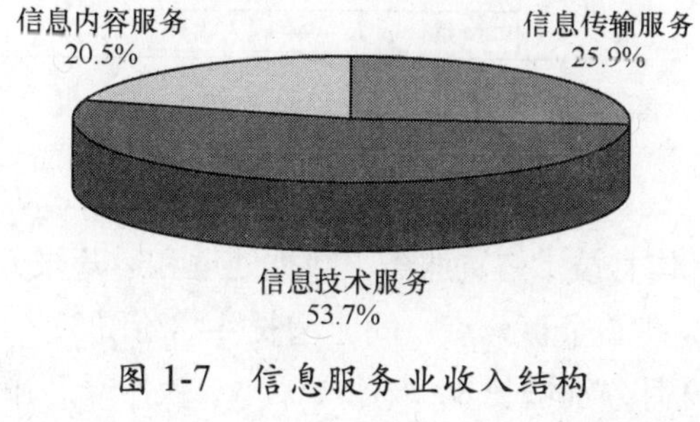

图 1-7　信息服务业收入结构

2011 年，信息传输服务收入增长速度为 5.23%，信息内容服务收入增长速度为 13.21%，信息技术服务收入增长速度为 23.54%（见图 1-8）。在信息服务业增长速度结构中，信息技术服务业表现出强劲的增长势头。

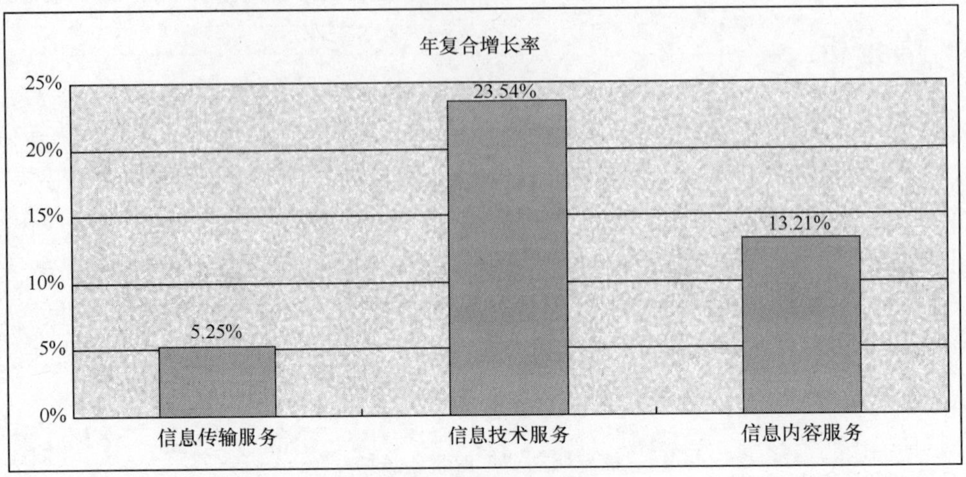

图 1-8 信息服务业细分产业增长速度对比

2011 年 1—9 月，移动通信收入累计完成 5296.5 亿元，比上年同期增长 13.9%，在电信主营业务收入中所占的比重从上年同期的 69.61%上升到 72.13%；固定通信收入累计完成 2046.2 亿元，比上年同期增长 0.8%，在电信主营业务收入中所占的比重从上年同期的 30.39%下降到 27.87%（见图 1-9）。

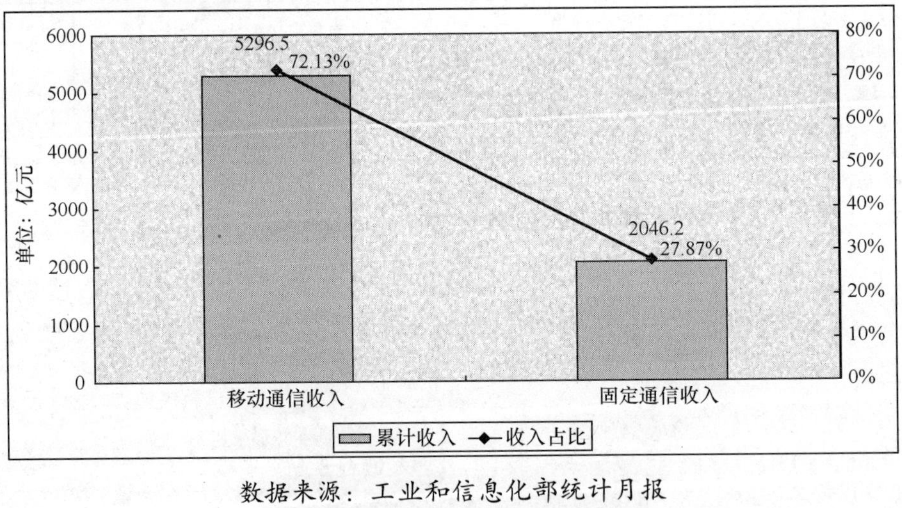

数据来源：工业和信息化部统计月报

图 1-9 电信传输服务收入结构

累计到 2011 年 9 月底，信息技术咨询服务、数据处理和运营服务实现收入 1253 亿元和 1805 亿元，比重比 2010 年同期提高 2 个百分点，同比增长 44.8%和 38%，增速高出全行业 13.1 个百分点和 6.3 个百分点，其中 9 月分别增长 84.7%和 50.7%。软件产品和嵌入式系统软件增长快于去年，实现收入 4558 亿元和 2174 亿元，同比增长 31.2%和 30.5%，分别比去年同期高 6.1 个百分点和 6.4 个百分点。信息系统集成服务发展平稳，实现收入 2821 亿元，同比增长 26.9%。IC 设计增长放缓，实现收入 391 亿元，同比增长 16.1%，低于 2010 年同期 20 个百分点以上（见图 1-10）。

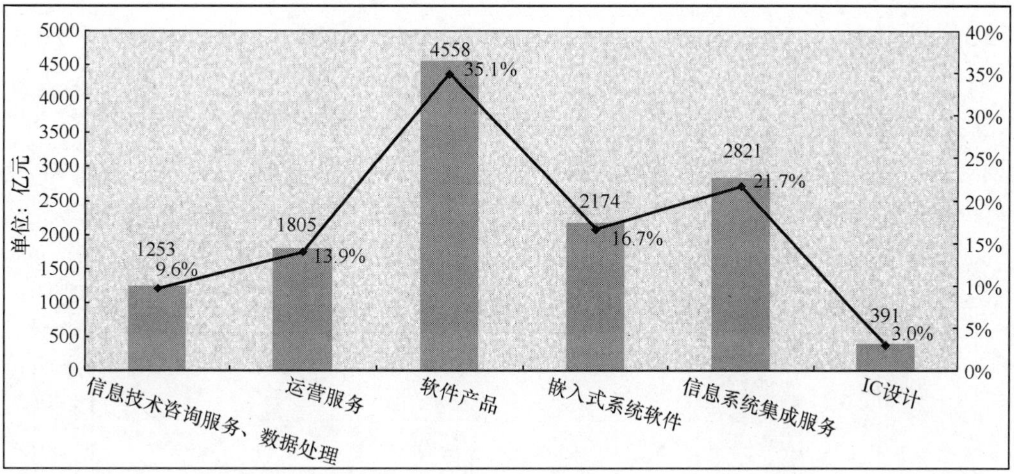

图 1-10 软件业务收入结构

截止到 2010 年年底，我国信息传输、计算机服务和软件业 50 万元以上投资项目数量 14096 个，新开工项目 6913 个，建成投产项目达到 6876 个。其中，电信和其他信息传输服务业投资项目数量 13275 个，新开工项目 6364 个，建成投产项目达到 6385 个，在信息服务业中占据主要份额（见图 1-11）。

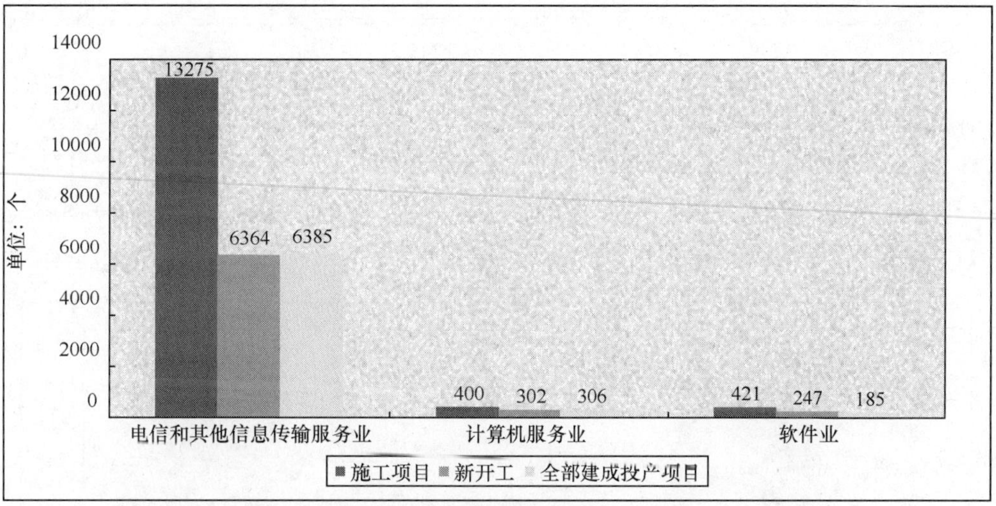

图 1-11 信息服务业投资项目数量结构

“十一五”时期，我国数字出版产业营销收入增长迅速，从 2006 年的 213 亿元，增长到 2010 年的 1051 亿元，5 年间平均增幅接近 50%。其中，手机出版、网络游戏出版和互联网广告三项产值均超过 300 亿元，占数字出版总产值的 90%以上，成为数字出版产业营销收入的重要支柱。2010 年数字出版总产出占新闻出版业总产出的比例已接近 10%，成为新闻出版业重要的经济增长点。

1.4 区域分析

1. 总体区域结构

截止到 2011 年年底，我国东部地区信息服务业收入达 24466.4 亿元，收入占比为 74.45%；中部地区信息服务业收入达 3916 亿元，收入占比为 11.92%；西部地区信息服务业收入达 4478.6 亿元，收入占比为 13.63%（见图 1-12）。

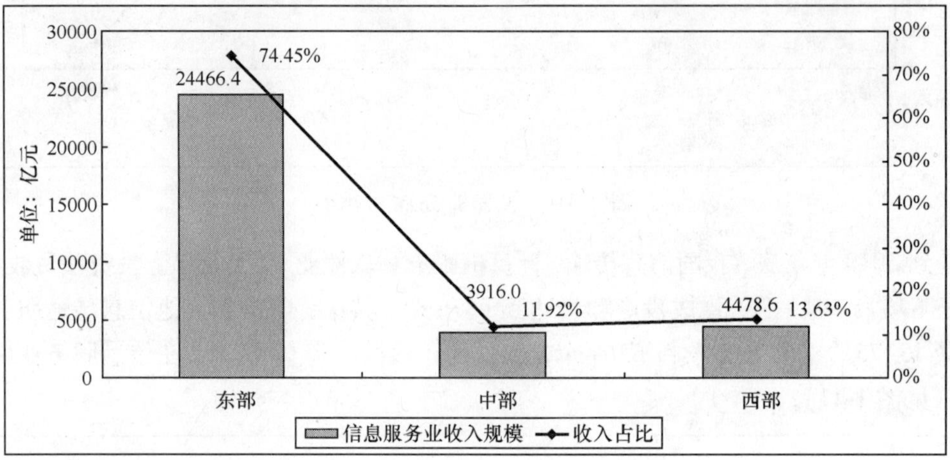

图 1-12 信息服务业区域收入结构

2. 电信传输服务业区域结构

2011 年前 3 季度，我国东部地区完成电信主营业务收入 4294 亿元，中部地区完成 1690 亿元，西部地区完成 1593 亿元。东、中、西部地区电信主营业务收入比上年同期分别增长 7.8%、9.6%、11.6%（见图 1-13）。

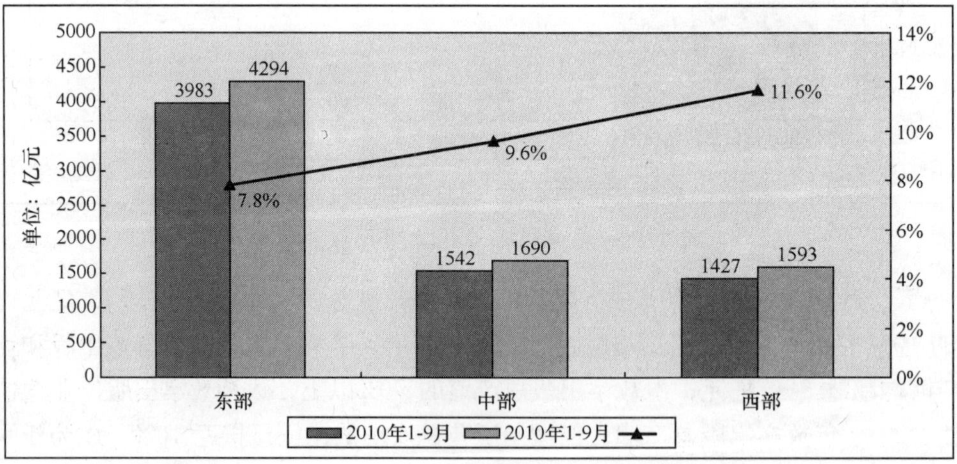

图 1-13 电信主营业务收入区域结构

3. 信息技术服务业区域结构

2011 年前三季度，我国西部地区完成信息技术服务业收入 1074 亿元，同比增长 41.9%，比上年同期提高 15.8 个百分点；东部地区完成信息技术服务业收入 11277 亿元，占全国信息技术服务业收入的 86.7%，同比增长 31.1%；中部地区完成信息技术服务业收入 651 亿元，同比增长 26.7%，高于上年同期 2.6 个百分点（见图 1-14）。

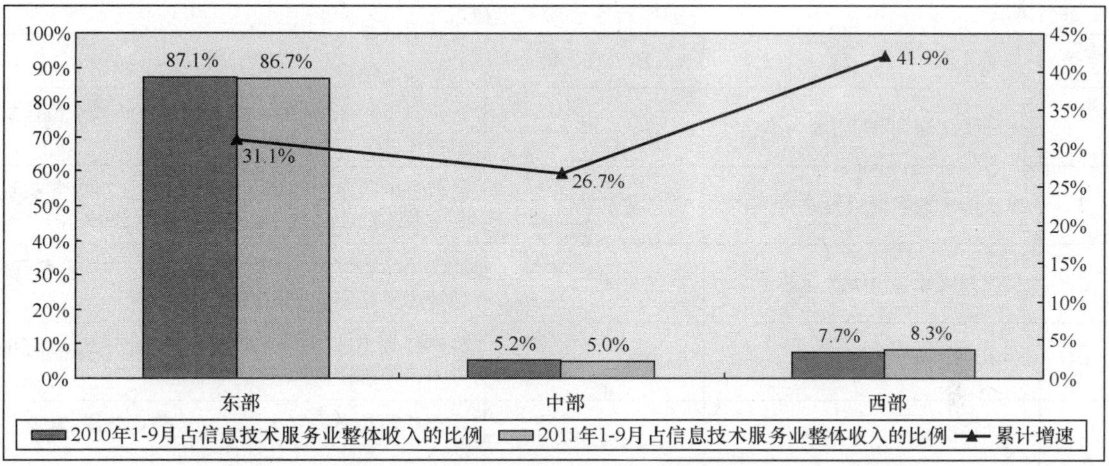

图 1-14 信息技术服务收入区域结构

2011 年前三季度，全国 15 个副省级城市实现软件业务收入 6909 亿元，同比增长 33.7%，增速快于全国平均水平 2 个百分点，占全国软件业务收入的 53%;实现软件出口 142 亿美元，增长 16.6%，快于全国的 1.2 个百分点，占全国软件总出口的 67.6%。其中前三季度软件业务收入超过 500 亿元的城市达到 5 个，增速超过 30%的城市达到 11 个，在东北及西部地区，80%的软件产值在中心城市实现（见表 1-15）。

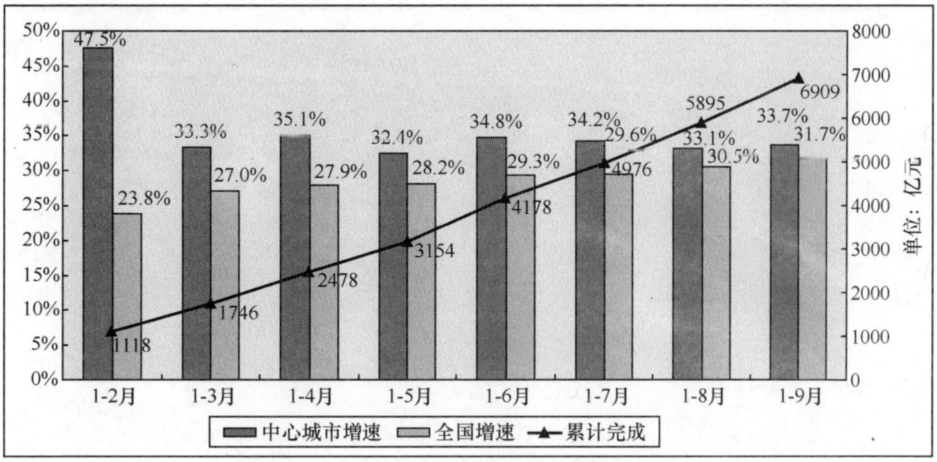

图 1-15 中心城市软件业务收入结构

4. 信息内容服务业区域发展

2010 年全国出版、印刷和发行服务业实现总产出 12698.1 亿元，增加值 3503.4 亿元，占同期文化产业总值的 60%，成为文化产业中最大的产业。其中，数字出版产业实现总产出 1051.8 亿元，增加值 290.2 亿元，增长速度在全行业中名列前茅，数字出版的新优势表现突出[1]。目前国家数字出版基地概况如表 1-4 所示。

表 1-4 国家数字出版基地概况

序号	名　称	所 在 地	发 展 概 况
1	上海张江国家数字出版基地	上海张江	每年以 30%的产值递增，2010 年年底产值达到上百亿元
2	重庆国家数字出版基地	重庆北部新区	已入驻的数字出版相关企业 39 家，2009 年实现营业收入约 10 亿元，从业人员达 5000 人
3	杭州国家数字出版产业基地	浙江杭州	2009 年，数字出版相关产业产值已逾 300 亿元，预计每年将以 50%以上的速度增长
4	华中国家数字出版基地	湖北武汉	总部规划用地 246.66 亩，总建筑面积 32.88 万平方米，基础设施总投资 13.6 亿元
5	天津国家数字出版基地	天津滨海新区	重点构建数字内容生产、数字产品交易、数字生活体验、数字文化传播四大功能体系
6	中南国家数字出版基地	湖南长沙	到 2020 年，力争实现入驻企业不少于 300 家、年销售收入不少于 500 亿元的发展目标
7	广东国家数字出版基地	广州天河软件园	规划总用地面积为 78435 平方米，总建设规模为 9.5 万平方米
8	西安国家数字出版基地	陕西西安	规划占地 2 平方公里，到 2015 年实现年产值 100 亿元
9	江苏国家数字出版基地	江苏南京	首期已有 30 万平方米的建筑面积开工，竣工面积 6.6 万平方米

[1] 柳斌杰. 积极推动全行业实现数字出版大跨越. 中国新闻出版报，2011 年 7 月 28 日。

第2章　2011年产业发展环境

2.1　政策环境

1. “十二五”规划明确了信息服务业的战略定位

我国国民经济和社会发展第十二个五年规划纲要明确指出，大力发展一批战略性新兴产业，其中就包括新一代信息技术。具体来讲，就是重点发展新一代移动通信、下一代互联网、三网融合、物联网、云计算、集成电路、新型显示、高端软件、高端服务器和信息服务等。这些发展方向都是信息服务业的范畴。

2. 信息化建设提供了信息服务业发展的巨大空间

中国信息化建设的不断深入，为信息服务业提供了巨大的发展空间：一是构建下一代信息基础设施，包括统筹布局新一代移动通信网、下一代互联网、数字广播电视网、卫星通信等设施建设，形成超高速、大容量、高智能国家干线传输网络等；二是推动经济社会各领域信息化，积极发展电子商务，大力推进国家电子政务建设；三是加强网络与信息安全保障，加快推进安全可控关键软硬件应用试点示范和推广，推进信息安全保密基础设施建设，加强互联网管理等。

3. 新18号文件优化了产业发展环境

在继承《鼓励软件产业和集成电路产业发展的若干政策》（国发〔2000〕18号）的基础上，国务院发布了《进一步鼓励软件产业和集成电路产业发展若干政策》（国发〔2011〕4号），文件从财税政策、投融资政策、研究开发政策、进出口政策、人才政策、市场政策等方面提出了进一步优化信息服务业发展环境的具体措施，成为产业发展新的助推器。

4. 各地方支持信息服务业发展的政策不断完善

北京市发布了《北京市软件和信息服务业“十二五”发展规划》和《北京市“十二五”时期城市信息化及重大信息基础设施建设规划》，提出要在“十二五”期间，继续扩大北京软件和信息服务业在全国的领先优势，进一步增强首都支柱产业地位，培育一批具有全球竞争力的大型企业，成为全球软件和信息服务业创新中心；上海市出台了《上海市国民经济和社会发展第十二个五年规划纲要》，提出了创建面向未来智慧城市的战略构想，并规划了信息化的重点工程。

2.2 经济环境

1. 经济快速增长培育了信息服务业的坚实基础

经过 30 多年的发展，我国实现了经济长期快速增长，社会发展由生存型阶段跨入发展型阶段。在新的发展阶段，经济结构与生存型阶段相比有了重大变化，培养了信息服务业发展的坚实基础。在需求拉动和市场开放的共同作用下，信息服务业形态不断发生跨越式发展，越来越多的市场主体涌现出来。

2. 经济结构的调整引致信息服务业的强大需求

“十二五”期间中国经济发展方式转型与变革的任务十分艰巨。未来几年，我国经济结构调整的任务还很重，要逐渐把扩大国内需求特别是消费需求作为基本立足点，把调整经济结构作为主线，把促进增长方式根本转变作为着力点，把增强自主创新能力作为国家战略，把改革开放作为动力，把提高人民生活水平作为根本出发点等。经济结构的调整将引发对信息服务业的强大需求。

3. 消费需求的升级为信息服务业的发展提供了强大动力

我国经济由生存型阶段进入发展型阶段，消费需求不断升级，消费者信心不断提高（见图 2-1）。近几年来，全社会公共需求增长速度相当快，个人用于公共产品的年均支出规模，是 20 世纪 90 年代中期以前的 5 倍。这些满足公共需求的支出在个人消费总支出中的比重呈现明显上升的趋势。从全国来看，私人产品的需求基本得到解决，而公共产品供给不足的矛盾突出出来，消费需求的升级为信息服务业的发展提供了强大动力。

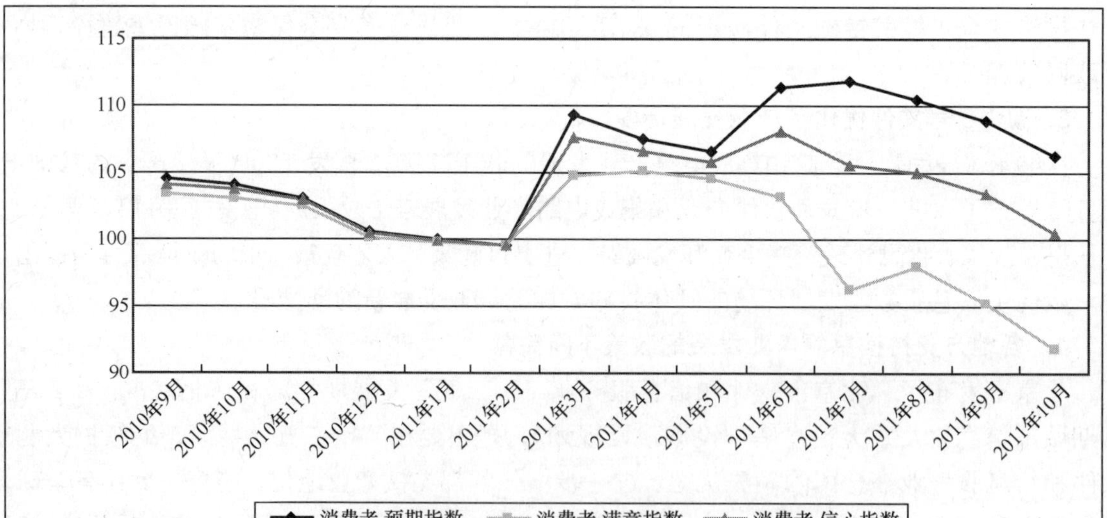

图 2-1 消费者信息指数

2.3　社会环境

1. 城市化进程的加快

在中国城市化进程不断加速的过程中，城市信息化已经成为中国城市发展的新主题与新动力，其中信息服务业的发展是解决目前我国城市发展中面临的诸多难题的重要途径。实现城市现代化，要求发展科技含量高、经济效益好、资源消耗低、环境污染少的产业，这就要坚持“信息化与工业化融合”。城市信息化过程需要大量的软件产品、信息咨询、技术支持、信息传输服务等。

2. 数字鸿沟现象的存在

发展中国家必须要认真对待数字鸿沟的风险，更要通过发展信息服务业来使每个人分享信息和通信基础设施革命所带来的机遇。发展中国家若想分享信息和通信基础设施革命所带来的机遇，需要拥有能确保平等享用现代信息和通信技术的基础设施。中国如何抓住机会实施得当的技术融入，尽快发展信息服务业，是摆在我们面前的重要问题。所有参与信息服务业发展的群体都有机会去消除这场信息技术革命带来的数字鸿沟，同时它们也会最终享受到消除数字鸿沟后所带来的市场机遇。

3. 人才环境

人才是构建信息服务业发展长效机制的关键条件。中国已基本形成了以高等院校为主体，政府、企业和社会多渠道培养信息化人才的格局。目前信息学科已成为中国综合性大学和专业院校的必设学科，涵盖信息与通信工程、控制科学与工程、计算机科学与技术以及电子科学与技术等。中等职业技术学校信息化人才培养不断加强。全国信息技术人才培养工程建立了软件工程师、硬件工程师、网页设计师、网络工程师、IT 职业英语五个大的职业教育项目。中国已经基本创建了一个有利于信息服务业发展的良好环境。

2.4　技术环境

1. 三网融合为信息服务业的发展提供统一平台

数字技术的迅速发展和全面采用，使电话、数据和图像信号都可以通过统一的编码进行传输和交换，所有业务在网络中都将成为比特流。光通信技术的发展，为综合传送各种业务信息提供了必要的带宽和高传输质量，软件技术的发展使得三大网络及其终端都能通过软件变更，最终支持各种用户所需的特性、功能和业务。统一的 TCP/IP 协议的普遍采用，将使得各种以 IP 为基础的业务都能在不同的网上实现互通。

2. 移动互联网深刻影响着信息服务业的发展模式

移动互联网是以宽带 IP 为技术核心，可同时提供高品质话音业务、数据业务的电信基础网络（见图 2-2）。能让用户在移动中通过移动设备随时、随地访问互联网，获取信息，得到商务、娱乐等各种网络服务。移动互联网是将移动通信和互联网这两大技术融合而产生的，已经成为当今世界发展最快、市场潜力最大、前景最诱人的业务。目前，移动互联网正逐渐渗透到人们生活、工作的各个领域，短信、铃图下载、移动音乐、手机游戏、视频应用、手机支付、位置服务等丰富多彩的移动互联网应用迅猛发展，正在深刻改变信息服务业的发展模式。

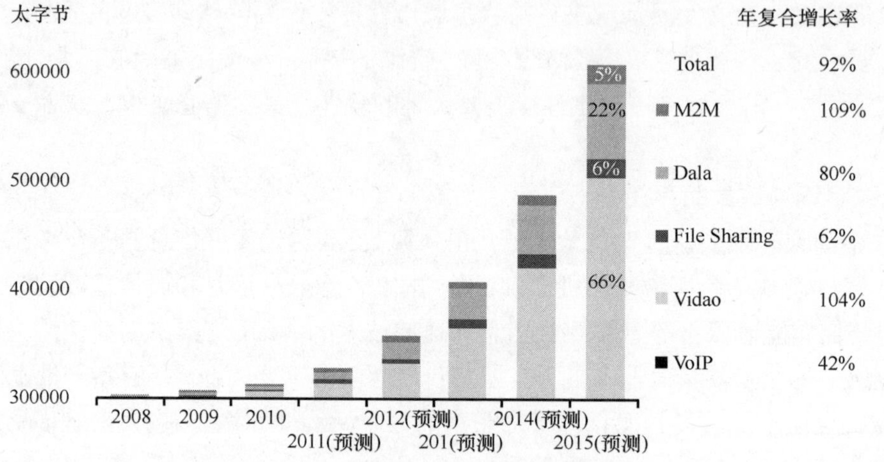

图 2-2　移动互联网数据应用发展形势

3. 物联网大大扩展了信息服务业发展的空间

物联网将网络终端从普通 PC 延伸到了任何物品之间，通过射频识别、红外感应器、全球定位系统、激光扫描器等信息传感设备，可以把任何物品与互联网连接起来，进行信息交换和通信，进而实现各种网络终端设施的智能化识别、定位、跟踪、实时监控和动态管理。物联网可应用于工业、农业、环保、公共服务、社会管理等各个领域，催生基于物联网的现代服务业的产业发展，极大地扩展了信息服务业发展的空间。

4. 云计算将提高信息服务业的运行效率

云计算的机制是将大量用网络连接的计算资源统一管理和调度，构成一个计算资源池向用户提供按需服务。云计算体现了虚拟化、效用计算、基础设施即服务、平台即服务、软件即服务等信息服务的诸多理念。云计算作为一种划时代的技术，能够将数量庞大的廉价计算机放进资源池中，用软件容错来降低硬件成本，通过规模化的共享使用来提高资源利用率，将大大提高信息服务业的运行效率。

第3章　2012年预测与展望

2012 年，信息服务业面临逐渐放缓的经济增长环境，全球金融危机引发经济格局出现新变化，经济结构面临深刻调整，加快转变经济发展方式成为实现科学发展的必然选择。进入新时期的信息服务业，在发展水平实现跨越之后，面临新的发展态势。

3.1　总量及结构数据预测

预计到 2012 年年底，我国信息服务业的总体规模将保持稳定发展的态势，产业收入可望突破 4 万亿元大关，其中，信息传输服务业发展速度相对平缓，预计全年收入可以达到 9296 亿元，信息技术服务业继续保持高速增长态势，预计全年收入可以达到 23284 亿元，信息内容服务业将会平稳发展，预计全年收入可以达到 7933 亿元。

信息化和工业化的深度融合、信息产业内部的全面融合在促进经济社会发展的同时，给信息技术服务业带来新的增长空间，“十二五”末，我国信息技术服务业产业规模将超过 4 万亿元。

预计在 2012 年，我国主要受 3G 投资周期的影响，信息服务业的固定资产投资继续保持较低的增长速度，信息传输和信息技术服务业固定资产投资将保持在 2600 亿元左右。信息传输、信息技术服务业就业人数将突破 200 万人。

预计到 2012 年年底，东部地区信息服务业收入可以达到 29980 亿元，占全国信息服务业收入的比例为 74%；中部地区信息服务业收入 4690 亿元，收入占比为 11.6%；西部地区信息服务业收入 5834 亿元，收入占比为 14.4%。

3.2　发展环境变化预测

1. 产业发展基础将不断加强

三网融合将快速推进。三网融合将通过技术作用对内容传播实现融合，为信息内容服务业等上游产业带来一个巨大市场。加快推进三网融合，是我国今后一个时期培育战略性新兴产业的重要任务，有利于迅速提高国家信息化水平并推动内容服务等信息的创新和应用。

3G 进入快速发展期。2009 年是中国 3G 发展元年，但是截止到目前，中国 3G 总体用户数目发展情况并不理想，要完成工信部等八部委在《关于推进第三代移动通信网络建设的意见》

中提出的目标还有难度。我国3G产业极有可能在2012年迎来快速发展期。

物联网将成为信息服务业发展的重要推动力量。2012年，我国物联网产业中将涌现一些致力于通信网络技术和智能芯片技术的企业，并成为信息服务业发展的重要推动力量。未来3～5年将是物联网产业基础环节支持商迅速发展的阶段，以城市应用为契机，随着各地智慧城市规划出台和部分发达城市的示范作用，可能在智能交通、智能电网等公共服务领域得到大力发展。

2. 产业发展环境将不断优化

从我国国家层面来看，跨部门协调机制将不断完善，分类指导的顶层设计将更加健全。各级政府将不断强化对信息服务业工作的组织协调、统筹规划和监督管理。充分发挥各种创新平台、行业协会、产业联盟等中介组织的作用，调动各方资源，形成高效运转的科技创新和产业化服务体系。

积极配合落实国家对软件和信息服务业的扶持政策，各地政府将根据国务院下发的《关于贯彻国务院进一步鼓励软件和集成电路产业发展若干政策的实施意见》出台具体的实施细则。除此之外，信息服务业政策法规体系将不断完善，发展绿色IT技术、提高产品和服务质量，完善和规范要素市场。政府部门也将加强对软件和信息服务市场的监管职能，促进产权交易、技术交易、项目交易有序开展。

3. 相关保障措施将不断完善

我国应建立多元化的软件和信息服务业投入机制。各级政府将设立相关统筹资金，加大对软件和信息服务业的投入。充分发挥政府设立的股权投资基金和创业投资基金对产业发展的引导作用，逐步形成稳定的产业发展资金支撑体系。搭建企业上市和并购重组服务平台，在资本市场上形成有影响力的信息服务业板块。政府将不断鼓励骨干企业对境内外产业链上下游企业实施并购，对重大并购项目给予支持。

各级政府将支持商业银行、担保机构、小额贷款机构开展针对信息服务企业的知识产权质押、信用贷款、信用保险、贸易融资、产业链融资等业务。鼓励商业银行创新金融产品和服务方式，创新风险管理、授信、贷款审批和发放等机制，为企业融资服务。

3.3 信息服务业景气指数及企业家信心指数分析

景气是对经济发展状况的一种综合性的描述，用以说明经济活跃程度的概念。所谓经济景气，是指总体经济呈上升发展趋势，呈现出市场繁荣，购销两旺的景气状态。经济不景气是指总体经济呈下滑的发展趋势，绝大部分经济活动处于收缩或半收缩状态，表现为市场疲软，经济效益下降，许多企业破产倒闭，失业人数增加等现象。

景气分析英文单词为BusinessCycleAnalysis，直译为“商业循环分析”，也有人称景气循环、经济波动和经济周期。作为一个抽象的宏观经济概念，景气是指国家总体经济运行状态。景气有四个特征：（1）反复性——繁荣与萧条交替出现，但不是简单的重复；（2）多样性——由生产、收益、就业、物价、金融、贸易等多方面的周期性变化汇总；（3）涉及性——经济总体发展的不平衡，导致景气在商品、资本、劳动力三个市场先后波动；(4) 累积性——景气峰、谷的到来可由繁荣衰退的累积效果产生。

经济分析中一般用行业景气指数和企业家信心指数来描述分析一个行业的景气程度。本书旨在对我国信息服务业2003年至今的行业景气指数和企业家信心指数进行分析并对2012年的行业景气指数和企业家信心指数进行预测。本篇分为两个部分，第一部分是对行业景气指数进行分析和预测，第二部分是对企业家信心指数进行分析和预测。所有的分析预测所依据的数据是2003年第一季度到2011年第三季度国家统计局公布的各季度信息传输与软件业的景气指数和企业家信心指数的数据。用SPSS软件进行时间序列分析。

3.3.1　信息服务业景气指数分析

行业景气指数，是综合反映行业的各种指标并能反映行业变动趋势的一种综合指数。行业是提供同类产品或服务的企业类别总称，因管理水平、企业规模、地域分布等差异，同行业的不同企业生产经营、效益等方面存在较大的差异。因此，只有了解了整个行业的大多数企业，才能把握行业的发展方向，获得比较稳定可靠的信息。

1. 信息服务业景气指数预测

由 SPSS 软件对以往各年各季度的数据进行建模和分析，得出我国信息服务行业 2011 年第四季度到 2012 年第四季度的行业景气指数如表 3-1 所示。

表 3-1　　景气指数预测

模　　型		第四季度（2011）	第一季度（2012）	第二季度（2012）	第三季度（2012）	第四季度（2012）
行业景气指数-模型	预测	164.5	160.2	160.3	163.8	164.5
	UCL	176.6	174.4	176.3	181.3	183.5
	LCL	152.3	146.0	144.4	146.2	145.4

同时，将各年的景气指数与预测的指数合并并绘制成图形折线图，如图 3-1 所示。横轴为时间周期，纵轴为景气指数。

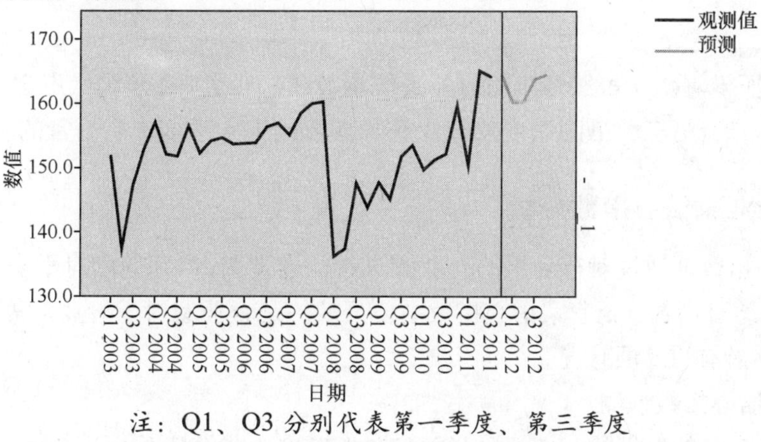

注：Q1、Q3 分别代表第一季度、第三季度

图 3-1　行业景气指数及预测值

由图 3-1 可以看出，我国信息服务业的景气指数在 2003 年第二季度和 2008 年第一季度发生了较大的回落。第一次回落很大程度上受到“非典”的影响，而第二次的回落主要受到金融危机的影响。两次回落之后，随着经济的恢复，景气指数都有较为急剧的回升。从 2008 年至今，景气指数上升了 20 多个点数，这说明相对来说信息服务业受到金融危机的影响比较小，而且近几年的发展极为迅速。

预计受到季节性因素和总体趋势的影响，2011 年四季度的景气指数将保持平稳。而 2012 年的前两个季度信息服务业的景气指数将会有少量的回落，并且维持在 160 左右。之后的第三、第四季度该指数会有少量的回升，预计总体的起伏不会太大。说明未来的行业经济发展状况将表现为稳中有升，随着季节的变化会有少量起伏，但总体波动不会太大。

表 3-2　季节因子

季度	季度因子
1	98.7
2	99.3
3	100.2
4	101.7

2. 景气指数季节性分析

由计算得出的各年度综合季节因子如表 3-2 所示。各季度所绘制的曲线如图 3-2 所示。

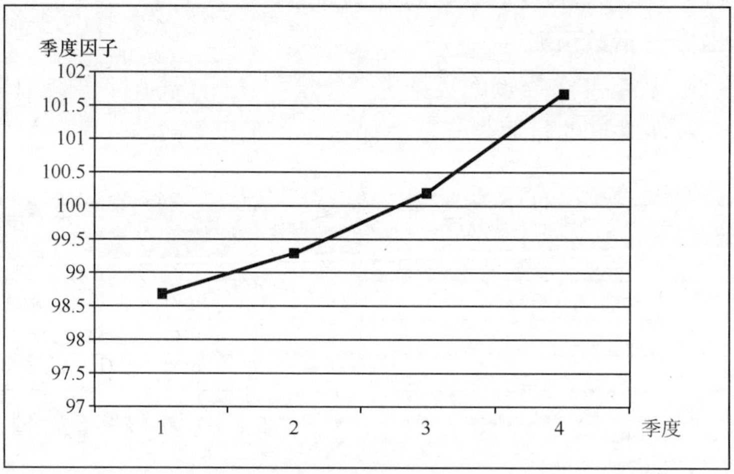

图 3-2　季度因子

由以上数据可以看出，虽然各年的行业景气指数波动较大，并且起伏不定。但是总体来说，在同一年里，第二、第三、第四季度的行业景气指数比上一季度都有少量的增加。

3.3.2 企业家信心指数分析

企业家信心指数是通过对行业里的企业家进行问卷调查，得到他们对于未来行业发展的信心状况，得到的综合指数。企业家信心指数主要反映的是企业家对于行业形势的判断，一定程度上反映了行业当前的发展状况。

1. 企业家信心指数预测

通过对以往各年的数据的分析，可以得到我国从 2011 年第四季度到 2012 年第四季度的企业家信心指数预测数据，如表 3-3 所示。

表 3-3　　企业家信心指数预测

模型		第四季度（2011）	第一季度（2012）	第二季度（2012）	第三季度（2012）	第四季度（2012）
企业家信心指数-模型	预测	160.5	162.1	159.1	160.5	160.5
	UCL	173.3	177.7	177.1	180.6	182.5
	LCL	147.7	146.5	141.1	140.4	138.5

表 3-3 中，表格中的第二行数据是未来的五个季度的预测数值，第三行数据是最高可能的水平，第四行的数据是最低可能的水平。将已有各季度的信心指数和预测的五个季度的指数合并并绘制折线图可以得到图 3-3。

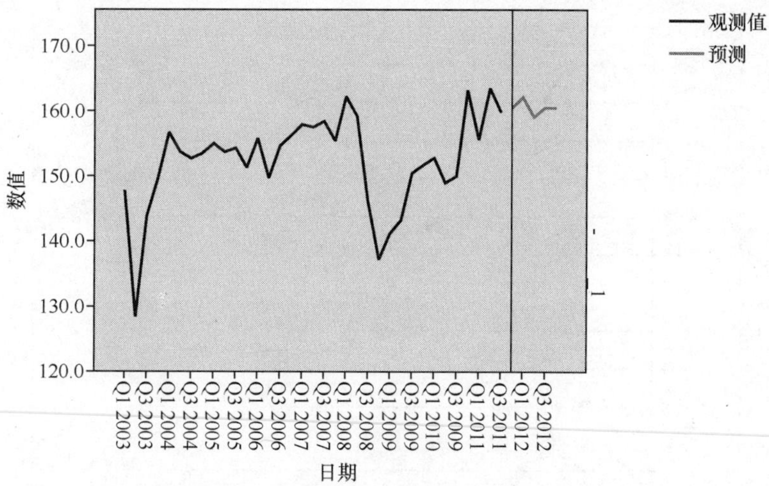

注：这里 Q1、Q3 分别代表第一季度、第三季度

图 3-3　企业家信心指数

从图 3-3 可以看出，信息服务业的企业家信心指数在 2003 年第二季度和 2008 年第四季度出现了大幅的回落。这两次回落的原因和行业景气指数的两次大幅回落基本相同，第一次是由于受到“非典”传播的影响，第二次是受到金融危机的影响。该指数在 2003 年第二季度达到了最低值，并且在 2011 年第二季度达到了最高值。近几年来的信心指数一直有较大的波动，说明一方面受到经济危机的影响，另一方面中国的宏观经济表现突出，使得企业家对于未来的判断较为不稳定，市场发生较大的波动。

根据该模型的预测值，2011 年第四季度的企业家信心指数将会基本保持平稳，有一个微小的上升。而在 2012 年的第一季度，该指数会继续小幅度上升，这也将是 2012 年信心指数的最高点，此时的该行业企业家对未来发展的信心最足。之后第二季度的信心指数将再次出现回落，这主要是受到季节性因素的影响，预计这也是全年的最低点。之后的第三、第四季度的指数相比第二季度会有上升，但仍小于第一季度，这时的企业家信心指数预计将稳定在 160 左右。

2. 企业家信心指数季节性分析

根据往年的数据，用 SPSS 软件进行季节性分解得到企业家信心指数的各季节的季节因子如表 3-4 所示。

表 3-4　各季度季节因子

季度	季节因子（%）
1	100.7
2	99.8
3	99.5
4	100.0

由表 3-4 的数据可以看出，以往各年的四个季度中，第二季度和第三季度的季节因子略低于第一和第四季度，但是程度很小。这说明企业家信心指数受到季节的影响不是很大。绘制成折线图如图 3-4 所示。

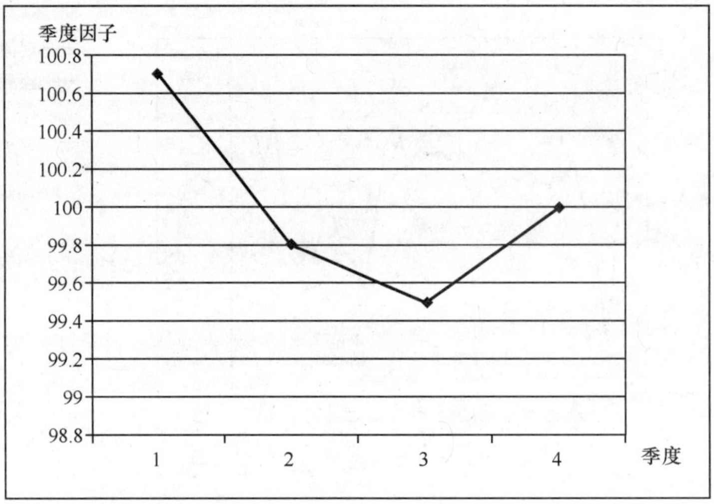

图 3-4　企业家信心指数季度因子

将图 3-4 与图 3-2 对比可以看出，企业家信心指数比行业景气指数有约一个季度的延迟。这说明企业家信心指数较大程度上受到上期行业发展状况的影响。上期行业发展较为景气的时候，本期的企业家对未来的形势也持有较为乐观的态度。而相反，当上期的行业发展呈现颓势时，本期的企业家信心指数会有所下降。

第二篇　热　点　篇

第4章　云　计　算

作为互联网时代的一种重要应用模式，云计算自2007年被首次提出以来，在短短几年里随着亚马逊、谷歌、IBM和微软等公司的推动，在学术界和企业界迅速成为关注和研究的热点。

4.1　云计算概述

一般认为，云计算是以互联网为中心，构建一些由服务器或者PC构成的集群系统，并按照一定的方式把这些计算机上的各种资源有机地组织在一起，为用户提供安全、可靠、快速、便捷、透明的数据存储、访问和计算服务。其基本思想是，通过和云提供的服务签订合同，用户便能用对硬件或软件以最小的投资完成计算任务，同时用户并不在意任务完成的地点和方式，用户所关心的只是得到正确的结果。

4.1.1　服务类型

云计算的服务类型可分为三个层次：基础设施层、平台层以及软件层，市场进入条件也从高到低。目前越来越多厂商可以提供不同层次的云计算服务，部分厂商还可以同时提供设备、平台、软件等多层次的云计算服务，虽然"云计算"带来的历史巨变还处于早期，但世界上的IT巨头谷歌、亚马逊、IBM、微软等已展开激烈竞争，如表4-1所示。

表4-1　不同层次的云计算服务

	基础设施即服务（IaaS）	平台即服务（PaaS）	软件即服务（SaaS）
使用者	开发者	开发者	终端用户
提供内容	计算、存储和带宽资源	用户、订阅、计费、部署、监控等服务	各种互联网软件的服务
服务方式	这种形式的云计算把开发环境作为一种服务来提供，用户可以使用中间商的设备来开发自己的程序并通过互联网和其服务器传到用户手中	在云基础设施之上提供抽象层次的服务，即系统运行的软件平台，例如开发平台、商业部署和应用平台等	厂商将应用软件统一部署在自己的服务器上，客户可以根据实际需求，通过互联网向厂商定购所需的应用软件服务，厂商通过浏览器把程序传给成千上万的用户

续表

	基础设施即服务（IaaS）	平台即服务（PaaS）	软件即服务（SaaS）
代表厂商及产品	亚马逊（EC2/S3/SQS） IBM（蓝云服务） 微软（Live Mesh） Sun（Network.com） 中国移动（大云）	谷歌（App Engine） 微软（Azure） CodeRun（CodeRun Studio） GridGain（Java-based Open Cloud Platform） Salesforce（force.com）	谷歌 Apps 微软在线办公软件 Saleforce（CRM） Netsuite（CRM） Smugmug（照片托管和共享）

（资料来源：公开网络资源）

4.1.2 云计算产业链及标准

在云计算相关产业链中，包括终端用户、云计算服务运营商、云计算基础软件提供商和硬件资源提供商等几个环节。其中，云计算终端用户多以中小企业为主，通过把各种日常工作搬到云计算中可以显著降低成本，而且可以根据需求增加随时租用更多计算和存储资源。良好的扩展性和灵活性为中小企业提供了良好的解决方案。云计算基础软件提供商为云计算提供了解决方案，世界上的企业像谷歌、微软、IBM 等都不同程度地实现了多种类型的云计算模型。运营商可以和这些企业合作，实现满足自己需求的特定云计算解决方案。云计算服务运营商是产业链中最薄弱的环节，电信运营商在拥有大型数据中心和网络带宽的基础上，具有成为云计算服务运营商的先天优势。云计算仍处于开始阶段，运营商应抓住机会，确立云计算中的主导地位，增加新的盈利点。

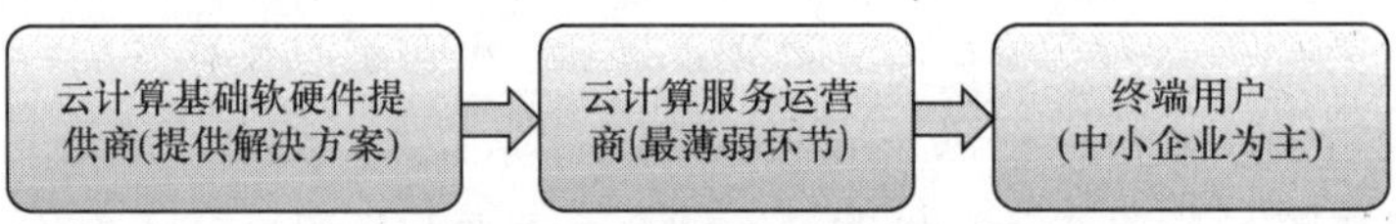

（资料来源：网络公开资源）

图 4-1　云计算产业链

随着数字社会产生越来越多的数据，企业、政府、非盈利组织和个人消费者在存储、管理、保护和数据挖掘上都面临着越来越严峻的挑战。因此，为了避免终端用户的困惑、行业过度分散以及市场增长动力上的相关损失，云存储标准的制定迫在眉睫。

其实，早在 2009 年上半年，美国网络存储行业协会 SNIA 就开始酝酿云存储标准了，从它的官方网站上了解到，SNIA 在 2010 年 4 月 12 日的 SNW 春节大会上已经公布了第一个云存储标准——云数据管理接口（CDMI）。

制定云存储标准的好处在于，云存储标准可以帮助解决日益增长的数据的可访问性、安全性、移动性和成本问题，可以帮助明确定义与数据所有权、归档、发现和搜索相关的角色和职责。围绕数据存储评估、保证和审计的服务水平协议（SLA）也将得到一致而明确的定义。但是，CDMI 规范也略有不足之处，那就是并没有提供通过可靠性和质量来衡量云存储提供商质量的方式，所以它不能绝对防止数据丢失这样风险的存在。

对于全球网络存储工业协会，在中国也有分点，即 Storage Networking Industry Association China（SNIA China）。SNIA-CHINA 将沿袭 SNIA 的发展宗旨“发展网络存储、确保网络存储技术成为 IT 领域完整的、可信赖的解决方案”，促进网络存储技术在大中华地区的发展，为网络存储的应用和发展推波助澜。其主要任务是推动大中华地区网络存储业的发展、推动网络存储标准化在大中华区的进程、创建和发展用以发布 SNIA 信息和中国网络存储业信息的本地渠道，将现有的技术中心发展为大中华地区的网络存储教育、培训和认证基地，组织国内外存储技术培训考察和交流活动，引进、出版网络存储技术及应用的有关资料文献。

4.1.3　云计算在国内的使用及发展现状

如今，“云计算”成为国内信息业的一个热门话题，许多 IT 产品都打出与“云”相关的名词，如“云手机”、“云挖掘”、“云交通”等。云计算的高速发展，可以从今年各大会议中体现出来：2011 年 9 月举行的中国国际信息通信展览会中，“云计算”成了关注焦点，各企业都推出了自己的云应用，如中国电信的云桌面应用，华为的“云-管-端”理念，中兴的云数据中心等。而 2011 年 11 月份召开的中国国际高新技术成果交易会中，“云”也是会议一大亮点，华为、中兴、金蝶、富士康、创维、创新科等一大批知名企业也都展出其云计算技术与产品，而发改委、工信部、商务部等的专业展馆也着重展示云计算至今的成果。

但实际上，在许多人眼中，云计算更像是一个概念现象，其前沿性与抽象性让公众觉得遥不可及。由于国内信息业的从众现象比较严重，其快速发展也遭到行内外人士的怀疑。为了赢得时间，各大小企业一哄而上，利用“云”来造势，而实际上的真实性有待市场的检验。另外，虽然许多企业打出了自己的“云”品牌，但大多因“商业机密”而不愿向外界透露其真实情况，这实际上是闭门造车，违背了“云”的共享理念，反而会阻碍其前进脚步，因此需要有一个平台来推动或领导各企业在“云”上的合作。

云计算技术是 IT 产业界的一场技术革命，如今各国政府纷纷将云计算服务视为国家软件业发展的新机遇。例如，美国国防信息系统部门正在其数据中心内部搭建云环境，日本内务部和通信监管机构计划建立一个名为“Kasumigaseki Cloud”的大规模的云计算基础设施，以支持所有政府运作所需的信息系统。而我国政府在“十二五”信息规划的技术背景中特别对云计算技术做了阐述，明确提出云计算技术是我国下一个 5 年信息化产业发展的重点领域之一。现在我国无论是在政府还是在产业界，都掀起了一场“云”的热潮，例如无锡市政府致力于打造中国的“云谷”，北京市政府启动了祥云工程等。当前中国的云计算的发展正进入成长期，预期在 2015 年之后，中国云计算业将真正进入成熟期，云计算服务模式将被广大用户接受。图 4-2 是埃森哲 2010 年云计算研究报告中给出的中国企业的云应用，从报告中可以看出，到 2012 年，更多的中国大企业将开始使用云计算。

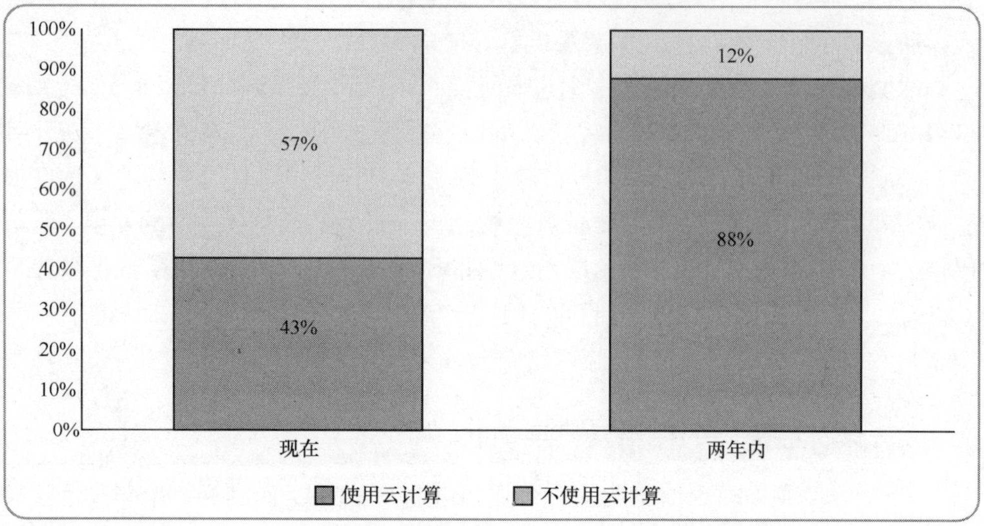

（资料来源：埃森哲云计算研究报告）

图 4-2　云应用在中国

但由于对安全的担心和其他顾虑，我国云计算的使用率仍将低于其他一些发达国家。目前，国内更倾向于创建私有云，而不是使用公有云服务。如图 4-3 和图 4-4 所示，在调查企业中，使用（包括关键、次要应用及测试试用）私有云平台的数量将从 2010 年的 48%增长到 2012 年的 72%。而总的来看，无论是私有云平台还是其他云存储服务，使用量都有一定的增长。

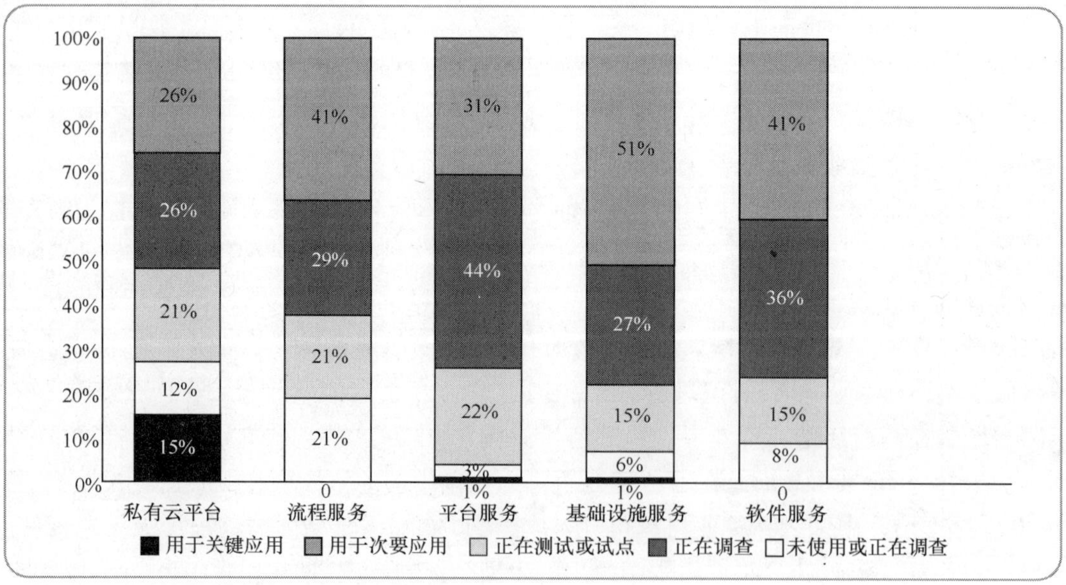

（资料来源：埃森哲云计算研究报告）

图 4-3　云应用在中国的使用情况（2010 年）

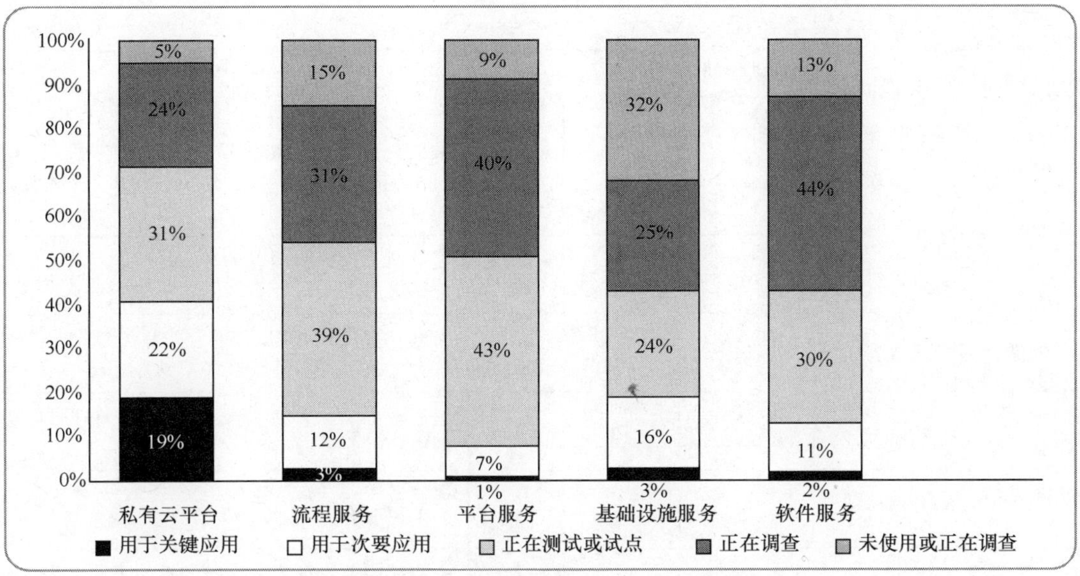

（资料来源：埃森哲云计算研究报告）

图 4-4　云应用在中国的使用情况（2012 年预测）

为了了解涉及云计算的中国企业的情况，这里引用电信科学的《云计算国内外发展现状分析》中的结论来详细说明。

表 4-2　中国云计算目前的生态环境情况

产业链角色	云提供商	软硬件研制及代理	集成及运维	应用	云计算涉及的领域
系统集成商	华胜天成	✓	✓		通过跟 Oracle、IBM 建立良好的合作关系，提供云计算从系统集成到软硬件到运维的全套解决方案
	东软集团	✓	✓	✓	基于未来 ERP 服务，提供在线企业管理软件服务和外包的云计算平台及系统集成服务
	宝信	✓	✓		提供云计算系统集成方案
	华为	✓	✓		计划推出刀片服务器、（基于开源的）虚拟化产品、网络设备和存储、为云计算提供基础设施，同时提供系统集成的云计算方案
	中兴通信	✓	✓		计划推出刀片服务器、（基于开源的）虚拟化产品、网络设备和存储、为云计算提供基础设施，同时提供系统集成的云计算方案
平台提供商	世纪互联	✓			互联网基础设施服务提供商
	美地森	✓			主要提供海量数据存储、备份以及云存储、云计算相关产品及解决方案
	友友新创	✓			提供云计算基础技术平台，开发云计算核心底层构件及应用软件
	浪潮信息	✓		✓	基于 PC 服务器提供云计算硬件平台，基于未来 ERP 服务，提供在线企业管理软件服务

续表

产业链角色	云提供商	软硬件研制及代理	集成及运维	应用	云计算涉及的领域
	中国软件	✓	✓		未来云计算软件基础平台中有自主知识产权的Linux操作系统、数据库、中间件，提供系统集成服务
	方正科技	✓		✓	提供基于云计算理念的PC服务器，未来通过番薯网提供易于云计算的内容服务
服务提供商	八百客			✓	向客户提供以PaaS（平台即服务）管理自动化平台为核心的服务和解决方案
	鹏博士		✓	✓	提供基于云计算的平台IDC/CDN对外服务及数据中心的托管
	网宿科技		✓	✓	提供基于云计算的平台IDC/CDN对外服务及数据中心的托管
	中国移动		✓	✓	主要从服务自身主营业务角度出发研究云计算，基于云计算技术搭建企业IT基础设施平台以节约成本并服务于移动互联网
	中国电信		✓	✓	现有计算能力的对外提供服务以及未来移动互联网、物联网的SaaS应用的提供
应用开发商	用友软件			✓	基于未来ERP业务，提供在线企业管理软件服务
	焦点科技			✓	为用户提供B2B网络服务，支撑系统采用低成本PC构建云计算平台，通过给中小企业用户提供在线交易服务变为提供从客户关系管理到生产计划、财务管理的全套在线企业管理方案

（资料来源：电信科学《云计算国内外发展现状分析》）

从表4-2可以看出，云计算产业链中包含了系统集成商、平台提供商、服务提供商和应用开发商。系统集成商中的代表企业如华为，不仅提供云计算的软硬件产品的研发与制作，还提供云计算的解决方案；平台提供商的代表企业如浪潮信息，提供硬件平台及在线软件服务；服务提供商的代表企业如中国电信，提供计算服务及未来移动互联网和物联网的应用服务；应用开发商的代表企业如用友软件，则主要提供在线企业管理软件服务。

4.2　云计算发展趋势

4.2.1　总体趋势

自2007年起，云计算作为一种新概念一直得到业界的关注，有行内人士认为，云计算是继个人电脑、互联网之后电子信息技术领域又一次重大变革，其影响范围和程度都很可能超越以往众多技术。如今，越来越多的政企开始接触或使用云服务，其市场规模日益扩大，据统计，2009 年中国云计算市场规模已达到 403.5 亿元，增长率为 28%，其中 SaaS 为 354.2 亿元，PaaS 为 47.8 亿元，IaaS 为 1.5 亿元。而 2010 年中国云计算市场规模达到 559.3 亿元人民币，同比增长 29.3%。2011 年，云计算以更快的速度继续发展，预计达到 755.1 亿元，并在 2012 年有望全面落地，市场规模预计达到 1015.7 亿元，其增长情况如图 4-5 所示。

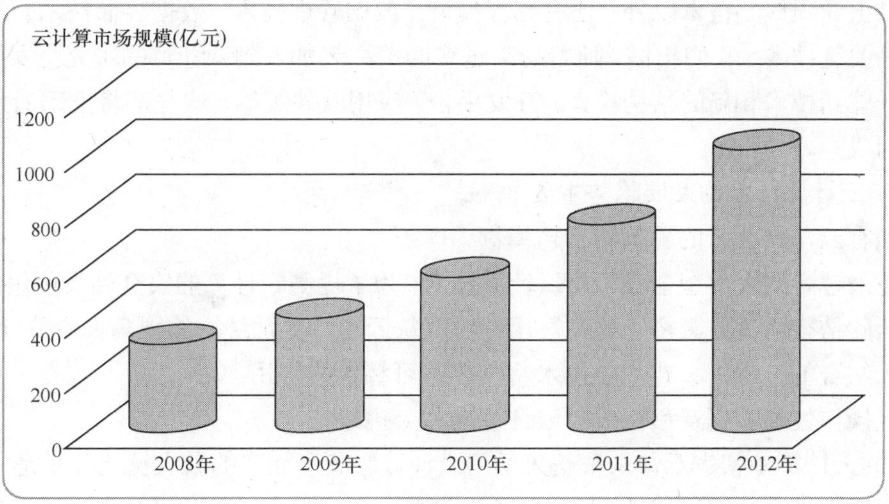

图 4-5　云计算目前市场规模及未来趋势预测

4.2.2　技术发展趋势

最近几年，云计算逐渐从前景广阔的商业概念演变成了计算机领域发展最快的分支，其技术是众多交叉学科共同发展的结果。从技术的角度看，云计算技术是一种全新的计算模型，由分布式计算、并行计算和网格计算等主要计算模式发展而来。从设计理念的角度来看，云计算技术包括虚拟化、效用计算、基础设施即服务、平台即服务、软件即服务、数据存储即服务和基于服务的架构等理念。下面列举现今云计算的核心技术。

（1）虚拟化技术

虚拟化技术是云计算及云存储服务得以实现的关键技术之一，是云计算底层架构的重要基石，包括服务器虚拟化、存储虚拟化和网络虚拟化。它将应用程序以及数据在不同的层次以不同的面貌加以展现，从而使得不同层次的使用者、开发及维护人员，能够方便地使用、开发及维护存储的数据和程序。对于用户来说，他们并不需要知道数据具体存储在什么地方，他们只需要关心如何使用存储的数据以及这些数据存储是否安全等。

（2）分布式存储技术

分布式存储改变了传统的集中存储模式，其技术特点是：采用冗余存储的方式来保证存储数据的可靠性，具有高吞吐率和高传输率的特点；分布式大规模数据管理构建了弱一致性要求的大规模数据库系统，能够高效地管理大数据集，能对海量的数据进行存储、读取以及高效分析；分布式编程和运行环境保证后台复杂的并行执行和任务调度向用户和编程人员透明，适用于编写松耦合、高度并行化的程序。

（3）认证和授权技术

通过资源的集中和共享后，便于构建统一的用户身份认证和授权，解决多用户组织访问和管理的需求，并能根据使用情况进行灵活、个性化的计费。

除了以上 3 项核心技术以外，还有编程模型、数据管理技术、数据存储技术、云计算平台管理技术等关键技术。我们相信，随着越来越多的关注者加入到云计算的研究与发展中，云计算会出现一些新技术和新的结构模式、开发平台、应用软件等等，这些都将推动云计算及其应用日益走向成熟。

2012 年云计算技术的发展趋势主要如下。

（1）私有云与公共云的界限将日趋模糊

随着越来越多的大中型企业采用云计算技术，为了提高云计算的安全性及使用效率，私有云和混合云的结合将日益紧密，这使得用户可以从云这种更加统一的视角去看待 IT。在私有云与公共云结合的过程中，虚拟化技术将发挥不可替代的作用。

（2）互操作性和数据迁移性成为云计算的最大挑战

IEEE 的云计算专家表示，未来长久采用云计算服务所面临的最大挑战并不是安全性而是云计算的互操作性和数据迁移性，同时，通过改进为企业客户提供的工具，使他们在进一步控制自己的数据和应用的同时得到安全保障，云计算供应商可以打消客户的顾虑。反而事实上，对云计算的担忧更多是关于 IT 经理的控制能力。

（3）云加端模式挖掘移动云计算的新价值

在移动互联时代，最大的挑战不是提供基本的计算，而是怎样提供一个分布式的企业 IT 服务，让企业在任何地方都可以工作。针对以上问题有人提出了移动云计算的概念，其实就是云+端的模式，是移动互联网与云计算技术的结合，利用移动互联网，充分发挥价值，利用后台的云，对终端设备进行快速适配，将应用放在终端中执行。Gartner 的研究报告显示，到 2012 年，全球有 73%的工作人员将实现移动办公。不久的将来，移动云计算不仅将在传媒、物流、医疗、教育等与我们息息相关的行业中发挥巨大作用，也将深入到我们生活的方方面面，成为构建数字城市的重要力量。

（4）移动云计算面临的问题日显突出

在移动云计算拥有美好愿景的同时，我们也不能忽视移动云计算中当前面临的众多问题，虽然目前已经有一些项目或案例实现了移动云计算的雏形，例如 CloneCloud、Alfred、Weblet、Cloudlet 以及 Hyrax 等项目，但移动云计算离真正的商业应用还有很长的一段距离。移动云计算的挑战主要来自于移动设备和无线网络的内在特性和自身的限制与约束，这些挑战使得在分布、移动设备上的应用开发、设计比在固定的云计算上要复杂得多。其问题主要体现在数据访问、任务划分以及如何提供更好服务等方面。

(5) 云计算技术将朝着共享、融合的方向发展

将软件、硬件和服务共同纳入资源池是云计算最重要的创新，而网络带宽的提高为这种资源融合的应用方式提供了可能，这导致云计算将朝着共享、融合的方向发展：实现云计算平台之间的互操作和资源共享，使互联网上的主要计算设施融为一个有机整体；构建与应用紧密结合的大规模底层基础设施，使应用能够扩展到很大规模；构建新型云计算应用，提供更加丰富的用户体验，并注重通过云计算基础平台将多个业务进行融合。

从以上技术发展趋势可以看出，云计算的总趋势将是融合与共享，无论是私有云与公有云的融合，还是计算与移动的融合，都体现了"云"的最本质理念。而在云计算技术发展的同时，也会出现相应的问题，如安全性、互操作性等。然而，作为一种最能体现互联网精神的计算模型，云计算必将在不远的将来展示出强大的生命力。Gartner 公司的分析师达里普卢默认为，云计算给 IT 业带来的变革可以和第一次工业革命的影响相比较，其广泛应用将成为未来 IT 业的一个重要发展趋势，它将从多个方面改变我们的学习、工作和生活。但是云计算不会很大的改变我们现在已有的大部分计算，它的存在不是为了替代而是为了创造，创造者可以是科学家、工程师，或者程序员，也可能是任何一个普通人，只要他有一个终端，有一根网线，能方便地去操控数据、处理数据，并亲身体验这种技术带来的好处，就能成为云计算的真正受益者。

4.2.3　应用发展趋势

"云计算"从最初的概念炒作到现在，很多业界专家都认为 2011 年是其应用之年，对于大多数消费者来说，可能无意纠缠于云计算的定义，而是更加关心云计算能够带来相对于以前更加优秀的服务和体验。

如今各类厂商在开发不同的云计算服务，其表现形式多种多样，简单的云计算在日常网络应用中随处可见，比如谷歌的 Apps，腾讯 QQ 空间提供的在线制作 Flash，阿里巴巴的自助渲染服务等。目前，云计算的主要服务形式有：软件即服务（SaaS，Software as a Service），平台即服务（PaaS，Platform as a Service），基础设施即服务（IaaS，Infrastructure as a Service）。

在未来，云计算将应用在不同层次的不同方面：对于大公司，由于具有相当完善的 IT 基础设施和专业 IT 管理人员，可以将云计算的强大功能引入数据中心，变传统的 IT 基础架构成私有云；对于中小企业，可以充分利用现有 IT 资源发挥其虚拟化的强大功能，为企业提高 IT 人员效益，提供"IT 永不停机"，保证其服务的持续优势，实现混合云模式的方案；对于家庭，为了能够在智能家庭中利用云计算提供的服务，需要将起桥接作用的家庭网关进行有效的改进，使之能够完成将智能家庭中提供的服务发布到云上；而对于个人，应用更是五花八门，云操作系统、云存储、云安全、云办公、云会议、云打印、云设计等，可能只需花几分钟注册一下或者每年花费几十元，甚至只需简单双击安装即可获得这样的云服务。可见，云计算将会影响我们未来生活的方方面面。

1. 云计算在个人层面的应用趋势

（1）为用户提供数据存储中心

随着信息技术的发展，每个单位所涉及的数据量也越来越大，管理成本越来越高，云计算技术可以将文档、会议电话、内容管理等保存在网络服务器上，就像人们平时将钱存在银行一样，由专业的团队来管理，随取随用，不用担心数据的丢失和损坏。

（2）简化个人计算机终端

计算机有可能退化成一个简单的终端，不用再像现在一样需要安装各种软件，不再为软件的配置和升级费心，只需要拥有一个功能完整的浏览器并安装一个简单的操作系统，输入用户名和密码就能从“云”端获取自己的应用，这样我们就可以在任何地点用任何设备快速地计算和找到所需资源。

（3）改变用户使用电脑的习惯

云计算在未来的广泛应用可能会彻底改变用户使用电脑的习惯，从以桌面为核心转移到以Web 为核心，人们所有的电子设备只需连接网络就可以同时访问和共同使用一份数据。也许从单独的功能方面来说，云计算并没有太多的创新，但云计算在管理上的集中和在使用上的时空不再受限，是信息化时代值得借鉴的理念和尝试的方案。

（4）个人手机将成为云计算的重要平台

我们知道，手机的硬件资源是十分有限的，为了提供功能丰富的应用，所有的运算都在手机上进行显然不可行，而云计算技术的出现能很好地解决这个问题，它将使得客户终端的配置要求大大降低。复杂的运算操作都在云端的服务器上进行，同时云存储能提供重要数据的保存以及数据的共享。云计算技术和手机的结合将实现随时、随地、随身的高性能计算，这将成为今后计算机的发展趋势。

（5）移动云计算将为信息业注入强大活力

随着越来越多的移动运营商通过与 IT 企业的合作进入云计算领域，以及用户对云计算的认知和信任感逐步增强，移动云计算将加速发展。根据市场研究公司 ABI 的研究报告可知，到 2015 年有超过 2.4 亿的商业用户将通过移动设备使用云服务，并带来多达每年 52 亿美元的商业价值。而国际数据统计公司 Juniper 也预计到 2014 年移动云计算将会创造高达 95 亿美元的财富。如今，基于手机等移动终端访问云计算服务的移动云应用非常多，例如有移动微博、移动地图、移动搜索、移动支付、手机联网游戏等，又如 Android 平台上的各种服务、苹果公司的“MobileMe”服务、微软公司的“LiveMesh”、摩托罗拉公司的“MotoBlur”服务以及国内的 UCWEB 等等，都是移动云计算的典型代表。

（6）云游戏或成电子时代最大的变革之一

云计算的加入将给电子游戏业带来许多好处：对于用户，不用购买硬件和软件，只需为服务付费，不用担心硬件故障，不用担心时空的变化，只要网络存在，并配备简单的输入输出设备，就可以随时随地地进行游戏；对于服务提供商，节省了物流的费用，减少商品囤积带来的损失，有利于维护商业机密和知识产权。因此，云与游戏相结合将酝酿新一轮商机。

（7）云计算成为有效的学术工具

搜索有关云计算的文献可以发现有大量基于云计算的研究，即现在已经有许多学术研究者开始使用云计算去解决学术问题，这趋势将越来越明显，社会企业也将为学校提供云支持。例如，谷歌和 IBM 公司向大学提供了从 Apache Hadoop 项目中获取中间件的渠道，这是由于现许多学校的教授学生同时为一个或两个计算机编写程序，在云里可能有成千上万个这样的计算机，但是学校并没有教授学生利用这些计算机做一些复杂的业务分析，因为学校里没有这些资源。所以，通过这些数据中心，谷歌和 IBM 公司为这些大学提供了方便的渠道。

（8）云计算定价模式简单化

定价模式的简单化将有助于云计算的进一步普及，但目前的云计算产品做得还不够。而在随后的一段时间内可能出现自助式定价模式，将使目前的状况获得改善，用户可以和云计算厂商签订按照小时或分钟计费的包含一系列服务的协约。以亚马逊为例，有着专门用来评估带宽传输、负载均衡和弹性 IP 成本的定价计算。

总的来说，云计算将会使未来的生活发生本质变化，我们生活的方方面面都会和云有关。例如目前的书籍报刊越来越少，电子出版物越来越多，最后这些数据都会在云平台上呈现，到时候也许就连一个电灯也会成为云终端，所有的数据存储都会进入云系统，这些将深刻改变我们的生活。毋庸置疑，未来网络会让人们生活的世界扁平化，无缝化。只要有网络，用户就可以得到及时的帮助和实现一些特定的目标，而云计算技术的应用将日益引起社会各界的重视。

2. 云计算在政企层面的应用趋势

在大型企业中，云计算保持着较快的增长势头，由于大型企业对数据安全性要求较高，大型企业将以私有云应用为突破点，加速企业内部“研发、采购、生产、库存、销售”信息一体化进程，进而提升竞争实力。同时，在中小企业中，随着信息化基础设施建设日渐完善，以及网络传输日益增速，云计算将成为解决中小企业信息化建设困扰的变革方向。但由于云计算仍存在许多问题如安全性、收费标准以及网络本身的发展受限等原因，并不是所有企业都愿意使用云计算，根据 ICT 研究咨询机构于 2010 年年末发布的《中国云计算发展现状与趋势》可知，阻碍云计算在中国发展的因素有很多，其中对云计算的使用影响最大的还是数据的安全性问题，在各因素比较当中占到了 64.8%，如图 4-6 所示，而价格及需求的满足度也是关键的影响因素。

而在政府方面，政府不仅是云计算重要的应用领域，更是重要的市场启动力量，其推动力可促进云计算业跨越式地发展。目前，各城市通过政府资金支持，大力培育云计算技术服务厂商，结合当地产业规划，积极建立云计算业发展与创新基地，建立云计算示范平台，并引导云计算技术和服务厂商向产业基地集聚，形成合力参与全球云计算业竞争。

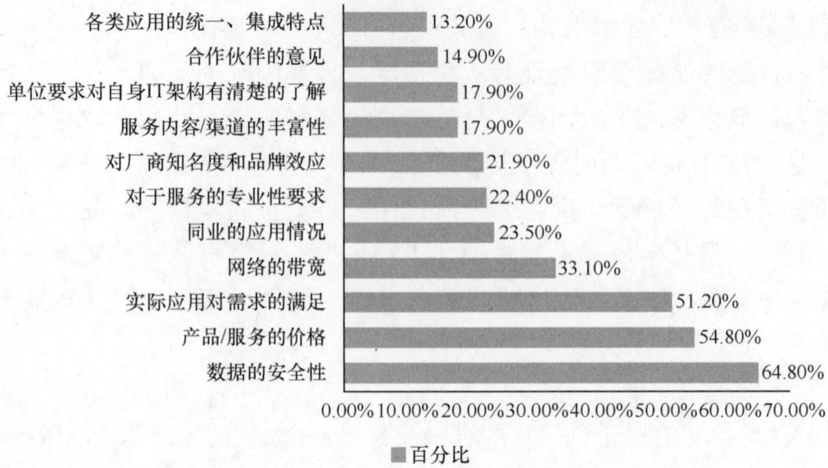

（资料来源：计世资讯）

图 4-6　影响云计算应用的因素比较

下面将阐述云计算在政府和企业层面的应用趋势。

（1）云计算的集中、共享和服务理念将成为企业集团的管控方向

云计算为集团信息化带来的不仅是 IT 基础设施的虚拟化、动态和高效率，更重要的是推动组织架构和流程的优化、经营模式和理念的转变。如今，在集团内部出现了许多新名词，例如“云制造”、“电子商务云”、“智能分析云”等等，云计算所强调的集中、共享和服务正是集团管控的发展方向。随着移动设备的普及，基于云计算的各种社区应用的出现，无时不在、无处不在的沟通为共享价值观的强化提供了崭新途径。同时，针对集团企业的架构和业务模式的不同，云计算很容易通过搭建集团企业云提供大规模、高扩展性、高可靠性、虚拟化的按需服务，从而实现企业的管控、业务协同与共享，提升集团资源的整体价值。

（2）云服务成为传统 IT 企业在商业上的新出路

如今，通过云计算人们就可以像缴水电费那样去为自己得到的计算机服务缴费，这种方式对于那些对大数据量计算存在需求的用户来说具有相当大的诱惑力，如服务外包企业、软件开发企业、科研单位等。随着越来越多的传统企业开始转型，企业用户会希望能确保自己无缝地集成传统的和新的技术，甚至新兴公司也会希望确保基础设施能够支持异构性，这让许多传统 IT 企业对于云时代转型的坚持更加笃定。例如，戴尔公司今年宣布将加大在全新技术解决方案和服务领域的投资，提供领先的解决方案、服务和基于云的交付方案，帮助客户迎合虚拟时代的需求。

（3）云计算有望整合产业链上中下游企业形成大联盟

目前我国从事云计算研发、服务、基础网络设施提供和终端设备制造的企业数量越来越多，产业的生态链正在构建中。在云计算从概念走向应用的过程中，设备商、运营商、软件企业以及各种新型创业企业对于合作的共识越来越趋于一致。就目前情况来看，云计算产业链的发展环环相扣，如同一个“金字塔”模型：处于金字塔基座位置的是基础设施层，能够提供计算、

存储、带宽等按需的 IaaS 云基础设施服务，这是所有应用和平台的基础；基于基础设施之上的是为应用开发提供接口和软件运行环境的平台层的 PaaS 服务；处于金字塔顶端的是应用层，提供在线的软件服务即 SaaS 服务。金字塔的这三个层面合起来构成了一条完整的云计算产业链，如图 4-7 所示。随着国内云计算应用市场的进一步发展与成熟，产业链上中下游企业整合的趋势将更加明显，因此无论是从抢占云计算市场还是推动云计算应用的角度看，产业链的广泛合作已经成为一种共识。

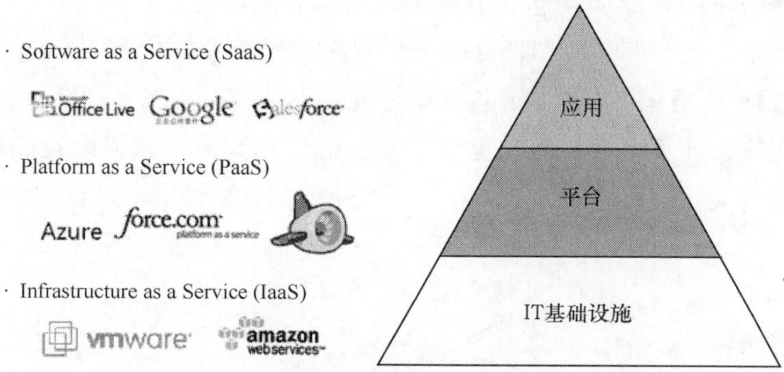

（图片来源：俊睿网络 http://www.wtox.net）

图 4-7　云计算产业链的金字塔模型

（4）越来越多的政府部门开始接受如云计算等纯服务的购买

众所周知，我国大部分政府用户和比较大的传统国企在 IT 产品采购和应用方面，都是以实物采购为主。从政府采购的预算机制看，大多数政府部门或者国企单纯地购买 IT 服务来代替 IT 办公设备的预算体制还不成熟。但实际上，今天中国的政府部门思想前进的步伐也非常快，虽然有很多地区性的差异和部门与部门之间的差异，但是已经有很多政府部门已经可以去接受一个纯服务的，包括纯咨询服务的这样的购买。

（5）政府电子政务在云计算的支出将持续增长

IDC 预测，中国城市政府电子政务在云计算平台的支出从 2012—2015 年每年的增速将达到 50%以上，到 2015 年将占到城市政府信息系统支出的 15%左右，主要投入于服务器、网络设备、系统管理软件、虚拟化技术和数据库等产品。另外，政府的云计算中心将呈现两种建设方式，一种是政府自己投资建设，另一种是政府提供一定的支持，由企业建设，政府租用。而与政府合作的厂商大概可以分为 3 大类，第一类是电信运营商；第二类是数据中心运营服务商或者互联网基础设施服务提供商；第三类是软硬件提供商。

（6）政府云计算应用投资将逐步转化为实际应用

政府行业云计算应用投资将逐步转化为实际应用：一类是面向政府工作人员，成为政府办公、计算平台的政务云；一类是面向普通公众，成为公共服务云。此外，由于政府云计算中心可提供对海量数据存储、分享、挖掘、搜索、分析和服务等能力，使得数据能够作为无形资产进行统一有效的管理，通过对数据的集成和融合技术，打破政府部门间的数据堡垒，实现部门间的信息共享和业务协同，这将极大提高政府信息化水平和办公效率，并大幅节约政府 IT 建设开支，实现绿色办公。

3. 云计算在重点领域的应用趋势

云计算作为一种新兴的商业模式，其发展对许多产业都有重大的意义，因此云计算将被应用在许多重点领域中，如航空、图书管理、电信、制造业等，具体地说可以细分到科研中的地震监测、天文信息计算处理，网络及安全中的病毒库存储、医学信息分析及病例存储分析、电视直播和节目点播、图形和图像处理、海量图片检索服务等等。

在重多领域当中，政府、电信和教育是云计算应用推广的主力军，如图 4-8 所示，政府在云计算中的应用占到了 33.6%之多，而电信与教育分别是 27.3%和 12.9%，这与地方政府的电子政务和公共设施的云计算平台建设、电信运营商的“私有云”建设以及高校与 IT 厂商的云计算研究中心建设有关。

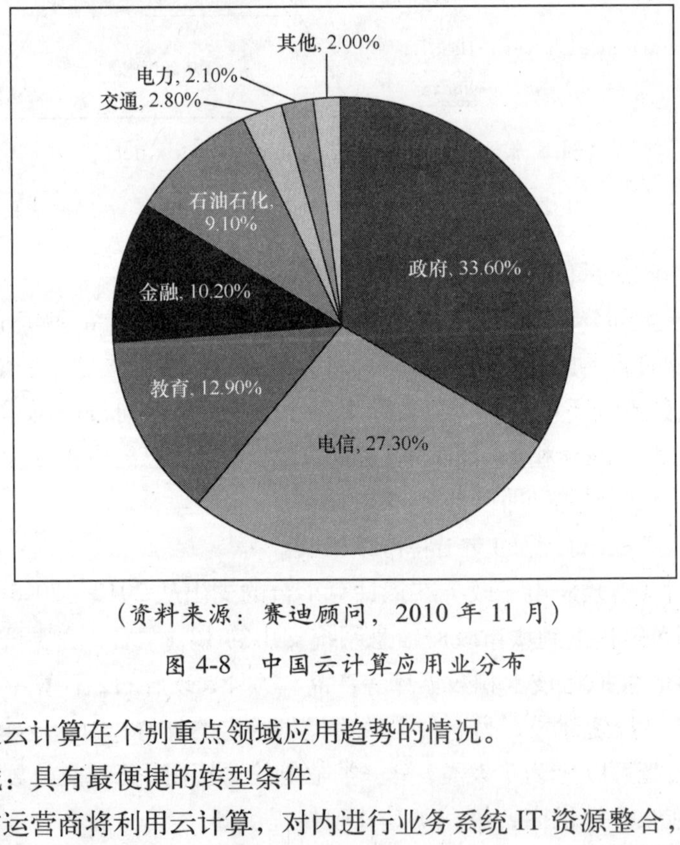

（资料来源：赛迪顾问，2010 年 11 月）

图 4-8　中国云计算应用业分布

下面简单阐述云计算在个别重点领域应用趋势的情况。

(1) 电信领域：具有最便捷的转型条件

在未来，电信运营商将利用云计算，对内进行业务系统 IT 资源整合，对外构建新兴商业模式的基础资源平台，提供公用 IT 服务，加速电信运营商平台化趋势与产业链的整合趋势，并推动云计算的落地。

由于电信运营商本身具有完善设备的优势，不需要再构建专业的机房、铺设昂贵的通信线路以及培养专业的网络工程师，电信运营商要进入云计算的战场，最重要的切入点是搭建基于云计算的 IaaS 数据中心。因此，电信运营商只需要做的是提供企业一个集中的专业的服务器机房。

确实，大多电信企业已在云中找到了出路，在2011年的中国国际信息通信展中，关于“云”技术、应用的展示占了半边天，例如华为的运营云、业务云、媒体云，爱立信的PC即服务，UT斯达康基于云的IPTV系统等。另外，中国移动于2011年11月也将其投资120亿元以上，占地1000亩的全国云计算中心落户于哈尔滨的“中国云谷”，由此足见整个电信业对云计算的重视程度。

（2）教育领域：协调区域发展及公平的范例

基于中国国情，由于历史条件、学术环境的差异性和资源分布的不均匀性，各类教育资源不能充分共享，造成教育的不公平性。如何让较少的教育资源发挥出更高效率的作用，让更多发达地区的优质教育资源协助解决欠发达地区资源的需求问题，具有共享理念的云计算将为其提供技术解决的可能性。

在云网络中，教学课堂、个人电脑、实验室都可以从云网络中获得，在云网络中存储，而学校只需要联上云网络，再提供可以运行浏览器的最简单的终端设备就能让所有师生随时随地进行学习、资料处理和实验实训，这将摆脱资金巨大重复投入、专业技术人员短缺和教育资源分布不均等困扰，对教育信息化、优化教育资源、协调区域发展、促进教育公平和教育事业全面发展提供了机会和技术实现，这在教学、科研中的应用前景十分广阔。

（3）金融：成为效益最大化的突破口

按照传统思路，金融业的信息化都是自己建数据中心和开发软件，但这也会带来一些问题：一方面，这种方式产业化程度太低，并给IT厂商的产品开发和维护带来了难度，导致金融信息化项目效率低，效益不理想；另一方面，一家一户的数据中心和软件定制模式越来越不适应中国信息化的下一步发展要求，这种问题在信息化部门只有十几个人的中小金融机构更是突出。面对这种形势，金融业尤其是中小金融机构要在云计算模式上找出路，需要在云计算上找突破口，这是一种必然趋势。

（4）化工业：大大降低信息化投资成本

实际上，信息化领域的一些著名企业已经开始将云计算应用于石油化工领域的探索。据SAP（Systems Applications and Products in Data Processing）北亚区石油和化工业的专家介绍，目前全球500强的化工企业都是SAP的客户，现在SAP可以为石油化工业提供企业预制型、按需随选型和移动应用型解决方案，其中按需随选型的解决方案就是云计算的解决方案。与本地部署的系统相比，基于云技术的软件即服务（SaaS）可实现快速部署、更高的用户采用率和更少的支持需求，从而节省企业的信息化投资和管理成本。

（5）电力系统：可自主构建完整的智能“云”

鉴于电力系统数据的敏感性和中国电力系统内网的完整性，在中国电力系统完全可以利用现有的系统内网的物理网络设备建立电力系统私有的云。也就是说，电力系统完全可以自主控制云计算方式，而不是交给云计算服务提供商。

通过构建电力系统智能云，利用其集群应用、分布式计算等系统功能，将电力系统内几乎所有网络和计算应用软件集合起来协同工作,共同对各级电网和计算机终端提供数据储存和计算服务。电力系统结构庞大、分布广，如果任何一个小节点或计算要求都提交到需求分配的总中心，压力会很大，且权限的判定会很繁琐。但由于电力系统分级管理的层次很清晰，通过级别建立主云和子云来限定权限和资源分配，可以减少系统内部不必要的权限管理和资源调配，使智能云的资源和权限更为合理。

（6）医疗：其安全性最受关注

基于 Web 的服务器、存储、数据库以及其他云计算架构、软件和服务器等云计算技术的相关特点，都可以为全球范围内的医疗研究者和工作者提供整合平台。具体地说，云计算可以提供处理密集型的医疗研究和数据密集型的医疗相关应用,提供医疗领域中数据集中型研究和分析的整合和知识共享等。但同时，云计算技术在医院信息化应用中存在的问题仍需要重视，例如云中数据的安全问题：医院中的病历是属于患者的隐私，若将这些庞大数据放在云中，信息的隐私保密以及授权问题将是难题。但随着难题的解决，云计算技术在医院信息化中的应用将得到完善。

（7）邮政领域：信任度高而更易推广云服务

在未来，邮政可能会在数据库的基础上，建立用户数据中心，帮助用户保存重要数据，也就是做“云服务”，进而为创业公司提供资金、推广、支付、物流、客服一整套服务。虽然现在已有一些网站提供数据存储服务，但出于安全考虑，用户对邮政的品牌信誉度更为认可，因此，如果邮政能够做好数据的备灾技术工作，为用户提供不同安全等级的数据仓库，其发展前景亦是乐观的。另外，邮政在建设电子商务网站时，也可以为用户提供信息服务，例如在销售集邮产品的同时，还可以进行集邮文化的普及展示邮票珍品和精品；通过与国外邮政联系，开拓国外邮票销售渠道；为邮友提供网上交换邮票的空间及数据存储服务，以吸引更多的集邮爱好者等等。

当然，除了以上重点领域，云计算在别的领域中也大有可为，如广电业、生物领域、旅游业等等。而随着云理念的普及和本土化云计算技术产品、解决方案的不断成熟，云计算必将成为未来中国重要行业领域的主流应用模式，为重点行业的信息化建设与 IT 运维管理工作奠定核心基础。

4.2.4 政策走向

（1）“十二五”鼓励长期发展云计算及智慧城市

我国“十二五”期间，上至中央政府下至地方政府，都出台了鼓励发展云计算和智慧城市的相关政策。在这种大环境中，政府推动的云计算产业链和城市的电子政务云都将获得迅速的发展。

IDC 预测，由于云计算技术逐渐成熟化，我国“十二五”期间省会城市和大型的地级市都将建设省级或市级电子政务云计算中心,而一二线的城市政府部门在自身应用云计算技术方面也将会取得突飞猛进的发展。另外，政府部门尤其是地方政府在电子政务信息化方面有升级的需求，毋庸置疑，政府云计算应用的发展会为IT解决方案提供商、软硬件厂商、集成商、运营维护商带来大量商机。国金证券认为，云计算还处在概念导入期，伴随政策支持以及产业发展，国内云计算市场至2013年将超过1000亿元。

另外，2012年云计算专项基金支持金额将视各地示范项目的进展情况酌情增减，但是支持重点仍是云计算应用项目。例如上海地区云计算应用示范项目的申报通知中提出，要重点支持金融、文化、健康、中小企业服务、社区服务等领域具有成功商业模式的云计算服务项目，鼓励政府和大型企业利用原有IT设施开展云计算改造项目。

（2）发改委针对云计算应用示范工程的首批资金可望达到15亿元

我国发改委设立的云计算专项基金于2011年10月之前约投入8亿元，主要用于支持北京、上海、杭州、深圳、无锡等5大云计算示范城市的示范项目，同年11月，发改委针对五地云计算应用示范工程的首批资金支持得到批复，其扶持资金规模可望达到15亿元，阿里巴巴、腾讯、华东电脑、华胜天成、金蝶等一批公司入围，并将分别获得千万元以上的资金支持。该资金下发后，各受益企业纷纷开始行动，如阿里巴巴，在名单公布不到一周即宣布联手云锋基金启动总计10亿元云基金，而金蝶也启动“中小企业管理云应用研发与产业化”项目，计划在未来建立一个开放式的云生态系统，助力国家云计算业的发展。

据业内人士估计，中小企业管理云生态系统未来几年内将产生总额百亿级的产业链带动效益，惠及近千万家中小企业和千万个人用户。据赛迪顾问于2011年中发布的《中国云计算产业发展白皮书》预计，到2012年，中国云计算市场规模将达到606.78亿元。

（3）《北京市软件和信息服务业“十二五”发展规划》再次强调云计算的重要意义

2011年10月，北京市经信委与北京市发改委联合出台了《北京市软件和信息服务业“十二五”发展规划》，再次强调云计算在信息产业发展中的重要意义，其规划期限为2011—2015年。该规划提出了北京市未来5年内云计算相关产业的发展目标，即建立以云计算技术为支撑，包括新型终端、软件、内容、运营服务为一体的信息服务运营平台，围绕移动互联网、下一代互联网、融合性网络电视业务等三大方向带动整合千家软件和信息服务企业，形成以平台型企业为龙头的新型产业价值链。

另外，该规划还提出要利用云计算技术改造一批传统的行业解决方案，支持行业解决方案提供商建设面向行业应用的SaaS平台。同时，抓住云计算产业兴起的机会，组织实施“祥云工程”行动计划。力争到2015年，形成十余家规模级基础设施即服务（IaaS）企业，发展百家有独特技术价值、良好商业模式的平台即服务（PaaS）和软件即服务（SaaS）企业，打造几个具有世界先进水平的互联网信息服务运营平台，云产业水平位居世界各主要城市前列。该规划提到，未来2～3年，全球云计算市场规模将超过1000亿美元。

（4）《国务院关于加快培育和发展战略性新兴产业的决定》重视云计算的应用

在2011年国务院下发的《国务院关于加快培育和发展战略性新兴产业的决定》中，新一代信息技术被确立为“十二五”期间我国将重点培育与发展的七大战略性新兴产业之一，其中明确提出要“促进云计算的研发和示范应用”。在该决定中，据预测，云计算市场将以复合年率 28%的速度快速扩张，到 2012 年，云计算技术会相当普及，五分之一企业将无任何 IT 资产。

4.3 云计算应用典型案例

4.3.1 家庭案例

随着云计算在政企级上的普及，其优势也将应用在家庭当中。但随着大数据来袭，个人终端的体积可能会很庞大，不断增加的应用在有限的系统中变得无法控制，内容所需的存储空间越来越多，系统运行越来越慢，维护与服务完全无法操作，这些都将引起用户的不满并影响云在家庭中的使用。因此，我们必须将复杂的服务能力进行平台化，并且整体迁移到云端，才能实现家庭终端的瘦身，实现易用性与功能性的平衡。

如今，已经有不少城市开始实施其家庭云计划，如厦门将打造云计算中心，使每个家庭都可受益，另外，不少城市也建起了云计算智能小区，这是在建立起云计算互联网以后而打造的智能城市、智能社区和智能家庭，通过智能城市将周边小区、外围商业以社区的云系统链接到每一个家庭。

具体地说，云计算在家庭层面可以有以下应用。

（1）应用超市

供应商通过网络为家庭提供应用超市，上架丰富的应用“商品”，并根据用户行为习惯进行展示和推荐，帮助用户快速找到需要的应用。

（2）引入专业服务平台

由于家庭用户具有注重资讯与沟通的特点，可以构建专业的服务平台，即家庭数字系统。此系统将提供种类繁多又覆盖不同层面需求的内容与信息，并通过云平台将专业的、具有针对性的服务接入到整个家庭环境中，在家庭终端的配合下无缝地向用户提供更加专业和复杂的服务。

（3）自动识别家庭环境及用户类型

利用网络对终端侧安装包进行推送，自动识别用户家庭环境，对软件进行适配与自动配置。同时，云平台可以对用户属性进行精细化管理，如具有哪些典型角色，其典型行为有哪些，该家庭的关系组织如何等，形成一个基于传统 SNS 的家庭网络关系网。

总的来说，只有不断聚焦用户，才能使工业化生产条件下的家庭终端成为合格的私人管家。家庭数字系统要真正进入生活，不可能一次性提出并建成全新的生态系统，更不能直接替换原有的生态，只能循序渐进，先切入再融合替换。

4.3.2 企业案例

随着企业信息化建设脚步的加快，越来越多的中小企业开始全面转型云计算应用与服务，并有呈直线上升的趋势，而大量中小型企业选择云计算应用与服务，除了能为自身节约大量成本和提升效率之外，与时代步伐方面保持一致是这些中小型企业选择云计算的主要原因。例如，百度专门成立了研发团队，从事云计算中分布式计算等核心技术的研究；联想计划通过云计算将企业从设备提供商转型成为“设备+服务”商；阿里巴巴成立了专门负责云计算的子公司阿里云计算；华为启动“云帆”计划，与合作伙伴为行业应用提供信息化解决方案；浪潮集团正在从软硬件产品供应商向云计算整体解决方案供应商全面转型；中国移动的“大云”战略已达到一定存储规模，并在开源软件基础上自主开发了“大云”系统；腾讯预计 2014 年将在天津建成亚洲最大的数据储备处理服务中心等等。然而，一个不争的事实是，云计算产品和技术的关键部分仍在国外企业手中掌握着。提高云计算产业的安全和可控性，加强国产化、提高国内企业的自主创新能力迫在眉睫。

下面简单介绍几家国内外在云计算领域中声音较大的典型企业。

（1）IBM：蓝云计划

IBM 把云计算视为一项重要的战略，其在发布的蓝云计划（Blue Cloud）后推出了一系列产品，可以让企业用户的数据中心“通过一种分布式、全局可访问的资源组织方式，像互联网一样进行运作，提供计算服务”。蓝云计算的内容包括虚拟 LINUX 服务器、并行负载调度以及 IBM 的 Tivoli 管理软件。

如今，IBM 已在全球范围内建立了十多个云计算中心，拥有很多成功案例，并且已整合全球的云计算研发资源以满足中国客户发展需求。在云计算方面，IBM 可帮助企业建立内部私有云，也可建立对外服务的公共云，主要为客户提供以下服务：专家提供深入的云计算技术讲解和咨询服务；实现云计算技术的概念验证；帮助客户建立和部署云计算中心，并提供所需的硬件、软件和服务；提供端到端云计算解决方案，包括桌面云、存储云、云架构咨询服务、云网络优化、安全云和测试云。

根据 IBM 高性能按需计算部门的 CTO Denis Quan 的说法，蓝云计划“不只是为了运行并行工作负载，也是为了让数据中心的使用更高效”。对于企业的 IT 部门来说，IBM 的云计算软件、系统和服务可以被集成为所谓的“新一代企业数据中心”。

（2）微软：“软件加服务”

微软是全球最大的软件供应公司，其云计算战略包括三大部分：微软运营，即微软自己构建及运营公共云的应用和服务，同时向个人消费者和企业客户提供云服务；伙伴运营，即 ISY/SI 等各种合作伙伴可基于 Windows Azure Platform 开发 ERP、CRM 等各种云计算应用，并在 Windows Azure Platform 上为最终使用者提供服务，或者微软运营在自己的云计算平台的 Business Productivity Online Suite 产品也可交由合作伙伴进行托管运营；客户自建，即客户可以选择微软的云计算解决方案构建自己的云计算平台，微软可以为用户提供产品、技术、平台和运维管理在内的全面支持。

微软某首席软件架构师提出，微软的计划是“在企业级软件、合作伙伴托管服务以及云服务三者之间保持一种对称与平衡。”微软称之为“软件加服务”。2011 年微软已经推出了其第一批针对商业市场的 SaaS 产品，包括 Dynamics CRM Online、Exchange Online、Office Communications Online 以及 SharePoint Online。一批大公司如 Autodesk、Blockbuster、Energizer 和 Ingersoll-Rand 是微软 SaaS 产品的早期采用者。

（3）亚马逊：Web 服务

作为一家网上书店和线上零售商，亚马逊已经广为人知，但现在，亚马逊的全新业务是云计算。两年多以前，云计算这块市场开始兴起，亚马逊是当时为数不多的云计算提供商之一，在今天，全球有不少用户在计划接入“云”时都会考虑亚马逊的服务。

亚马逊的云计算服务总称为 Amazon Web Services（AWS，Amazon Web 服务），迄今它包括四种主要的服务：Simple Storage Service（S3，一种简单的存储服务）；Elastic Compute Cloud（EC2，弹性可扩展的云计算服务器）；Simple Queuing Service（一种简单的消息队列）；以及 SimpleDB（简单的数据库管理）。这些服务所需要的巨大的后台 IT 基础架构是亚马逊的数据中心。目前来看，AWS 已经具备了云计算的三个基本特征：用户所需要的 IT 资源不在公司自己的数据中心里面，这些资源可以通过互联网获得，没有固定的投资成本。

如今很多初创型小企业和其他软件开发人员正在使用 AWS 提供他们各自的 SaaS 产品。这里面包括 Vertica，销售基于 S3 的数据仓库，以及 Sonian，把它的文档服务构建在亚马逊的基础架构之上。现在一些大企业也开始对 AWS 产生了兴趣，毕竟它能够降低前期投资成本，有伸缩自如的可扩展性以及灵活的 IT 资源。为了更好地支持这些大客户，亚马逊已经开始提供全天候的电话支持以及企业级水准的服务。例如，在一个月内，如果 S3 的可用性降到了 99.9%以下，那么，客户就能获得至少 10%的信用额度。当然，亚马逊并非完美，今年它的客户也正面临着 Web 站点访问速度变慢等一系列问题。

（4）谷歌：企业应用引擎

谷歌在互联网搜索方面建立了一种超强的商业模式，如今它正在把它的云开放给众多的企业用户，所提供的服务形式包括应用托管服务和企业搜索等等。对于最终用户来说，Google Apps 提供的东西包括基于 Web 的文档、电子数据表以及其他生产性应用服务。现在，包括 GE 和宝洁在内，已经有 50 多万家组织注册了 Google Apps，整个 Google Apps 的用户数量达到了大约 1000 万，而在美国的 Iowa、Oregon、North Carolina 和 South Carolina 等几大州，谷歌近期已经完成或正在构建全新的数据中心，平均每个数据中心的造价会高达 6 亿美元。

同时，谷歌也开始考虑用户有时需要离线工作的现实情况，因此设计了一款针对此问题的内嵌浏览器：Google Gears。另外，谷歌和 IBM 合作向高校学生和研究人员提供云计算服务。

谷歌内部人士发表言论说，“我们所拥有的一个巨大优势，也是我们开发这些项目的一个原因就是，我们运行着世界上最大的在线应用。”这里指的就是谷歌的 Web 搜索引擎。该人士认为，这一点能够帮助培育云计算的新思想和新应用。

（5）中国电信：电信 e 云

实际上，早在几年前中国电信就已经开展了针对云计算的技术研究工作，并成立了专门的云计算研究机构，在关于云计算的信息搜索方面收集了大量的云计算技术文献，并通过虚拟化技术来测试掌握相关技术的成熟度，对行业化主流的虚拟化设备和虚拟化管理系统进行技术测试。2010 年，中国电信广州研究院针对中国电信的运营特点和要求，就已经搭建了基于英特尔至强处理器的云计算测试平台，同时，利用英特尔数据中心管理平台结合英特尔节点管理器技术对云计算测试平台进行了功耗测试。

按电信内部人士的说法是，“中国电信现在是将以虚拟化技术为依托，包装成多样化的云服务，这就需要打破原来的商业模式，需要整合营销。原来中国电信卖带宽，卖互联网接入，而现在是提供完整的融合业务，考验了电信的系统整合能力和产业联动能力。在网络层面、CPU 层面、应用层面，虚拟化都可以贯穿各种维度，每一种维度又会出现很多的虚拟化形式，凭借电信的经验，加以组合，将产生更多的虚拟化应用模式。可以说，虚拟化充满了想像的空间。”

（6）阿里巴巴：阿里云

2011 年 10 月，阿里巴巴召开了阿里云开发者大会，在此次大会上，阿里云正式发布旗下的云计算产品与服务，其中包括开发者平台、渲染、开放结构化数据服务、关系型数据库服务、开放存储服务、开放数据处理服务、阿里云邮箱、云搜索等，覆盖了云计算的不同领域。目前，阿里云的云计算服务可以为开发者及客户提供成熟的计算、存储、搜索、邮箱、渲染、数据挖掘等服务，可以帮助开发者节约开发时间、降低维护成本，并且提升系统的可靠性。如今，包括淘宝网、商派、阿里巴巴金融、万网、清华大学等在内的 3000 多家公司和学校已经开始使用阿里云计算服务。

（7）华为的“云帆计划”

华为之前无疑是一种电信设备商的面孔，但如今，在中国云计算领域也即将赢得一席之地。在云计算方面，华为提出了“云帆计划 2011”，明确了华为云计算的三大战略：大平台、促进业务和应用的云化、开放共赢。如今，华为成立了 IT 产品线，该产品线是华为董事会直接投资的一层组织，下设云平台领域、服务器与存储领域、数据中心解决方案领域和媒体网络领域。目前华为拥有一定实力的云计算研发团队，在云计算投入超过 6000 人，并将持续增加，预计在 2012 年超过 10000 人。包括云计算及 ICT 整体解决方案在内的企业业务，2010 年华为营收 20 亿美元，2011 年倍增至 40 亿美元;2012 年企业业务目标 70 亿美元，2015 年则挑战 150 亿～200 亿美元。

面对云计算带来的机遇，华为企业业务的最高负责人、总裁徐文伟称，“云计算的崛起，为华为带来绝佳的增长契机”，而华为常务副总裁徐直军也表示，“华为愿意花十来年时间，在云计算领域占全球一席之地”。

从以上各大国内外企业的举动来看，毫无疑问，云计算将是一场改变 IT 格局的划时代变革，各巨头从不同领域和角度开始在“云计算”领域扎根，每个企业都提出了具有特色的“云计划”、“云战略”，多重利好将会彻底引发各大企业对云计算市场的激烈争夺，而这也将持续成为未来几年 IT 竞争的最大看点。

4.3.3 政府案例

如今，世界各国政府均十分关注云计算，相继推出系列措施推动云计算的研发和应用。例如，美国提出了云计算优先的国家 IT 发展战略，日本发起了以云计算为主导的“数字日本创新计划”，新加坡提出“智慧国 2015 计划”，欧盟、俄罗斯、印度也都将云计算作为信息社会建设的主要战略。

在国家政策的带动下，我国地方政府也相继出台云计算产业发展规划，纷纷投入巨资建设云计算中心。确实，2011 年以来，“应用”作为中国云计算的主要发展方向，急需通过一批具有引导性、示范性的产业示范项目来促进行业应用，如今，云计算在国内以 5 个试点城市为代表在各地百花齐放。

（1）北京：祥云工程

2010 年 10 月，市经信委与市发改委、中关村管委会共同发布《北京“祥云工程”行动计划》，行动计划提出的目标是到 2015 年建成亚洲最大超云服务器生产基地。行动计划还指出，云计算的发展将改变 CPU、存储、服务器、终端、操作系统及应用软件的整条信息产业链，并深远地影响从生产到生活的信息化应用。而实际上，北京的“祥云工程”进展迅猛，2010 年北京相关企业的云计算收入达到 82 亿元，预计到 2015 年将形成 500 亿元的产业规模。

（2）上海：云海计划

上海的“云海计划”即将步入高潮，在刚刚公布的《上海市推进智慧城市建设 2011—2013 年行动计划》中，云计算也列入重大专项之一，该计划指出，未来三年，上海将致力打造“亚太云计算中心”，到 2012 年，培育 10 家年销售额超亿元的云计算企业，带动信息服务业新增经营收入 1000 亿元，打造“亚太云计算中心”。另外，上海还发布了《上海市云计算产业基地财政扶持政策实施办法》，宣布设立云计算产业发展专项扶持资金，一期规模 3 亿元，二期将达到 10 亿元，该基金的 70%将投向云计算产业。

（3）深圳：鲲云计划

深圳则提出了要打造“华南云计算中心”的概念，其云计算国际联合实验室于 2011 年 4 月初正式揭牌，这是深圳云计算产业协会联合英特尔、IBM、金蝶等国内外相关企业创建的专业性技术与应用研发实验室，主要帮助深圳相关企业研发的云计算技术与应用进行软硬件优化，对各类云计算应用与服务进行市场化验证，加快其产品化进程。另外深圳也在今年 8 月份成立云计算产学研联盟，并启动“鲲云计划”，预计到 2015 年，深圳将产生 10 家年销售收入超 10 亿元的企业，带动相关产业产值超过千亿元。

（4）其余城市

杭州、成都、江苏无锡、广东佛山等地，也率先启动云计算基础设施、云计算服务平台和云计算产业园区建设。

如今，从全国各地的云计算规划里都会看到这样一句话：打造完整产业链。这个“产业链”比如北京祥云工程等会拉动千亿级生态链市场。但现在国内的云生态链仍处于一个正在构建过程中的阶段，还没有形成一个真正的永久的生态系统。究其原因，一方面是人才不足，现在国内在云计算这方面的支撑人才还非常少。另一方面是缺乏创新，现在我们还没有看到整个国内产业链给我们带来什么创新型云的应用模式。无论是祥云工程还是云海工程，所有这些工程应该最需要的是创新，这样，在这个平台上才达到更好的云计算未来创新模式，加强国内企业在云计算领域中与跨国企业的竞争能力。

第5章 物 联 网

5.1 物联网的界定和技术体系

物联网（The Internet of Things）的概念最早是在1999年提出的。随着技术和应用的发展，物联网内涵不断扩展，现代意义的物联网可以实现对物的感知识别控制、网络化互联和智能处理的有机统一，从而形成高智能决策。物联网是互联网和通信网的网络延伸与应用拓展，具有整合感知识别、传输互联和计算处理等功能，是对新一代信息技术的高度集成和综合运用。

5.1.1 物联网的界定

1. 国外的界定

1999年，麻省理工学院的Ashton教授在美国召开的移动计算和网络国际会议首先提出物联网的概念。早期的物联网是指依托射频识别（Radio Frequency Identification，RFID）技术和设备，按约定的通信协议与互联网相结合，使物品信息实现智能化识别和管理，实现物品信息互联而形成的网络。

2005年，在突尼斯举行的信息社会世界峰会上，国际电信联盟（ITU）发布《ITU互联网报告2005：物联网》，引用了“物联网”的概念。物联网概念的兴起，很大程度上得益于国际电信联盟2005 年以物联网为标题的年度互联网报告。然而，ITU的报告对物联网缺乏一个清晰的定义。

2009年2月的IBM论坛上，IBM大中华区首席执行官公布了名为“智慧的地球”的最新策略。此概念一经提出，即得到美国各界的高度关注。IBM认为，IT产业下一阶段的任务是把新一代IT技术充分运用在各行各业之中，具体地说，就是把感应器嵌入和装备到电网、铁路、桥梁、隧道、公路、建筑、供水系统、大坝、油气管道等各种物体中，并且被普遍连接，形成物联网。

2009年9月，在北京举办的物联网与企业环境中欧研讨会上，欧盟委员会信息和社会媒体司RFID部门负责人Lorent Ferderix博士给出了欧盟对物联网的定义：物联网是动态的全球网络基础设施，它具有基于标准和互操作通信协议的自组织能力，其中物理的和虚拟的“物”具有身份标识、物理属性、虚拟的特性和智能的接口，并与信息网络无缝整合。物联网将与媒体互联网、服务互联网和企业互联网一道，构成未来互联网。

2. 国内的界定

我国的工业和信息化部电信研究院发布的《物联网白皮书（2011 年）》认为：物联网是通信网和互联网的拓展应用和网络延伸，它利用感知技术与智能装置对物理世界进行感知识别，通过网络传输互联，进行计算、处理和知识挖掘，实现人与物、物与物信息交互和无缝链接，达到对物理世界实时控制、精确管理和科学决策的目的。

物联网的内涵是指将无处不在的末端设备和设施，包括具备内在智能的传感器、移动终端、工业系统、楼控系统、家庭智能设施、视频监控系统等和“智能化物件或动物”或“智能尘埃”，通过各种无线或有线的长距离或短距离通信网络实现互联互通、应用大集成以及基于云计算的 SaaS 营运等模式，在内网、专网或互联网环境下，采用适当的信息安全保障机制，提供安全可控乃至个性化的实时在线监测、定位追溯、报警联动、调度指挥、预案管理、远程控制、安全防范、远程维保、在线升级、统计报表、决策支持、领导桌面等管理和服务功能，实现对“万物”的“高效、节能、安全、环保”的“管、控、营”一体化。[1]

5.1.2 物联网技术发展现状

1. 技术体系发展现状

物联网涉及感知、控制、网络通信、微电子、计算机、软件、嵌入式系统、微机电等技术领域，因此物联网涵盖的关键技术也非常多，为了系统分析物联网技术体系，《物联网白皮书（2011 年）》将物联网技术体系划分为感知关键技术，网络通信关键技术、应用关键技术、共性技术和支撑技术，具体如图 5-1 所示。

传感和识别技术是物联网感知物理世界获取信息和实现物体控制的首要环节。传感器将物理世界中的物理量、化学量、生物量转化成可供处理的数字信号，识别技术实现对物联网中物体标识和位置信息的获取。

网络通信技术主要实现物联网数据信息和控制信息的双向传递、路由和控制，重点包括低速近距离无线通信技术、低功耗路由、自组织通信、无线接入 M2M 通信增强、IP 承载技术、网络传送技术、异构网络融合接入技术以及认知无线电技术。

海量信息智能处理综合运用高性能计算、人工智能、数据库和模糊计算等技术，对收集的感知数据进行通用处理，重点涉及数据存储、并行计算、数据挖掘、平台服务、信息呈现等。

面向服务的体系架构（Service-Oriented Architecture，SOA）是一种松耦合的软件组件技术，它将应用程序的不同功能模块化，并通过标准化的接口和调用方式联系起来，实现快速可重用的系统开发和部署。SOA 可提高物联网架构的扩展性，提升应用开发效率，充分整合和复用信息资源。物联网支撑技术包括嵌入式系统、微机电系统、软件和算法、电源和储能、新材料技术等。

[1]周洪波. 物联网：技术、应用、标准和商业模式. 北京：电子工业出版社，2010.

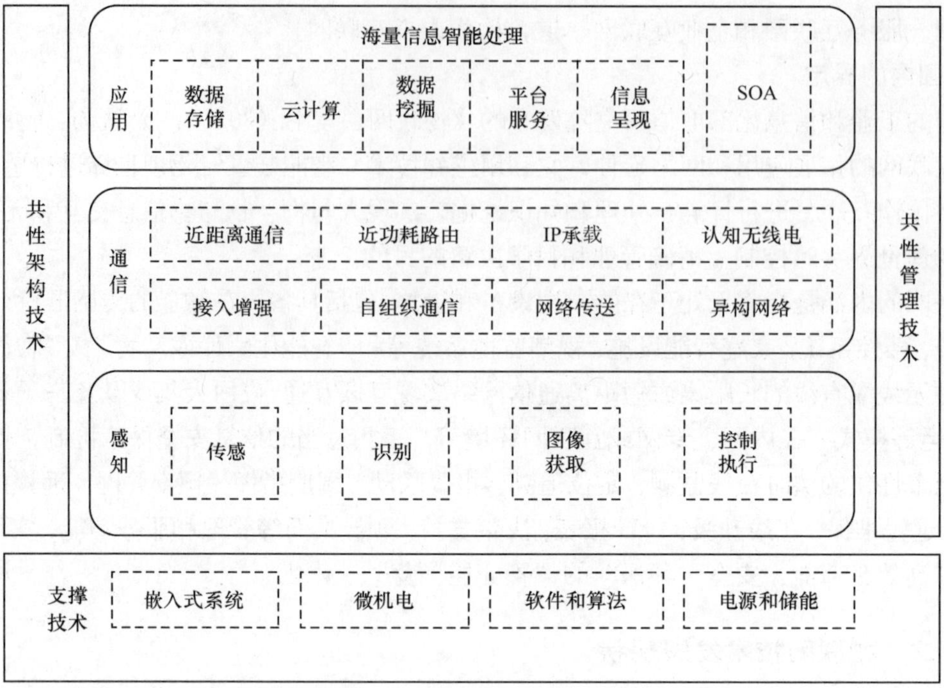

图 5-1　物联网技术体系

物联网共性技术涉及网络的不同层面，主要包括架构技术、标识和解析、安全和隐私、网络管理技术等。物联网架构技术目前处于概念发展阶段。物联网需具有统一的架构，清晰的分层，支持不同系统的互操作性，适应不同类型的物理网络，适应物联网的业务特性。

2. RFID 发展现状

物联网应用还处于起步阶段，目前全球物联网应用主要体现在射频识别技术（Radio Frequency Identification，RFID）、M2M 等应用项目上，大部分是试验性或小规模部署的，处于探索和尝试阶段，覆盖国家或区域性大规模的应用较少。

RFID 是 20 世纪 90 年代开始兴起的一种自动识别技术，是目前比较先进的一种非接触识别技术。以简单 RFID 系统为基础，结合已有的网络技术、数据库技术、中间件技术等，构筑一个由大量联网的阅读器和无数移动的标签组成的、比互联网更为庞大的物联网成为 RFID 技术发展的趋势。在物联网的发展中，RFID 标签中存储着规范而具有互用性的信息，通过无线数据通信网络把它们自动采集到中央信息系统，实现物品的识别，进而通过开放性的计算机网络实现信息交换和共享，实现对物品的“透明”管理。

2008 年全球 RFID 市场规模已从 2007 年的 49.3 亿美元上升到 52.9 亿美元，这个数字覆盖了 RFID 市场包括标签、阅读器、其他基础设施、软件和服务等的方方面面。RFID 卡和与卡相关基础设施将占市场的 57.3%，达 30.3 亿美元。来自金融、安防行业的应用将推动 RFID 卡类市场的增长。2010 年是中国 RFID 产业进入了成长期的第一年，市场规模高速增长，达到 121.5 亿元人民币，比 2009 年增长了 42.8%，首次突破百亿规模。2011 年中国 RFID 市场继续保持高速增长，市场规模达到 180 亿元，2012 年市场规模有望超过 200 亿元。

3. M2M

我国物联网 M2M 网络服务保持高速增长势头，目前 M2M 终端数已超过 1000 万，年均增长超过 80%。应用领域覆盖公共安全、城市管理、能源环保、交通运输、公共事业、农业服务、医疗卫生、教育文化、旅游等多个领域，来未几年仍将保持快速发展。预计“十二五”期间将突破亿级。

三大电信企业在资源配置方面积极筹备，加紧建设 M2M 管理平台并推出终端通信协议标准，以推进 M2M 业务发展。国内通信模块厂商发展较为成熟，正依托现有优势向物联网领域扩展。国内 M2M 终端传感器及芯片厂商规模相对较小，处于起步阶段。尽管我国在物联网相关通信服务领域取得了不错的进展。但应在 M2M 网络技术、认知无线电和环境感知技术、传感器与通信集成终端、RFID 与通信集成终端、物联网网关等方面提升服务能力和服务水平。

5.1.3 物联网技术发展趋势

物联网技术发展可以分为 4 个阶段：第一个阶段是 2010 年之前单体互联，主要是 RFID 广泛应用于物流、零售和制药领域。第二阶段是物体互联，无线传感网络技术将会大规模应用，主要是恶劣环境、环保和农业的大规模应用。第三个阶段是半智能化，物体和物体之间实现初步互联，物体信息可以通过无线网络发送到手机或互联网等终端设备上，实现信息共享。第四个阶段是，2020 年之后，物件进入全智能化，最终形成全球统一的“物联网”。

表 5-1 物联网发展阶段和趋势

	2010 年之前	2010–2015 年	2015–2020 年	2020 年后
发展趋势	单个物体间互联；低功耗、低成本	物与物之间联网和传感器联网	半智能化无线传感网	全智能化传感网
标准化	RFID 安全及隐私标准；无线频带；分布式控制处理协议	针对待定产业的标准；交互式协议和交互频率；容错协议	网络通信协议标准；智能化集成传感器和系统	智能响应行为标准
产业化应用	RFID 在物流、零售、医药产业的应用；建立不同系统间交互的框架	增强互操作性，分布式控制及分布式数据库，待定融合网络；在恶劣环境和环保、农业中的应用	分布式代码执行；全球化应用；自适应系统；分布式系统；分布式存储、分布式处理，物体与移动手机、互联网等网络连接	人和物服务网络的融合；产业整合；异质系统间的应用
器件	更小，更廉价的传感器、标签、主动系统；智能多波段射频天线；高频标签、嵌入式读取终端	提高信息容量、感知能力；提高无线传感器网络的传输速率和数据吞吐量，片上集成射频；与其他材料整合	超高速传输；自主智能标签、低功耗集成无线传感器网络芯片	更廉价材料；新物理效应。可生物降解器件；纳米处理组件
功耗	低功耗芯片组 降低能源消耗	改善能量管理；提高电池性能	可再生能源；多种能量来源	能量捕获，生物降解电池

5.2 物联网应用趋势

5.2.1 物联网在国外的应用

2008 年后，为了促进科技发展，寻找经济新的增长点，各国政府开始重视下一代的技术规划，将目光放在了物联网上。2009 年 1 月 28 日，奥巴马就任美国总统后，与美国工商业领袖举行了一次"圆桌会议"，作为仅有的两名代表之一，IBM 首席执行官彭明盛首次提出"智慧地球"这一概念，建议新政府投资新一代的智慧型基础设施。当年，美国将新能源和物联网列为振兴经济的两大重点。

发达国家物联网应用整体上领先。美、欧及日韩等信息技术能力和信息化程度较高的国家在应用深度、广度以及智能化水平等方面处于领先地位。美国成为物联网应用最广泛的国家，物联网已在军事、电力、工业、农业、环境监测、建筑、医疗、空间和海洋探索等领域投入应用，其 RFID 应用案例占全球 59%。

欧盟的物联网应用大多围绕 RFID 和 M2M 展开，在电力、交通以及物流领域已形成了一定规模的应用，RFID 广泛应用于物流、零售和制药领域。

目前，全球的物联网应用大多是在特定行业或企业的闭环应用，信息的管理和互联局限在较为有限的行业或企业内，不同地域间的互通也存在问题，没有形成真正的物物互联。这些闭环应用有着自己的协议、标准和平台，自成体系，很难兼容、信息也难以共享。

5.2.2 物联网在中国的应用

2009 年 8 月，温家宝总理在视察中科院无锡物联网产业研究所时，对于物联网应用提出了要求。自温总理提出"感知中国"以来，物联网被正式列为国家五大新兴战略性产业之一，写入"政府工作报告"，物联网在中国受到了全社会极大的关注，其受关注程度是在美国、欧盟以及其他各国不可比拟的。

目前，我国已具备了发展物联网的技术、产业和应用基础，部分领域形成了可观的产业规模，技术研发和标准化工作取得了初步成果，掌握了一批具有自主知识产权的关键技术，物联网在交通、物流、金融、工业控制、环境保护、医疗卫生、公共安全、国防军事等领域已有了初步应用。工业和信息化部提出了进一步发展物联网的思路。

一是构建自主创新体系，提升产业核心竞争力。技术的创新突破是物联网发展的关键。要支持建设一批重点实验室、工程中心、技术中心，支持重点科研基础设施和大型科技资源平台的整合和共享，组织开展重点关键领域技术攻关。对关系国家安全的核心技术，要大力开展原始创新，努力实现自主可控。同时学习借鉴世界先进成果，博采众长，加强引进技术的消化、吸收、再创新。发挥企业在自主创新中的主体作用，增加研发投入，提升知识产权拥有水平。加快突破一批关键核心技术，形成从研发、生产到应用的完整创新链条。

二是推进标准体系建设，掌握发展主动权。要加快建立跨行业、跨领域物联网标准化协作机制，加强对物联网系统结构、参考模型等总体标准，物联网信息安全、网络管理等基础共性标准，以及智能传感器、传感器网络等关键技术标准的研制。积极推动网络架构、标识和网络业务安全研究，为实现不同行业物联网协同融合奠定基础。鼓励和支持企业积极参与国际标准化工作，推动我国具有自主知识产权的技术成为国际标准。

三是加强产业合作，面向重点领域开展应用。物联网技术涉及多行业、多领域、多学科，产业链环节众多。要重点发展核心产业，大力扶持支撑产业，积极带动关联产业，促进产业链的形成和完善。根据现有条件，要选择基础设施和民生服务等示范效应突出、产业带动性强、关联性高的重点领域，积极开展应用示范。在工业和交通运输领域，要大力建设发展智能电网、智能交通、智能物流和智能工业，加快物联网在相关行业和领域的渗透与融合。

四是发挥市场优势，培育和壮大物联网产业。要支持企业发展专业服务、增值服务等新业态，鼓励和支持产业链上下游探索培育新型商业模式，加快形成市场化运作机制。发挥政府的引导作用，加强规划、标准和产业政策的制定和实施，支持鼓励企业创新，加强知识产权保护，抓好物联网的示范应用和市场培育，积极营造公平竞争的市场环境。支持物联网产业公共服务平台建设，加快建立健全中介服务体系。加快培育骨干企业，促进中小企业发展，形成具有国际竞争力的物联网产业集群。

5.2.3　物联网应用发展趋势

EPOSS 在《Internet of Things in 2020》报告中分析预测，未来物联网的发展将经历 4 个阶段，2010 年之前 RFID 被广泛应用于物流、零售和制药领域，2010—2015 年物体互联，2015—2020 年物体进入半智能化，2020 年之后物体进入全智能化。作为信息技术新的突破方向，物联网成长潜力大、带动力强、综合效益好，不仅本身蕴含着巨大的战略增长潜能，而且能够有力地推进信息化和工业化深度融合，带动传统产业转型升级，催生新的经济增长点。有研究机构预计 10 年内物联网就可能大规模普及，这一技术将会发展成为一个上万亿元规模的高科技市场，其产业要比互联网大 30 倍。

即将出台的工信部物联网“十二五”规划将锁定十大物联网应用重点领域，分别是智能电网、智能交通、智能物流、智能家居、环境与安全检测、工业与自动化控制、医疗健康、精细农牧业、金融与服务业、国防军事。建成 50 个面向物联网应用的示范工程，5～10 个示范城市。预计到 2015 年，物联网将形成具有核心技术的产业规模达 2000 亿元，其中传感器 100 亿元，系统和试验检测 700 亿元，芯片、中间件和集成模块及设备产业 600 亿元，工程实施、服务开发系统和运维 600 亿元。

5.3　物联网政策趋势

1. 逐步完善发展规划

深入开展物联网发展战略研究，编制国家发展规划，统筹部署物联网技术研发、产业发展和应用示范。明确物联网产业发展的定位与路线。着力抓好典型应用示范，加快国家传感网创新示范区建设。伴随物联网“十二五”规划的制定，工信部还起草了我国促进物联网产业发展的指导意见，该意见目前已上报国务院。此外，无锡传感网示范区规划也已上报国务院。我国“十二五”规划纲要明确指出，要“推动物联网关键技术研发和在重点领域的应用示范”。

2. 加大财政扶持力度

落实国家支持高新技术产业和战略性新兴产业发展的税收优惠政策，设立国家物联网发展专项资金，建立长效稳定的财政扶持机制。完善物联网发展的投融资政策，鼓励银行和风险投资及社会资金投向物联网产业，促进金融机构加大支持企业发展的力度。2011 年物联网发展专项资金已下发，近百家物联网企业获得资金支持，这也是物联网产业发展以来，国家首次设立的专项基金。该物联网专项基金重点支持技术研发类、产业化类、应用示范与推广类、标准研制与公共服务类四大项目。物联网专项基金总计 50 亿元，贯穿于“十二五”期间，预计 5 年内发放完毕。首批 5 亿元物联网专项基金申报工作已在 2011 年 5 月启动，共有 600 多家企业申报。

3. 构建人才支撑体系

物联网发展，人才是根本。国家鼓励实施物联网高层次人才引进培养计划，依托国家重大专项、重大工程和重点企业，培养高端领军人才，积极引进和用好海外人才。国家将研究制定切合实际的分配政策和激励措施，形成主要由市场配置人才资源、促进人才流动的机制，营造人才脱颖而出的环境。要在有条件和基础的院校中增加物联网相关专业，加强同国际教育培训机构的交流与合作，积极推进分层次、分类别的人才教育和培训，满足产业不断发展的需要。

4. 加强物联网标准制定

做好顶层设计，满足产业需要，形成技术创新、标准和知识产权协调互动机制。面向重点业务应用，加强关键技术的研究，建设标准验证、测试和仿真等标准服务平台，加快关键标准的制定、实施和应用。积极参与国际标准制定，整合国内研究力量形成合力，推动国内自主创新研究成果推向国际。

5.4 物联网的典型案例

5.4.1 上海浦东国际机场防入侵系统

上海浦东机场防入侵系统铺设了 3 万多个传感节点，覆盖了地面、栅栏和低空探测，可以防止人员的翻越、偷渡、恐怖袭击等攻击性入侵。

通过引入物联网技术，机场安防系统智能化得到了极大的提升。相比以往的报警系统，物联网防入侵技术能全自动分辨出是人还是动物或风触警，并实时提供现场照片或录像，极大地降低了误报率，同时在指挥中心即可对入侵行为直接警告或处理，明显减少了工作人员的劳动强度。该系统在投入使用之后得到了机场管理方的高度评价。同时该系统也为物联网防入侵技术在全国范围内铺开提供了有价值的参考。[1]

5.4.2 苏州高铁物联网技术应用中心

2010 年 6 月 18 日，我国首家高铁物联网技术应用中心在苏州科技城投入使用，该中心将为高铁物联网产业发展提供科技支撑。初步预测，该中心当年可实现销售收入 10 亿元，未来 3—5 年可达百亿元的市场规模。

高铁物联网作为物联网产业中投资规模最大、市场前景最好的产业之一，正在改变人类的生产和生活方式。据中心工作人员介绍，以往购票、检票的单调方式，将在这里升级为人性化、多样化的新体验。刷卡购票、手机购票、电话购票等新技术的集成使用，让旅客可以摆脱拥挤的车站购票；与地铁类似的检票方式，则可实现持有不同票据旅客的快速通行。

城际铁路、城市轨道交通等建设近年来进入规模最大、发展速度最快的时期，围绕基础设施建设和物联集成系统开发，正在形成万亿元级的庞大市场。

5.4.3 国家电网智能变电站

浙江金华 500kV 兰溪变电站智能化改造工程正式投入运营。兰溪智能变电站的高级智能应用、一键式顺控、智能开关等内容，均为国内首次研发，其投运标志着浙江智能电网建设取得了重大突破。

500kV 兰溪变电站是 2009 年 7 月建成投入运行的，是国内数字化技术应用程度最深、实施范围最广、保护数字化程度最高的 500kV 数字化变电站。该变电站作为国家电网公司首批智能电网试点工程启动智能化改造，对一体化信息平台、在线监测系统、智能巡视系统、智能辅助系统、太阳能屋顶光伏发电系统、绿色照明系统等进行了升级改造。

根据国家电网的预测，到 2020 年，我国用电需求将达到 7.7×10^{12} 千瓦时，发电装机容量达到 16×10^{8} 千瓦左右。为满足未来持续增长的电力需求，我国正在加快建设坚强智能电网。智能变电站作为坚强智能电网建设中的核心内容之一，是智能电网的重要组成部分，也是实现风能、太阳能等新能源接入电网的重要支撑。为支撑国家智能电网建成计划，“十二五”期间，国家电网将在全国建成 5000 座智能变电站。

[1] 王刚. 上海浦东国际机场防入侵系统. 物联网技术，2011（1）.

第6章　移动互联网

当今世界，移动互联网由于其快速发展的势头以及在使用过程中的便利性、开放性、个性化和社区性特征，已经成为世人瞩目的焦点产业。2009 年年底，著名投资公司摩根士丹利发布《移动互联网报告》称，移动互联网周期是 50 年来的第 5 个新技术周期，这个周期刚刚开始。移动互联网的增长速度超过了桌面互联网，未来 5 年手机上网用户会超过电脑上网用户，居于主导地位。在中国，2009 年 3G 部署和推广后，移动互联网的发展开始进入佳境。2011 年是中国移动互联网发展非常迅速的一年，用户规模、业务规模、智能终端销售量不断提升。

随着移动互联网规模的扩大，各种移动互联网应用进一步扩展。除传统的移动互联网应用如浏览新闻、在线聊天、阅读、视频、搜索等外，新应用发展迅速，微博、LBS、移动游戏、电子阅读、移动支付等多项互联网业务开始被人们广泛接受。

6.1　移动互联网概述

6.1.1　移动互联网界定和产业链

1. 界定

移动互联网是相对于固定互联网而言的。移动互联网是指通过手持终端接入互联网的数据交换方式，实际上是以移动通信网作为接入网络的互联网。它包括几个关键要素[1]：①移动通信网络接入，包括 2G、3G 和 E3G 等；②面向公众的互联网服务，包括 WAP 和 Web 两种方式，具有移动性和移动终端的适配性特点；③移动互联网终端，包括手机、专用移动互联网终端和数据卡方式的便携式电脑。

支撑移动互联网的核心内容包括：①移动操作系统，如苹果的 iOS，谷歌的 Android 系统等；②应用平台，如苹果的 iOS 系统的 App Store 应用商店，Facebook 的 F8 平台等；③应用程序，如手机游戏、基于位置的服务（Location Based Service，LBS）、手机支付等。

1 余晓晖. 移动互联网的发展与思考. 电信网技术，2008（12）.

2. 沿革[1]

中国的移动互联网出现于21世纪初，其发展历程大体经历了3个阶段。

2006年之前是基于WAP的、封闭的移动互联网。借鉴互联网的经验，将一部分内容直接移植到手机上。这一时期网络带宽和终端处理能力有限，只能提供文本等简单业务；用户在移动互联网上的主要目的是获取信息。这是一个内容为王的移动互联网时代，由电信运营商主导。

2006—2010年，实现了手机和互联网的融合，网络带宽和终端处理能力增强，各类互动应用层出不穷，呈现终端业务一体化。这一阶段，移动互联网开始作为传统互联网的补充，占据了用户大量的碎片时间；用户属性也趋于多元化；产业主导商增加，主导权争夺明显，电信运营商、终端厂商、互联网服务商都可主导；典型产品包括iPhone手机平台、139移动邮箱、Google搜索等。

2010年以后，移动互联网开始实现了无处不在的信息服务。这一阶段基于用户统一的身份认证，为客户提供多层面，深入日常生活的各类信息服务，形成新的产业核心力量。网络带宽和终端处理能力取得突破，不再成为业务瓶颈。用户识别实现了基于统一的身份认证的信息服务。主导商趋于多元化，其主导力量来自于客户关系。

3. 产业链

产业链是各个产业部门之间基于一定的技术经济关联，并依据特定的逻辑关系和时空布局关系客观形成的链条式关联形态。移动互联网产业链由与移动互联网形成和发展相关的各个部门构成，主要包括如下几方面。

① 电信运营商：主要是指中国移动、中国电信、中国联通3家全业务运营商。

② 信息服务提供商：向用户提供手机搜索、手机即时通信、手机社区、手机游戏和位置服务的互联网企业。此外，一些门户网站通过信息集成向用户提供适配移动终端浏览和使用的资讯、娱乐、数据库查询等内容服务，如腾讯、百度、新浪等。

③ 内容服务提供商：提供影视、音乐、游戏等数字内容产品的企业。

④ 网络设备提供商：提供网络设备的企业。目前网络设备提供商已经由单一的提供网络设备逐步转向提供搭建网络平台构架、设计计费平台等系统集成解决方案服务。

⑤ 终端设备提供商：面向用户提供各种终端，包括智能手机（Smartphone）、移动互联网设备（MID）、超便携电脑（UMPC）、上网本（Netbook）和笔记本（Laptop）等。

⑥ 芯片提供商：处于产业链的上游，向网络设备厂商和终端制造企业提供芯片。

⑦ 软件提供商：基于现有的手机操作系统如Symbian、Android、Linux和iOS，开发能够适配于不同终端产品的应用软件，为用户提供商务办公、信息安全、多媒体、商务交易等多种应用服务的厂商。

⑧ 支撑服务提供商：为运营商提供支撑服务的外围企业，包括版权管理、广告代理、平台运营等专业服务。

---

[1] 郭靖，郭晨峰. 中国移动互联网应用市场分析. 移动通信，2010（21）.

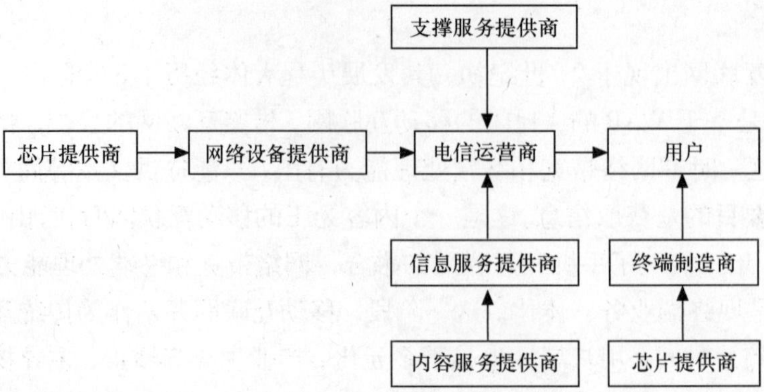

图 6-1　移动互联网产业链

目前，移动互联网产业链已经呈现多元化竞争合作态势，电信运营商推出应用服务，终端厂商进入内容提供，内容提供商联合终端厂商，第三方软件开发商推出移动互联网业务等，各个厂商纷纷利用资源、渠道和用户的优势进入移动互联网产业。

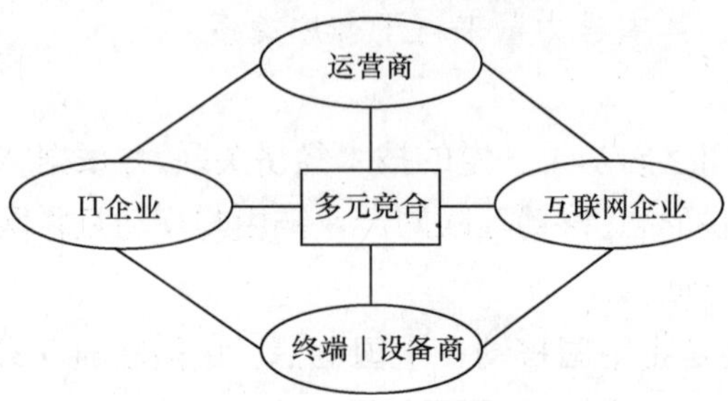

图 6-2　移动互联网产业链竞合态势

6.1.2　移动互联网应用

1. 主要应用技术[1]

移动互联网以移动终端为载体，业务和服务最终都将与移动终端融合承载，并以此作为移动互联网业务和服务的主要特征。以智能手机终端为中心，实现了电脑桌面、手机、客户端的多终端融合。业务的计算则更多地集中于网络侧，尤其是以云计算技术为代表的云服务模式的兴起，促使无论是业务数据还是用户数据，都越来越趋向于集中在网络侧。而无线技术的泛在覆盖网络则使得在移动互联网上的信息传递具有瞬时、大范围、突发的飓风特性。

支撑移动互联网的关键技术包括代表了互联网演进趋势的 Web2．0 技术。体现新一代软件架构的 SOA、SaaS（软件即服务）技术和满足大规模计算需求的云计算技术。

（1）Web2.0

Web2.0 是新的互联网应用的统称。相对于早期的 Web1.0 服务，Web2.0 以用户为中心，强调用户既是内容的创造者也是内容的消费者，侧重用户之间的交互和用户对于网络内容的贡

[1] 沈品歆. 移动互联网关键技术及典型业务产品研究. 电信科学，2010（10）.

献，由此带来人与人之间沟通方式的深刻变革。Web2.0 包含一系列技术，如 Mashup、RSS、P2P、Ajax、Widget 等。

其中，Mashup 是网络聚合应用技术，网站聚合就是从多个分散的站点获取信息源，组合成新网络应用的一种应用模式；网站聚合将成为开发新的互联网服务的重要模式。

Widget 又被称为微技，可以使用户在任意一个基于 HTML 的 Web 页面上执行移动应用程序。表现为在浏览器界面之外运行的 Web 页面、视频、地图、新闻、小游戏等。手机用户借助 Widget 不通过浏览器就可以直接接入互联网服务。

（2）SOA

SOA 可以使用户通过定义好的独立接口联系应用程序的不同功能单元，使各种服务可以以一种统一和通用的方式进行交互，便于构建开放式、可扩展、集成的分布式系统。

（3）SaaS

SaaS 是一种基于互联网提供软件服务的应用模式，厂商将应用软件统一部署在自己的服务器上，客户可以根据自己的实际需求，通过互联网向厂商租赁所需的应用软件服务，按租赁的服务多少和时间长短向厂商支付费用，并通过互联网获得厂商提供的服务。

（4）云计算

云计算是网格计算、分布式计算、并行计算、效用计算、网络存储、虚拟化、负载均衡等计算机技术和网络技术发展、融合的产物。云计算通过网络把多个成本相对较低的计算实体整合成一个具有强大计算能力的系统。借助先进的商业模式将强大的计算能力分布到终端用户手中。云计算技术通过不断提高“云端”的处理能力，减少用户终端的处理负担，最终把终端简化成一个单纯的输入、输出设备，按需享受“云端”的强大计算处理能力。一般认为云计算能够把资源利用率从目前的 5%～15%提高到 60%～80%。

2. 应用特征

（1）网络宽带化

与以语音为核心的移动通信业务相比，移动互联网的突出特点是支持大带宽和高速下载。互联网用户可能只需要少量的时间打开网页，占据网络带宽，其他更多的时间用来浏览网页内容，与移动通信网的实时在线，实时占据带宽不同。

2009 年中国 3G 牌照的正式发放，大大提升中国移动互联网网络环境，为高速浏览、下载等移动互联网服务体验的提升奠定基础。移动互联网用户主动需求也日趋旺盛，用户多样化需求也间接引导移动互联网应用服务的快速发展。

（2）接入移动性

与传统互联网相比，移动互联网最突出的优势就是便捷的移动性、个性化，用户可以在任意地点、任意时刻接入互联网，而且具有明显的用户规模优势。

（3）时间碎片性

用户使用移动互联网的时间往往不是固定时间，而是在上下班途中、工作之余、出差、等候间隙等碎片时间，数据传输具有不连续性和突发性。

（4）信息集合性

用户使用移动互联网的目的是随时随地获取多种生活信息、娱乐信息、商务信息，因此，要求各种信息能够整合在统一的数据平台上，以方便调用。

（5）终端智能化和多样化

与普通的功能手机不同，智能手机具有独立的操作系统，用户可以根据各自的需要安装程序、扩展功能，处理和整合复杂信息。智能手机只是智能终端的一种，此外，智能终端还包括平板电脑、便携式计算机、电子书等。

这些智能终端提供了多元信息应用的个人平台。有关咨询机构的报告显示，截止到 2011 年 10 月，全球智能手机已经突破 9000 万部，比 2010 年增长了 79.8%。2011 年全球智能手机的渗透率为 26%，美国和欧洲的智能手机渗透率分别为 51%和 34%，中国为 30.6%，这些与互联网直接连接的便携智能终端实现了多媒体信息的集成。

3. 应用内容

根据中国互联网信息中心（CNNIC）的统计报告，互联网应用主要分为 4 类：信息获取、交流沟通、商务交易、休闲娱乐，移动互联网应用也如此。目前，移动互联网主要的应用内容如下。

① 信息获取类：手机网络新闻、手机搜索。

② 交流沟通类：手机即时通信、手机社交网站、手机微博、手机发贴回贴、手机邮件。

③ 商务交易类：手机网络购物、手机在线支付、手机网上银行、手机旅行预定、手机团购、手机网络广告。

④ 休闲娱乐类：手机网络音乐、手机网络文学、手机网络游戏、手机网络视频。

随着网络传输能力的增强和手机终端智能化的深入，很多新的移动互联网应用和服务出现在市场中，如位置服务、生活信息搜索等，为用户提供了便捷的资源。日韩和美国等 3G 移动互联网较成熟的市场发展表明，用户实用性需求会不断加强，例如大众点评网、航班管家、同花顺炒股、地图服务等实用性的应用越来越多地在智能手机上得以普及。

6.2 发展状况

2010 年、2011 年中国移动互联网快速发展阶段。移动用户上网体验进一步提升，创新应用不断涌现，多种类型终端并存，各环节厂商（包括移动运营商、互联网企业、终端制造商）纷纷进入移动互联网领域，使整个移动互联网出现争奇斗艳的态势。

6.2.1 市场发展状况

1. 市场规模

（1）移动互联网市场稳步提升，市场规模持续扩大

2010 年，受移动互联网用户增长以及移动互联网新应用的影响，移动互联网市场规模较 2009 年出现了较快的增长。全年市场规模达到 202.5 亿元，增长率为 31.1%。

2011 年，智能手机的进一步普及，带动了整个移动互联网市场进入增长的高速期。2011 年第三季度移动互联网市场规模达 108.3 亿元，同比增长 154.6%，环比增长 38.9%。

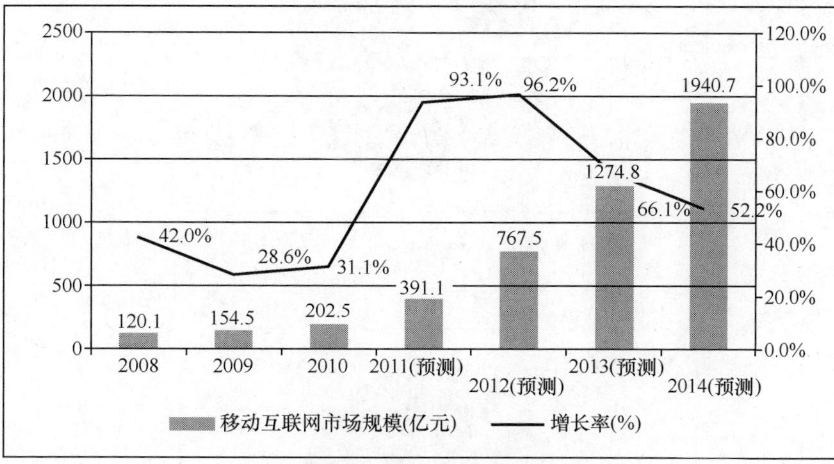

资料来源：www.iresearch.com.cn

图 6-3 2008—2014 年中国移动互联网市场规模

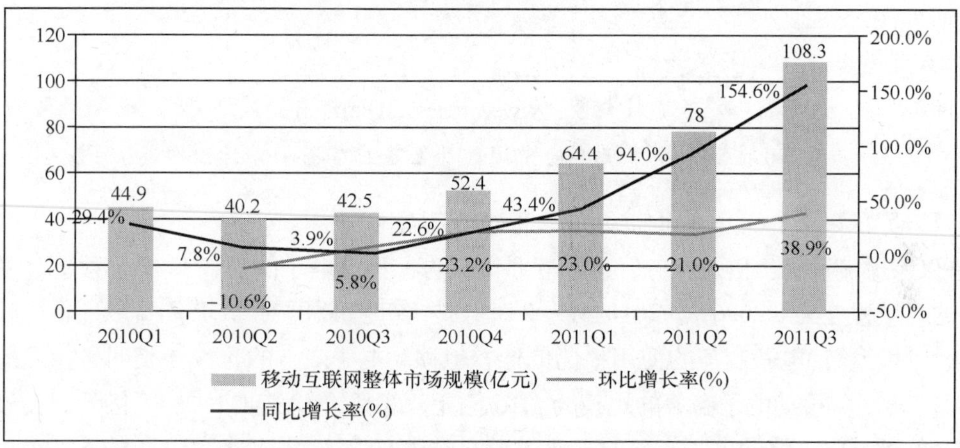

注：这里 Q1、Q2、Q3、Q4 分别指第 1 季度、第 2 季度、第 3 季度、第 4 季度

资料来源：www.iresearch.com.cn

图 6-4 2011 年前三季度中国移动互联网市场规模

（2）移动增值业务占移动互联网市场主流，手机电子商务增长迅速

2010 年中国移动互联网细分行业构成中，移动增值服务[1]份额最高，占比为 57.3%。手机游戏和手机电子商务居于其次，分别占比 12.7%和 11.8%。2011 年第三季度移动增值市场占比明显下降，占整体市场规模的 43.7%，仍占主导地位。而手机电子商务占比则明显增大，已占移动互联网市场的 34.8%。

[1] 艾瑞咨询对移动增值服务的界定为向用户提供 SMS、MMS、CRBT、WAP、JAVA、BREW、IVR 等服务。

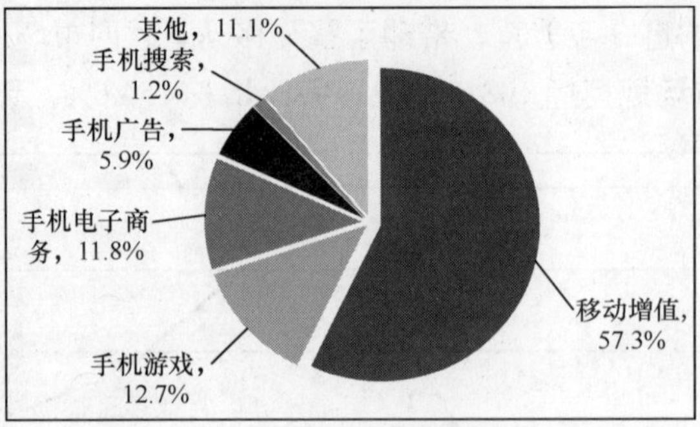

资料来源：www.iresearch.com.cn

图 6-5　2010 年中国移动互联网市场细分行业构成

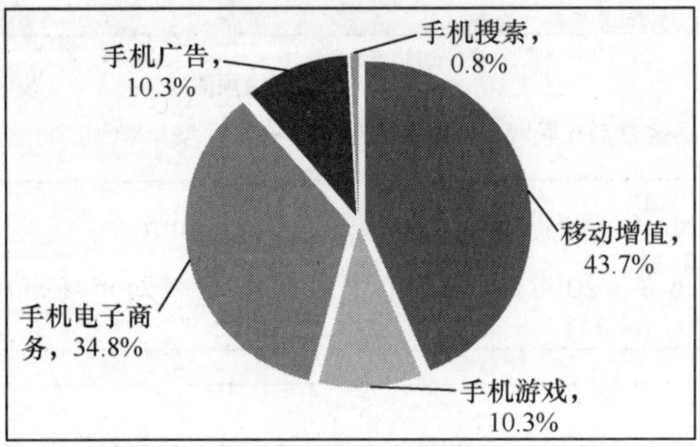

资料来源：www.iresearch.com.cn

图 6-6　2011 年第三季度中国移动互联网市场细分行业构成

（3）移动互联网对 GDP 的贡献偏低，但增长明显

如果仅考虑流量费、信息服务、移动互联网广告、移动电子商务，2009 年移动互联网应用对 GDP 的贡献程度为 0.2076%，2010 年为 0.278%。移动互联网对 GDP 的贡献还很低，但增长趋势显著。尽管移动电子商务的使用率仍偏低，但移动电子商务的收入增长明显。根据易观国际的数据，2009 年移动电子商务的规模为 1.16 亿元，2010 年迅速增长到 41 亿元。在移动互联网对 GDP 的贡献中，移动电子商务的占比由 2009 年的 0.24%增长到 2010 年的 5.29%。

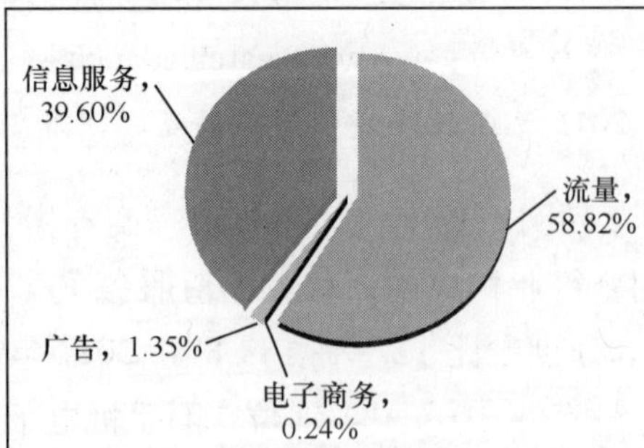

资料来源：根据易观国际数据计算

图 6-7　2009 年移动互联网各种应用对 GDP 贡献的占比

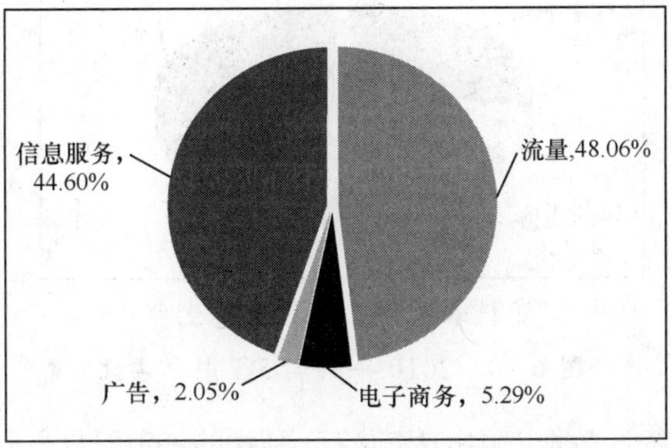

资料来源：根据易观国际数据计算

图 6-8 2010 年移动互联网各种应用对 GDP 贡献的占比

2. 用户发展状况

(1) 手机网民持续增长，已成网民主体

根据中国互联网信息中心（CNNIC）发布的报告，2010 年中国网民人数达到 4.57 亿，其中手机网民为 3.03 亿，同比增长 60%，手机网民在网民总数中的占比达到 66.3%。2011 年上半年，我国手机网民规模继续稳步扩大。截至 2011 年 6 月底，我国网民总数达到 4.85 亿，其中手机网民达 3.18 亿，较 2010 年年底增加 1495 万人，手机网民的占比 66.6%。

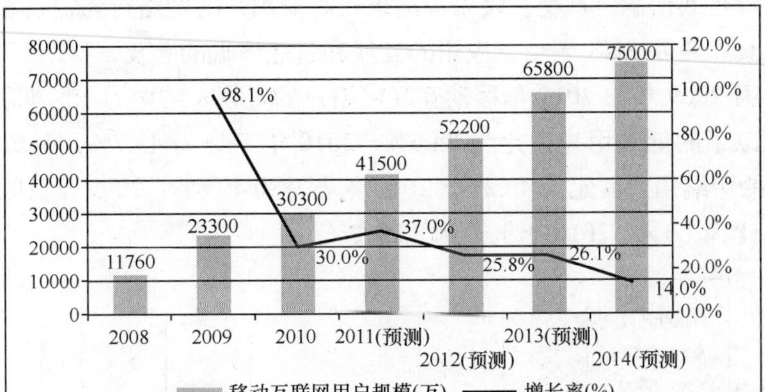

资料来源：CNNIC

图 6-9 中国移动互联网用户规模

(2) 手机网民中 3G 用户增长显著

2010 年年底，我国共有 3G 用户 4705.2 万户。其中，中国联通 1406 万户，占比 29.88%；中国电信 1229 万户，占比 26.12%；中国移动 2070.2 万户，占比 44%。

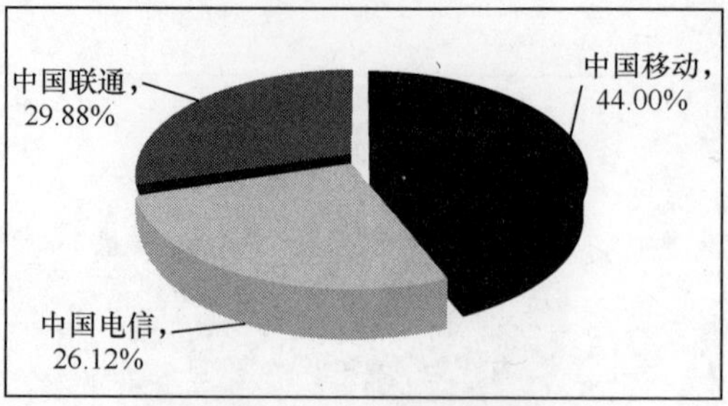

资料来源：工业和信息化部

图 6-10　2010 年中国 3G 用户占比

据 2011 年 9 月份的统计数据，中国移动 TD 制式的 3G 用户当月新增 588 万户，用户总数达到 4316 万户；联通 WCDMA 制式的 3G 用户当月新增 235 万户，创下新高，用户总数超过 3000 万户；中国电信 3G 用户达到 2500 万户。2011 年前 9 个月新增用户中，3G 用户占比已经超过 60%，3G 对新增用户的吸引力大大增强。目前，三大运营商合计的 3G 用户总数接近 1 亿户，在整个移动用户中的渗透率已经突破 10%。

从日本、韩国等国 3G 市场的发展历程来看，在 3G 市场发展初期，由于终端数量有限、网络质量不稳定以及价格高昂等因素，用户增长会比较缓慢，而一旦 3G 用户渗透率达到 10%，整个 3G 市场将进入拐点，3G 用户将进入加速普及阶段。

（3）中、高端客户群比例提升

客户群从低收入向中、高收入扩展。移动互联网从 WAP 时代起，低端用户的全部网络行为均基于手机，满足其信息、社交、娱乐等需求，高端用户的网络行为主要基于 PC，而以手机为碎片时间工具。随着 SNS 等信息应用的发展和智能终端的普及，移动互联网中端客户群快速增长。对中国 2009 年和 2010 年移动互联网用户的月收入结构的市场调研表明。2009 年月收入 1 500 元以下的低端用户占比为 54.6%，2010 年下降为 45.7%；而 2009 年月收入在 1 500～6 000 元的中端用户占比为 43.2%，2010 年上升为 49.8%；2009 年月收入在 8000 元以上的高端用户占比为 1.1%，2010 年上升到 3.2%。

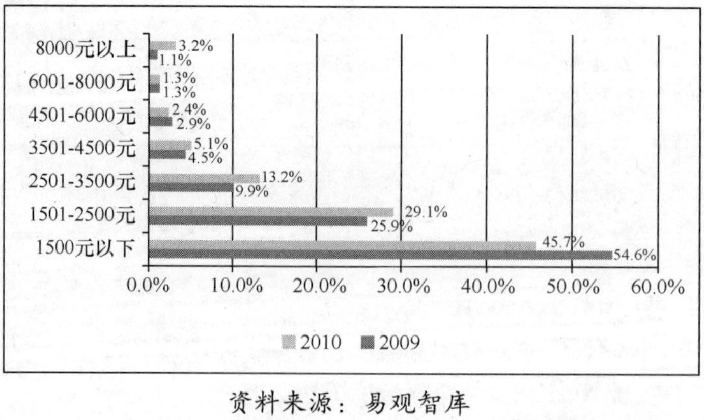

资料来源：易观智库

图 6-11　2009 年、2010 年移动互联网用户月收入结构对比

6.2.2　应用发展状况

1. 终端和接入方式变化

（1）智能终端规模迅速扩张

智能手机的发展对移动互联网有明显的促进作用。DCCI 报告显示，2010 年中国智能手机出货量达到 0.4 亿部，2011 年年底，这一数字将达到 0.8 亿部。预计到 2013 年，智能手机的出货量将与普通手机的出货量持平，达到 2.4 亿部。到 2015 年，智能手机将占据主流出货市场。智能手机的发展给移动互联网带来了良好的发展环境，促使移动互联网实现更大的商业价值。

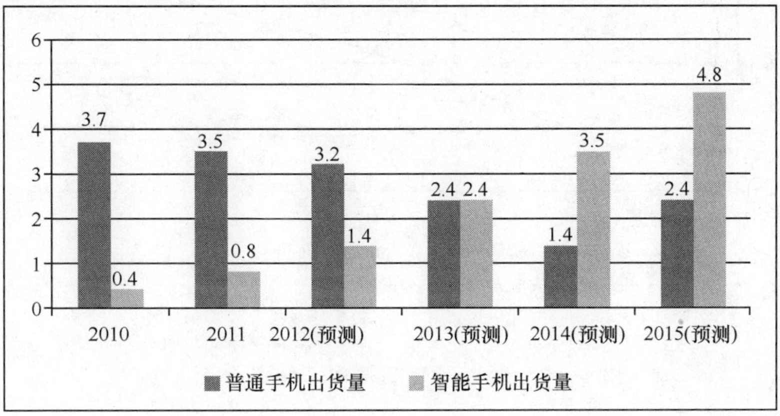

资料来源：DCCI

图 6-12　中国市场手机和智能手机出货量

（2）2G 接入为主，3G 接入增长迅速

《移动互联网发展趋势报告》显示，截止到 2011 年第 2 季度，移动互联网用户网络接入方式仍以 2G 为主，2G 网络页面浏览量占比降至 93%，环比下降 2%，页面访问量占比降至 93%。3G 流量增长迅速，占据了 6%的市场份额，较半年前增长了 1 倍。Wi-Fi 接入方式位列第三。

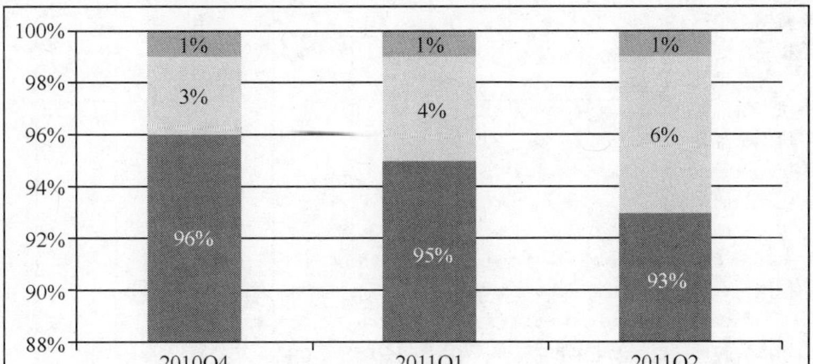

注：Q1、Q2、Q4 分别代表第 1、第 2、第 4 季度

数据来源：百度无线

图 6-13　移动互联网接入方式流量占比

（3）高智能操作系统平台爆发式增长

Android 系统爆发式增长十分显著，2010 年 10 月至 2011 年 6 月，Android 平台份额已从 0.7%提升至目前的 3.2%。随着各大手机厂商纷纷加入 Android 阵营，Android 平台的份额还将保持高速增长趋势。与此同时 iOS 平台份额也稳步增长，已从半年前的 1.2%提升至目前的 1.8%。Windows 和 Blackberry 稳定维持着较低平台份额。

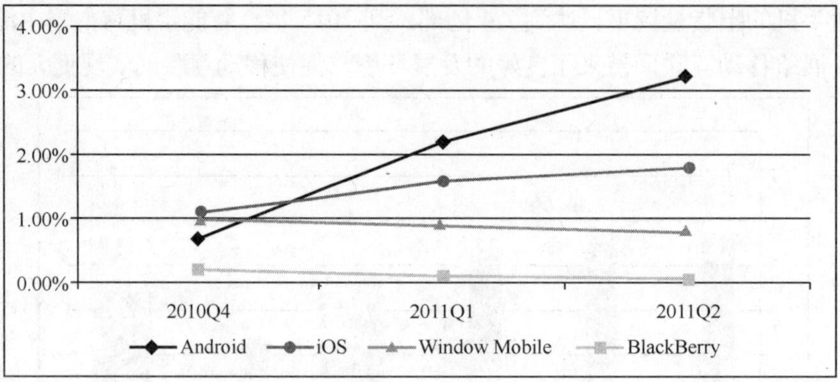

数据来源：百度无线

图 6-14　中国高智能操作系统平台变化

2. 应用领域和应用方式变化

（1）手机应用进一步多元化，重点移动互联网应用得到广泛关注

移动互联网应用是一个复杂的体系，在各种应用中，由于用户的需求程度不同，应用呈现的方式不同，应用整合的能力不同等多方面的差异，使得一些应用具有较高的价值，得到广泛关注。

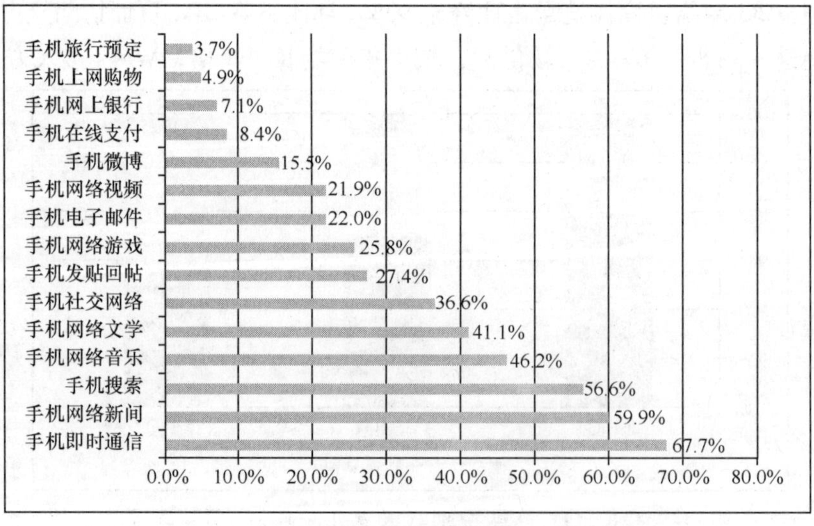

资料来源：CNNIC

图 6-15　2011 年上半年移动互联网应用

2011 年上半年，人们广泛关注的互联网应用如下。

① 移动 IM：满足用户沟通需求的即时通信应用。2011 年上半年网民手机上网应用中，手机即时通信是渗透率最高的应用，使用率达到 71.8%。

② 手机浏览器：满足用户上网搜索、获取内容的应用。2011 年上半年手机搜索在网民手机上网应用使用率中排名第二，达到 59.50%。

③ 移动 SNS：满足用户社交需求的应用。2011 年上半年，手机社交网站的使用率增长较快，达到了 41.1%，展现出较好的增长势头。

从内容方面来看，手机上网应用主要集中在娱乐休闲类应用，音乐、文学、游戏、视频等应用都在使用率中排名靠前；手机邮件、支付（2011 年上半年使用率为 7.30%）等应用虽然使用率较低，但在 2011 年也得到了一定的发展。除此之外，手机微博、手机网上银行、手机网上购物、手机旅行预订、移动广告、位置服务、二维码等新业务也不断推出，业务种类增长迅速，多元化发展趋势清晰。

(2) 手机微博增长明显，手机商务类应用仍然偏低

进入 2011 年，手机微博成为增长最快的手机应用。虽然目前手机微博使用率还不是很高，但增长速度惊人，2011 年上半年手机微博在手机网民中的使用率达到 34.0%，较 2010 年的 15.5%增加 18.5 个百分点。

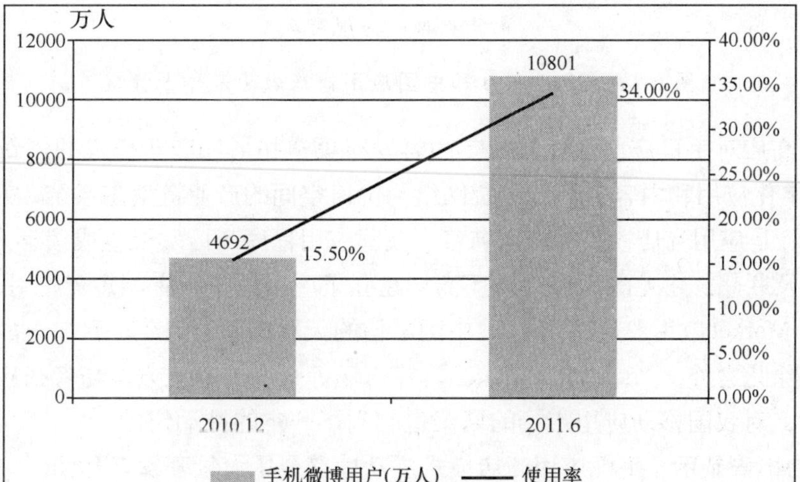

资料来源：CNNIC

图 6-16　2011 年上半年手机微博用户发展

在手机微博使用率快速增长的同时，手机商务类应用的使用率仍然偏低，移动电子商务的时代还没有来临。

(3) 应用程序商店持续火爆

近两年来，苹果开创的应用程序商店模式受到广泛关注。2010 年，应用程序商店火爆依

然，苹果借助先发优势及 iPhone、iPad 等终端强大的号召力垄断地位明显，独占超过 90%的全球应用下载市场份额。易观国际的数据显示，2011 年 6 月，App Store 国内应用数量达到 37 万之多。此外，Android Market 也引起了消费者和应用开发者的广泛关注，2011 年 6 月份，应用数量达到 15 万。

资料来源：易观智库

图 6-17　2011 年 6 月中国应用商店数量及增长情况

手机应用商店对手机应用软件和数字内容发行渠道拓展和商业模式的创新产生了深远影响，创建以数字化应用和内容生产及消费网络为价值空间的产业链生态系统，实现整个生态系统价值最大化，是应用商店模式的核心特征。我国应用程序商店发展也成绩喜人。目前，中国三家运营商以及联想、宇龙酷派等终端厂商均建立了应用程序商店，共有应用近十万，其中：移动的 Mobile Market 应用数量达到 4 万，中国电信的天翼空间达到 2.2 万，宇龙酷派的 Coolmart 中达到 2 万。除此之外，Android Market、机锋市场等众多的第三方参与者在应用程序商店领域也积极布局，对我国移动应用市场的繁荣也起到了一定的推动作用。

CNNIC 的报告显示，手机应用商店模式成功地整合了大量开发者和团队，使得基于不同操作系统平台的手机应用数量大幅度提升，极大丰富了用户个性化需求，提升了用户黏性和体验度。

6.2.3　产业竞争态势[1]

1. 终端 + 服务的竞争成为竞争的主流

2011 年以来，移动互联网终端、操作系统、应用服务市场进一步成为竞争的焦点。

[1] 该部分参考易观国际的相关资料。

终端是用户接入移动互联网的第一直观界面，用户有十分明显的内置应用使用需求，这就使终端成为移动互联网主要竞争点之一。此外，终端所能延伸出的产品、服务模式也是各类厂商竞相对终端控制权进行争夺的主要原因。例如中国移动、中国电信同 RIM 公司的合作，中国联通引入 iPhone，谷歌推出 GPhone 等都是终端竞争的典型实例。

操作系统是移动互联网产业链的关键环节，它将移动终端和应用衔接起来，因此，也是各个厂商争相追逐的焦点之一。例如中国移动推出的 OPhone OS，谷歌开发的 Android，苹果的 iPhone OS，微软的 Windowobile 等。

应用服务是移动互联网面对用户的最终界面，可以拥有很高的用户黏性，因此也是移动互联网市场竞争的关键节点。例如中国移动的 Mobile Market，苹果的 App Store，谷歌的 Android Market，诺基亚的 Ovi Store。

2. 终端＋服务的竞争引发产业链格局变化

2011 年，与移动互联网产业相关的厂商（包括电信运营商、互联网服务提供商、终端厂商、芯片厂商、软件提供商等）纷纷涉足移动互联网，总体来看，市场竞争格局十分繁杂，产业链竞争出现全面竞争态势。以电信“运营商为中心”的产业链模式正在逐步为“业务应用为中心”的产业链模式所蚕食。2011 年中国移动互联网产业链中，虽然运营商仍处于核心地位，但是在多方因素影响下，产业链生态系统日益交错并正向业务应用层面发生转变。

根据易观国际的研究，电信运营商通过产业链优势（销售渠道优势、用户优势、资源整合优势）开始向操作系统、应用内容、终端等多个层面扩张；移动互联网提供商原有的内容服务模式开始向应用体系的建立和整合移动互联网资源的方向转型；互联网服务提供商拥有完善的应用和内容体系，在此基础上进一步扩张应用产品线，向操作系统、终端甚至是通信运营领域延伸；终端厂商一方面积极参与到操作系统的竞争中，占据应用内容及终端环节的关键节点，另一方面提供应用商店模式，整合第三方应用开发者，提升自身的商业价值。

6.3 政策环境

移动互联网是信息产业、高技术产业未来发展的主攻方向之一，是新兴产业的战略制高点和新的价值增长点。技术进步是移动互联网发展的基础，社会应用是移动互联网发展的目标和动力，政策环境是移动互联网发展的保障。

6.3.1 相关宏观政策

2010 年 7 月，我国发改委在《国家发展改革委办公厅关于当前推进高技术服务业发展有关工作的通知》中明确提出了重点培育包括信息技术服务在内的高技术服务行业的任务，工作重点包括：一是发展面向市场的高性能计算机和云计算服务；二是开展物联网和下一代互联网应用服务；三是促进软件服务化发展；四是引导数字文化产业健康发展。工作重点的确立为移动互联网的发展起到了积极推动作用。

2010 年 10 月，我国国务院下发《关于加快培育和发展战略性新兴产业的决定》，明确将从财税金融等方面出台一揽子政策加快培育和发展七大战略性新兴产业。在新一代信息技术产业方面，《决定》指出，要“加快建设宽带、泛在、融合、安全的信息网络基础设施，推动新一代移动通信、下一代互联网核心设备和智能终端的研发及产业化，加快推进三网融合，促进物联网、云计算的研发和示范应用。”作为移动通信、云计算、三网整合领域重要内容的移动互联网，在战略性新兴产业的背景之下，必将成为 IT 产业新的增长点。

2011 年 10 月 25 日，新华社发布中共中央十七届六中全会通过的《中共中央关于深化文化体制改革推动社会主义文化大发展大繁荣若干重大问题的决定》。《决定》指出，要“加强和改进网络文化建设与管理……，实施网络内容建设工程，推动优秀传统文化瑰宝和当代文化精品网络传播，制作适合互联网和手机等新兴媒体传播的精品佳作……”，要“发挥主要商业网站建设性作用，培育一批网络内容生产和服务骨干企业。发展网络新技术新业态，占领网络信息传播制高点”。要“加强对社交网络和即时通信工具等的引导与管理，规范网上信息传播秩序……”。要“加快发展文化创意、数字出版、移动多媒体、动漫游戏等新兴文化产业”。《决定》的发布，对鼓励、支持和规范移动互联网的发展，尤其是引导移动互联网健康信息的传播起到了积极的促进作用。

6.3.2　相关部门规章

2010 年以来，我国有关部门出台了一系列与移动互联网发展相关的文件，主要涉及以下几个方面。

(1) 规范电子商务活动

2010 年 5 月 31 日，国家工商总局公布了《网络商品交易及有关服务行为管理暂行办法》，对网络商品经营者和网络服务经营者在中国境内从事网络商品交易及有关服务行为进行了规范，明确了网络商品经营者、网络服务经营者以及提供网络交易平台服务的经营者的相关义务，并规定了工商行政管理部门的监督管理职能和措施。

2010 年 6 月 14 日，中国人民银行公布了《非金融机构支付服务管理办法》，对包括网络支付在内的非金融机构支付服务进行了规范，有利于促进电子商务的发展。

2011 年 4 月 22 日，商务部、工业和信息化部、公安部、人民银行、海关总署、工商总局、质检总局、新闻出版总署（版权局）、知识产权局九部门联合下发通知，要求进一步严厉打击网络购物领域侵权假冒行为，加大网上巡查力度，查办一批重点案件，建立办案责任制。

2011 年 9 月 7 日，《商务部关于规范网络购物促销行为的通知》发布，《通知》对当前网络购物中出现的诸如销售侵权盗版商品、以次充好、虚假打折、线下服务和线上促销承诺不一致、网络团购缺乏规范等一系列问题作了进一步规范，对营造良好消费环境，促进网络购物持续健康发展起到了积极作用。

2011 年 9 月 21 日，商务部发布《商务部“十二五”电子商务发展指导意见（征求意见稿）》

公开征求意见。征求意见稿明确要完善电子商务政策支撑体系。支持各地结合本地区电子商务发展实际制定财政、税收政策，吸引电子商务企业聚集发展。要建立电子商务法规标准体系。针对电子商务交易、信用、物流、供应链协同、融资服务等环节，制订一批具有前瞻性、可行性、开放性、兼容性的法规、规范、标准，维护电子商务交易秩序，防范交易风险。要应用电子商务促进传统流通企业转型升级。鼓励国内大型商场、批发市场、连锁超市和专业市场建立电子商务平台，开展网上交易；引导支持网络零售平台向中小流通企业开放；鼓励电子商务平台开展城市旧货交易，向城市社区提供家政与日用消费品服务，促进社区便利消费与循环经济发展。

（2）支持和规范网络文化建设

2010 年 6 月 3 日，文化部公布了《网络游戏管理暂行办法》，规定了从事网络游戏上网运营、网络游戏虚拟货币发行、网络游戏虚拟货币交易服务的许可条件和程序，明确了网络游戏的内容准则和相关审查制度，并对网络游戏经营活动应当遵守的规则作出了具体规定。

2010 年 12 月 7 日，新闻出版总署发布《新闻出版总署关于促进出版物网络发行健康发展的通知》，对网络交易平台内从事出版物发行，或者以其他形式通过网络从事出版发行的活动进行了规范。

2011 年 7 月 27 日，ChinaJoy 产业高峰论坛在上海开幕。新闻出版总署负责人表示，为继续推动网游出版业的发展，国家新闻出版总署将在以下几个方面出台鼓励性的政策。一是尽快出台网游审批细则，二是赋予民营企业互联网出版资质，三是引导扶持网络游戏企业多出精品，四是探索建立金融资本支持网游产业发展的机制，五是推动我国网游业布局海外，六是加强版权方面的保护工作。

（3）加强网络安全建设

2010 年 1 月 21 日，工业和信息化部公布了《通信网络安全防护管理办法》，对我国境内的电信业务经营者、互联网域名服务提供者管理和运行的公用通信网和互联网的网络安全防护工作进行了规范。

6.4　发展趋势

6.4.1　技术趋势

1. 智能终端协同性需求增加

2007 年 iPhone 的出现带来了移动终端的智能化，使移动互联网的应用更加广泛。未来，移动互联网的发展会使互联网服务更加个性化，终端的智能化程度进一步加强。目前，移动终端已经趋向于多样化，未来终端的形态还会不断增多。终端类型的增多需要为多屏幕的运算提供各种娱乐终端之间的无缝连接；需要为所有设备提供计算支持，以构建通用的硬件、软件和生态系统解决方案，使跨设备的计算无缝协同，实现一致的用户体验。

据报道，英特尔已经开始采用3-D晶体管结构生产研发22纳米英特尔芯片。与之前的32纳米平面晶体管相比，22纳米3-D三栅极晶体管在低电压下将性能提高了37%，实现了前所未有的性能提升和能耗节省。英特尔"互联计算"战略实施过程中已开始形成面向超级本(Ultrabook)、笔记本电脑、上网本、平板电脑、智能手机、MID、车载信息娱乐设备等多样化个人终端提供全系列处理器平台的战略布局，这将使个性化互联网设备实现无缝协作，并提供出色性能、功效和个性化的内容和服务[1]。

2. LTE将成为移动互联网发展的重要通信技术

LTE（Long Term Evolution，长期演进）项目是3G的演进，是3.9G的全球标准，具有100Mbit/s的数据下载能力，被视作从3G向4G演进的主流技术。LTE项目包含了许多值得关注的部分，如等待时间的减少、更高的用户数据速率、系统容量和覆盖的改善以及运营成本的降低。

2009年3G牌照发放后，3G发展势头良好。根据三大运营商公布的数据，截至2011年8月底，中国手机用户总数已达9.2726亿户，3G用户达到9380万，3G用户的渗透率也达到10%。根据国外发展的经验，3G渗透率突破10%将迎来第一个高速发展阶段。3G的快速发展带来了移动网络流量的爆炸式增长。而要解决庞大数据对网络造成的压力，除了3G、WiFi分流以外，运营商开始将目光转向4G，伴随而来的是电信业将向宽带无线化和无线宽带化演进。LTE作为下一代无线传输技术，高速率、低时延、全IP的技术特性使其能够完全胜任网络对数据流量的要求，业界也慢慢达成共识，将LTE作为所有移动通信技术的下一步演进标准。与3G的性能相比，LTE目前在网速方面已经达到了10倍的提升。

3. 云计算技术和服务模式将有更广阔的空间

早在两年前，云计算就成为互联网、移动互联网界热议的焦点。云计算是一个丰富的"资源池"，拥有强大的计算能力。云计算的突出优势就在于用户可以高度依赖网络上数据处理和服务的能力。从实际应用上来看，云计算将突破各种终端设备，包括手机、电脑、视听设备等在存储及运算能力上的限制，把网络连接起来的浩大数据资源、计算资源、服务资源、社会资源进行统一管理和协调，形成内容丰富、能量强大的资源服务体系，按照社会和用户需求进行分配和提供。在"云计算"中，无论何种终端界面上，显示的内容、应用都能够保持一致性和同步性，其结果，用户的感知与消费体验也能够达到统一。

智能终端的各种应用需要强大的数据计算和处理能力作为基础，需要高效的数据传输能力作为保障。随着网络传输速度的提高和智能手机的普及化趋势，云计算将有更加广泛的需求，云计算的进一步发展将有更广阔的空间。

[1]凌琦．英特尔：移动互联网愿景．经济参考报，2011.

6.4.2 市场发展趋势

1. 移动互联网将继续快速发展

全球来看，目前移动互联网正处于起步阶段。iPhone、iPad、智能手机等移动设备带来了一场革命，但这只是开始。根据电视等技术普及的规律，移动互联网将出现快速发展的趋势。KPCB 的 2011 年的互联网趋势报告显示，2011 年第二季度，全球 3G 用户数同比增长 35%，该季度手机用户有 56 亿，而智能手机用户才 8 亿多，发展空间巨大。

2011 年 4 月 27 日，赛迪顾问发布了中国国内首本《移动互联网产业发展白皮书》。白皮书预测，中国移动互联产业发展将进入高速成长期、全面整合期、创新发展期。2011 年，在运营商、CP、ISV 以及终端等产业各方的共同推动下，移动互联网保持了快速增长势头。2011—2013 年是中国移动互联网市场的飞速发展时期，其市场收入的平均复合增长率将达到 39.8%。

2. 智能化终端市场将进一步扩大

2010 年第四季度，Android 智能手机市场份额达到 33%，同比增长 615%。苹果手机份额 16%，同比增长 86%。

表 6-1 2009 年第四季度和 2010 年第四季度全球智能手机市场份额

	2010 第四季度		2009 第四季度		同比增长（%）
	销售量（百万）	市场份额（%）	销售量（百万）	市场份额（%）	
合计	101	100	54	100	89
Android 操作系统手机	33	33	5	9	615
诺基亚	31	31	24	44	30
苹果	16	16	9	16	86
RIM	15	14	11	20	36
操作系统手机	3	3	4	7	-20
其他	3	3	2	3	65

资料来源：KCPB

2010 年，苹果的 iPhone 和谷歌的 Android 系统手机在全球市场占有率稳步攀升，使人们认识到智能终端现已成为业务开发和提供的主导平台，决定业务入口和开发接口的核心要素。终端厂商开始由单纯的终端设备提供商向终端和应用服务提供商转型。终端厂商角逐移动互联网，带动了市场进一步深化。面对移动互联网潜在的巨大市场空间以及苹果终端创新模式的成功，终端厂商未来将更积极布局移动互联网。随着终端制造技术的提升和手机操作系统的多样化，未来智能手机的出货量和普及率将进一步提高。

2011 年，智能手机在全球移动终端市场的占有率已经大幅度提升。根据 Millennial Media 公司 2011 年 5 月公布的调查数据，在全球移动终端市场中，智能手机、功能手机和其他移动终端的市场份额分别为 67%、17%、16%。

另据 Gartner 公司 发布的智能手机市场报告显示，2011 年第三季度 Android 操作系统智能手机销量已经占全球智能手机市场的一半以上。

表 6-2 2011 年第三季度全球智能手机市场份额

操作系统	2011 年第三季度		2010 年第三季	
	销量（千部）	市场份额（%）	销量（千部）	市场份额（%）
Android	60490.4	52.5	20544.0	25.3
Symbian	19500.1	16.9	29480.1	36.3
iOS	17295.3	15.0	13484.4	16.6
Research In Motion	12701.1	11.0	12508.3	15.4
Bada	2478.5	2.2	920.6	1.1
Microsoft	1701.9	1.5	2203.9	2.7
Others	1018.1	0.9	1991.3	2.5
Total	**115185.4**	**100**	**81132.6**	**100**

资料来源：Gartner

3. 智能终端操作系统的竞争将更加激烈

2010 年以来，传统终端（系统设备）厂商、手机制造商、解决方案提供商等纷纷进入智能手机领域，通过终端整合相关应用及业务，加速智能手机中低端化趋势，带动产业链变迁，促进 3G 和移动互联网市场整体发展。未来在移动互联网市场竞争中，手机操作系统厂商的优势将逐步提升，未来智能手机的市场竞争将转化为对手机操作系统用户的争夺。

Millennial Media 公司的调查显示，在智能手机操作系统市场中，Android 的市场份额为 53%，居于主导地位。

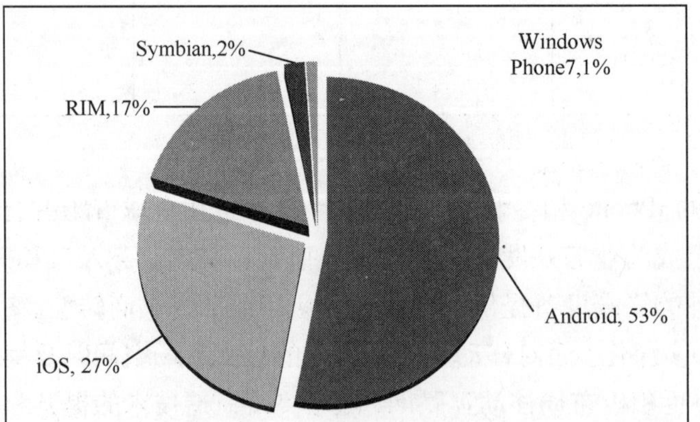

资料来源：Millennial Media

图 6-18 2011 年 5 月智能操作系统市场份额

4. 新型移动互联网应用形态将不断展现，并走向成熟

目前，我国移动互联网应用更多的是来自于桌面互联网业务的复制，如搜索、音乐、新闻、即时通信、游戏、视频、社交网站等，成为移动互联网的主流应用。但一些特色应用如手机阅读、手机电视等还没有得到完善的发展，电子商务类应用还有待提升。根据移动互联网发展规律，在发展初期，移动互联网主要满足用户个体的信息需求，并以工具化、娱乐化应用为主，如手机音乐、手机报、手机浏览器等。在发展后期，则倾向于满足群体用户沟通，以社会化、商务化应用为主，如手机微博、手机社区、手机电子商务等。因此，未来更多新型的特色应用将会不断显现，移动电子商务、移动教育、移动 SNS 等将会有更广的发展空间。

《移动互联网产业发展白皮书》预测，重点应用将在移动电子商务、移动广告、移动游戏、移动地理位置服务、移动视频、移动阅读等领域。在移动电子商务方面应用将更加广泛，包括移动购物、移动支付、移动办公、邮件会议等。

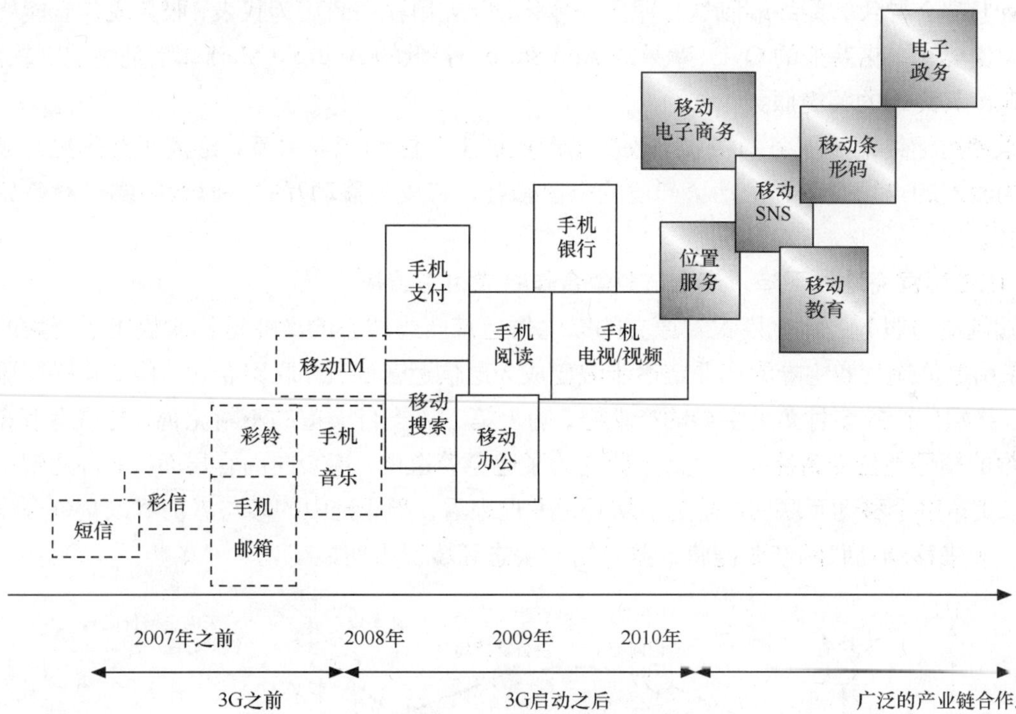

资料来源：易观国际

图 6-19 移动互联网应用发展趋势

目前，我国的三大电信运营商在网络等基础设施之外，已在多个层面推动移动互联网应用建设。比如，目前三大运营商都推出了应用商城，为用户提供丰富的 3G 应用。在电子商务应用层面，三家公司都在移动支付产业积极布局。此外，传统互联网企业也开始全线布局移动互联网，腾讯、百度、淘宝等公司都积极推出移动互联网的相关产品。

位置应用是基于融合创新的新型移动互联网应用形态。2010 年全球位置服务应用热潮在

国内移动互联网界迅速蔓延，产业规模及参与者均不断扩大，并持续呈现上升状态。截至2010年年底，中国国内包括立方网、多乐趣、玩转四方、贝多等Foursquare模式的厂商突破40家。包括新浪微博、开心、百度、盛大等互联网巨头以及三家运营商的加入，更为LBS的发展带来了更多的市场推动力，如新浪微博不仅成为大量第三方位置应用的重要生态平台，更及时的互动、交流、分享、转发等特质也大大提高了其位置服务的影响力。

5. 终端+服务模式将进一步扩大

2010年以来，苹果的创新模式引起世人的瞩目。苹果的优势在于实现了iPhone、iTouch、iPad等与iTunes、App Store的有效整合，其价值不仅在于终端销售带来的一次性收入，更在于网上音乐、应用程序下载等业务所带来的长期价值。苹果的模式使得终端厂商也成为应用服务提供商，拥有了后期服务，并长期与用户接触的用户界面。苹果模式引发产业巨头们纷纷通过对终端软件平台的控制实现终端关键应用的排他性定制，移动互联网业务与智能终端软件平台的这种紧耦合导致智能终端制造与服务一体化，以应用程序商店为代表，服务成为智能终端发展的关键要素，诺基亚的Ovi、苹果的App Store、谷歌的Android Market都是终端（软件）制造商匹配其终端的关键服务。

苹果创造了终端+服务的模式，改变了产业链上下游的产业关系，形成了立体化、多元化、更为激烈的市场竞争，推动了产业的空前融合，将成为移动互联网时代终端厂商争相效仿的模式。

6. 电信运营商地位下降，产业链竞争合作将成为主旋律

终端制造与服务一体化模式对原有的以电信运营商为核心的产业链模式提出了严峻的挑战。原来由电信运营商主导的产业链逐步演变成为电信运营商、互联网企业、移动互联网服务提供商、终端厂商等多种角色主导的产业链。随着第三方支付渠道的不断完善，电信运营商在产业链中的领导地位受到挑战，电信运营商为了避免管道化，逐步向内容层面、平台构架层面延伸，以贯通整个移动互联网产业链。从长远发展来看，产业链中的参与者仍将以竞争合作发展为主。未来移动互联网产业链将日益交错，生态环境发生明显变化。

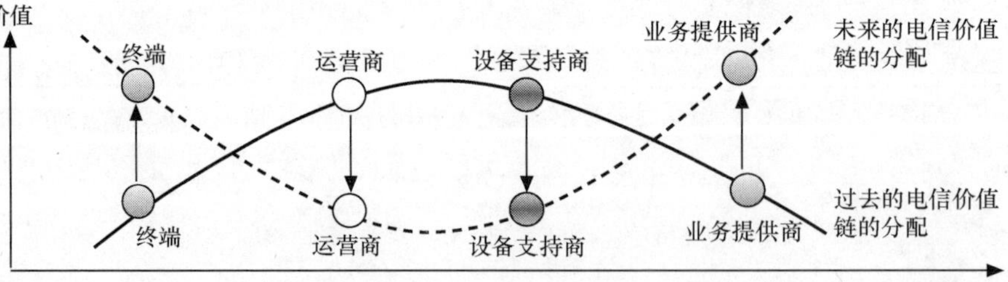

资料来源：易观国际

图6-20　移动互联网产业链价值变化

7. 平台化开发将成为共识

2010年平台化开发引起中国互联网、移动互联网行业的广泛关注，2011年平台化开发进

一步得到扩展。App Store 开放销售平台已成为各厂商效仿焦点，成为各厂商快速进入移动互联网市场的首推产品。

运营企业提供平台搭建和开放 API 接口，使开发者和其他企业分享其用户流量和用户产生的内容，实现应用开发的创新和用户需求、用户体验的不断提升，实现产业生态系统的良性运转和共同成长。目前微博、SNS、位置服务、应用商店均已参与到平台化趋势中来。未来受益于平台共享带来的资源，应用开发技术创新和营销推广的成本将趋于降低，开发所形成的以平台为核心的商业秩序和产业格局将对未来移动互联网各细分领域的发展造成深远的影响。

6.4.3 政策走向

1. 加大移动互联网发展的政策扶持力度

2011 年 10 月 31 日—11 月 1 日，在“2011（第五届）移动互联网研讨会”会上，工信部负责人表示，“工信部将不断加大政策扶持力度，积极引导和推动移动互联网产业快速健康发展。” 一是以宽带为重点，加快信息网络全面升级，构建面向应用，普遍覆盖，绿色高效的下一代国家基础设施，加快推动第三代移动通信，特别是 TD-SCDMA 以及演进技术 TD-LTE 的发展，推进 TD-LTE 规模试验。二是加大通信业转型和可持续发展，以信息网络演进为契机，推动融合型技术和业务的创新发展，推动基础电信业务转型，支持开发移动电子商务创新和应用示范，完善移动电子商务产业链，积极规范和培育引导新业务发展，抓住移动智能终端快速发展带来的机遇，加强终端自主操作系统的研发和推广，通过移动智能终端和应用平台等关键环节进行发展。三是促进公平竞争，打击泄露用户信息的违法行为，保障用户的合法权益，维护移动互联网健康发展的环境。

2. 信息安全法律法规将进一步完善和强化

目前，移动互联网特点呈现为 4 个方面：网络融合化、终端智能化、应用多样化、平台开放化。互联网的开放性存在信息盗取、信息泄露等安全问题。智能终端的普及也为安全隐患滋生提供了温床。终端智能化打破了传统手机应用的封闭性，手机防护能力与自主可控能力较弱，使得病毒侵入更为便利，因此个人信息和安全存在很大隐患。

2011 年 10 月，我国工信部通信发展司负责人表示，随着 3G 移动智能终端普及率不断上升，移动智能终端的安全问题日益突出。工信部正会同有关部门制订《移动智能终端管理办法》，完善移动智能终端的个人信息安全管理，切实保护消费者权益；着手修订进网检测技术要求，采取定期的拨测手段来加强个人信息的保护；研究制定移动互联网恶意程序检测处置机制，制定恶意程序认定和命名的标准，指导各省通信管理局和移动通信运营企业开展恶意程序的监测处置试点工作；提高用户网络安全防范意识，鼓励手机安全产业发展。

第7章 三网融合

7.1 三网融合概述

三网融合的概念起源于信息通信技术（ICT）的进步和产业融合，它是一个多层次的概念，包括技术融合、市场融合、业务融合、产业政策融合以及监管融合，其目的并不是指某种网络一统天下，而是发挥不同网络的优势，使消费者能够通过任一种物理网络就可获得所需要的信息服务。三网融合是一个动态发展的过程，其发展方向是电信网、互联网和传媒网的新三网融合。

新三网融合具有以下特点：第一，以信息的生产、处理、传递和存储为核心；第二，包括数据、影音、消息等的各种信息都可以通过任何一种物理网络传递给任一消费者，任何合法信息都能通过网络轻松获取；第三，数据能够在网络上进行传递、存储和处理，网络智能化和工具化程度越来越高；第四，通信网络的传媒属性和传媒的通信属性均能够得到充分体现。

在三网融合的推动下，各类型媒介通过新介质真正实现信息的汇聚和融合，融合的传播模式无论从传播内容的深度和广度，还是从传播形式的多样性而言，都极大地促进了信息的整合。此外，三网融合使新的产业革命开始萌发勃勃生机，各种传播终端正由单一的功能向多功能、多媒体化转化，三网融合引起了信息传播的全媒体化变革。值得指出的是，三网融合在增强网络的开放性、交融性和复杂性的同时，也为融合网络带来了严峻的信息安全挑战。

在发达国家，网络建设越来越多地被认为是社会基础设施投资范围，网络设施和业务的分离趋势日益明显，新媒体发展迅速。在中国，三网融合已经成为国家战略新兴产业，成为中国信息产业的新增长点，在增加就业岗位、提升人力资源水平和提高经济运行效率方面发挥了重要作用。

7.2 三网融合产业政策

三网融合的基础产业主要涉及信息产业，信息产业是指由国家中央或地方政府制定的，主动干预信息产业经济活动的各种政策的集合，包括信息产业结构政策、信息产业组织政策、信息产业技术政策以及信息产业布局政策。

我国目前涉及信息产业的法律法规主要有：《国家科学技术情报发展政策》、《关于加快发展第三产业的决定》、《中华人民共和国中小企业促进法》、《中华人民共和国档案法》、《中华人民共和国科技进步法》、《关于以高新技术成果出资入股若干问题的规定》以及《关于大力发展民营科技型企业若干问题的决定》等。

相关政策文件有：《关于三网融合试点工作有关问题的通知》、《关于加强三网融合试点地区 IPTV 集成播控平台建设有关问题的通知》、《第一批三网融合试点地区（城市）名单》、《三网融合试点工作方案》、《国务院关于鼓励和引导民间投资健康发展的若干意见》、《关于推进光纤宽带网络建设的意见》、《关于加强电视机为接收终端的互联网视听节目服务管理有关问题的通知》、《关于加快广播电视有线网络发展的若干意见》、《发展改革委关于 2009 年深化经济体制改革的工作意见》、《发展改革委等部门关于鼓励数字电视产业发展若干政策的通知》、《互联网视听节目服务管理规定》以及《信息产业部、国家广电总局关于加强广播电视有线网络建设管理的意见》等。

规划及纲要有：《信息技术发展政策》、《关于当前优先发展的高技术产业重点领域指南》、《鼓励软件业和集成电路产业发展的若干政策》、《振兴软件产业行动纲要》、《信息产业“十一五”规划》、《电子商务发展“十一五”规划》、《电子信息产业调整和振兴规划》以及《关于做好工业通信业信息化“十二五”规划工作的意见》等，如表 7-1 所示。

表 7-1　　三网融合相关法律与政策

年　份	政 策 名 称
1992	《信息技术发展政策》
1994	《90 年代国家产业政策纲要》
1995	《中共中央关于制定国民经济和社会发展“九五”规划和 2010 年远景目标的建议》
	《关于“九五”期间加快中国集成电路产业发展的报告》
1996	《国民经济和社会发展“九五”规划和 2010 年远景目标》
1998	《国家广播电影电视总局职能配置、内设机构和人员编制规定》
1999	《信息产业部、国家广电总局关于加强广播电视有线网络建设管理的意见 》
	《关于当前优先发展的高技术产业化重点领域指南》
2000	《鼓励软件业和集成电路产业发展的若干政策》
2001	《国民经济和社会发展第十个五年计划纲要》
2002	十六大信息化方针
	《振兴软件产业行动纲要》
2006	《中华人民共和国国民经济和社会发展第十一个五年规划》
	《信息产业“十一五”规划》
	《2006—2020 年国家信息化发展战略》
2007	《电子商务发展“十一五”规划》
	《互联网视听节目服务管理规定》
2008	《工信部关于进一步促进宁夏工业和信息化发展的意见》
	《国家电子信息产业基地和产业园认定管理办法》
	《发展改革委等部门关于鼓励数字电视产业发展若干政策的通知》

续表

年 份	政 策 名 称
2009	《电子信息产业调整和振兴规划》
	《文化产业振兴规划》
	《关于加快广播电视有线网络发展的若干意见》
2010	《关于做好工业通信业信息化“十二五”规划工作的意见》
	《关于推进光纤宽带网络建设的意见》
	《关于推进第三代移动通信网络建设的意见》
	《关于三网融合试点工作有关问题的通知》
	《第一批三网融合试点地区（城市）名单》
	《关于加强三网融合试点地区 IPTV 集成播控平台建设有关问题的通知》
	《有线电视网络三网融合试点总体技术要求和框架》

从表 7-1 可以看出，中国政府制订了一系列的相关法律法规措施来调整信息经济关系，指导信息产业快速发展，从而更好地推动三网融合工作进展，并取得了显著成效。

7.3 三网融合的发展

2010 年 1 月 13 日，国务院常务会议指出：三网融合对于促进信息和文化产业发展，提高国民经济和信息化水平，满足人民群众日益多样的生产、生活服务需求，拉动国内消费，形成新的经济增长点，具有重要意义。会议还提出了推进三网融合的阶段性目标。

第一阶段（2010—2012 年）：重点开展广电和电信业务“双向进入”试点，探索形成保障三网融合规范有序开展的政策体系和体制机制。

第二阶段（2013—2015 年）：总结推广试点经验，全面实现三网融合发展，普及应用融合业务，基本形成适度竞争的网络产业格局，基本建立适应三网融合的体制机制和职责清晰、协调顺畅、决策科学、管理高效的新型监管体系。

此外，会议还确定了推进三网融合的重点工作。第一，先易后难，试点先行。选择有条件的地区开展双向进入试点，符合条件的广播电视企业可以经营增值电信业务和部分基础电信业务、互联网业务，符合条件的电信企业可以从事时政之外的广播电视节目制作。第二，加强网络，建设改造。实行有线电视网络数字化和双向化升级改造；整合有线电视网络，培养市场主体；加快电信宽带网络建设，推进城镇光纤到户，扩大农村地区宽带覆盖范围，推进网络统筹规划和共建共享。第三，加快产业发展。创新产业形态，推动移动广播电视、手机电视、数字电视、宽带上网等业务的应用，促进文化产业、信息产业和其他现代服务业发展。加快建立适应三网融合的国际标准体系。第四，强化网络管理。落实管理职责，健全管理体系，保障网络信息安全和文化安全。第五，加强政策扶持。制定相关产业政策，支持三网融合共性技术、关键技术、基础技术和关键软硬件的研发和产业化。对三网融合涉及的产品开发、网络建设、业务应用及在农村地区的推广，给予金融、财政、税收等支持，将三网融合相关产品和业务纳入政府采购范围。

三网融合的试点方案政策出台，市场运营阶段即将来临。广电和电信之间的分工已经明确，并向对方经营的领域渗透，希望能够经营对方的业务。三网融合带来的既是机遇也是挑战，其给整合行业带来的不仅仅是经济总量上的增长，更多的是产业结构的转型和升级。作为电信运营商，要选择合适的市场切入点，在运营中持续升级，形成优势业务，并实现对价值链资源的控制。作为有线电视运营商，要建立起统一经营实体，积极拓展新型增值业务，提高服务水平。作为内容提供商，要广泛考虑用户的需求，建立机制去激励和推进内容发展，为消费者提供差异化内容是争取市场份额的关键。作为终端设备厂商，必须掌控其在产业链中的位置，思考如何把握用户的真实需求，提升三网融合产业内组织竞争力。此外，要大力发展三网融合产业相关技术，实现网络整合，实现物理上和业务上的互联互通，进行数字化改造，加快广电网络的双向化改造进程。

第8章 电子商务

随着通信技术的飞速发展，全球互联网应用的迅速普及使数据处理和信息传递突破时间和空间的局限，进而在商业领域产生一种崭新的交易方式——电子商务。近年来中国电子商务已经历了从网上人群的兴起到电子网商的形成，从网络购物的诞生到新兴支付、物流体系的建立的发展历程。可以说，中国电子商务日渐趋于成熟，并成为推动经济增长的一股力量。

8.1 电子商务的界定和模式

电子商务是一种以互联网为基础、交易双方为主体、银行电子支付和结算为手段、客户数据为依托的商务模式，它实现了整个商务（买卖）过程中的电子化、数字化和网络化。与传统商务模式相比，电子商务具有信息技术依赖程度高、方便快捷、不受时间和地点限制的特点。

目前，国内电子商务主要存在三种业务模式，分别是 B2B、B2C 和 C2C。

B2B（Business to Business）模式是企业对企业之间的通过网络进行信息、产品和服务的相互交换。B2B 商业模式能最大限度地降低企业的信息来源成本，将企业的内部网通过 B2B 电子商务平台紧密地与客户之间联系起来，使企业与企业之间达到资源共享的目的，从而整合供应链和价值链。

B2C（Business to Consumer）模式是指企业针对个人开展的电子商务活动，特点是需要面对大量的客户和寻找客户（客户下购买订单）、完成客户洽谈（确认订单）以及订货、配送、支付、开具发票等诸多事情，需要将信息流、资金流和物流在电子商务应用中完整地实现。

C2C（Consumer to Consumer）模式是指客户与客户之间开展的商务活动。最为人们所知的 C2C 电子商务模式是网络在线拍卖，为买卖双方提供一个在线交易平台，使卖方可以主动提供商品上网拍卖，而买方可以自行选择商品进行竞价。在中国，淘宝网就是 C2C 模式的典型代表。

8.2 2010—2011 年中国电子商务发展回顾

2010—2011 年间，中国电子商务处于蓬勃发展时期，呈现出整体交易规模不断扩大，电子商务企业快速扩张，电子商务发展模式不断创新等特点。

8.2.1 中国电子商务整体交易规模高速增长

据有关数据[1]，2011 年全年，中国电子商务市场交易额将达 5.6 万亿元，同比增长 24.5%。2010 年中国电子商务市场交易额达 4.5 万亿元，同比增长 22%。中国宏观经济的繁荣发展是推动电子商务高速成长的核心因素。另一方面，在后金融危机时代，企业利用电子商务开拓销售渠道的意愿更为强烈，个人消费者也更倾向于通过网络购买高性价比产品，这两点因素也是推动电子商务整体规模不断扩张的重要原因。

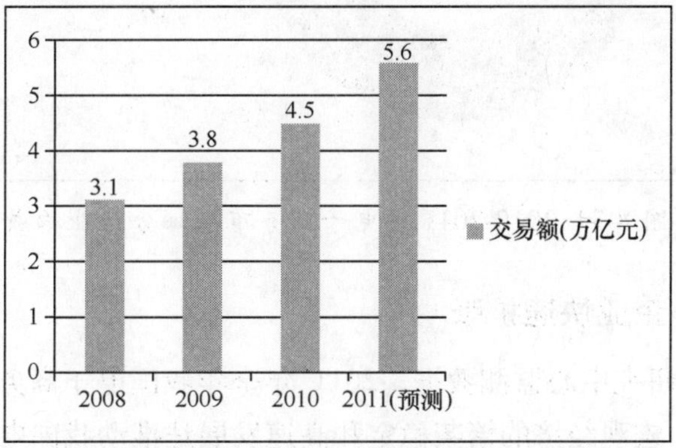

图 8-1 2008-2011 年中国电子商务市场交易规模

8.2.2 B2B 类业务仍是中国电子商务最主要的业务类型

据有关数据[2]，2011 年全年，B2B 类电子商务交易额将达 4.8 万亿元，同比增长 26.3%。B2B 类型业务占电子商务整体比重为 85.7%，低于 2010 年同期水平，但仍是电子商务中最主要的业务类型，其中针对企业级用户的 B2B 类电子商务交易额占比 85.7%，个人级用户的 B2C 电子商务交易额占 14.3%。B2B 电子商务的交易规模远大于 B2C 电子商务，目前两者相差一个数量级，未来若干年中 B2B 类业务在电子商务整体中的地位不会改变。

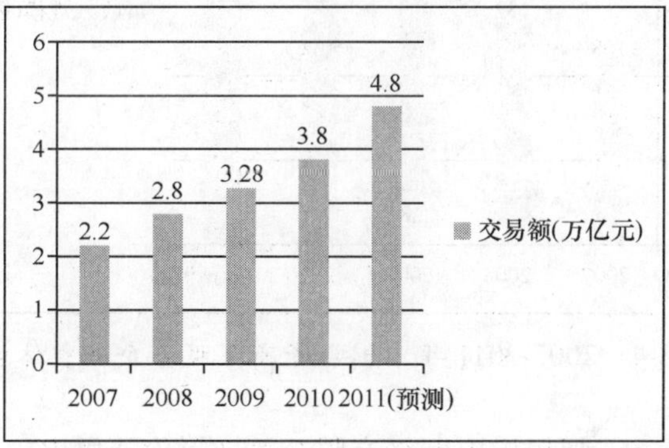

图 8-2 2007-2011 年中国 B2B 市场交易规模

---

1 中国电子商务研究中心《电子商务检测报告 2011 上半年度报告》。

2 同上。

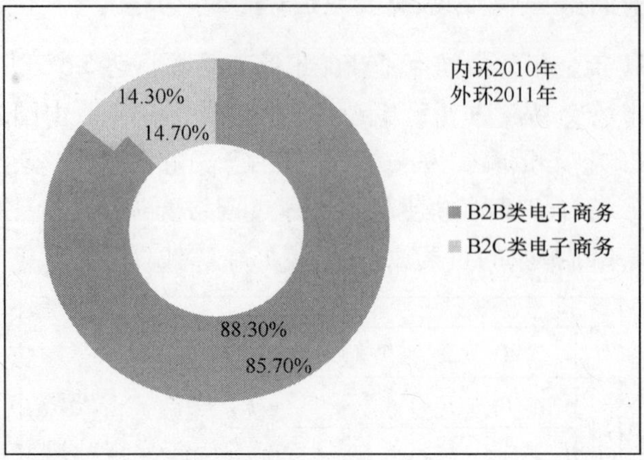

图 8-3　2010-2011 年电子商务市场细分行业构成

8.2.3　电子商务企业快速扩张

根据中国电子商务研究中心监测数据，2011 年全年我国电子商务服务类企业营收约 245 亿元，同比增长 20%。宏观经济的繁荣稳定和高速发展是推动我国电子商务服务企业营收规模连续多年保持高位增长的最主要因素，其次我国企业对电子商务的认识程度不断提高，用户对电子商务服务类企业的认可程度的不断提升也是重要因素。

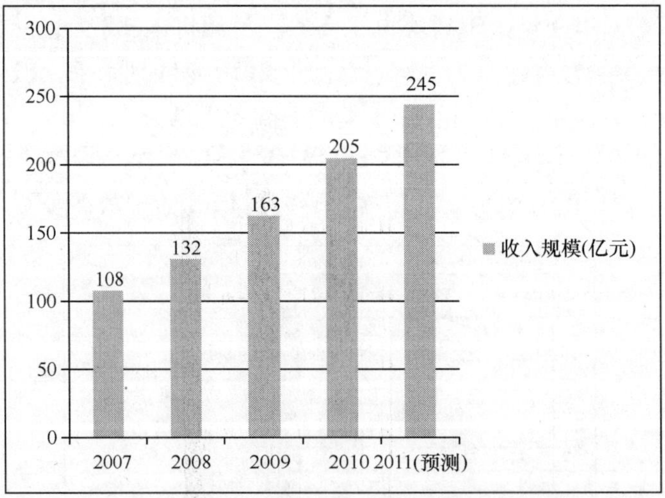

图 8-4　2007-2011 年中国电子商务服务企业整体收入

在我国电子商务企业中，阿里巴巴网络有限公司（简称阿里巴巴）仍然保持着行业领军的地位，根据阿里巴巴发布的 2011 上半年财务报告数据显示，2011 上半年阿里巴巴的营业收入达到 31.56 亿元，同比增长 22%。阿里巴巴营业收入的增长直接得益于其付费会员的快速增长。截止到 2011 年 6 月底，阿里巴巴的付费会员人数达到 69 万人，同比增长 16.9%。

8.2.4　传统企业介入电子商务大大推动了产业发展

随着电子商务的高速发展，传统企业面临全新的挑战，许多零售商开始思考和探索全新的经营模式。因此越来越多传统企业开始尝试网络营销，大量的品牌商开始与现有的商城合作，或以网络商城为新的销售渠道，向电子商务服务企业供货，建立代理销售合作关系；或以网络商城为平台，使用开设店中店等方式直接经营。另外，一部分传统企业将非核心的业务如客户服务、订单处理以及客户出货、退货、换货等外包给合适的第三方，利用网络进行处理。

同时，一些大型的传统营销企业如中粮、苏宁、国美等选择直接开设网店销售商品，中粮我买网、苏宁易购等新兴的电子商务网站已经初具规模，借助其建立者在传统营销领域的雄厚实力为消费者提供了更多的选择，促使电子商务不断发展的同时加深了其对传统产业的影响力。

8.2.5　海外代购市场异军突起

根据中国电子商务研究中心有关资料，预计 2011 年，中国海外代购市场交易规模可达到 241 亿元，较 2010 年翻两番。2011 年最受人们欢迎的十大海外代购产品为：化妆品、奶粉、箱包类、鞋帽类、服装、电子产品、高档手表饰品、食品、个人运动器材、海外特产。其中，化妆品仍然是最受广大用户欢迎的海外代购产品。

近年来，中国海外代购市场增长速度远高于网上零售市场整体发展速度。但随着 2010 年 9 月中国海关总署对个人邮寄进出境物品应征进口税税额的调整，2011 年的发展速度有所放缓。但即便如此，这一市场仍然具有价格上的优势。

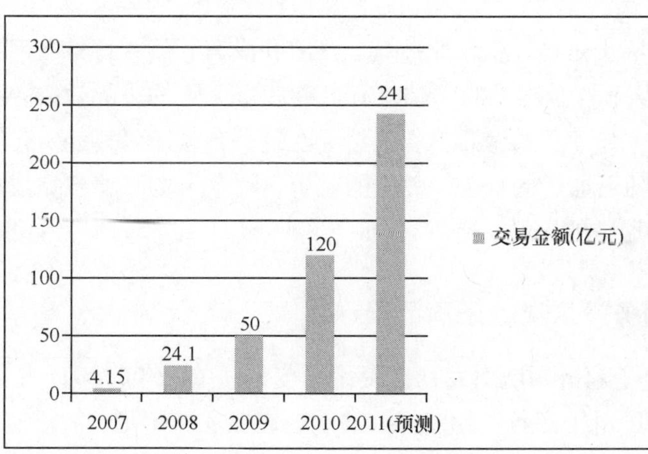

图 8-5　2007-2011 年中国海外代购市场交易规模

8.2.6　团购市场面临重新洗牌

2011 年，中国团购行业经历了过山车式的发展过程。2011 年上半年延续了 2010 年团购行业的迅猛发展之势，呈持续上升趋势，除了春节前后团购企业数量增长缓慢以外，二季度团购企业数量增长迅速，截止到 2011 年 6 月底，团购网站数量由 2011 年 1 月的 2630 家上升到 5300 家。

然而，2011 年下半年团购市场出现重新洗牌，窝窝团、拉手、团宝、24 券等中国团购企业群都开始通过裁员、撤站、降薪等方式降低成本。据《全国团购网站普查数据公报》显示，截至 2011 年 10 月底，全国范围内已有 1483 家团购网站在激烈的竞争中关闭、退出团购市场，其中，仅 10 月份关闭的团购网站数量就高达 456 家。

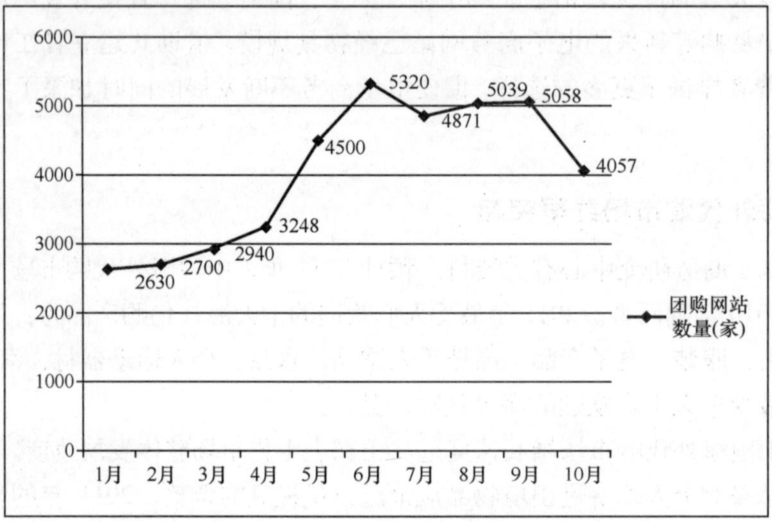

图 8-6　2011 年 1-10 月团购网站数量发展趋势

团购网站目前实际上是通过低价来招揽，目前并没有找到很好的盈利模式，在这样的环境下，只有营销能力强大、资金雄厚的网站才有可能获得一定的边际效益，现在这种几百家同质团购网站并存的局面一定不会持续很久。虽然现在这一市场不够规范，有点类似于视频网站刚刚兴起的时期，但是随着监管的加强、舆论的监督，整个市场必将会完成最后的洗牌，最终也只能剩下几家较大的诚信的网站。

8.2.7　电子商务深层次的矛盾凸显

2011 年是中国电子商务领域引发社会舆论高度关注的一年，2011 年电子商务领域的一系列重大事件凸显出中国电子商务业物流保障脆弱、客服支持不足、缺乏交易诚信、售假、网络欺诈、缺乏核心竞争力引发恶性价格战、电子商务各方经营者沟通机制不健全等一系列深层次的矛盾和问题。2011 年电子商务领域部分重大事件见表 8-1。

表 8-1　　2011 年电子商务领域重大事件一览表

事件名称	事 件 概 述	评　论
淘宝商城事件	2011 年 10 月 10 日，淘宝商城宣布升级商家管理体系，技术服务费提高至 3 万元与 6 万元两档；并建立“商家违约责任保证金”制度，收取保证金 1 万至 15 万元不等。10 月 11 日，部分中小卖家集体围攻淘宝商城	反映了淘宝与中小卖家的矛盾，大幅提高技术服务费和保证金，倒逼中小卖家退出商城，进而引发了中小卖家围攻大卖家以胁迫淘宝这一幕。另外，此次事件的发生也与淘宝缺乏与中小卖家沟通协商的渠道和机制，漠视中小卖家权益有关
京东商城周年庆陷“投诉风波”	2011 年 6 月 18 日，京东商城再次打响网购价格战，大幅度的优惠遭遇用户疯抢，单日订购金额就超过 2 亿元。但活动开始后，不少用户反映，自己的订单莫名消失，拨打京东的客服电话也一直处于忙音状态，一时间，京东“删单疑云”四起	京东这次周年庆活动暴露自己在基础建设方面的不足。首先，京东的订单系统存在不足，客服的整体素质有待加强。其次，京东拥有多年打造的庞大物流体系，但这次“京东周年庆“消费者并没有享受到“庞大物流体系”带来的便捷。反而配送迟延、缺货等状况频频发生
央视《焦点访谈》曝光淘宝商城纵容售假	2011 年 4 月 23 日晚，央视播出的《焦点访谈》特别节目曝光了淘宝网知假售假、消费者维权困难，淘宝网纵容商家违法销售外贸原单货物等问题	商家的违法销售是不可控的，可控的是如何最大力度地建立自身的信用监察、深入调查反馈、维权投诉等机制，能够最大程度地去规避这些不可控风险。除了做好商户方面的服务外，更要维护好消费用户群的网购体验，真正从消费用户层面去建立网购品牌形象
阿里巴巴自曝供应商欺诈丑闻 CEO 引咎辞职	2011 年 2 月 21 日，阿里巴巴网络有限公司宣布：因旗下“中国供应商”平台在国际交易市场诈骗全球买家，CEO 卫哲、COO 李旭晖辞职，B2B 公司人事资深副总裁邓康明辞去集团 CPO，降级另用。这次阿里巴巴组建以来最大的人事震动，在互联网引发了一波关于网络诚信的余震	从阿里巴巴欺诈门中可看出，电子商务作为一个新兴的行业，在管理方面存在着多个部门共同管理的局面。在相关机制还不是很完善的情况下存在着监管漏洞，这就造成目前很难对第三方电子商务平台的问题进行有效监管。今后还需要各相关政府职能部门加大对这块的监管力度

8.3　电子商务业发展环境分析

近几年，国内电子商务的产业发展环境趋于规范，但仍还不够成熟。随着政策的支持、经济环境的向好，社会的信息化，技术的创新，可以预见未来电子商务业将会朝着更好的方向发展。

8.3.1　电子商务宏观环境分析

1. 政策支持力度不断加大

2011 年是我国“十二五”的开局之年，“十二五”规划方案和温总理的政府工作报告都明确指出，要大力发展物流、电子商务、服务外包等现代服务业，这意味着，国家从宏观层面对电子商务的资金与政策支持力度正在逐渐加大，电子商务发展前景广阔。

作为行业主管部门，商务部、工信部等部委于 2011 年陆续发布《“十二五”电子商务发展指导意见》、《第三方电子商务交易平台服务规范》、《互联网信息服务管理规定征求意见稿》等文件，这些文件的出台对明确电子商务发展方向、扶持措施，营造公平、诚信、安全的交易环境，推动电子商务健康快速发展有着重要意义。

中央和各部委自2005年起至今针对电子商务的发展出台了一系列的文件，构建了目前电子商务业渐近完整的框架体系。国家对电子商务发展的一贯重视，电子商务的政策环境日渐趋于成熟，为电子商务的发展奠定了坚实的基础。

表8-2　电子商务整体发展政策

时间	发布单位	文件名称	主要内容
2011年9月	商务部	《“十二五”电子商务发展指导意见》	中央及各级财政要加大对发展电子商务的支持力度，同时进一步完善电子商务发展环境
2010年11月	商务部	《关于开展电子商务示范工作的通知》	明确表示将加大电子商务等现代流通方式和新型流通模式推广的应用力度，并通过筛选电子商务骨干企业引导行业发展
2010年10月	商务部	《电子商务示范企业创建规范（试行）》	要在3～5年培育50～70家网络购物平台、行业电子商务平台和电子商务应用示范骨干企业，发挥示范引导作用，以引领经营模式创新、产品创新、标准制定和价格形成
2009年12月	商务部	《关于加快流通领域电子商务发展的意见》	提出要扶持传统流通企业应用电子商务，开拓网上市场，培育一批管理运营规范、市场前景广阔的专业网络购物企业，扶持一批影响力和凝聚力较强的网上批发交易企业
2007年12月	商务部	《商务部关于促进电子商务规范发展的意见》	结合我国电子商务发展的情况，提出充分认识促进电子商务规范发展的重要意义；规范电子商务信息传播行为，优化网络交易环境；规范电子商务交易行为，促进网络市场和谐有序；规范电子商务行为，保障资金安全等
2006年6月	国家发展改革委；国务院信息办	《中华人民共和国第十一个五年规划》	将“积极发展电子商务”作为一项重要的任务提出来，强调建立健全电子商务基础设施、法律环境、信用和安全认证体系，建设安全、便捷的在线支付服务平台
2005年1月	国务院办公厅	《关于加快电子商务发展的若干意见》	这是我国第一个关于电子商务的政策性文件，提出关于完善政策法规环境，规范电子商务的措施以及关于加快信用、认证、支付和现代物流建设等措施

表8-3　电子商务行业规范政策

时间	发文单位	文件名称	主要内容
2011年7月	工信部	《互联网信息服务管理规定征求意见稿》	它的出台标志着政府对互联网竞争的进一步规范化
2011年4月	商务部	《第三方电子商务交易平台服务规范》	一是确定了第三方电子商务交易平台的运行原则、设立条件与服务规则，二是调整了第三方电子商务交易平台、站内经营者与消费者之间的关系，三是对第三方电子商务交易平台提出新要求，四是明确了网络交易中的禁止行为

续表

时间	发文单位	文件名称	主要内容
2010年12月	中国人民银行	《非金融机构支付服务管理办法实施细则》	规范非金融机构支付行业，要求第三方支付企业必须“持证上岗”才能继续从事支付行业
2010年9月	中国人民银行	《非金融机构支付服务管理办法》	规定《办法》的立法依据、立法宗旨、立法调整对象、支付业务申请和许可、人民银行的监管以及支付机构业务的总体经营原则等，主要规定非金融机构支付服务市场准入条件，以及明确规定人民银行工作人员、商业银行、支付机构等各责任主体承担的法律责任等
2010年5月	国家工商行政管理总局	《网络交易及有关服务行为管理暂行办法》	明确规定网络商品经营者权利、义务和法律责任等内容
2009年4月	中国人民银行	《关于加强银行卡安全管理预防和打击银行卡犯罪的通知》	要求认真落实银行账户实名制，控制信用卡发放风险，明确规定罚款机构不得将发卡营销业务外包，不得擅自对信用卡透支利率、计息方式、免息期计算方式等进行调整，并规定ATM转账每日不得超过5万元
2008年7月	国家邮政局	《快递市场管理办法》	这是中国专门规范快递市场的第一部行政立法性文件，快递市场将受到严格的行政法规监管，将促进中国快递业的盘整和健康发展，促进电子商务的发展
2008年4月	商务部	《电子商务模式规范》和《网络购物模式规范》	国内首份针对电子商务业的规范，其内容涵盖了网络商家的法人资格、服务对象主体法人资格、中立的第三方参与经营、实物交易、在线支付、售后服务以及独立的技术配套服务等
2007年3月	商务部	《关于网上交易的指导意见（暂行）》	推动网上交易健康发展，逐步规范网上交易行为，帮助和鼓励网上交易各参与方开展网上交易，警惕和防范交易风险
2006年6月	商务部	《中华人民共和国关于网上交易的指导意见》（征求意见稿）	从网上交易及其参与方、网上交易的基本原则、网上交易的注意事项和网上交易促进工作等方面向社会公开征求意见
2005年10月	中国人民银行	《电子支付指引（第一号）》	规范电子支付行业，防范电子支付风险，保证资金安全，维护银行及其客户在电子支付活动中的合法权益，促进电子商务行业健康发展

2. 经济发展对电子商务产生巨大的推动力

(1) 国民经济繁荣提升电子商务发展活力

我国经济的持续繁荣，使居民的可支配收入得到大幅增加。在目前这种繁荣且持续上升的经济形势下，居民的消费意愿和消费信心比较充足，这意味着商品消费市场会在未来一段时间内持续繁荣，作为商品消费市场中最具活力的部分，电子商务的高速发展是完全可以预期的。

(2) 资金投入加大为电子商务发展积蓄了能量

根据“十二五”发展规划，转变经济增长方式，推进产业结构调整是当前经济工作的重点。从当前调控政策来看，各种调控政策对准过热的楼市，必将使房地产行业大量投资转移到其他行业，电子商务行业无疑将是受益者之一。各种因素表明，最近一段时期电子商务业会迎来一轮投资热潮，大量资金的注入给电子商务提供了广阔的舞台。

（3）物价上涨为电子商务提供了发展机会

从 2010 年 1 月到 2011 年 9 月，CPI 指数持续上涨，社会存在较高的通胀预期。这反映出普通大众的生活成本正在不断增加，也意味着大众需要一种更为经济的消费方式，因此电子商务作为一种经济的销售模式将会吸引越来越多的个人消费者。

3. 社会生活信息化为电子商务提供了空前的机遇

（1）网民数量高速增长

2011 年 6 月底，中国互联网的用户达到 4.85 亿，互联网普及率 36.2%，网民规模跃居世界第一。中国网民渗透率将持续高速增长，为各种互联网服务提供广泛的市场基础，网络购物使用率继续走高。

（2）社区与兴趣群体兴起

互联网用户对网上沟通和交流有着越来越强烈的需求，推动网上社区和基于地域、兴趣爱好等结成的群体兴起。在网上社区和群体中，互联网用户不仅获得人际交往与自我的满足，而且也与社区和群体其他成员进行着积极的信息互动。而购买电子商务服务的用户和潜在用户，对于社区和群体成员的点评，推荐等信息关注度较高，这对于电子商务服务商发展新用户、获得用户信任、增加用户黏性起到了积极的促进作用。

（3）信用体系建设逐步完善

当前我国的电子商务交易市场确实还存在着一定的信用问题，这已成为制约电子商务业发展的“瓶颈”，这其中最主要的原因，是因为我国的社会信用体系尚不健全。但是，可以看到我国的信用体系正在逐步完善，近些年来，政府对信用体系的支持力度不断加大，并且颁布实施了一系列相关的法律法案，极大地推动了电子商务的发展。

4. 技术创新将为电子商务发展带来强劲动力

电子商务是信息技术的主要应用领域之一，但是就目前国内的情况而言，一方面自主创新能力不足的局面并没有得到根本的改变；另一方面国内电子商务服务商的理念、商业模式、技术等几乎都从国外引进，原始性创新严重匮乏，尤其是关键性的、基础性的信息技术仍掌握在外国信息技术服务商手中。

虽然我国在技术创新方面存在一定的问题，但同时，我们也应该看到，我国的技术环境正日渐走向成熟，移动互联网和物联网等新技术就是在这种趋势中产生的。无疑，这些新技术的发展将推动电子商务的发展。

（1）移动互联网技术将使电子商务移动化

移动电子商务是基于移动通信网络，通过手机、个人数字助理、掌上电脑等移动智能终端以及无线通信模块所进行的商务活动，是当前移动信息化应用的主体内容，也是当前最具活力、发展最快的移动信息化应用。与传统通过电脑平台开展的电子商务相比，移动电子商务具有独特的优势，其最大优势就是移动用户可随时随地地获取所需的服务、应用、信息和娱乐。用户可以在自己方便的时候，使用智能电话或 PDA 查找、选择及购买商品或其他服务。

(2) 物联网技术将使电子商务智能化

"物联网"就是"物物相连的互联网",其用户端延伸和扩展到了任何物品和物品之间,进行信息交换和通信。因此,从物联网技术应用的角度来讲,它就是通过射频识别(RFID)、红外感应器、全球定位系统、激光扫描器等信息传感设备,按约定的协议,将任何物品与互联网相连接,进行信息交换和通信,以实现智能化识别、定位、追踪、监控和管理的一种网络技术。

物联网技术促进了电子商务业的发展,使电子商务物流变得更有效、更安全、更透明。它不仅提升了物流的质量,还完善了产品质量的监控,改善了供应链的管理。基于物联网对电子商务的重要作用,电子商务领域将势必与物联网结合得更加紧密。

表 8-4 电子商务所涉及的主要基础信息技术

大 项	具 体 技 术
网络通信技术	VoIP
	IPv6
互联网技术	网格计算
Web 技术	SGML、HTML、XML、ASP、PHP、JSP
	动、静态 Web
	PHTML
	动态服务器
	插件
	脚本描述语言
EDI 技术	专用 EDI
	行业 EDI
	跨行业 EDI
物流技术	射频技术
	GIS 技术
	GPS 技术
安全技术	加密技术
	数字签名技术
	防火墙技术
	CA 认证与数字证书
	公开密钥基础设施
软件技术	
无线通信技术	WAP 技术
	蓝牙技术
	无线局域网
	多媒体短信

续表

大 项	具体技术
数据库技术	模型
	数据库系统（SQL Server、FoxPro、Sybase 等）
	数据库搭建以及联机分析处理
电子支付技术	密码技术
	鉴别技术
	访问控制技术
	信息流控制技术
	数据保护技术
	软件保护技术
	病毒检测及清除技术
	内容分类识别和过滤技术
	系统安全监测报警技术

8.3.2 电子商务微观环境分析

目前，对于国内电子商务服务商微观环境而言：其供应商议价能力一般；购买者议价能力弱；现有竞争激烈但良性；对潜在竞争者的要求较高，显替代品替代能力不强。总得来讲，电子商务业微观运行环境良好。

（1）供应者议价能力一般

对于电子商务服务商而言，其供应者主要包括：信息技术服务商、物流厂商、支付厂商。目前，对于电子商务所需要的技术而言，作为其供应商的信息技术服务类企业众多，竞争激烈，电子商务服务商可以在价格与技术服务质量上进行技术服务厂商间的选择，信息技术服务企业对电子商务服务行的议价能力不强。而相对的，物流厂商与支付厂商对与电子商务服务商的议价能力相对较强，这主要是因为电子商务服务商所提供服务的质量在很大成度上依赖于物流厂商与支付厂商所提供服务的质量。现阶段，一些电子商务服务商虽然在自行建立物流体系与支付系统，但与支付厂商、物流厂商之间主要体现的还是一种合作、共存的关系。

（2）行业内竞争激烈

国内电子商务大致主要分为两部分：B2B 和 B2C。在 B2B 方面，目前已行成了以阿里巴巴为代表的处于绝对优势的行业领导者。在 B2C 方面，也出现了以京东商城、当当网为代表的行业领先者，但参与者众多，竞争激烈。另外 C2C 与 B2C 之间也存在彼此之间的竞争关系。

（3）购买者议价能力较弱

对于 B2B 电子商务业来讲，其购买者主要为其会员。要通过电子商务平台参与电子商务交易，必须注册成为B2B网站的会员，每年缴纳一定的会员费，才能享受网站提供的各种服务，目前会员费已成为我国B2B网站最主要的收入来源。对于B2C电子商务业来讲，其购买者主要是网上购物消费者。在有些B2C电子商务网站上，网上购物消费者除了缴纳实际购买商品的费用外，还需另外支付订货费和服务费。不管是B2B还是B2C电子商务网站，购买者的讨价还价能力都相对较弱。

（4）替代品替代能力较弱

对于电子商务而言，其替代品主要是传统的商务服务方式。例如，B2B电子商务的替代品主要是传统的展会，B2C电子商务的替代品主要是传统销售，直销，电视购物等。电子商务以现代信息技术为基础，节约了卖方的销售成本，减少了从卖方到买方的中间环节，降低了买方的购买价格，加上目前互联网的普及程度不断加大，其相对于传统商务有明显的优势。

（5）潜在竞争者需面对一定的进入门槛

电子商务的进入壁垒主要有两方面：一是规模经济壁垒，二是先发优势壁垒。电子商务服务商要想持续盈利，其注册会员数量及访问量需要到达一定规模积累，而且电子商务依托于网络存在，其品牌与信誉地位会随着存在时间的延长而通过网络不断地得到加强，另外，长久的客户使用习惯养成也会形成阻挡潜在进入者进入的壁垒。所以电子商务的潜在进入者必须具有创新的、能吸引到用户的新模式与业务方才有具备进入该领域的条件。

8.4　电子商务业2012年及未来发展展望

基于电子商务业2011年的发展表现和行业环境、趋势等因素综合考虑，中国电子商务业在未来的3～5年仍将维持一个持续快速的增长态势。

从市场规模来看，电子商务总体交易规模有望于2013年突破10万亿，并逐渐走向稳健和成熟。从市场参与主体来看，主体的多样化将会继续显现，特别是传统企业的电子商务化将是未来电子商务市场的主力，电子商务作为一种新的销售渠道和营销渠道，其应用在未来将日益普及化。从电子平台的发展方向来看，平台化和品牌化将是未来的主流，开放与共赢将成为整个互联网经济包括电子商务市场的主旋律。

8.4.1　电子商务的发展环境不断改善

随着市场经济体制进一步完善，推进经济增长方式转变和结构调整的力度继续加大，发展电子商务的需求将会更加强劲。电子商务将被广泛应用于生产、流通、消费等各领域和社会生活的各个层面。这将促使全社会电子商务的应用意识不断增强，有关电子商务的政策、法律、法规将不断出台，电子商务发展的政策法律环境将不断完善。同时，也促使物流、信用、电子支付等电子商务支撑体系建设更全面的展开，从而使得电子商务发展的内在动力持续增强。

8.4.2 电子商务进入高速成长期

经过近几年的高速成长，我国电子商务已经步入大规模发展、应用和运营的阶段，主要表现为电子商务交易额快速增长、电子商务用户数量显著增加，并达到相当规模。电子商务正在改变企业经营管理模式和生产组织形态，提升传统产业的资源配置效率、运营管理水平和整体创新能力。

8.4.3 电子商务发展模式不断创新

目前，B2B 电子商务模式的承担者 90%以上都是中小型企业。随着 B2B 领域的竞争格局趋于暂时的稳定，B2B 领域的规模扩张速度将会逐渐放慢，取而代之的是结构化和业务深挖。B2C 领域，随着大量的资金涌入，会获得高速发展，那些拥有独立品牌、优势货源、良好口碑、完善服务的各行业 B2C 商家会为整个电子商务领域带来前所未有的百花齐放的盛况。此外，移动电子商务模式也将迎来新的发展契机，早已有多家移动通信商密切关注移动商务企业市场，例如中国移动和银联联手推出的“手机钱包”，将可以完成移动电子商务付费的个性化服务。

8.4.4 电子商务厂商之间的并购重组趋于频繁

在中国的电子商务市场上，未来会发生许多公司购并的行为，许多资金、物力无以为继的公司将消失在茫茫的网络海洋之中，另一批把握市场增长热点的公司将进入这个行业并获得竞争优势。资金运转的困难将导致一些公司退出市场，市场中将形成一些独占市场份额的巨无霸。

8.4.5 电子商务溢出效应日益显著

电子商务与传统产业进一步融合，促进新兴产业的发展，最直接的表现是电子商务服务业的兴起。随着企业、个人和政府越来越多地应用电子商务，在电子商务交易服务、业务流程外包服务和信息技术外包服务等领域涌现出大量的电子商务服务商，通过提供丰富的产品和服务满足企业、个人和政府的电子商务应用需求。

同时，电子商务也促进地方产业升级，带动区域经济发展。随着越来越多的企业开始应用电子商务，特别是一些产业集群、专业市场中的中小企业，电子商务为它们的发展注入了新的活力。

第三篇　分　析　篇

第9章　2011年信息服务业结构分析

9.1　2010—2011 年信息服务业结构状况

9.1.1　信息生产业

信息生产业是信息服务业的源头，在整个信息服务业中起着基础作用。2010 年，信息生产业继续保持旺盛的增长势头。根据《2010—2011 中国数字出版年度报告》的资料，2010 年，手机出版物销售和服务收入为 349.8 亿元，网络游戏收入为 323.7 亿元，电子书收入为 24.8 亿元，博客收入为 10 亿元，互联网期刊收入为 7.49 亿元，数字报纸（网络版）收入为 6 亿元，网络动漫收入为 6 亿元，在线音乐收入为 2.8 亿元。手机出版物和网络游戏在整个行业中占有突出的位置。

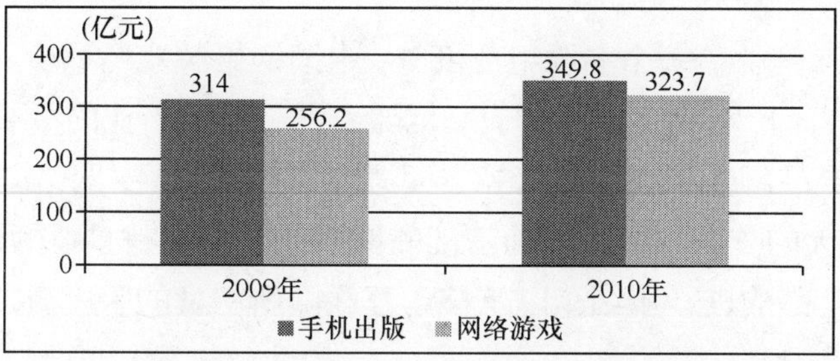

资料来源：《2010-2011 中国数字出版年度报告》

图 9-1　2009 年、2010 年手机出版和网络游戏收入状况

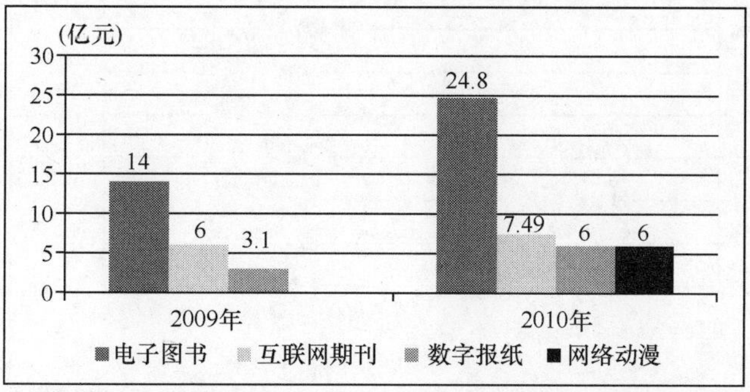

资料来源：《2010-2011 中国数字出版年度报告》

图 9-2　2009 年、2010 年其他数字出版产品收入状况

在手机网民迅速增长的同时，手机阅读以其便于携带、付费方便、交互性强等优势走入到人们的日常生活中，成为人们在上班途中、旅途中、睡觉前等“碎片化时间”进行阅读的最佳选择。由中国新闻出版研究院组织实施的“第八次全国国民阅读调查”显示，有23.0%的国民进行过手机阅读。手机阅读群体中有近六成（59.1%）听音乐，51.8%进行QQ、飞信等交流，6.2%通过手机发送微博或博客。进一步分析手机阅读群体时发现：排在第一位的是阅读手机报，占55.3%；其次是阅读手机小说，占到43.1%；再次是用手机浏览网页，占28.1%，阅读“与学习有关的信息”的占到10.5%。

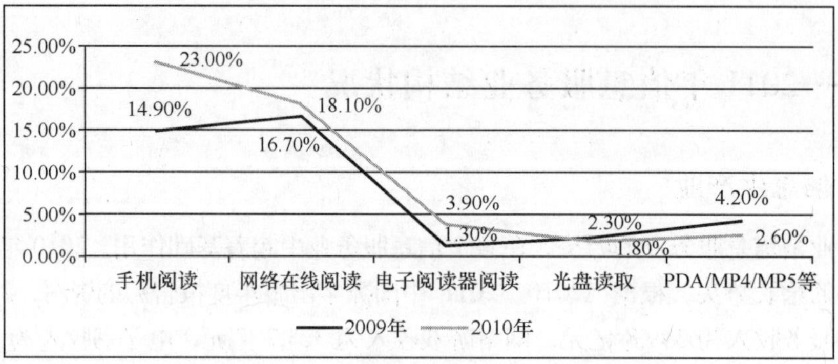

资料来源：中国新闻出版报，2011年4月22

图9-3　各类数字阅读方式的接触率

网络游戏是信息生产业另一个主要组成部分。中国网络游戏经过十几年的发展，无论在产品数量还是用户规模方面，都有了很大提升，但随着网络游戏产业的成长进入成熟期，网络游戏企业在资金投入、产品研发和市场推广等方面遇到了一些问题，网络游戏营销收入的增长放缓。尽管如此，以庞大的青少年网民作为基础的网游产业仍然是重要的经济增长点。

未来，随着网游产品的进一步细分以及移动互联网所引发的手机游戏的发展，网游产业仍然有广阔的增长空间。

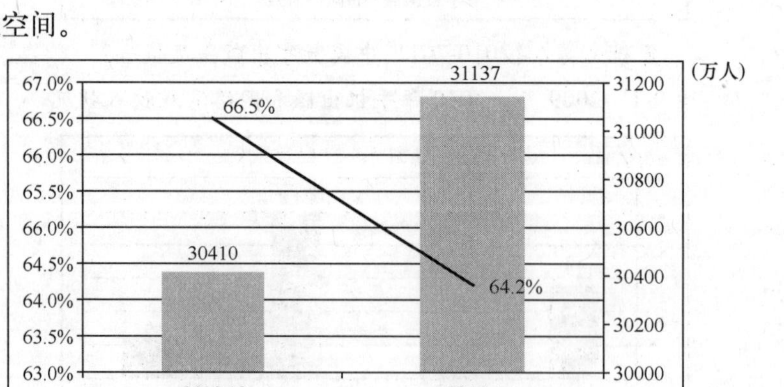

资料来源：CNNIC

图9-4　2010.12—2011.6网络游戏用户数及使用率

9.1.2 信息传输业

信息传输业承担着信息的传递活动，是整个信息服务产业链的中间环节，在信息经济活动中起着纽带和桥梁作用。

在信息传输服务业中，基础电信业是其主要构成部分，而互联网传输服务业和广播电视传输服务业所占的比例还比较低。来自《2010 中国通信统计年度报告》的数据显示，2010 年，电信业务收入为9079亿元，其中，语音业务收入占57.06%，为5181亿元，非话音收入占42.94%，达到 3898 亿元。非话音业务收入主要是指宽带业务收入和电信增值业务收入。

另根据广电总局 2010 年 12 月统计快报，2010 年全国广播电视业总收入 2238 亿元，首次突破 2000 亿元；实际创收收入 2002 亿元。其中：广播电视广告收入为 970 亿元，有线电视网络收入预计为 506 亿元。

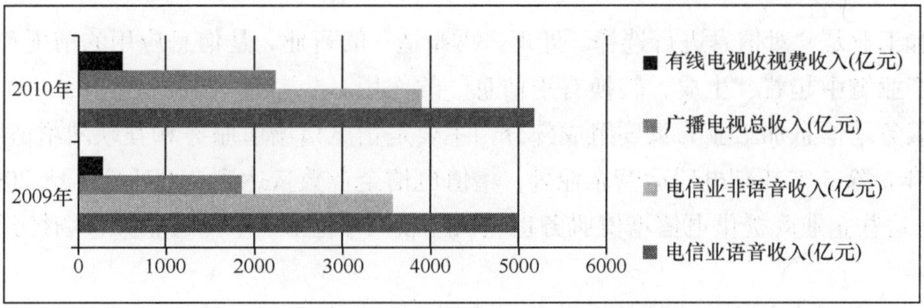

资料来源：根据公开资料整理

图 9-5 2009 年、2010 年电信业和广电业收入比较

互联网传输业务收入是三大基础电信运营商（即中国移动、中国电信和中国联通）业务总收入的重要部分。中国电信 2010 年财报显示，2010 年中国电信经营收入为 2193.67 亿元，其中互联网接入业务收入为 639.85 亿元，占经营收入的比重为 29.1%。中国联通 2010 年财报显示，2010 年通信服务收入为 1618 亿元，其中，固网宽带通信服务收入为 298.2 亿元，占营业收入的比重为 18.4%。中国移动 2010 年财报中，中国移动业务收入为 4852.31 亿元。在三大电信运营商中，中国移动的收入远远领先于中国电信和中国联通。

2010 年，三大电信运营商的业务总收入为 8759 亿元，其中，互联网宽带业务收入（即中国电信的互联网接入业务收入和中国联通的固网宽带通信服务收入之和）为 938.05 亿元，占业务总收入的 10.71%。根据易观国际发布的数据，2010 年移动互联网流量费为 295 亿元，占业务总收入的 3.37%。

总的来看，在信息传输服务业中，基础电信传输服务业规模最大，占整个信息传输服务业的比重超过七成；互联网传输服务业的规模次之，占整个信息传输服务业的比重接近两成；广播电视传输服务业的规模最小，占整个信息传输服务业的比重不到一成。

表 9-1　三大电信运营商的互联网传输业务所占比例

	2009		2010	
	规模（亿元）	占总收入的比例（%）	规模（亿元）	占总收入的比例(%)
业务总收入	8094		8759	
其中，互联网传输业务收入	983	12.14	1233	14.08
包括：宽带业务收入	755	9.33	938	10.71
移动互联网流量费	228	2.81	295	3.37

资料来源：三大电信运营商财务报告的整理。移动互联网流量费数据来自易观国际。

9.1.3　信息加工业

信息加工业是“对信息进行选择、处理、再塑造”的行业，是信息应用的前提和基础，在信息服务产业链中起着“生成、转换有用信息”的作用。

增值服务是信息加工业的重要组成部分，主要是指电信增值服务和互联网增值服务。

2010 年，除 3 家基础电信运营企业外，增值电信企业数量达到 20071 家，比 2009 年增加了 513 家，这些企业既提供电信增值服务也提供互联网增值服务，增值服务市场经营主体增加显著。

2010 年，基础电信运营商增值业务收入达到 1834.6 亿元，同比增长了 10.3%，其中，移动增值业务收入达到 1581.8 亿元，同比增长 12.5%，在基础电信运营商增值业务收入这块所占比重达到 86.2%。增值电信企业增值业务收入为 1223.6 亿元，同比增长 41.6%，其中，增值电信企业提供的互联网信息服务收入达到 658.3 亿元，同比增长 8.4%。

表 9-2　增值电信业务收入构成　单位：亿元

年　份	2009	2010
增值电信业务收入	2888	3058
其中，基础电信运营商增值业务收入	1663.7	1834.6
增值电信企业增值业务收入	864.2	1223.6
包括：增值电信企业的增值电信业务收入	499.2	565.6
增值电信企业的互联网信息服务	365	658

资料来源：《2011 通信统计年度报告》。

除了增值电信企业外，一批有影响力的互联网企业成长迅速，市场规模不断扩大。例如，2010 年年底，腾讯、百度、阿里巴巴等企业的市值规模均超过百亿美元，所有 32 家互联网上市公司的总市值超过了万亿美元。互联网企业的快速发展，迅速扩大了互联网经济的规模。

根据艾瑞咨询发布的互联网统计数据，2006 年以来，中国互联网经济规模持续扩大，每年都以 40%以上的速度增长。2010 年，中国互联网经济规模达到 1513.2 亿元，比 2009 年增长了 53.9%。2011 年 1-9 月中国互联网经济规模已达 1826.9 亿元，预计 2011 年全年中国互联网经济规模为 2161.44 亿元。

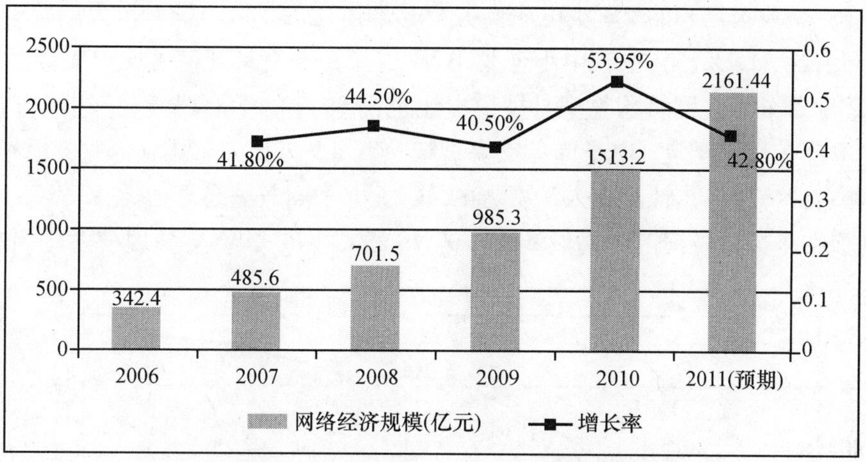

资料来源：艾瑞咨询（www.iresearch.com.cn）

图 9-6 互联网经济规模和增长率

搜索引擎是通过网络搜索处理和组织信息进而为用户提供检索服务的工作系统。根据艾瑞咨询发布的数据，2010 年中国搜索引擎市场规模达到 109.8 亿元，同比增长 57.7%，2010 年年底中国搜索引擎用户数量占互联网用户数量比例达 82.3%，搜索引擎市场集中度进一步提高，百度和谷歌（google.com.hk）营收份额之和超 97.6%，基本垄断中国搜索引擎市场。2011 年 1-9 月搜索引擎市场规模为 131.9 亿元，百度和谷歌份额之和仍高达 96.4%。

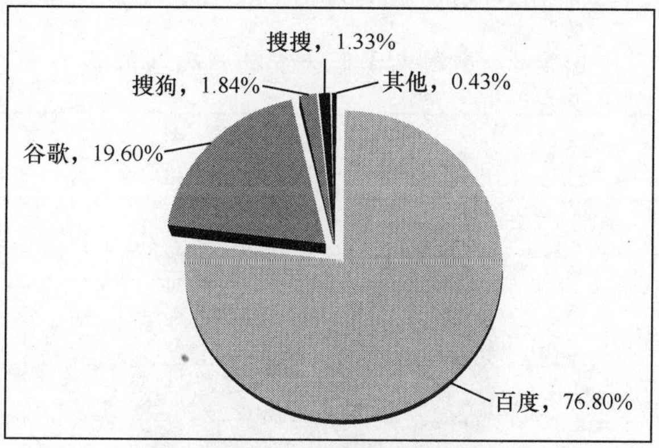

资料来源：www.iresearch.com.cn

图 9-7 2011 年 1-9 月搜索引擎市场营收份额

9.1.4 信息使用业

信息使用是信息经济活动的归宿，信息使用业是信息服务产业链的“终端”，是信息经济活动效果的最终体现。

最主要的信息使用体现在电子商务活动中。艾瑞咨询的数据显示，2010 年中国电子商务继续保持了快速发展，全年交易规模达 4.8 万亿元，同比增长 33.5%。在电子商务市场细分行业构成中，针对企业级用户的 2B 类电子商务交易额占比 88.3%，针对个人消费者的 2C 类电子商务交易额占比 11.7%。其中，中小企业 B2B 电子商务交易规模占比最高，达 52.8%，比 09 年上升 1.2 个百分点；网络购物交易规模占比也由 09 年的 7.3%上升至 2010 年的 10.4%。

截止到 2011 年第三季度，电子商务交易规模达到 4.9 万亿元，针对企业级用户的 2B 类电子商务交易额占比 87.1%，针对个人消费者的 2C 类电子商务交易额占比 12.9%。其中，中小企业 B2B 电子商务交易规模占比仍然最高，为 49.2%，网络购物交易规模占比为 10.2%。

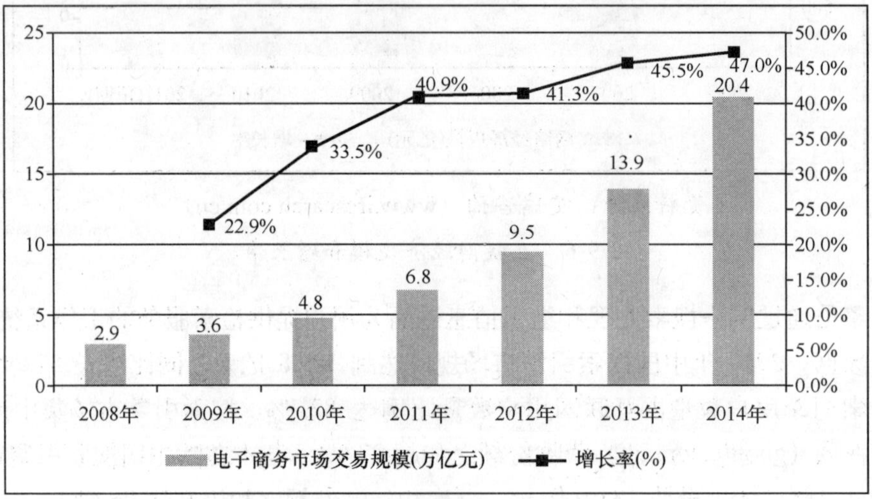

资料来源：www.iresearch.com.cn

图 9-8　中国电子商务发展状况及预测

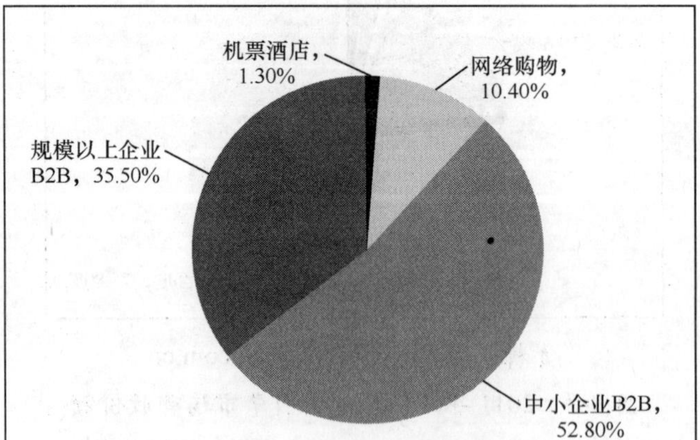

资料来源：www.iresearch.com.cn

图 9-9　2010 年中国电子商务市场细分行业构成

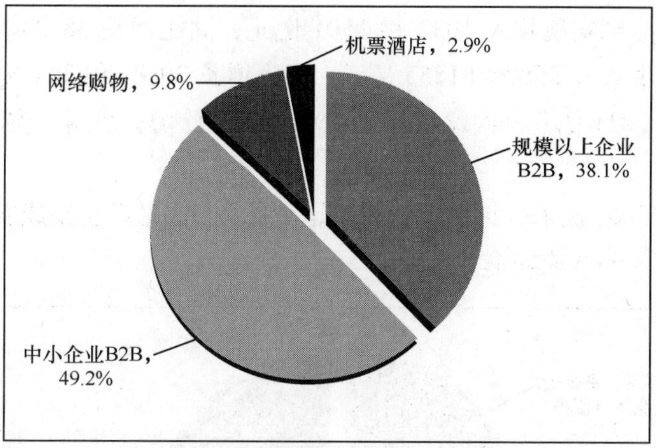

资料来源：www.iresearch.com.cn

图 9-10 2011 年 1—9 月中国电子商务市场细分行业构成

9.1.5 信息技术服务业

信息技术服务业是为国民经济各个行业提供信息技术支持的行业，是整个信息服务产业链的支撑，是信息经济活动的保障体系。

软件业是信息技术服务业的主要组成部分。据来自工业和信息化部的统计显示，2010 年我国软件业业务结构不断调整，产业增速稳步回升。2010 年，实现软件业务收入 13364 亿元，同比增长 31%。软件产业的细分行业构成包括软件产品、系统集成和支持服务、信息技术咨询和管理服务、信息技术增值服务、嵌入式系统软件以及设计开发服务。其中，软件产品收入为 4208 亿元，占软件产业总收入的 31.5%，是软件产业中规模最大的细分行业；设计开发实现收入 593 亿元，占软件产业总收入的 4.44%，是软件产业中规模最大的细分行业。

表 9-3 软件业细分行业构成

	2009 年		2010 年	
	收入（万元）	占比（%）	收入（万元）	占比（%）
软件业务	95130292		133640156	
软件产品	32880966	34.6	42079303	31.5
系统集成和支持服务	22028546	23.2	29099983	21.8
信息技术咨询和管理服务	8987483	9.4	12330827	9.2
信息技术增值服务	12275680	12.9	21777495	16.3
嵌入式系统软件	16735708	17.6	22424403	16.8
设计开发服务	2221909	2.3	5928145	4.4

2011 年前 8 个月，我国软件产业增速仍呈上升态势，1—8 月份，软件业累计实现收入 11120 亿元，其中，信息技术咨询、数据处理及运营服务实现收入 2532 亿元（信息技术咨询服务、

数据处理和运营服务分别实现收入 1032 和 1501 亿元，同比增长 38.5%和 35.7%）；软件产品和嵌入式系统软件实现收入 3987 和 1855 亿元，同比增长 30.9%和 28.6%；信息系统集成服务发展平稳，实现收入 2411 亿元，同比增长 27.5%；IC 设计增长放缓，实现收入 334 亿元，同比增长 14.6%。

总的来看，软件产品、技术咨询数据处理及运营服务、信息系统集成服务是软件业的主体，其收入占软件业总收入的八成左右。

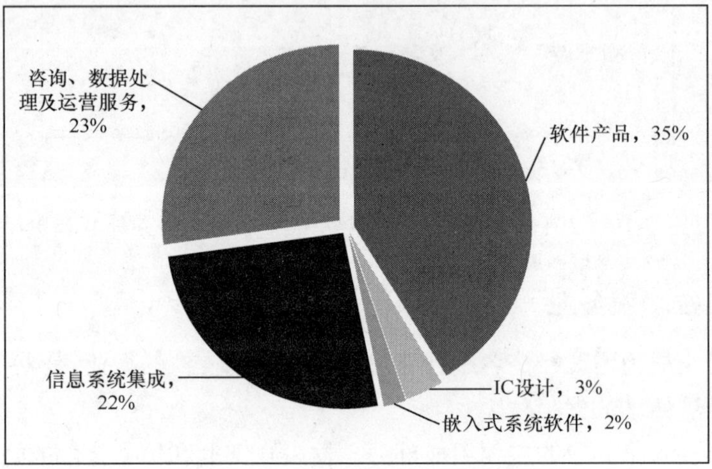

资料来源：工业和信息化部网站

图 9-11　2011 年 1—8 月软件业务收入构成

9.2　信息服务业竞争状况

产业竞争力是指某产业在生产效率、满足市场需求、持续获利等方面相对于其他产业的竞争能力。竞争能力强的产业，往往具有强劲的增长势头。竞争能力是一个相对概念，竞争能力的强弱是相比较而言的。某产业如果相对于其他产业具有一定的竞争能力，一般可以通过产出增长状况得到体现。

9.2.1　信息服务业竞争力总体状况

信息服务业是第三产业的重要组成部分，信息服务业的竞争能力一般可以通过信息服务业与第三产业整体增长状况的比较、信息服务业与第三产业内部其他细分产业增长状况的比较加以判明。同样，信息服务业各个细分产业的竞争能力也可以通过信息服务业各细分产业增长状况的相互比较加以判明。

1．第三产业中信息传输、计算机服务和软件业整体竞争力不强

以 2006 年第三产业整体以及第三产业内部各个细分产业的增加值为参照，其他年份第三产业增加值与其相比而形成各个年份第三产业整体及第三产业内部各细分产业的初始化标准值。由此可以明显看出 2006—2010 年第三产业整体及第三产业内部各细分产业的发展状况。

根据国民经济行业分类，信息服务业中的信息存储业、信息传输业、信息加工业、信息技术服务业大体与“电信和其他信息传输服务业”、“计算机服务业”“软件业”相对应；信息生产业大体与“新闻出版业”相对应；信息使用业主要指的是电子商务，属于“批发和零售业”的范畴；互联网广告属于“商业服务业”的范畴。

信息生产业中的手机出版、网络游戏、电子图书、互联网期刊、数字报纸等不同于传统的出版活动，是一种基于互联网的新型出版活动；电子商务和互联网广告也是基于互联网的商务活动。尽管根据它们的主要活动内容将其划分到与主体活动内容具有一致性的相应行业中，但其活动的基础平台是互联网，因此，在数字出版、电子商务、互联网广告中包含有互联网传输和互联网信息服务的成分。从这个角度上看，数字出版、电子商务、互联网广告中的互联网传输和互联网信息服务也属于“电信和其他信息传输服务业”的一部分。

依据国民经济行业分类标准，这里以“信息传输、计算机服务和软件业”作为信息服务业的主体。

表 9-4　　信息服务业与第三产业各细分产业增加值与初始化标准值比较

产业	2006 年	2007 年	2008 年	2009 年	2010 年
第三产业	1.000	1.257	1.483	1.672	1.930
交通运输、仓储和邮政业	1.000	1.198	1.343	1.373	1.486
信息传输、计算机服务和软件业	1.000	1.180	1.383	1.436	1.604
批发和零售业	1.000	1.267	1.584	1.753	2.074
住宿和餐饮业	1.000	1.158	1.380	1.485	1.695
金融业	1.000	1.523	1.835	2.194	2.622
房地产业	1.000	1.332	1.421	1.799	2.060
租赁和商务服务业	1.000	1.238	1.479	1.633	1.884
科学研究、技术服务和 地质勘查业	1.000	1.282	1.487	1.759	2.051
水利、环境和公共设施管理业	1.000	1.174	1.338	1.565	1.799
居民服务和其他服务业	1.000	1.128	1.307	1.488	1.708
教育	1.000	1.201	1.387	1.636	1.901
卫生、社会保障和社会福利业	1.000	1.207	1.392	1.528	1.725
文化、体育和娱乐业	1.000	1.197	1.411	1.637	1.911
公共管理和社会组织	1.000	1.226	1.560	1.716	2.044

可以看出，在第三产业各细分产业中，信息传输、计算机服务和软件业的发展相对平缓，其增长势头和其他细分产业相比不显著，只比交通运输、仓储和邮政业稍显优势，因此，总体上看，信息服务业的竞争能力和第三产业其他细分产业相比略显逊色，竞争能力不强。

2. 信息服务业内部各细分行业竞争能力差异显著

对信息服务业各细分产业 2010 年收入增长率的比较可以看出，软件设计开发服务、数字出版增长率突出，增长势头旺盛。电子图书、有线电视、网络购物、信息技术增值服务增长率显著，增长势头良好。互联网信息服务、网络广告业等都保持着比较高的增长率。这些增长率高的细分产业都具有相对较强的竞争能力。

表 9-5　　2010 年信息服务业细分产业收入增长率

产业		增长率（%）
信息生产业	手机出版	11.40
	网络游戏	26.35
	电子图书	77.14
	互联网期刊	24.83
	数字报纸	93.55
信息传输业	基础电信	6.26
	广播电视	20.78
	其中：有线电视	77.54
	三大运营商互联网传输	25.43
	其中：宽带业务	24.24
	移动互联网流量费	29.39
信息加工业	增值电信	5.89
	互联网信息服务	53.58
	其中：搜索引擎	57.76
信息使用业	电子商务	33.33
	其中：中小企业 B2B	36.02
	网络购物	89.95
	互联网广告	55.85
信息技术服务	软件业	40.48
	其中：软件产品	27.97
	系统集成和支持服务	32.10
	信息技术咨询和管理服务	37.20
	信息技术增值服务	77.40
	嵌入式系统软件	33.99
	设计开发服务	166.80

9.2.2 信息服务业竞争绩效

信息服务业竞争绩效是指由信息服务业的竞争力所引发的增长量，以及竞争力对信息服务业增长的影响。

信息服务业的增长包括三个部分。

① 份额性增长：信息服务业是国民经济的重要产业部门，信息服务业的增长受国民经济增长的影响。国民经济的增长是信息服务业增长的基础，国民经济增长在信息服务业增长中所体现的那部分增长份额被认为是份额性增长。

② 结构性增长：在国民经济中，信息服务业结构不断向优化方向发展则会不断促进信息服务业的增长。由信息服务业结构所引发的那部分增长份额被认为是结构性增长。

③ 竞争性增长：信息服务业竞争能力的不断加强必然会引发信息服务业的进一步增长。由竞争能力变化所导致的那部分增长份额被认为是竞争性增长。

1. 信息传输、计算机服务和软件业增加值的增长主要取决于结构变化而非竞争力

鉴于信息服务业是第三产业的重要子产业，信息服务业的增长受第三产业增长的影响；同时，信息服务业的结构状况和竞争力状况只有与同类别的第三产业内部各细分产业相比才更具有意义，因此，这里以第三产业作为参照，将信息服务业的增长分解为份额性增长部分、结构性增长部分、竞争性增长部分。

信息服务业份额性增长部分，是信息服务业以第三产业在国民经济中比例为标准进行标准化后与第三产业增长速度所发生的变化。

信息服务业结构性增长部分，是指信息服务业比重与第三产业比重的差异所引起的 信息服务业增长与第三产业增长所产生的差异。

信息服务业竞争性增长部分，是指信息服务业增长速度与第三产业增长速度的差异所引起的偏差。

进一步，可以根据结构性增长部分、竞争性增长部分在增长量中的比重比较和分析产业结构和产业竞争力对信息服务业增长的贡献。

2009—2010 年，第三产业增加值增长率为 9.56%，依据该增长率可以计算 2009—2010 年间第三产业各细分产业以及信息服务业内部各细分产业的结构性增长部分和竞争性增长部分及其贡献，结果如下。

表 9-6 2009—2010 年第三产业各细分行业增加值增量分解

产业	份额增长（亿元）	结构性增长（亿元）	竞争性增长（亿元）	结构贡献（%）	竞争力贡献（%）
交通运输、仓储和邮政业	689.22	909.89	−223.12	66.13	−16.22
信息传输、计算机服务和软件业	336.38	444.08	172.62	46.59	18.11
批发和零售业	1194.26	1576.65	2533.72	29.72	47.76
住宿和餐饮业	293.29	387.20	326.47	38.45	32.42
金融业	732.09	966.49	1769.16	27.87	51.02
房地产业	768.65	1014.76	921.58	37.51	34.07
租赁和商务服务业	255.11	336.79	357.46	35.48	37.65
科学研究、技术服务和 地质勘查业	194.55	256.85	332.43	32.77	42.41
水利、环境和公共设施管理业	61.00	80.53	79.19	36.49	35.88
居民服务和其他服务业	217.20	286.75	272.75	36.92	35.12
教育	431.89	570.17	695.09	33.60	40.96
卫生、社会保障和社会福利业	209.42	276.47	168.20	42.27	25.72
文化、体育和娱乐业	91.93	121.36	159.47	32.56	42.78
公共管理和社会组织	624.72	824.74	1447.11	28.47	49.96

结构性增长部分和竞争性增长部分都为正值说明产业结构和产业竞争力都促进了产业的增长。上表显示，从增加值角度看，在第三产业中，信息传输、计算机服务和软件业的产业结构和产业竞争力都引发了产业的增长。其中，结构性增长量在第三产业各个细分产业中居于中等水平，结构性增长贡献则居于前列。竞争性增长量在各细分产业中居于中等偏下水平，竞争性增长贡献也排在后列。就信息传输、计算机服务和软件业自身而言，其结构性增长量和结构性贡献明显大于竞争性增长量和竞争性贡献。

总的来看，信息传输、计算机服务和软件业结构趋向良好，但竞争力有待进一步加强。

2. 信息服务业中基础电信服务和增值电信服务竞争力不足

仍以第三产业整体作为参照，将信息服务业各细分行业收入的增长分解为份额性增长部分、结构性增长部分、竞争性增长部分。

表 9-7　2009—2010 年信息服务业收入增量分解

	产业	份额增长（亿元）	结构性增长（亿元）	竞争性增长（亿元）	结构贡献（%）	竞争力贡献（%）
信息生产业	手机出版	12.94	17.08	5.78	47.7	16.1
	网络游戏	10.56	13.94	43.01	20.6	63.7
	电子图书	0.58	0.76	9.46	7.1	87.6
	互联网期刊	0.25	0.33	0.92	21.9	61.5
	数字报纸	0.13	0.17	2.60	5.8	89.8
信息传输业	基础电信	352.04	464.76	−281.81	86.9	−52.7
	广播电视	76.35	100.80	207.85	26.2	54.0
	其中：有线电视	11.74	15.50	193.75	7.0	87.7
	三大运营商互联网传输	40.50	53.47	156.03	21.4	62.4
	其中：宽带业务	31.11	41.07	110.82	22.4	60.6
	移动互联网流量费	9.39	12.40	45.20	18.5	67.5
信息加工业	增值电信	119.00	157.10	−106.09	92.4	−62.4
	互联网信息服务	40.60	53.60	433.71	10.2	82.2
	其中：搜索引擎	2.87	3.79	33.55	9.4	83.4
信息使用业	电子商务	1483.33	1958.27	8558.40	16.3	71.3
	其中：中小企业 B2B	766.39	1011.77	4921.84	15.1	73.5
	网络购物	108.28	142.95	2112.76	6.0	89.4
	互联网广告	8.49	11.21	95.40	9.7	82.9
信息技术服务	软件产品	135.5	178.9	605.5	19.4	65.8
	系统集成和支持服务	90.8	119.8	496.6	16.9	70.2
	信息技术咨询和管理服务	37.0	48.9	248.4	14.6	74.3
	信息技术增值服务	50.6	66.8	832.8	7.0	87.6
	嵌入式系统软件	69.0	91.0	408.9	16.0	71.9
	设计开发服务	9.2	12.1	349.4	3.3	94.3

上表显示，从收入角度看，信息服务业各个细分行业的结构性增长量都大于零，说明信息服务业具有一定的结构优势，这种结构优势促进了信息服务业的增长。另外，信息服务业绝大部分细分产业的竞争性增长量都大于零，说明这些细分产业都具有一定的竞争能力，这种竞争力同样促进了信息服务业的增长。

从细分行业间横向比较来看，

（1）信息使用业的结构性增长量最大，结构优势突出；信息生产业的结构性增长量最小，结构优势不显著。信息传输业、信息加工业和信息技术服务业结构性增长量居于中间水平，结构优势中等，但其中基础电信业的结构优势比较明显。

（2）信息使用业的竞争性增长量最大，竞争力优势显著；信息生产业的竞争性增长量最小，该行业具有一定的竞争力，但竞争力优势不显著。信息技术服务业的竞争力优势仅次于信息使用业；信息传输业和信息加工业的竞争力优势则比信息生产业突出，但其中基础电信和增值电信的竞争性增长量为负值，则说明其竞争力水平弱于第三产业的平均竞争力水平。

从行业自身的增长状况来看，绝大部分细分行业在增长过程中，竞争力贡献都大于结构贡献，说明这些行业在生产效率、满足市场需求、持续获利等方面具有一定的优势。

需要说明的是，基础电信和增值电信的竞争力贡献为负值，说明其竞争力不足，竞争力对经济增长具有一定的抑制作用。而恰恰是由于这种抑止作用使得信息传输、计算机服务和软件业整体上竞争力不强。

9.3　信息服务业地位分析

信息服务业是国民经济的重要组成部分，具有高附加值、高渗透性、高科技含量等特征，在经济发展中既起着基础作用又起着引领作用，既是国民经济新的增长点又对国民经济各个产业部门起着整合、软化和提升的作用。信息服务业发展状况决定着国民经济发展方向和增长态势，影响着国民经济的结构和规模。信息服务业的重要性决定了其在国民经济中的地位，这一地位可以通过信息服务业对国民经济的贡献科学地反映出来。

9.3.1　信息服务业对国民经济的直接贡献

信息服务业直接贡献是指信息服务业增加值占 GDP 的比重，它反映了在国民经济中信息服务业显性的作用，是信息服务业地位的直观体现。

以信息传输、计算机服务和软件业作为信息服务业的主体，经过计算，第三产业内部各细分产业对国民经济的贡献如表 9-8 所示。

表 9-8　　2006—2010 年第三产业各细分行业对国民经济直接贡献　　单位：%

产　业	2006 年	2007 年	2008 年	2009 年	2010 年
交通运输、仓储和邮政业	5.63	5.49	5.21	4.91	4.51
信息传输、计算机服务和软件业	2.63	2.52	2.50	2.39	2.27

续表

产　业	2006 年	2007 年	2008 年	2009 年	2010 年
批发和零售业	7.64	7.88	8.34	8.50	8.55
住宿和餐饮业	2.22	2.09	2.11	2.09	2.03
金融业	3.74	4.64	4.73	5.21	5.29
房地产业	4.79	5.20	4.69	5.47	5.32
租赁和商务服务业	1.75	1.77	1.79	1.82	1.78
科学研究、技术服务和地质勘察业	1.24	1.29	1.27	1.39	1.37
水利、环境和公共设施管理业	0.44	0.42	0.40	0.43	0.42
居民服务和其他服务业	1.64	1.50	1.47	1.55	1.51
教育	2.96	2.89	2.83	3.07	3.04
卫生、社会保障和社会福利业	1.54	1.51	1.47	1.49	1.43
文化、体育和娱乐业	0.63	0.61	0.61	0.65	0.65
公共管理和社会组织	4.09	4.07	4.39	4.45	4.50

2010 年，信息传输、计算机服务和软件业对 GDP 的贡献为 2.27%，与第三产业其他细分产业相比，其贡献程度排在中等水平，总的来看，贡献程度不高。

相比 2006 年，尽管第三产业中信息传输、计算机服务和软件业对 GDP 的贡献在排序上没有变化，但贡献程度有所降低，即对国民经济的作用下降。

因此，信息传输、计算机服务和软件业在国民经济中的地位还有待于进一步提高。

9.3.2 信息服务业对国民经济的间接贡献

1. 信息服务业与其他产业的关系

国民经济的发展源于各个产业相互影响、相互促进的互动关系。一个产业在国民经济体系中与其他产业存在着广泛的联系，这种联系大都体现为产业间的供给和消耗关系，这种供给和消耗关系在各个产业间扩展和延伸从而形成产业间的供给-消耗链条。作为供给者，信息服务业在这一链条上被称为上游产业；作为消耗者，信息服务业在这一链条上被称为下游产业。

在国民经济体系中，信息服务业是同时作为上游产业和下游产业而存在的，其与其他产业的关系见图 9-12。

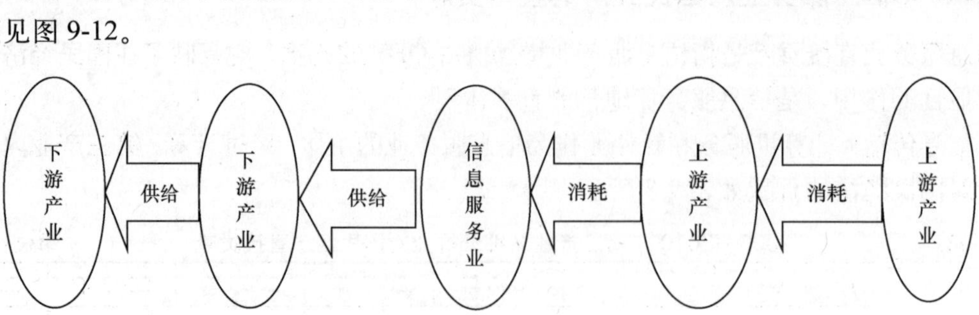

图 9-12　信息服务业与其他产业的关系

信息服务业在消耗或使用与其相邻的上游产业产品和服务过程中，会使相邻的上游产业形成一定产出规模和增加值。而与信息服务业相邻的上游产业也会消耗或使用其自身相邻的上游产业的产品（服务）。依据产业间的关联性，这种上下游产业间的消耗关系会向各个产业传递，进而波及到整个产业体系，引发整个产业体系产出规模和增加值的变化，由此形成对国民经济的带动影响。

与此类似，信息服务业在给相邻的下游产业提供产品和服务的过程中，会促使相邻的下游产业形成一定产出规模和增加值。其相邻的下游产业也会将这种供给关系向各个产业传递进而波及整个产业体系，引发整个产业体系产出规模和增加值的变化，由此形成对国民经济的推动影响。

信息服务业的带动影响和推动影响是基于其对上下游产业的消耗和供给关系而产生的，被认为是信息服务业对国民经济的间接影响。这种间接影响的程度同样是信息服务业地位的重要反映，甚至是主要反映。因此，在考察信息服务业对国民经济的贡献时必须将这种间接影响包含在内。

2. 信息服务业对 GDP 的间接贡献

以信息传输、计算机服务和软件业作为信息服务业的主体，考察其对 GDP 的间接贡献。

表 9-9 2006—2010 年第三产业各细分行业对国民经济间接贡献 单位：%

产业	2006 年	2007 年	2008 年	2009 年	2010 年
交通运输、仓储和邮政业	7.41	7.23	6.85	6.46	5.94
信息传输、计算机服务和软件业	2.65	2.54	2.52	2.41	2.29
批发和零售业	7.59	7.82	8.28	8.44	8.49
住宿和餐饮业	3.19	3.00	3.03	3.01	2.92
金融业	3.99	4.94	5.04	5.55	5.64
房地产业	2.17	2.36	2.13	2.48	2.41
租赁和商务服务业	3.28	3.30	3.34	3.39	3.33
科学研究、技术服务和地质勘察业	1.69	1.76	1.73	1.88	1.86
水利、环境和公共设施管理业	0.45	0.43	0.41	0.45	0.44
居民服务和其他服务业	1.94	1.79	1.75	1.84	1.79
教育	2.44	2.38	2.33	2.53	2.50
卫生、社会保障和社会福利业	2.96	2.91	2.84	2.87	2.76
文化、体育和娱乐业	0.88	0.85	0.85	0.91	0.90
公共管理和社会组织	3.37	3.37	3.63	3.67	3.72

2010 年，信息传输、计算机服务和软件业对 GDP 的间接贡献为 2.29%，在第三产业 14 个细分行业中排名第 10，总的来看，间接贡献的程度偏低。

2006 年，信息传输、计算机服务和软件业对 GDP 的间接贡献为 2.65%，在第三产业 14

个细分行业中排名第 8。无论就间接贡献的排序而言还是就间接贡献的程度而言，信息传输、计算机服务和软件业对 GDP 的作用和影响都在下降。

因此，扩大信息传输、计算机服务和软件业对 GDP 的间接影响，提升其在国民经济中的地位迫在眉睫。

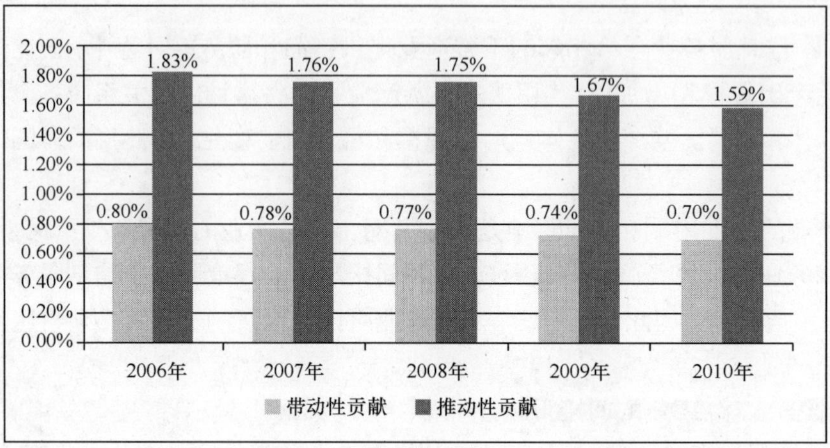

图 9-13　信息传输、计算机服务和软件业间接贡献构成

在信息传输、计算机服务和软件业对 GDP 的间接贡献中，推动性贡献明显大于带动性的贡献，相比较而言，信息传输、计算机服务和软件业以更多的产品和服务提供给国民经济各个部门，因此，它是典型的服务性行业。

2006—2010 年，信息传输、计算机服务和软件业对 GDP 的推动性贡献和带动性贡献都显示出逐步下降的趋势，但推动性贡献下降了 0.24%，带动性贡献下降了 0.1%，因此，信息传输、计算机服务和软件业对国民经济服务水平有弱化的迹象。未来有必要强化信息传输、计算机服务和软件业的服务水平，提升其对国民经济各个产业部门的影响力。

第10章　信息服务业主要细分行业区域分析

10.1　产业规模和增长率的区域比较

10.1.1　东中西部各地域信息服务业状况分析

2010 年，我国东部地区（包括北京、天津、河北、辽宁、上海、江苏、浙江、福建、山东、广东、海南 11 省市）信息传输服务业（包括电信业服务、互联网服务和广播电视服务）和信息技术服务业（以软件业为主）增加值合计为 16662.81 亿元，中部地区（包括山西、吉林、黑龙江、安徽、江西、河南、湖北、湖南 8 省）为 2798.73 亿元，西部地区为 3064.18 亿元。东部地区信息传输服务业和信息技术服务业增加值合计远高于中西部地区，占比为 74%；其次是西部地区，占比为 13.6%；中部地区规模最小，占比为 12.4%。

将基础电信业务收入、增值电信业务收入和软件业收入进行综合。2010 年，东部地区综合业务收入增长率为 24.24%，中部地区为 11.24%，西部地区为 18.59%。

总的来看，信息服务业在规模上东部地区占绝对优势，其次为西部地区，中部地区规模最小。在增长率上，似乎也显示出东部、西部、中部这种高低顺序。

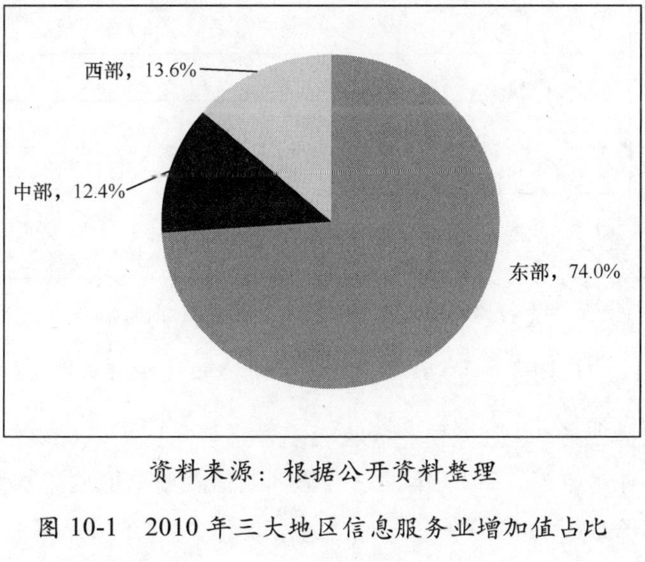

资料来源：根据公开资料整理

图 10-1　2010 年三大地区信息服务业增加值占比

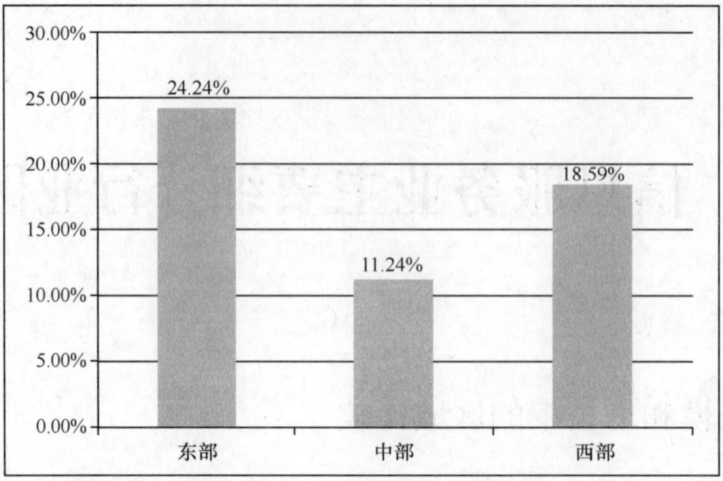

资料来源：根据公开资料整理

图 10-2　2010 年三大地区信息服务业收入增长率

10.1.2　东中西部各地域信息服务业各细分行业状况分析

基础电信服务业：2010 年，东部地区电信业务收入为 5263.6 亿元，中部地区为 2015.8 亿元，西部地区为 1876.2 亿元。东部地区高于中西部地区。但西部地区电信业务收入增长率最高，为 10%；其次为中部地区，为 7.3%；东部地区的增长率最低，为 6%。

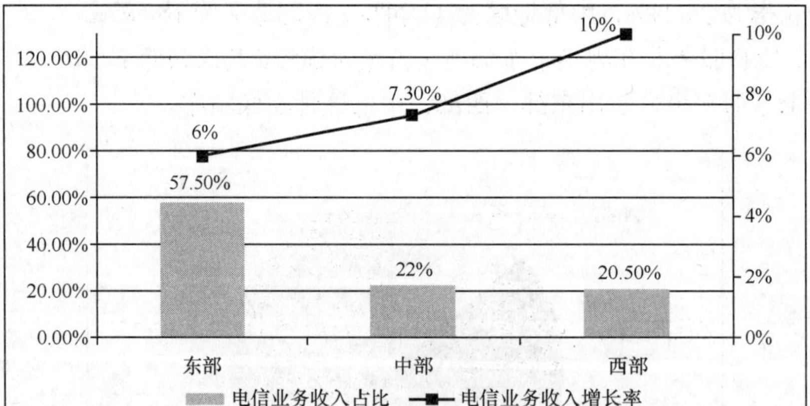

资料来源：《2010 通信统计年度报告》

图 10-3　三大地区电信业务收入占比和增长率

增值电信企业增值业务：基础电信业务收入主要来自于三大基础电信企业，其中还包含着基础电信企业的增值业务收入。2010 年，三大基础电信企业增值业务收入为 1834.6 亿元，占基础电信业务总收入的比重为 20.2%。

除基础电信企业外，2010年，我国有增值电信企业20071家，其中，注册资本超过1000万元的跨地区增值电信企业2063家，省内增值电信企业18008家。2010年，增值电信企业的增值业务收入为1223.6亿元，其中，省内增值电信企业增值业务收入988.7亿元。这里主要对省内增值电信企业的增值业务发展状况进行区域比较。

2010年，东部地区增值电信业务收入为885.32亿元，中部地区为456.43亿元，西部地区为577.32亿元，分别占省内增值电信企业增值电信业务总收入的89.54%、4.62%和5.84%，东部地区增值电信业务收入远远高于中西部地区。但从增值电信业务收入增长率来看，中部地区最高，为46.35%，其次是东部地区，为41.93%，西部地区增长率最低，为28.08%。中部地区增值电信业务收入增长十分显著，东部地区增值电信业务收入规模最大，增值率也依然强劲。

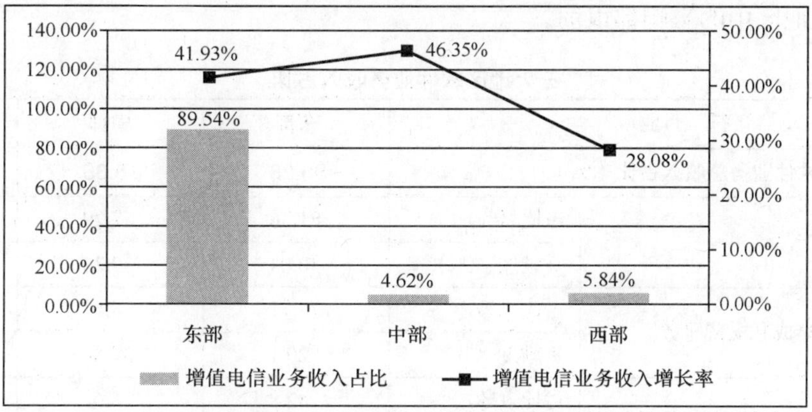

资料来源：《2010通信统计年度报告》

图10-4　三大地区增值电信业务收入占比和增长率

互联网信息服务：以网民人数代表互联网发展规模。2010年，东部地区网民人数为24117万人，中部地区为11667万人，西部地区为9946万人，分别占网民总人数的52.7%、25.5%和21.7%，东部地区网民人数远远高于中西部地区。从网民增长率来看，西部地区最高，为24.76%，其次是中部地区，为23.55%，东部地区网民增长率最低，为14.88%。西部地区网民增长显著。

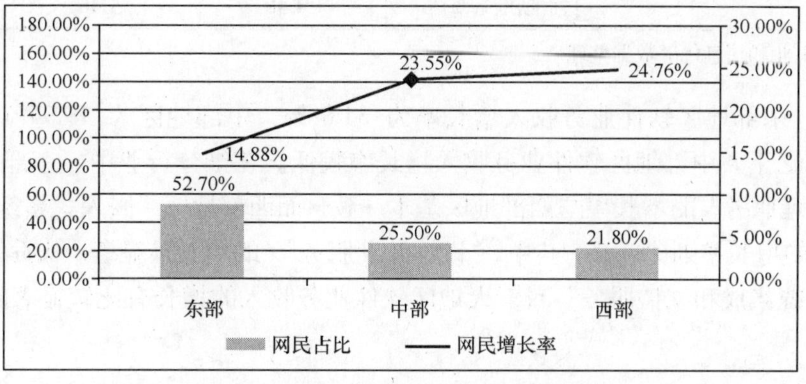

资料来源：根据CNNIC数据整理

图10-5　2010年三大地区网民占比和增长率

软件业：根据工业和信息化部的统计数据，软件业包括6个细分行业，分别是软件产品、系统集成和支持服务、信息技术咨询和管理服务、信息技术增值服务、嵌入式系统软件、设计开发服务。2010年，这6个细分行业的收入占软件业业务总收入的比重分别是31.49%、21.77%、9.23%、16.30%、16.78%、4.44%。

2010年，东部地区软件业务收入为11396.71亿元，中部地区为782.23亿元，西部地区为1185.08亿元，分别占软件业务总收入的比重为85.28%、5.85%、8.87%。东部地区是软件业务的集中分布地区。各细分行业的贡献度显示，三大地区软件业的发展主要依赖软件产品和系统集成服务，东部地区信息技术增值服务和嵌入式系统软件对东部地区软件业的发展也有很大影响，中西部地区信息技术咨询和管理服务对当地软件业的发展有一定的促进作用，而设计和开发服务在三大地区中的影响都很弱。

表10-1　　三大地区软件业务收入占比

行业			东部	中部	西部
软件业务总收入占比（%）			85.28	5.85	8.87
其中	软件产品	占比（%）	81.36	7.29	11.35
		贡献度[1]（%）	30.04	39.22	40.3
	系统集成和支持服务	占比（%）	78.71	8.67	12.62
		贡献度（%）	20.1	32.26	30.99
	信息技术咨询和管理服务	占比（%）	82.8	6.62	10.58
		贡献度（%）	8.96	10.44	11.01
	信息技术增值服务	占比（%）	93.61	2.29	4.09
		贡献度（%）	17.89	6.39	7.52
	嵌入式系统软件	占比（%）	94.18	3.57	2.25
		贡献度（%）	18.53	10.24	4.26
	设计开发	占比（%）	86.21	1.93	11.86
		贡献度（%）	4.48	1.46	5.93

资料来源：根据工业和信息化部数据整理

2010年，东部地区软件业务收入增长率为31.88%，中部地区为19.94%，西部地区为34.08%，相比之下，中部地区软件业务收入增长率较低。在细分行业中，东部地区的“信息技术咨询和管理服务”的增长率与西部地区基本一致，而西部地区“嵌入式系统软件”和“设计开发服务”的增长率则比较高，其中，“设计开发服务” 的增长最显著。从贡献度来看，“软件产品”、“系统集成和支持服务”对三大地区软件业务收入的增长有比较显著的贡献。

[1] 各地区软件业细分行业业务收入贡献度：各地区软件业各细分行业占比与该地区软件业务总收入占比的比值。

表 10-2 三大地区软件业务收入增长率

行业			东部	中部	西部
软件业务总收入增长率（%）			31.88	19.94	34.08
其中	软件产品	增长率（%）	29.73	17.19	28.33
		贡献度[1]（%）	28.47	34.61	36.61
	系统集成和支持服务	增长率（%）	34.78	18.58	23.80
		贡献度（%）	21.45	30.40	24.54
	信息技术咨询和管理服务	增长率（%）	38.32	23.16	38.35
		贡献度（%）	10.27	11.81	13.30
	信息技术增值服务	增长率（%）	44.70	15.64	13.84
		贡献度（%）	22.86	5.20	4.87
	嵌入式系统软件	增长率（%）	14.22	30.00	32.20
		贡献度（%）	9.54	14.21	5.58
	设计开发	增长率（%）	66.28	35.03	146.86
		贡献度（%）	7.39	2.28	14.89

资料来源：根据工业和信息化部数据整理

10.1.3 各省（区、市）信息服务业状况分析

2010年，信息传输服务业和信息技术服务业增加值合计最高的省份是广东(3675.39亿元)，最低的是西藏（22 亿元），广东是西藏的 167 倍。增加值合计排在前 10 名的省份分别为广东(3675.39 亿元)、江苏(2978.48 亿元)、北京(2751.06 亿元)、山东(1443.49 亿元)、上海(1348.35 亿元)、浙江（1293.45 亿元）、辽宁（1259.47 亿元）、四川（963.53 亿元）、福建（924.84 亿元）、河北（504.72 亿元），它们的增加值合计占比为 76.1%。这 10 个省份中，东部地区有 9 个，西部有 1 个。

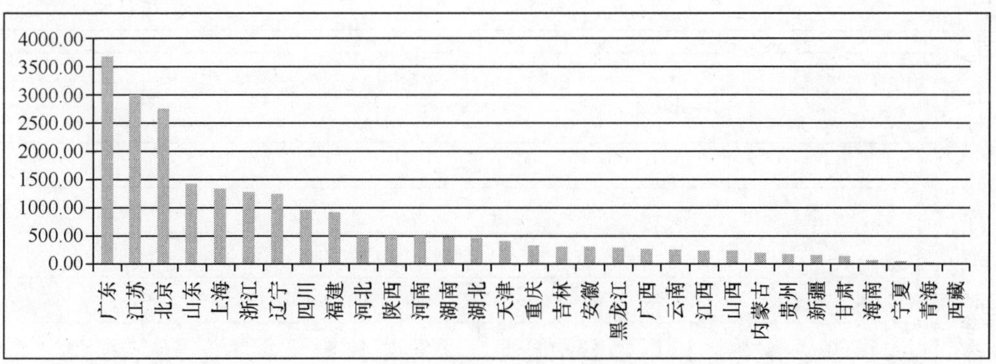

资料来源：公开资料

图 10-6 2010 年各省间信息服务业增加值比较（亿元）

[1] 各地区软件业细分行业收入增长率贡献度：各地区软件业各细分行业收入增长率与该地区软件业务收入增长率的比值。

2010 年信息传输服务业业务收入增长率最高的省份是江苏（30.87%），增长率最低的省份是山西(4.6%)。增长率排在前十位的省份分别是江苏(30.87%)、河北(29.69%)、山东(29.28%)、福建(26.89%)、海南(26.33%)、辽宁(26.25%)、陕西(25.18%)、重庆(25.16%)、天津(24.24%)、上海（22.89%)。在这 10 个省份中，东部地区省份有 8 个，西部地区省份有 2 个。

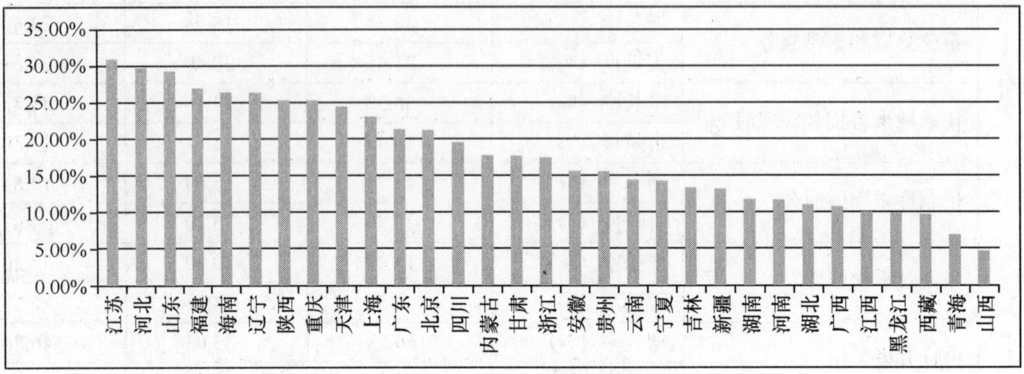

资料来源：公开资料

图 10-7 2010 年各省间信息服务业业务收入增长率比较（%）

10.1.4 各省（区、市）信息服务业各细分行业状况分析

基础电信服务：2010 年电信业务收入最高的省份是广东，达到 1258.3 亿元；电信业务收入最低的省份是西藏，只有 22 亿元。广东省电信业务收入是西藏的 57.2 倍。电信业务收入排在前 10 位的省份分别是广东(1258.3 亿元)、江苏(687.1 亿元)、浙江(616.7 亿元)、山东(538.4 亿元)、上海（448 亿元)、北京（430.6 亿元)、四川（391.5 亿元)、河南（382 亿元)、河北（378.5 亿元)、辽宁（359.1 亿元)，10 个省（市）的电信业务收入占电信业务总收入的 61.08%。在这 10 个省份中，东部地区省份有 8 个，中西部各 1 个。

资料来源：《2010 通信统计年度报告》

图 10-8 2010 年各省间电信业务收入比较（亿元）

2010 年电信业务收入增长率最高的省份是内蒙和甘肃，都为 14.5%，增长率最低的省份是广东，为 3.9%。电信业务增长率排在前十位的省份分别是内蒙古（14.5%）、甘肃（14.5%）、海南（14.1%）、宁夏（13.3%）、陕西（11.5%）、新疆（11.5%）、安徽（10.6%）、西藏（9.8%）、云南（9.4%）、河南（9.1%）。在这 10 个省份中，东部地区省份只有 1 个，中部地区省份有 2 个，西部地区省份有 7 个。

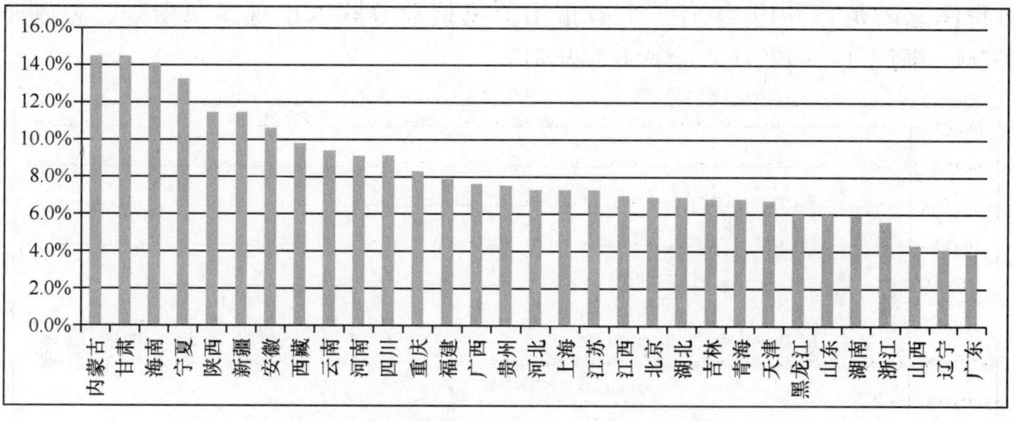

资料来源：《2010 通信统计年度报告》

图 10-9 2010 年各省间电信业务收入增长率比较

增值电信企业增值业务：2010 年省内增值电信业务收入最高的是广东，为 318.67 亿元，最低的是西藏，为 286.8 万元，广东省增值电信业务收入是西藏的 11111.23 倍。增值电信业务收入排在前 10 位的省份分别是广东（318.67 亿元）、北京（254.45 亿元）、上海（154.49 亿元）、江苏（40.67 亿元）、浙江（38 亿元）、福建（25.37 亿元）、四川（23.52 亿元）、河北（21.84 亿元）、安徽（14.81 亿元）、山东（14.47 亿元），10 个省市增值电信业务收入占增值电信业务总收入的比重是 91.67%，可以认为，几乎全部的增值电信业务收入都集中在这 10 个省市。其中，东部地区的省份有 8 个，中部地区和西部地区的省份各 1 个。

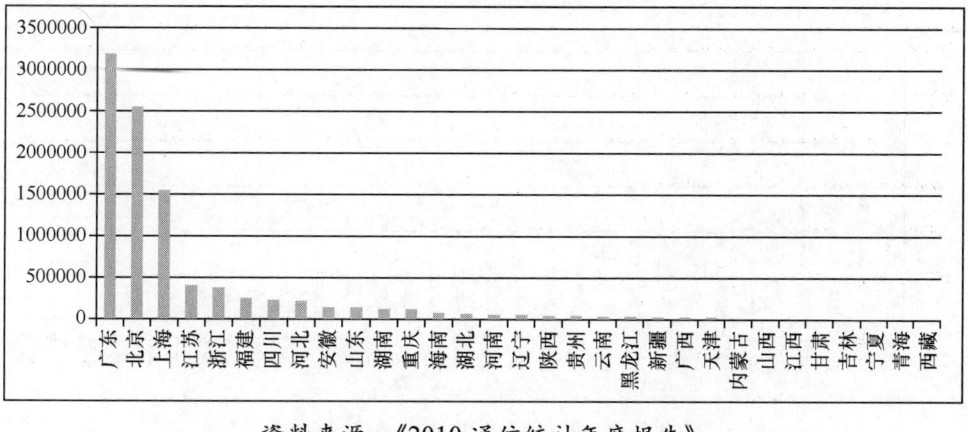

资料来源：《2010 通信统计年度报告》

图 10-10 2010 年各省间增值电信业务收入比较（亿元）

2010年增值电信业务收入增长率最高的省份是安徽，为88.44%，增长率最低的省份是西藏，为-48.43%。增值电信业务增长率排在前十位的省份分别是安徽（88.44%）、海南（84.77%）、辽宁（82.66%）、新疆（68.44%）、广东（68.19%）、贵州（64.29%）、江苏（58.42%）、广西（46.69%）、福建（40.12%）、宁夏（39.64%）。在这10个省份中，东部地区省份只有5个，中部地区省份有1个，西部地区省份有4个。

值得注意的是，2010年有三个省市增值电信业务收入出现了负增长，分别是西藏（-48.43%）、浙江（-18.72%）、天津（-5.29%）。

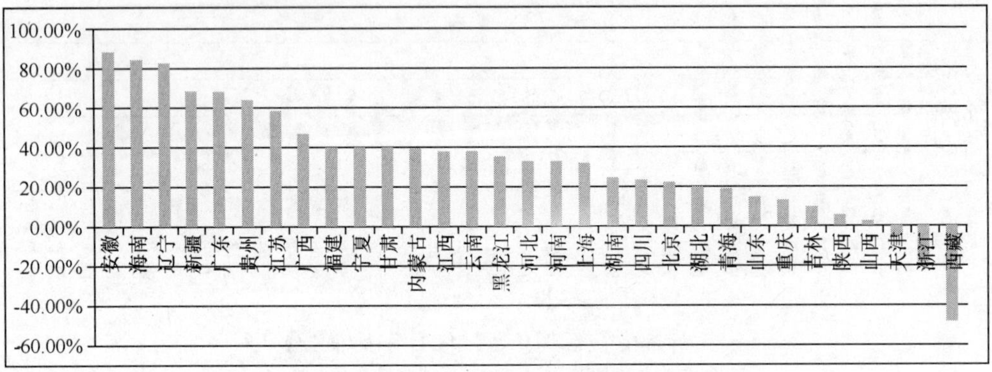

资料来源：《2010通信统计年度报告》

图10-11　2010年各省间增值电信业务收入增长率比较

互联网信息服务：2010年网民人数最多的省份是广东，为5324万人，最低的是西藏，为81万人，广东省网民人数是西藏的65.73倍。网民人数排在前10位的省份分别是广东（5324万人）、山东（3332万人）、江苏（3306万人）、浙江（2786万人）、河南（2417万人）、河北（2197万人）、四川（1998万人）、辽宁（1916万人）、湖北（1902万人）、福建（1848万人），这10个省市网民人数占全国网民总人数的比重是59.1%，大部分网民都集中在这10个省市中。其中，东部地区省份有7个，中部地区省份有2个，西部地区省份有1个。

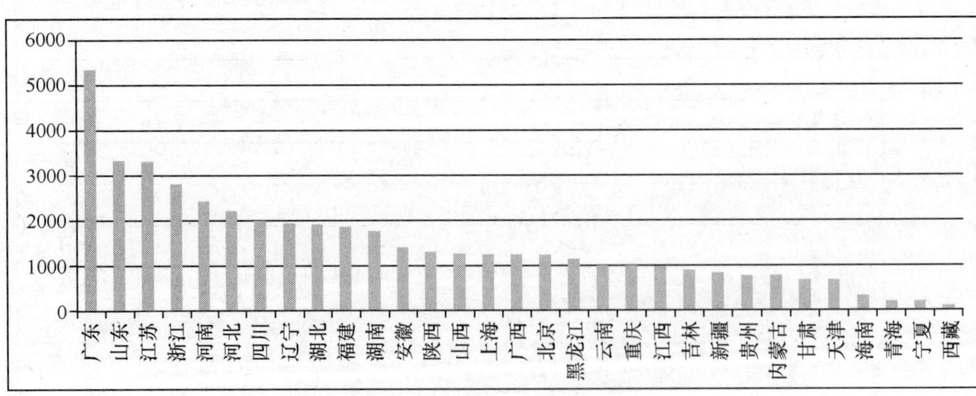

资料来源：根据CNNIC数据整理

图10-12　2010年各省网民人数比较（万人）

2010 年，网民增长率增长最显著的省区是西藏，为 52.83%，增长率最低的省市是上海，为 5.81%。增长率排在前 10 名的省份分别是西藏（52.83%）、贵州（31.06%）、安徽（30.22%）、陕西（30.15%）、内蒙古（29.91%）、湖北（29.48%）、新疆（29.18%）、湖南（24.25%）、海南（24.18%）、宁夏（24.11%）。这 10 个省份中，东部地区的有 1 个，中部地区的有 3 个，西部地区的有 6 个。

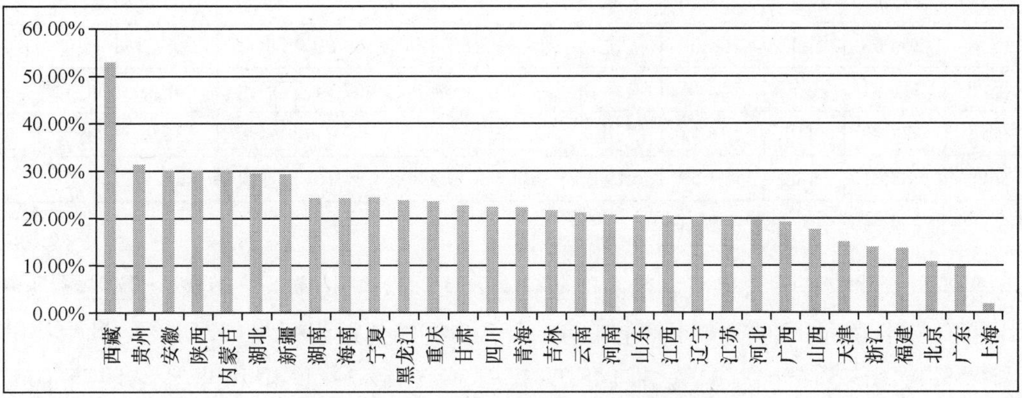

资料来源：根据 CNNIC 数据整理

图 10-13　2010 年各省网民增长率比较

软件业：2010 年，软件业分布在全国 29 个省区市（青海和西藏除外），2010 年软件业务收入最高的省份是广东，为 2417 亿元，最低的省份是海南，为 3.6 亿元。软件业务收入排在前 10 名的省份分别为广东（2417.09 亿元）、北京（2320.46 亿元）、江苏（2291.38 亿元）、山东（905.09 亿元）、辽宁（900.37 亿元）、上海（900.35 亿元）、浙江（676.75 亿元）、福建（575.64 亿元）、四川（572.03 亿元）、天津（279.76 亿元），这 10 个省份软件业务收入占全国软件业务总收入的比重是 88.59%。

2010 年软件业各细分行业中，信息技术增值服务只分布在 28 个省区市（海南、贵州、宁夏除外），嵌入式系统软件只分布在 26 个省区市（上海、海南、内蒙古、广西、贵州除外），设计开发服务只分布在 27 个省区市（吉林、内蒙古、广西、贵州除外），各细分行业收入排在前 10 名的省份见表 10-3。

表 10-3　软件业各细分行业收入排在前 10 名的省份　单位：亿元

排名	软件产品		系统集成和支持服务		信息技术咨询和管理		信息技术增值服务		嵌入式系统软件		设计开发	
	省份	收入	省份	收入	省份	收入	省份	收入	省份	收入	省份	收入
1	北京	911.73	北京	630.42	北京	225.59	广东	645.49	广东	788.40	江苏	138.68
2	江苏	567.87	江苏	424.11	山东	211.75	北京	461.04	江苏	691.56	上海	132.88
3	广东	561.00	广东	224.35	辽宁	129.20	江苏	342.01	山东	157.22	广东	95.47
4	辽宁	338.50	上海	205.16	江苏	127.15	上海	161.84	天津	118.50	四川	43.81
5	上海	309.07	山东	194.93	广东	102.38	辽宁	143.52	浙江	114.19	辽宁	40.33

续表

排名	软件产品		系统集成和支持服务		信息技术咨询和管理		信息技术增值服务		嵌入式系统软件		设计开发	
	省份	收入	省份	收入	省份	收入	省份	收入	省份	收入	省份	收入
6	四川	295.65	福建	181.10	上海	91.40	浙江	131.34	辽宁	100.65	天津	27.31
7	山东	264.68	浙江	166.60	福建	58.31	山东	68.89	北京	68.21	福建	25.00
8	浙江	216.41	辽宁	148.17	陕西	53.60	福建	67.34	福建	68.10	北京	23.46
9	福建	175.79	四川	131.63	四川	46.16	四川	52.51	湖南	35.94	陕西	22.40
10	湖南	88.21	河北	94.69	天津	44.03	陕西	24.10	重庆	25.37	浙江	19.28

资料来源：根据工业和信息化部数据整理

2010 年，软件业务收入增长率最高的省份是河北省，增长率为 226.9%，增长率最低的省份是山西省，增长率为 11.6%。增长率排在前 10 名的省份分别为河北（226.9%）、贵州（50.7%）、重庆（50.3%）、山东（49%）、内蒙古（48.7%）、云南（45%）、甘肃（43.6%）、陕西（40.7%）、福建（40.4%）、江苏（38.9%）。其中东部地区省份有 4 个，西部地区省份有 6 个。各细分行业增长率排在前 10 名的省份见表 10-4。

表 10-4　　软件业各细分行业增长率排在前 10 名的省份　　单位：%

排名	软件产品		系统集成和支持服务		信息技术咨询和管理		信息技术增值服务		嵌入式系统软件		设计开发	
	省份	增长率	省份	增长率	省份	增长率	省份	增长率	省份	增长率	省份	增长率
1	浙江	71.2	河北	634.2	江苏	189.5	甘肃	176.6	河北	365.7	辽宁	1733
2	云南	65.4	云南	52.8	内蒙古	168.3	山东	106.6	云南	301.4	甘肃	649
3	辽宁	57	江苏	47.7	贵州	88	江苏	63.9	安徽	183.1	湖南	512.8
4	四川	52.4	山东	46.9	海南	63.6	重庆	62.1	辽宁	69.2	新疆	480.8
5	宁夏	40.9	重庆	46.1	黑龙江	58.5	福建	60.9	浙江	67.4	重庆	160.9
6	河北	40.5	天津	43.3	四川	56.2	上海	60.6	黑龙江	65.1	海南	159.2
7	江西	40	甘肃	41.1	山东	51.5	辽宁	49.2	宁夏	54.4	陕西	151.1
8	河南	36.8	贵州	36.1	浙江	50.6	天津	45.9	山东	52.8	四川	143.8
9	山东	34.1	上海	35.9	重庆	50.2	河南	42.1	重庆	45.2	黑龙江	117.9
10	吉林	31.5	福建	35.1	福建	49.1	湖北	41.1	吉林	40	广东	107.6

资料来源：根据工业和信息化部数据整理

10.2　基于人口规模的产业区域分析

各地区产业发展规模与当地的人口规模有很大的关系，因此，科学、准确地把握和比较各地区信息服务业发展状况除了要考察各地区产业的总体规模外，还要考察基于人口规模的产业发展水平。

10.2.1 基于人口规模的东中西部各地域信息服务业状况分析

2010 年东部地区人均信息服务业收入为 3088.33 元，中部为 682.8 元，西部为 855.53 元。东部地区最高，其次为西部地区，中部地区最少。和 2009 年相比，2010 年东部和中部人均电信业务收入有缩小的趋势，而中部和西部的人均电信业务收入有扩大的迹象。

表 10-5 三大地区人均信息服务业收入差异

	人均信息服务业收入（元）	
	2009	2010
东部	2776.95	3088.33
中部	596.35	682.8
西部	736.73	855.53
东中西之比	4.65∶1∶1.23	4.52∶1∶1.25

资料来源：根据公开资料整理

2010年，各省人均信息服务业收入都明显上升。北京人均信息服务业收入最高，为15319.39 元，江西最低，为 508.92 元。各省间人均增值电信业务收入变异系数[1]为 0.1796，相比 2009 年的变异系数 0.1807 略有所降低，显示出各省间人均信息服务业收入的差异程度稍微有所缩小。

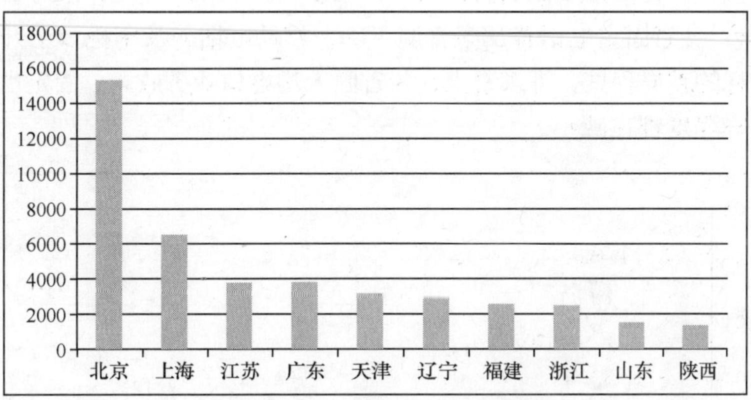

资料来源：根据公开资料整理

图 10-14 2010 年人均信息服务业收入排在前十名的省份（单位：元）

[1] 变异系数是反映数据间差异程度的指标，其计算公式为 $\sqrt{\frac{\sum_{i=1}^{n}\left(x_i-\bar{x}\right)}{n}} \Big/ \bar{x}$。

10.2.2 基于人口规模的东中西部各地域信息服务业细分行业状况分析

1. 基础电信服务业

2010 年东部地区人均电信业务收入为 2955.1 元，中部为 477 元，西部为 521 元。东部地区明显高于中西部，中部和西部差距不大。和 2009 年相比，2010 年东部和中部人均电信业务收入有缩小的趋势，而中部和西部的人均电信业务收入有扩大的迹象。这种现象从电话普及率的地区分别差异上也可以得到反映。

表 10-6　　三大地区人均电信发展水平的差异

	人均电信业务收入（元）		固定电话普及率（部/百人）		移动电话普及率（部/百人）	
	2009	2010	2009	2010	2009	2010
东部	2923.5	2955.1	32.3	29.8	73.4	82.8
中部	445.9	477	18.9	18	45.1	51.7
西部	464.8	521	17.9	16.6	47.4	55.5
东中西之比	6.56∶1∶1.04	6.2∶1∶1.09	1.71∶1∶0.95	1.66∶1∶0.92	1.63∶1∶1.05	1.6∶1∶1.07

资料来源：根据《2010 通信统计年度报告》整理

2010 年，尽管除北京、上海、广东外，各省人均电信业务收入都有所提高，但北京、上海、广东仍位于人均电信业务收入前三名，其中北京人均电信业务收入最高，为 2194.8 元，江西人均电信业务收入最低，为 406.1 元，两者相差 1788.7 元。而 2009 年，人均电信业务收入最高的北京（2295.2 元）和最低的贵州（360.8 元）相差 1934.4 元，人均电信业务收入的差别减小。2010 年，各省固定电话普及率普遍下降，移动电话普及率稳步上升。变异系数反映了省际间各种指标的差异程度，可以看出，各省间人均电信业务收入、固定电话普及率、移动电话普及率的差异程度都在减小。

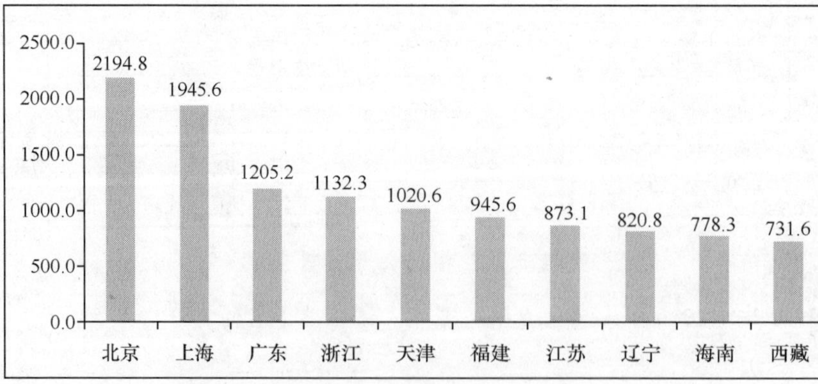

资料来源：根据《2010 通信统计年度报告》整理

图 10-15　2010 年人均电信业务收入排在前十名的省份（单位：元）

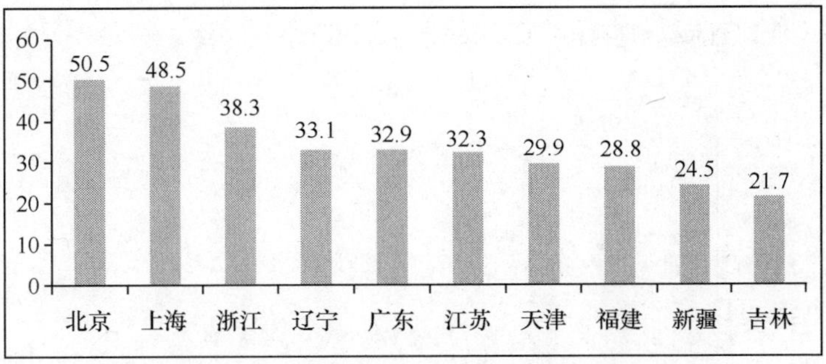

资料来源：根据《2010 通信统计年度报告》整理

图 10-16　2010 年固定电话普及率排在前十名的省份（单位：部/百人）

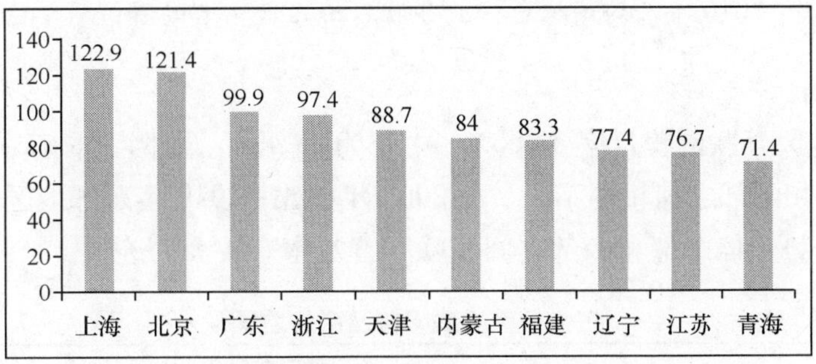

资料来源：根据《2010 通信统计年度报告》整理

图 10-17　2010 年移动电话普及率排在前十名的省份（单位：部/百人）

2. 增值电信企业增值业务

2010 年东部地区增值电信企业人均增值业务收入为 160.9 元，中部为 10.8 元，西部为 16.01 元。东部、中部和西部呈明显的阶梯状分布且东部地区远远高于中西部地区。和 2009 年相比，2010 年三大地区之间人均增值业务收入趋于缩小。

表 10-7　　三大地区人均增值电信业发展水平的差异

	人均增值电信业务收入（元）	
	2009	2010
东部	97.5	160.9
中部	5.81	10.8
西部	11.30	16.01
东中西之比	16.78∶1∶1.94	14.9∶1∶1.48

资料来源：根据《2010 通信统计年度报告》整理

2010 年，各省人均增值电信业务收入都稳步上升，但超过百元的只有北京、上海和广东，分别为 1296.97 元、670.91 元和 305.21 元，人均增值电信业务收入不到 1 元的只有西藏，为 0.95 元。各省间人均增值电信业务收入变异系数为 3.526，相比 2009 年的变异系数 5.06 有所降低，显示出各省间人均增值电信业务收入的差异程度降低。

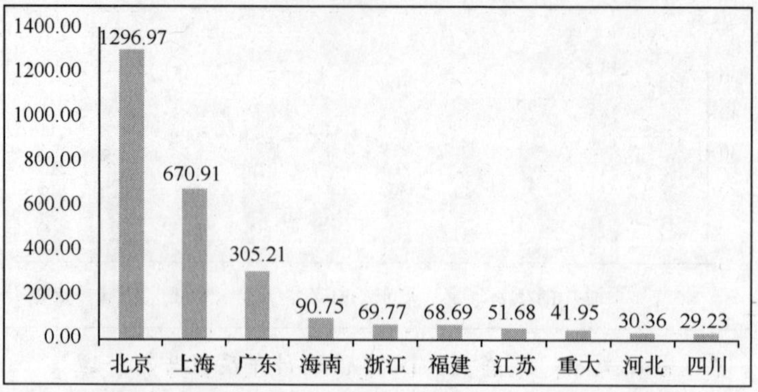

资料来源：根据《2010通信统计年度报告》整理

图 10-18　2010 年人均增值电信业务收入排在前十名的省份（单位：元）

3．互联网业务

2010 年东部地区互联网普及率 48.66%，中部为 28.4%，西部为 28.63%。东部地区远高于中西部地区，中部和西部之间相差不大。和 2009 年相比，2010 年东部地区和中部地区互联网普及率有缩小的趋势，但中部和西部之间互联网普及率有扩大的迹象。

表 10-8　　三大地区互联网普及率的差异

	互联网普及率（%）	
	2009	2010
东部	43.32	48.66
中部	23.26	28.4
西部	22.57	28.63
东中西之比	1.86∶1∶0.97	1.71∶1∶1.01

资料来源：根据 CNNIC 数据整理

2010 年，各省互联网普及率都明显上升，其中北京、上海最高，都超过了 60%，北京已经接近 70%。各省间互联网普及率变异系数为 0.3738，相比 2009 年的变异系数 0.4486 有所降低，显示出各省间互联网普及率差异程度降低。

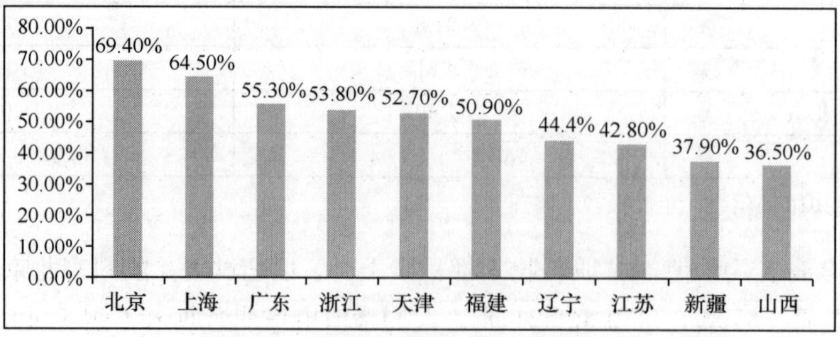

资料来源：根据 CNNIC 数据整理

图 10-19　2010 年互联网普及率排在前十名的省份（单位：%）

4．软件业

2010 年，东部地区人均软件业务收入为 2648.91 元，中部地区为 207.14 元，西部地区为 257.96 元，东部地区人均软件业务收入最高，其次为西部地区，中部地区最弱。人均软件业务收入的差异主要表现为东部地区和中西部地区之间的差距，中部和西部的的差异小。2010 年东中西人均软件业务收入的比为 12.79∶1∶1.25，2009 年这一比例为 12.88∶1∶1.08，可见，东部和中部人均软件业务收入的差异有所缩小，中部和西部的差异有扩大的趋势。软件业各细分行业人均业务收入地区间的变动和差异有类似的表现。

表 10-9　　软件业各细分行业人均业务收入的变化及差异　　单位：元

	软件产品收入		系统集成和支持服务		信息技术咨询和管理服务		信息技术增值服务		嵌入式系统软件		设计开发	
	2009	2010	2009	2010	2009	2010	2009	2010	2009	2010	2009	2010
东部	768.00	875.39	503.13	590.62	219.38	262.21	351.60	459.68	299.27	335.35	94.92	125.66
中部	65.44	75.80	57.33	68.26	22.13	27.35	12.48	14.11	14.69	19.02	1.80	2.61
西部	68.44	91.63	70.67	89.79	22.51	30.86	14.72	17.18	11.66	15.66	5.10	12.84
东中之比	11.74	11.55	8.78	8.65	9.92	9.59	28.18	32.58	20.38	17.63	52.66	48.07
西中之比	1.05	1.21	1.23	1.32	1.02	1.13	1.18	1.22	0.79	0.82	2.83	4.91

资料来源：根据工业和信息化部数据整理

2010 年，人均软件业务收入最高的是北京，为 11827.61 元。除北京外，人均软件业务收入超过千元的有上海（3910.04 元）、江苏（2911.78 元）、广东（2315.01 元）、天津（2153.17 元）、辽宁（2058.04 元）、福建（1558.72 元）、浙江（1242.53 元）。2010 年各省人均软件业务收入稳步增长的同时，省际间人均软件业务收入差异进一步缩小，变异系数从 2.71 降到 2.32。

表 10-10　　软件业各细分行业人均业务收入省际间变异系数

软件产品		系统集成和支持服务		信息技术咨询和管理		信息技术增值服务		嵌入式系统软件		设计开发	
2009	2010	2009	2010	2009	2010	2009	2010	2009	2010	2009	2010
3.289	2.815	3.358	2.783	3.158	2.490	3.229	2.838	1.697	1.581	4.017	2.630

资料来源：根据工业和信息化部数据整理

表 10-11　　软件业各细分行业人均收入排在前 10 名的省份　　单位：元

排名	软件产品		系统集成和支持服务		信息技术咨询和管理		信息技术增值服务		嵌入式系统软件		设计开发	
	省份	人均收入	省份	人均收入	省份	人均收入	省份	人均收入	省份	人均收入	省份	人均收入
1	北京	4647.20	北京	3213.30	北京	1149.86	北京	2349.96	天津	912.02	上海	577.07
2	上海	1342.23	上海	890.97	上海	396.93	上海	702.84	江苏	878.80	天津	210.18
3	辽宁	773.73	江苏	538.95	天津	338.88	广东	618.23	广东	755.10	江苏	176.23

续表

排名	软件产品		系统集成和支持服务		信息技术咨询和管理		信息技术增值服务		嵌入式系统软件		设计开发	
	省份	人均收入	省份	人均收入	省份	人均收入	省份	人均收入	省份	人均收入	省份	人均收入
4	江苏	721.62	福建	490.39	辽宁	295.32	江苏	434.61	北京	347.69	北京	119.59
5	广东	537.31	辽宁	338.69	山东	220.85	辽宁	328.06	辽宁	230.07	辽宁	92.17
6	福建	476.00	浙江	305.89	江苏	161.57	浙江	241.14	浙江	209.66	广东	91.44
7	天津	419.88	重庆	223.73	福建	157.89	福建	182.34	福建	184.40	福建	67.70
8	浙江	397.34	吉林	218.45	陕西	143.50	天津	126.37	山东	163.97	陕西	59.97
9	四川	367.50	广东	214.88	吉林	141.99	山东	71.86	重庆	87.94	四川	54.46
10	山东	276.06	陕西	212.84	广东	98.05	四川	65.27	陕西	59.97	浙江	35.39

资料来源：根据工业和信息化部数据整理

10.3 产业布局状况分析

区域是产业的承载空间和基础，任何产业发展都是以区域为立脚点。对于信息服务业而言，只有区域信息服务业的发展才能使信息服务业整体得到发展。但由于环境、条件、发展基础、增长潜力等各方面的原因，各地信息服务业的发展必然存在着不均衡。信息服务业大都与生产活动、商业活动密切相关，各地生产活动、商业活动的状况必然对信息服务业的发展产生影响。即使是信息服务业中具有公共服务特色的行业，例如信息传输服务业，其发展也与当地消费者的使用状况密切相关，因此，各地信息服务业的发展差异广泛存在。有鉴于此，必须要在各地信息服务业普遍发展并承认信息服务业区域差异的基础上，对某些信息服务业显示出一定发展优势的地区有所侧重。

10.3.1 信息服务业区域区位熵分析

信息服务业的发展必须以一定的区域为发展基础。信息服务业在某区域越集中，则说明信息服务业在该区域越具有发展优势。因此，可以通过考察信息服务业在各个区域的集中化特性来选择适合信息服务业发展的区域。产业的区域集中化特性一般可以通过两类指标加以考察，即区位熵和集中系数。

区位熵是衡量某一地区要素的空间分布状况，反映某一产业专业化程度或集中化程度的指标。如果信息服务业在某地区的区位熵大于 1，则信息服务业在该地区具有明显的专业化特色或是较高的集中程度，应该积极促进其发展。

对 2010 年各个省份计算信息服务业主要行业区位熵，结果如下。

表 10-12　　2010 年信息服务业主要行业区位熵大于 1 的省份

信息服务业整体		基础电信业		电信增值服务		互联网服务		软件业	
区位熵	省份	区位熵	省份	区位熵	省份	区位熵	省份	区位熵	省份
4.0445	北京	1.563	北　京	6.084	北　京	2.865	西　藏	5.454	北京
1.6516	上海	1.538	贵　州	4.008	上　海	1.612	海　南	1.813	江苏
1.6285	广东	1.509	海　南	3.067	广　东	1.561	甘　肃	1.728	上海
1.3676	江苏	1.496	云　南	1.848	海　南	1.487	贵　州	1.721	广东
1.2835	辽宁	1.394	广　东			1.456	新　疆	1.595	辽宁
1.2271	福建	1.356	西　藏			1.373	北　京	1.298	福建
1.083	四川	1.225	上　海			1.360	广　西	1.096	四川
		1.171	甘　肃			1.289	上　海		
		1.152	宁　夏			1.242	青　海		
		1.100	福　建			1.241	云　南		
		1.070	安　徽			1.207	福　建		
		1.067	山　西			1.204	广　东		
		1.051	浙　江			1.175	山　西		
		1.038	陕　西			1.172	陕　西		
		1.031	四　川			1.172	宁　夏		
		1.024	新　疆			1.169	四　川		
		1.015	青　海			1.092	浙　江		
						1.027	重　庆		
						1.007	黑龙江		

资料来源：根据工业和信息化部数据计算

从表 10-12 可以看出，信息服务业总的来看集中于东部地区，中西部地区没有显示出明显的发展优势和集中趋势，但西部地区的四川省异军突起，其信息服务业在全国具有一定的地位。信息服务业细分行业中，电信增值服务和软件业的发展呈现偏态，主要集中在东部 6 省市和四川省；基础电信服务和互联网服务作为公共基础设施，其区域分布的偏态程度相对较低，在全国一半左右的省区市发展状况相对良好。

表 10-13　　2010 年软件业各细分行业区位熵大于 1 的省份

软件产品		系统集成和支持服务		信息技术咨询和管理		信息技术增值服务		嵌入式系统软件		设计开发	
区位熵	省份	区位熵	省份	区位熵	省份	区位熵	省份	区位熵	省份	区位熵	省份
6.806	北京	6.805	北京	5.746	北京	6.650	北京	3.346	广东	5.749	上海
1.905	辽宁	1.876	福建	2.481	辽宁	2.821	广东	3.261	江苏	2.473	江苏

续表

软件产品		系统集成和支持服务		信息技术咨询和管理		信息技术增值服务		嵌入式系统软件		设计开发	
1.884	上海	1.808	上海	1.901	上海	1.906	上海	2.511	天津	2.189	天津
1.799	四川	1.541	江苏	1.885	山东	1.660	江苏	1.063	辽宁	1.893	四川
1.427	江苏	1.216	重庆	1.877	陕西	1.560	辽宁			1.632	陕西
1.269	广东	1.206	辽宁	1.697	天津					1.611	辽宁
1.259	福建	1.180	陕西	1.596	吉林					1.533	广东
		1.158	四川	1.425	福建					1.271	福建
		1.040	吉林	1.090	江苏					1.243	北京

资料来源：根据工业和信息化部数据计算

可以看出，软件业各细分行业总体上看集中于东部地区，西部地区的四川、重庆、陕西以及中部地区的吉林在个别的细分行业上也具有一定的优势。软件业各细分行业中，系统集成和支持服务、信息技术咨询和管理、设计开发服务在将近1/3的省份都具有较好的发展优势。软件产品、信息技术增值服务、嵌入式系统软件则高度集中在东部地区。

10.3.2 信息服务业区域集中系数分析

集中系数是另一个衡量某一地区某一产业发展优势的指标，反映了某一地区某一产业的相对集中程度。它是某地区按人口平均的某部门经济总量与全国该部门相应经济总量的比值。如果信息服务业在某地区的集中系数大于 1，则可以认为该地区是信息服务业的集中发展区域，应该积极促进这一部门进一步发展。如果集中系数很小，则该地区的信息服务业在全国没有太大意义。

计算 2010 年各个省份信息服务业主要行业集中系数，结果如下。

表 10-14　　2010 年信息服务业主要行业集中系数大于 1 的省份

信息服务业整体		基础电信业		电信增值服务		互联网服务		软件业	
集中系数	省份	集中系数	省份	集中系数	省份	集中系数	省份	集中系数	省份
8.755	北　京	3.306	北　京	17.76	北　京	3.017	北　京	11.98	北　京
3.73	上　海	2.931	上　海	9.188	上　海	2.954	上　海	3.961	上　海
2.193	江　苏	1.815	广　东	4.180	广　东	1.708	浙　江	2.950	江　苏
2.186	广　东	1.706	浙　江	1.366	海　南	1.641	广　东	2.345	广　东
1.826	天　津	1.537	天　津			1.513	西　藏	2.181	天　津
1.653	辽　宁	1.424	福　建			1.468	福　建	2.085	辽　宁
1.471	福　建	1.315	江　苏			1.336	天　津	1.579	福　建
1.397	浙　江	1.236	辽　宁			1.291	辽　宁	1.259	浙　江
		1.172	海　南			1.288	江　苏		
		1.102	西　藏			1.191	海　南		
		1.022	内蒙古			1.170	内蒙古		
						1.129	新　疆		

资料来源：根据工业和信息化部数据计算

就集中系数而言，信息服务业整体上看相对集中于东部地区。其中，增值服务和软件业区域分布的集中趋势明显，尤其以增值服务的集中分布趋势表现突出。基础电信和互联网服务的集中分布区域既有东部地区的省份也有西部地区的省份，相对而言，其分布的集中化程度要小一些。

表 10-15　　2010 年软件业各细分行业集中系数大于 1 的省份

软件产品		系统集成和支持服务		信息技术咨询和管理		信息技术增值服务		嵌入式系统软件		设计开发	
集中系数	省份	集中系数	省份	集中系数	省份	集中系数	省份	集中系数	省份	集中系数	省份
14.953	北京	14.951	北京	12.626	北京	14.610	北京	5.507	天津	13.180	上海
4.319	上海	4.145	上海	4.358	上海	4.370	上海	5.306	江苏	4.800	天津
2.490	辽宁	2.508	江苏	3.721	天津	3.844	广东	4.559	广东	4.025	江苏
2.322	江苏	2.282	福建	3.243	辽宁	2.702	江苏	2.099	北京	2.731	北京
1.729	广东	1.576	辽宁	2.425	山东	2.040	辽宁	1.389	辽宁	2.105	辽宁
1.532	福建	1.423	浙江	1.774	江苏	1.499	浙江	1.266	浙江	2.088	广东
1.351	天津	1.041	重庆	1.734	福建	1.134	福建	1.113	福建	1.546	福建
1.278	浙江	1.016	吉林	1.576	陕西					1.370	陕西
1.182	四川			1.559	吉林					1.244	四川
				1.077	广东						

资料来源：根据工业和信息化部数据计算

从集中系数的角度看，软件业各细分行业在各省的集中状况与区位熵所显示的集中状况类似，即大都集中在东部地区，中西部地区仅四川、重庆、陕西、吉林在个别的细分行业上显示出一定的优势。此外，各细分行业在集中程度上似乎更低一些，即在更多的省份显示出相对优势。例如嵌入式系统软件，从区位熵角度看只集中在四个省份，从集中系数角度看则集中在七个省份。

10.3.3　信息服务业区域综合优势分析

区位熵和集中系数是两个常用指标，但它们都是从某个侧面考察区域内某产业发展的相对优势。区位熵是从产业结构的角度考察区域内某产业所占比重相对于该产业在全国的比重是否具有优势；集中系数是从人均产出的角度考察区域内某产业的人均产出能力相对于全国该产业的人均产出能力是否具有优势。区位熵指标所显示出来的信息服务业分布的优势区域与集中系数所显示出来的信息服务业分布的集中区域有很明显的差异。显然，这两个指标对区域内产业优势的考察只具有相对意义，因此，其参考性还有待于完善。

从更科学的角度看，产业在区域内发展的状况应该从多方面进行考察和研究，既要考察产业发展的相对优势，也要考察产业发展的绝对优势；既要关注产业的整体规模也要关注人均产出能力；既要了解产业目前的水平状况也要了解产业的增长潜力；既要分析产业自身的发展也要分析产业所处的经济环境。

对信息服务业发展在各个地区发展状况的考察应该考虑以下几个方面。

(1) 信息服务业现有发展水平。这是信息服务业进一步发展的前提，也是某地区信息服务业是否具有绝对优势的反映。一方面某一地区信息服务业实力强、发展水平高，说明信息服务业在该地区有强烈的需求，另一方面也说明信息服务业在该地区有进一步发展的土壤和基础。衡量信息服务业发展水平的指标可以采用信息服务业总产出(总收入)和人均产出(人均收入)。

(2) 信息服务业增长潜力。增长潜力反映了信息服务业的发展能力和后劲，一般可以用信息服务业总产出（总收入）增长率或人均产出（人均收入）增长率表示。

(3) 信息服务业的地位。信息服务业的地位表明某地区信息服务业的发展在全国是否具有一定的影响和作用，可以用信息服务业在该地区的相对发展优势来反映，这里采用信息服务业区位熵和集中系数表示。

(4) 信息服务业的经济环境。某地区信息服务业的发展与当地经济发展环境密切相关，一是信息服务业必须与该地区的经济结构相适应，二是信息服务业必须与当地的经济发展水平相适应。前者可以采用地区第三产业增加值比重这一指标，后者可以采用地区增加值和人均地区增加值。

表 10-16　　信息服务业区域发展状况综合考察指标

内　容	一 级 指 标	二 级 指 标
区域信息服务业发展状况	信息服务业现有发展水平	信息服务业总产出（总收入）
		人均信息服务业产出（收入）
	信息服务业增长潜力	信息服务业总产出（总收入）增值率
	信息服务业的地位和影响	信息服务业区位熵
		信息服务业集中系数
	区域经济环境	地区增加值
		地区人均增加值
		地区第三产业增加值比重

一般，各地区信息服务在现有基础上都需要进一步发展，但鉴于各地区信息服务业发展基础的差异和影响力的不同，以及各地区经济环境的差异，各地区信息服务业的发展不可能并驾齐驱，因此，信息服务业在各个地区的发展存在着一定的轻重缓急和侧重。这里，根据有关专家的意见，采用层次分析法将上述 8 项指标进行综合，把全国 31 个省区市划分为三种类型。

① **一类地区**：信息服务业各项指标综合得分排在前列的地区。这些地区现有信息服务业规模庞大，基础雄厚；信息服务业在全国的地位和作用突出；信息服务业增长潜力明显；信息服务业发展环境优越。这些地区也是未来信息服务业优先发展地区。

② **二类地区**：信息服务业各项指标综合得分排名处于中间位置的地区。这些地区信息服

务业无论是在发展规模、影响力和发展潜力上都有一定的基础，发展环境适中，是未来信息服务业积极推进地区。

③ **三类地区**：信息服务业各项指标综合得分排名靠后的地区。这些地区信息服务业现有规模、影响力和发展潜力都有待于进一步提升，信息服务业发展环境也有待于进一步改善，是未来信息服务业适度推进地区。

经过对各个地区信息服务业发展指标进行综合，进而确定信息服务业的区域发展类型如表 10-17、表 10-18、表 10-19 和表 10-20 所示。

表 10-17　信息服务业整体区域类型

一类地区	北京、广东、江苏、上海、山东、辽宁、浙江、福建、天津、四川
二类地区	河北、陕西、重庆、河南、湖南、湖北、吉林、安徽、内蒙古、西藏
三类地区	海南、黑龙江、云南、广西、贵州、江西、新疆、甘肃、山西、宁夏、青海

表 10-18　基础电信服务区域类型

一类地区	广东、江苏、浙江、山东、上海、北京、河南、福建、河北、辽宁、四川
二类地区	湖北、湖南、内蒙古、安徽、陕西、天津、黑龙江、广西、云南、山西
三类地区	新疆、重庆、海南、甘肃、江西、吉林、贵州、宁夏、西藏、青海

表 10-19　互联网服务区域类型

一类地区	广东、江苏、山东、浙江、上海、北京、辽宁、河南、河北、四川、湖北
二类地区	福建、内蒙古、湖南、陕西、安徽、新疆、黑龙江、广西、山西、西藏
三类地区	重庆、贵州、天津、江西、吉林、云南、海南、甘肃、宁夏、青海

表 10-20　软件业区域类型

一类地区	北京、江苏、广东、上海、辽宁、天津、福建、山东、浙江、四川、陕西
二类地区	吉林、重庆、河北、湖南、湖北、黑龙江、河南、贵州、广西、云南
三类地区	江西、内蒙古、安徽、甘肃、新疆、宁夏、海南、山西、青海、西藏

第四篇　行　业　篇

第11章　信息生产业

11.1　2011年数字出版业发展回顾与2012年展望

11.1.1　2011年中国数字出版业发展回顾

1. 相关界定与产业链

数字出版相对于传统的纸质出版而言，不仅是指传统发行渠道的数字化和出版内容的数字化，还将突破现有的出版盈利模式，并有望深刻改变出版业的竞争格局。广义的数字出版包括数字图书、数字报纸、数字音乐、网络游戏等。

如图11-1所示，内容创作、网上平台、无线下载传输和数据处理、终端产品等几个环节共同构成了数字出版产业链。处于产业链上游的是以传统出版社为代表的内容提供商，出版业的许可证制度提高了行业进入门槛，此外出版资源处于分割状态也给其带来了一定风险，导致市场集中度不高，版权保护不强。但值得注意的是，在出版社改制为企业上市后，版权资源的整合和聚集普遍得到了这些企业的重视与加强。教材教辅的组织生产和销售是传统出版上市公司目前主要的收益来源，内容产品的载体和传播产品的途径都将在数字化浪潮下发生变化。

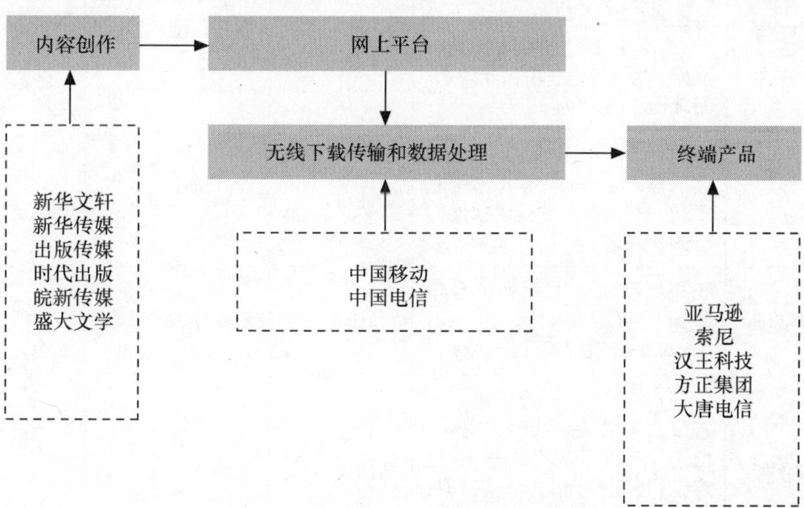

（资料来源：国泰君安证券研究所）

图11-1　数字出版产业链图

处于产业链下游的是终端设备提供商，资金与技术是其主要的进入门槛，市场化程度较高。一方面，内容创作环节高度不集中的市场竞争格局给产业链下游的设备提供商向上整合发展带来很大难度。另一方面，电子阅读器市场的巨大潜力和高毛利将吸引更多的各路设备提供商跟进。以美国电子阅读器终端市场的发展为例，苹果、索尼、谷歌的进入使得亚马逊电子书市场占有率从2009年的90%下滑到72%，预计到2015年，亚马逊、苹果和谷歌将三分电子书市场。2009年汉王科技电子阅读器销量占国内市场的95%，具有先发优势。除了亚马逊和索尼等国外厂商外，本土的方正集团和大唐电信、新华传媒等也将成为潜在的市场竞争者。虽然终端产品的销量在行业快速成长初期会短期放量，但终端设备提供商要取得产业链的主导地位则尚待时日。

网上平台和无线下载传输与数据处理两个环节处于数字出版产业链的中游，网上大型综合性发行平台缺失是目前国内数字出版业的一个薄弱环节，也将是未来各大运营商试图整合的关键环节。拥有内容和牌照资源的内容提供商，拥有移动用户规模的电信运营商和拥有电子阅读器终端用户的硬件提供商都有可能参与到网上发行平台的建设中。

表11-1　　数字出版产业链相关厂商情况

厂商类型	厂商名称	厂商概况	终端名称	内容平台	内容分成	优势
硬件制造商	汉王科技	国内最大的电子书制造商，目前占据国内95%的市场份额	汉王	汉王书城	2：8	先发优势；技术优势；渠道优势
	方正集团	正积极开拓电子书业务，目前销量已破1万台	文房	阿帕比数字图书馆；数字图书资源库“番薯网”	6：4	内容优势；技术优势；渠道优势
	大唐电信	电子书业务目前占公司收入比重较低，但公司正积极开拓该业务，在公司2010年4月7日公告的非公开发行预案中透露，预计公司2010年电子阅读器出货量为30万台	AirPaperTD	移动手机阅读基地（与中移动合作）		技术优势；渠道优势
	津科电子	公司致力于电子信息产业，主要从事“电子书”等移动信息平台、终端及各种应用软件的研制与开发	翰林	无独立内容平台		技术优势；渠道优势
	长城电脑	积极拓展电子书业务，且于2010年4月28日推出Gpad、Gbook两大系列平板电脑	长城	无独立内容平台		技术优势；渠道优势
	金蟾软件	公司自2001年成立以来，一直致力于电子阅读事业发展，已逐步实现了从产品开发、生产组织、软件开发、经营销售、售后服务到品牌经营的完整生产、销售体系	易博士	无独立内容平台		技术优势

续表

厂商类型	厂商名称	厂商概况	终端名称	内容平台	内容分成	优势
内容提供商	盛大文学	具有丰富的内容资源和较高的客户黏性	无	盛大云中图书馆	4∶6	内容优势；客户资源；运营优势
				盛大文学网站	3∶7	
	时代出版	公司主要从事出版传媒、印刷复制、高科技研发与成果转化三大主业，公司最近公布的定向增发预案将数字出版作为重要的募投项目之一	无			内容优势
	出版传媒	公司主营业务为图书、期刊、电子出版物、音像制品、其他印刷品等文化传媒产品的编辑、出版、发行和市场运作。在4月8日与盛大文学签订合作协议开始备战数字出版	无			内容优势
	新华传媒	公司主要拥要图书发行、报刊经营、广告代理与物流配送等四大业务板块。公司在2009年年报中将其战略定位升级为：分享无限阅读体验的数字平台和实体平台，并公告与解放日报报业集团、上海易狄欧电子科技集团共同成立项目公司进入电子书领域	无			内容优势
	上海世纪出版	公司是以出版为主的图书、报刊大型传媒集团。由上海人民出版社、上海教育出版社、上海译文出版社、汉语大词典出版社、上海书店出版社、上海图书公司、上海《理财周刊》社和《上海商报》社等单位组建而成，该集团年出书3000多种，发行量上亿册，集团下属18本刊物	辞海悦读器			内容优势
运营商	中国移动	拥有强大的移动运营平台，具有较强的资源整合能力及客户资源	主要由汉王、大唐电信等提供	移动手机阅读地	6∶4	客户资源；平台优势；资金优势
	中国电信	主要经营固定电话、移动通信、互联网接入及应用等综合信息服务，具有强大的客户群体及平台整合能力	预计将由大唐电信提供（正与大唐电信洽谈合作模式）	移动阅读基地		客户资源；平台优势；资金优势

（资料来源：公开资料）

亚马逊与内容提供商、电信运营商和终端厂商之间建立的有序的合作关系是亚马逊Kindle运营模式成功的关键。首先，亚马逊为内容提供商提供文件格式与版权管理等服务，帮助传统出版商快速进入数字出版领域；此外，亚马逊也依托其在数字出版流程上的优势获得了较强的内容资源定价权。第二，亚马逊建立了 Kindle Store 这一 Kindle 图书资源的唯一下载渠道，并与电信运营商 Sprint 合作为用户提供书籍下载和实时更新功能。第三，亚马逊拥有统一的终端产品并持续关注终端产品的成本控制和性能优化，使得其产品为用户提供更好的使用体验。相比于国外，国内的数字出版业中类似亚马逊这种在产业链起主导地位的企业尚未出现。在数字化浪潮冲击下，传统图书出版商、电信运营商与终端设备提供商争相进入数字出版业，并采取业务战略合作或合资的形式来理顺产业链以谋求共赢。由于数字出版业尚处于发展初期阶段，在数字出版产业链某一环节占据优势的企业因此具有较高的增长可能，未来的市场潜力较大。强化内容牌照和集成优势，构建内容与多元渠道符合业务优势或将成为传统图书出版企业能否在数字出版产业链中占据主导地位的关键因素。

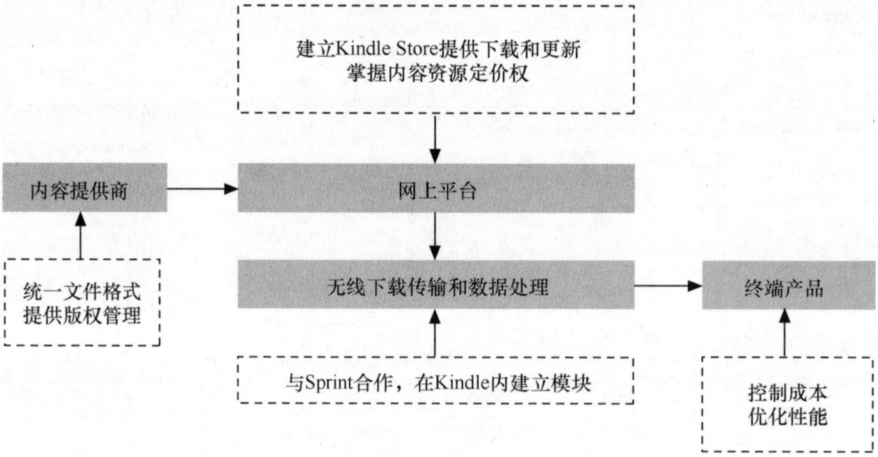

（资料来源：国泰君安证券研究所）

图 11-2　亚马逊 Kindle 运营模式图

受到数字技术的发展、阅读习惯改变、文化消费上升以及国家政策支持等驱动因素的推动，数字出版将成为大势所趋。

第一是数字技术驱动。从古代的甲骨文到竹简记事，再到纸质图书，技术进步在不断推动阅读介质形态的变化，电子阅读器的出现也不例外。在数字/互联网时代，文字出版和传输更为便利，接收终端的价格也越来越低，纸质出版向数字出版演进的趋势不可逆转。

第二是阅读习惯变化。随着互联网/手机渗透率的提升和国内 3G 的启动，中国人的阅读习惯有望发生实质变化，尤其是网络一代（1970—2000 年出生的人口），有望成为数字阅读体验的主流人群，这一年龄段人口占中国总人口的 40%以上。据调研显示，传统出版物阅读人数每年以 12%的速度下降，而数字出版物的人数却以 30%的速度在增长。

第三是文化消费上升。中国的消费升级是大趋势，推动居民消费支出重心从衣食住行等物质消费逐步向文化娱乐和通信沟通等文化消费过渡，其中阅读消费体验的升级是重要组成部分。

第四是国家政策鼓励。近年来，国家各项重大政策均对数字出版有所涉及，如“十一五”规划、文化产业振兴规划、推动新闻出版业发展的指导意见等。2008 年 7 月，在国务院对于新闻出版总署的新三定方案中，特别新设了科技与数字出版司。

第五是众多厂商的伺机进入。从内容提供商（传统出版社/新华书店等）、第三方发行平台、运营商到终端硬件厂商，均纷纷开始布局数字出版领域，如新华传媒/盛大文学/中国移动/汉王科技等。这些厂商的进入和投资，将加速数字出版产业链各个环节的建设，直接推动数字出版时代的早日到来。

表 11-2　　3G 启动对于移动阅读的支撑

	截至 2009 年年底	至 2011 年目标
3G 网络建设投资	超过 1600 亿元	建设总投资 4000 亿元
3G 用户	超过 1500 万户	达到 1.5 亿户
3G 基站	n.a.	超过 40 万个

（资料来源：工信部等 8 部门发布的《关于推进第三代移动通信网络建设的意见》）

2. 中国数字出版市场的政策环境

为了确保中国数字出版业的规范发展，为数字出版业创造有利的政策环境，国家制定了一系列相关的政策法规。2006 年 2 月，《国家中长期科学和技术发展规划纲要》提出要重点开发以视、音频信息服务为主体的数字媒体内容处理关键技术，开发易于交互和交换、具有版权保护功能和便于管理的现代传媒信息综合内容平台。2006 年 3 月，《中华人民共和国国民经济和社会发展第十一个五年规划纲要》提出要鼓励教育、文化、出版、广播影视等领域的数字内容产业发展，丰富中文数字内容资源，繁荣新闻事业，发展现代出版业，积极发展数字出版，重视网络媒体建设。2006 年 9 月，《国家“十一五”时期文化发展规划纲要》提出要发展数字出版业，加快传统出版业向现代出版业转换，积极发展电子书、手机报刊、网络出版物等新兴业态，发展手机网站、手机报刊、IP 电视、移动数字电视、网络广播、网络电视等新兴的传播载体。2006 年 12 月，《新闻出版业“十一五”发展规划》提出要积极实施“数字出版”战略，大力发展以数字化内容、数字化生产和网络化传播为主要特征的新媒体。大力支持以科技开发为主的自主创新，鼓励、扶持以互联网、移动通信网和数字电视网为主要载体的图书、报纸、期刊、数据库、新闻、游戏、动漫、音乐以及电子书等各种数字产品的开发、制作、出版和销售，鼓励开展基于各种网络的出版、发行活动。到“十一五”末，建设 4～15 个数字出版业基地，形成 10～20 个网络出版强势企业。积极推动用数字技术改造传统新闻出版业的生产、管理和传播方式，建设数字出版综合业务平台，提升出版业的整体实力和核心竞争能力。2008 年 7 月，国务院下发对新闻出版总署的新“三定”方案，对机构进行了较大幅度的调整和整合，设立了科技与数字出版司，以加强对新媒体、新业态的研究、开发、利用，以更加积极的姿态和更加专业化的水准推动数字业又好又快发展。2009 年 9 月，《文化产业振兴规划》把发展数字出版、电子阅读提上重要日程。要“加大对文化创意……数字内容和动漫等重点文化产业的扶持力度……积极发展纸质有声读物、电子书、手机报和网络出版物等新兴出版业态，加强数字技术、数字内容、网络技术等核心技术的研发，加快关键技术设备改造更新”。2010 年 1 月，《关于进一步推动新闻出版产业发展的指导意见》更加明确地对电子书、阅读器的发展表示支持，即提出“发展数字出版等非纸介质战略性新兴出版产业”的任务和“运用高新技术促进产业升级，推进新闻出版业发展方式转变和结构调整”的措施，“支持电子书、阅读器等新闻出版新载体的技术开发、应用和产业化，提高数字阅读设备的质量、方便性以及版权保护水平”。

表 11-3　　国家对数字出版业的鼓励政策

时　间	政　策	主要内容
2006 年 2 月	《国家中长期科学和技术发展规划纲要（2006—2020 年）》	重点开发以视、音频信息服务为主体的数字媒体内容处理关键技术，开发易于交互和交换、具有版权保护功能和便于管理的现代传媒信息综合内容平台。
2006 年 3 月	《中华人民共和国国民经济和社会发展第十一个五年规划纲要》	鼓励教育、文化、出版、广播影视等领域的数字内容产业发展，丰富中文数字内容资源。繁荣新闻事业。发展现代出版发行业，积极发展数字出版，重视网络媒体建设。
2006 年 9 月	《国家“十一五”时期文化发展规划纲要》	要发展数字出版产业：“加快传统出版发行业向现代出版发行业的转换，积极发展电子书、手机报刊、网络出版物等新兴业态。发展手机网站、手机报刊、IP 电视、移动数字电视、网络广播、网络电视等新兴的传播载体。”
2006 年 12 月	《新闻出版业“十一五”发展规划》	积极实施“数字出版”战略，大力发展以数字化内容、数字化生产和网络化传播为主要特征的新媒体。大力支持以科技开发为主的自主创新，鼓励、扶持以互联网、移动通信网和数字电视网为主要载体的图书、报纸、期刊、数据库、新闻、游戏、动漫、音乐以及电子书等各种数字产品的开发、制作、出版和销售，鼓励开展基于各种网络的出版、发行活动。到“十一五”末，建设 4～15 个数字出版产业基地，形成 10～20 个网络出版强势企业。积极推动用数字技术改造传统新闻出版业的生产、管理和传播方式，建设数字出版综合业务平台，提升出版产业的整体实力和核心竞争能力。
2008 年 7 月	国务院下发对新闻出版总署的新“三定方案”	对机构进行了较大幅度的调整和整合，设立了科技与数字出版司，以加强对新媒体、新业态的研究、开发、利用，以更加积极的姿态和更加专业化的水准推动数字产业又好又快发展。
2009 年 9 月	《文化产业振兴规划》	把发展数字出版、电子阅读提上重要日程。要“加大对文化创意……数字内容和动漫等重点文化产业的扶持力度……积极发展纸质有声读物、电子书、手机报和网络出版物等新兴出版发行业态。加强数字技术、数字内容、网络技术等核心技术的研发，加快关键技术设备改造更新”。
2010 年 1 月	《关于进一步推动新闻出版产业发展的指导意见》	更加明确地对电子纸、阅读器的发展表示支持，即提出“发展数字出版等非纸介质战略性新兴出版产业”的任务和“运用高新技术促进产业升级，推进新闻出版产业发展方式转变和结构调整”的措施，“支持电子纸、阅读器等新闻出版新载体的技术开发、应用和产业化，提高数字阅读设备的质量、方便性以及版权保护水平”。

（资料来源：文化部，新闻出版总署，新华网，中金公司研究部）

此外，数字版权保护趋势良好，政府加大了盗版的打击力度。在立法上，政府对著作权保护、互联网著作权、著作权集体管理等方面均有规定，2010 年 4 月 1 日起，新的《著作权法》开始实施，首次为保护版权和版权交易提供了正式的法律依据。2009 年以来，中国政府对于互联网视频业进行了较大力度的整顿，互联网视频的价值有望获得较大提升。版权保护的技术环境也正在改善。通过数字版权管理（DRM）技术，出版商可以对数字出版进行全程加密监管，如适配终端类型和复制次数等。

表 11-4 版权保护法规

发文时间	发文单位	文件名称	时间阶段	主要内容
2010 年 2 月 26 日	全国人民代表大会常务委员会	《中华人民共和国著作权法（2010）修正》	未修改部分 1991 年 6 月 1 日起，修改部分 2010 年 4 月 1 日起	著作权法第四条修改为：“著作权人行使著作权，不得违反宪法和法律，不得损害公共利益。国家对作品的出版、传播依法进行监督管理。”同时著作权法增加一条，作为第二十六条，即“以著作权出质的，由出质人和质权人向国务院著作权行政管理部门办理出质登记”
2006 年 5 月 1 日	中华人民共和国国务院	《信息网络传播权保护条例》	2006 年 7 月 1 日起施行	除法律、行政法规另有规定的外，在未取得权利人许可的情况下，任何组织或者个人不得将他人的作品、表演、录音录像制品通过信息网络向公众提供。同时，为了保护信息网络传播权，权利人可以采取技术措施。违反者将受到相应惩罚
2005 年 4 月 29 日	国家版权局、信息产业部	《互联网著作权行政保护办法》	2005 年 5 月 30 日起施行	规定了如何通过行政手段对著作权人的信息网络传播权进行保护、互联网著作权行政保护中的通知和反通知以及互联网信息服务提供者（ICP）、互联网接入服务提供者（ISP）在著作权行政保护方面的责任
2004 年 12 月 28 日	中华人民共和国国务院	《著作权集体管理条例（2004）》	2005 年 3 月 1 日起施行	经权利人授权，著作权集体管理组织可以集中行使权利人的有关权利并以自己的名义开展相关活动。同时，该条例对著作权集体管理组织的设立、组织结构及管理活动作出了规定；还规定了对著作权集体管理组织应如何监督，及其法律责任
2002 年 8 月 2 日	中华人民共和国国务院	《中华人民共和国著作权实施条例（2002）》	2002 年 9 月 15 日起施行	著作权法（2001 修正）的具体实施方案，同时废止《著作权实施条例（1991）》
2002 年 6 月 27 日	新闻出版总署、信息产业部	《互联网出版管理暂行规定》	2002 年 8 月 1 日起施行	鼓励互联网出版的发展，对互联网出版活动行为进行规范以及如何申请互联网出版业务、规定了对互联网出版内容的监督

续表

发文时间	发文单位	文件名称	时间阶段	主 要 内 容
2001年10月27日	全国人民代表大会常务委员会	《中华人民共和国著作权法(2001修正)》	未修改部分1991年6月1日起，修改部分2001年10月27日起实施	在之前著作权法基础上，进一步扩大了著作权包含的范围，加大了著作权的保护力度，细化和加强了对于侵权行为的惩罚
1992年9月25日	中华人民共和国国务院	《实施国际著作权条约的规定(1992)》	1992年9月30日起施行	外国作品的作者享有著作权，其权益受法律保护
1991年5月30日	中华人民共和国国务院	《著作权法实施条例（1991)》	1991年6月1日—2002年9月15日止	具体规定了著作权的归属和相关权益的行使，以及对于侵权者的惩罚措施
1990年9月7日	全国人民代表大会常务委员会	《中华人民共和国著作权法(1990)》	1991年6月1日起施行	作品作者享有著作权，并受法律保护，违反者将承担法律责任

（资料来源：公开资料）

表11-5　　政府对版权保护的力度加大

时　　间	事　　件
2009年10月	中国网络视频反盗版联盟宣布对酷网和迅雷网就版权问题提起诉讼
2009年10月	优酷网10月17日宣布正式起诉搜狐
2009年9月	激动网、优朋普乐及搜狐三家公司结成中国网络视频反盗版联盟
2009年8月	央视网凤凰网携手建立“网络视频版权保护联盟”，央视网、凤凰网、上海文广东方宽频、湖南金鹰网、北京电视台、深圳广电的诸位代表，共同签署了《2009年版权保护宣言》
2008年7月	凤凰网状告酷6网和中国联播网等“视频大盗”侵犯其知识产权
2010年1月	在新闻出版署主持下，由中国版协、中国发协、新华书店协会三个协会联合制订的第一个行规行约《图书公平交易规则》正式发布

（资料来源：公开资料）

3. 中国数字出版市场规模与竞争现状

根据清华大学传媒经济与管理研究中心的统计，2009年我国传媒业的总产值为4908亿元，同比增长16.3%，其中移动媒体产值1544亿元，占比31.5%；报纸、图书和期刊的产值分别为617亿元、557亿元和197亿元。以电视、报纸、图书为代表的传统媒体行业产值仍旧保持了一定比例的增长，但在总体产业格局中的比重正在下降。上述数据说明，第一，我国文化消费市场远未饱和，2009年传媒行业产值占当年GDP（国家统计局公布2009年GDP约335353亿元）的比重约1.46%，与发达国家仍有很大差距。第二，与传统媒体相比，与新技术相伴而生的新媒体更具增长动力，传统媒体在产业升级的倒逼下加速向新媒体转型。

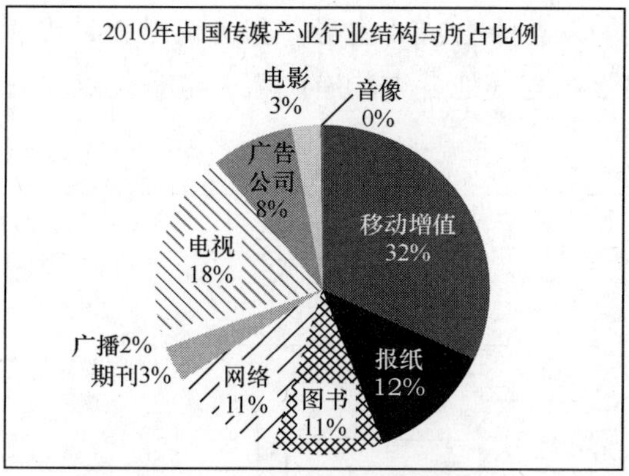

（资料来源：国泰君安证券研究所）

图 11-3　2010 年我国传媒总产值分行业结构图

在新闻出版业，2009 年亚马逊的 Kindle 和苹果的 iBooks 掀起了国外电子书热潮；2010 年国内多家新闻出版企业相继宣布电子书战略，4 月 23 日，汉王科技与四川新华文轩签订汉王电子书战略合作协议，共同打造“汉王+文轩”的双品牌战略。新华文轩将首批采购 2000 台汉王电子书，并集中旗下所有卖场销售；汉王电子书将内置新华文轩自有图书内容。2010 年 4 月 28 日，新华传媒决定与解放日报报业集团、上海易狄欧电子科技有限公司共同设立公司，以手持移动阅读终端的硬件为切入点逐渐完善数字出版内容的运营平台体系，新华传媒出资 675 万元，占比 45%。另外，出版传媒、时代出版、盛大文学、中国移动等纷纷涉足数字出版领域，国内电子书市场风生水起。

根据 Digitimes 在 2010 年 1 月 21 日发布的报告，2009 年全球电子阅读器销量 350 万台，同比激增 400%，预计 2010—2012 年全球电子阅读器市场规模将持续快速增长，未来 4 年复合增长率将达 68%。2010 年美国仍将是全球电子阅读器的最大市场，而中国市场的快速成长将成为最大亮点。未来电子阅读器市场需求的快速增长表明，从全球范围来看以电子书为代表的数字出版仍属于新兴领域，数字出版蓝海孕育巨大发展空间。

（资料来源：Digitimes，国泰君安证券研究所）

图 11-4　全球电子阅读器市场规模预测

数字出版产业链重构，发行平台成为主导。在传统出版时代，产业链分工明确，产业链是以出版社为中心的，出版社与其他各方均有联系，也是重点监管环节，是传统出版产业链的中心。

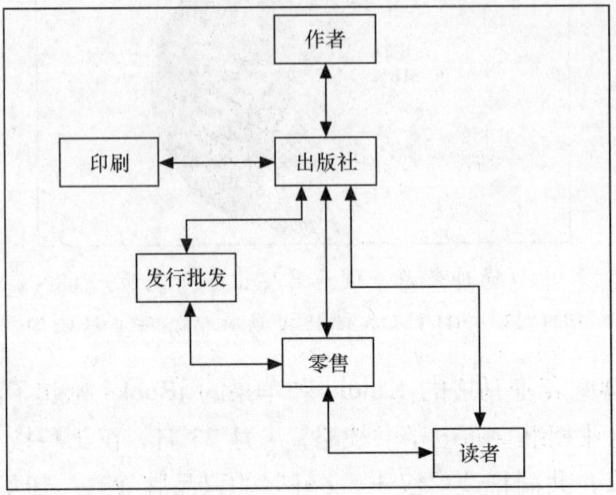

（资料来源：中金公司研究部）

图 11-5　传统出版：产业链分工明确，出版社是核心

在数字出版时代，产业链融合趋势明显，发行平台由于最容易与各方发生关系，更具有规模效应，因此将成为产业链的核心，未来监管重点也将从出版社向发行平台转移。数字发行平台，将成为数字出版产业链的主导。

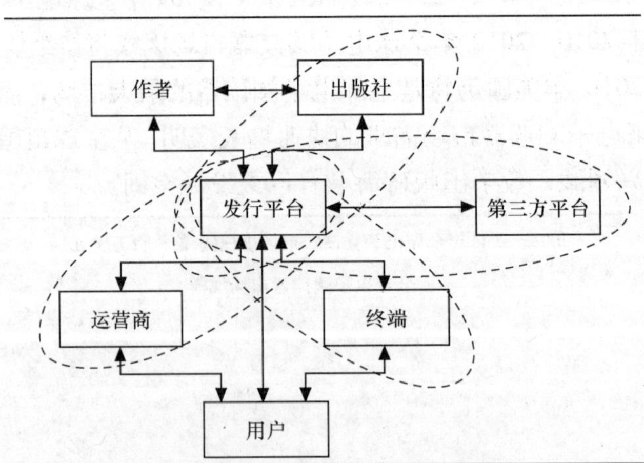

（资料来源：中金公司研究部）

图 11-6　数字出版：融合趋势，发行平台成为产业链主导

在这种竞争格局下，存在着不同的潜在竞争平台，包括传统出版发行厂商，第三方平台、运营商、阅读器终端商和互联网企业。传统出版发行厂商（时代出版/新华传媒/出版传媒等）

优势在于内容和潜在的牌照优势。出版社自身便拥有内容，如果出版总署对数字发行平台发放准入牌照（类似视频网站的监管），作为国家队和体系内的厂商，传统出版发行厂商具有得天独厚的优势。劣势在于低效率和内容平台的开放性、包容性可能不足。第三方平台有番薯网和当当网等，优势在于自身用户成为平台的基础条件，如传统内容的数字化（如图片扫描/内容简介/目录查询等），IT 技术支撑（如搜索），在线支付等。劣势在于自身不拥有内容，个体的资金实力有限，作为民营企业获取牌照难度较大。运营商有中国移动和中国电信等，优势在于财力雄厚、用户基础庞大、垄断移动数字出版业链绕不开的传输环节，劣势在于自身的垄断惯性可能会抑制创新，获取牌照时存在部门间的博弈压力。阅读器终端商有汉王科技和方正文房等，优势在于终端厂商往往成为数字出版业的先期受益者，劣势在于内容资源和用户资源的整合能力不高，作为体系外企业能否获取牌照也存在不确定性。互联网企业有盛大、腾讯、新浪和百度等，优势在于用户规模大、创新能力强、技术优势明显和财力雄厚等，劣势在于牌照获取难度较大。

表 11-6　　不同潜在平台的优劣势对比

厂商类型	代表厂商	优　势	劣　势
出版发行厂商	时代出版/新华传媒/出版传媒/世纪出版/奥飞动漫	自身拥有内容和潜在牌照优势	内容开放性和包容性不足
独立第三方平台	方正番薯/当当	具有成为平台的基础条件	资金、内容和牌照优势
运营商	中国移动/中国电信	财力和用户数量	垄断惯性，牌照
终端商	汉王科技/方正文房/大唐电信	产业的先期受益者	缺乏内容资源，牌照也是问题
互联网企业	盛大/腾讯/新浪/百度	用户规模，技术能力、创新能力	牌照

（资料来源：中金公司研究部）

11.1.2　2012 年中国数字出版业发展展望

1. 2012 年中国数字出版业展望

在未来一年内，中国数字出版市场将保持快速增长，整体出版稳定增长。受 3G 普及加快、产业链各环节投入加大和政府支持等因素的共同推动，中国数字出版业规模有望获得持续快速增长。与美国传统出版不同，因城镇化进程加快、人均文化消费水平提供空间较大和文化体制改革等因素的影响，中国传统出版仍有稳定增长的空间。总体来看，由于传统出版占比较大，整体出版规模将稳定增长。

中国传统出版稳定增长。跟美国传统出版不同，受城镇化进程加快、人均文化消费水平提升空间较大和文化体制改革对产业化的推进等因素的共同影响，中国传统出版的市场规模还有稳定增长的空间。2005-2009 年间，中国纸质图书市场规模年均增长 8%，2009 年为 122 亿美元；据 PWC 预测，2009-2013 年，中国纸质图书市场将继续以年均 3%的速度增长，2013 年达到 138 亿美元。

中国数字出版快速增长。当前，中国数字出版业（仅指数字图书）规模的基数较小，但随着3G的快速普及，产业链各环节的大力投入和政府的支持引导，中国数字出版的产业规模有望持续保持快速增长。2005-2009年间，中国数字图书市场规模年均增长99%，2009年为0.6亿美元；据PWC预测，2009-2013年中国数字图书市场将继续以年均73%的速度增长，2013年可达到6亿美元。

（资料来源：中金公司研究部）

图 11-7　中国图书市场规模

盈利模式更加多样化。数字图书的盈利模式有内容付费、内容微支付和广告收费等三种类型。专业数字图书的内容付费模式最为成熟。专业图书的对象明确，且属于必然需求，数字版内容付费模式较为成熟，而且容易实现高定价。大众数字图书的盈利模式更为丰富。大众图书一般属于或然需求，单纯对数字版内容付费较难，所以盈利模式更为多元化，如亚马逊和盛大文学的微支付模式，谷歌book的广告营销模式，国外旅游图书厂商的“广告+旅游”结合模式。教育数字图书可以内容付费，但受政府影响。教育图书的对象非常明确，属于必然需求，容易对内容收费，但是政府干预和垄断较为厉害，定价往往受政府影响。

表 11-7　三类出版对比

名称	需求模式	盈利模式	数字化程度	数字化进度原因分析
专业出版	必然需求	成本-价格-收益（通过规模化定制，降低成本，提高收益）	较高	盈利模式较成熟清晰，便于发展
大众出版	或然需求	与内容相应市场互动（如：内容收费/增值收入/衍生品收入等）	一般	一方面，数字化渗透率不断提升，数字化阅读成为发展趋势，需求动力充分；另一方面，相关厂商可以通过微支付（或其他方式）及广告收入等多种方式获利，具备供给动力
教育出版	必然需求	需求-服务（线上增值服务等）	较低	一方面，相关出版社处于垄断位置，数字化动力不足，另一方面，教育出版在一定程度上受政府管制，对其数字化进程产生了一定影响

（资料来源：中金公司研究部）

融合阅读终端或成为市场主流。阅读终端可以分为专业型终端和融合型终端，前者如 Kindle 和汉王电子书等，后者有 iPad 和其他平板电脑。专业性终端专门用于阅读，用户有图书爱好者或长期阅读人群，未来可能成为小众市场；融合型终端的用途广泛，可用于看报纸/杂志/上网/在线娱乐等，将逐渐成为大众市场。

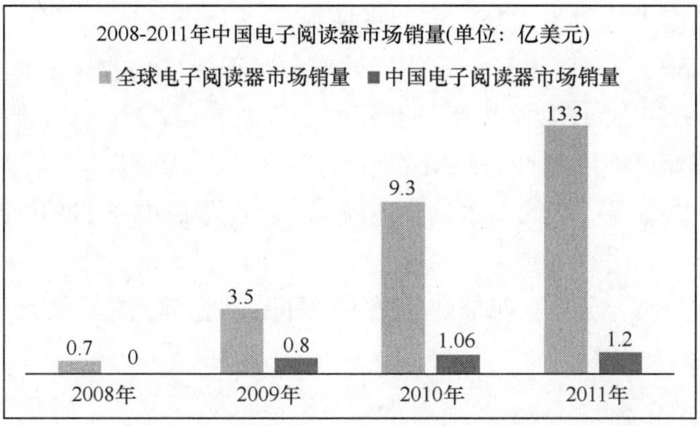

（资料来源：汉王科技招股说明书）

图 11-8　中国电子阅读器销量

当前，阅读器市场的垄断特征明显。2009 年，中国阅读器市场以汉王为主，占 95%；美国阅读器市场以亚马逊和索尼为主，Kindle 和 reader 分别占 60%和 35%。E-ink 占 90%的市场份额。2011 年以后，阅读器市场竞争将进入红海。上游电子纸产能的施放，竞争性厂家（Sipix）的出现和平板电脑的兴起，越来越多的厂商（包括 OEM 厂商）将进入阅读器终端的生产，红海格局可能难以避免。

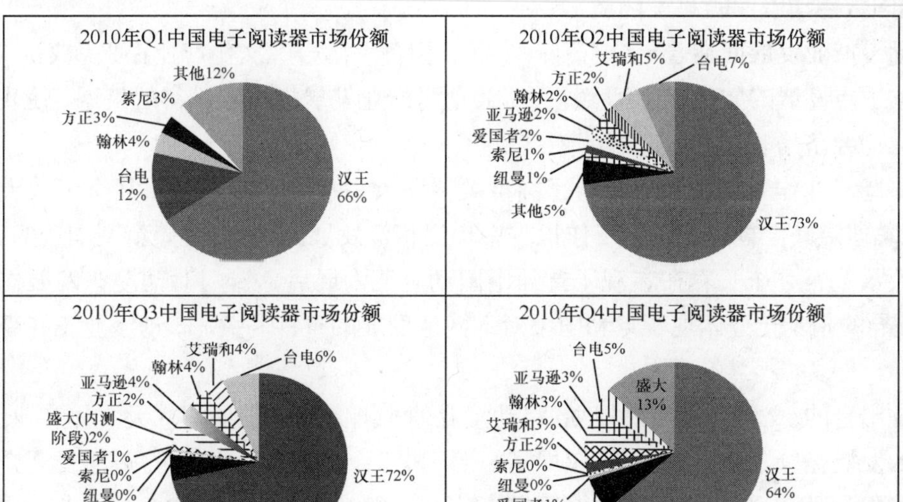

（资料来源：公开资料）

图 11-9　终端市场短期垄断程度较高

2. 2012 年中国数字出版业风险

盗版问题。虽然政府加大了对盗版的打击力度和 DRM 技术改善了版权保护环境，但盗版是一种客观存在，无法完全杜绝。如果相关措施采取过度，可能适得其反或者限制产业规模。

盈利模式构建不成功。数字出版的盈利模式更为多元化，并且需要突破传统出版的单一模式。如果多元化盈利模式构建不成功，产业规模很难长大。

体制束缚。一方面传统出版发行企业的低效率和对于新事物的封闭心态，可能拖延其向数字出版转型的速度。另一方面，数字出版涉及新闻出版总署、国新办和工信部等不同监管部门，不同部门间的利益博弈可能限制产业政策的出台。

终端标准不统一。终端厂商的文本格式不统一，可能限制电子书和终端的通用性，影响最终产业规模。

产业链竞争激烈，缺乏合作。如果产业链不同环节以竞争为主，缺乏合作，可能影响数字出版产业的发展进程。

11.2 2011 年数字动漫业发展回顾与 2012 年展望

11.2.1 2011 年中国数字动漫业发展回顾

1. 数字动漫界定与发展

动漫是动画和漫画的合称与缩写，随着现代传媒技术的发展，动画和漫画之间的联系日趋紧密，两者常被合称为动漫。

2. 中国数字动漫业的政策环境

当前动漫产业发展面临着十分有利的条件，国务院出台《文化产业振兴规划》，将动漫产业列入国家重点发展的文化产业门类之一，为动漫产业发展提供了难得的机遇，使我国动漫产业有可能成为经济增长和产业发展的新亮点。

国家将动漫业作为新型产业给予了高度关注和大力扶持。在第十一届全国人大二次会议上，国务院总理温家宝首次在政府工作报告中提出积极发展网络、动漫等新型消费的工作任务。中共中央政治局常委李长春在参观了首届中国动漫艺术展后，专门对动漫业发展作出重要指示。中央领导的指示充分体现了党和国家对动漫业发展的重视与关心，动漫业正在受到前所未有的关注。

国务院出台的《文化产业振兴规划》将动漫业列入国家重点发展的八大文化产业门类之一，为动漫业的发展提供了难得的机遇。《规划》明确提出：动漫业要着力打造深受观众喜爱的国际化动漫形象和品牌，成为文化产业的重要增长点；继续推进国产动漫振兴工程，实施重大项目带动战略；加快文化产业园区和基地建设，建设一批动漫业示范基地；鼓励非公有资本进入动漫领域；支持动漫文化产品进入国际市场，扩大对外文化贸易等。《文化产业振兴规划》的出台，极大地促进和推动我国动漫业的快速发展。

动漫业涉及面广、产业链长，扶持动漫业发展的政策涉及多个部门。联席会议制度的建立，符合动漫业发展规律，有利于协商和解决动漫业在发展过程中所遇到的重大问题，为推动动漫业发展提供制度性保障。联席会议在 2009 年召开会议，传达学习中央领导同志关于动漫业发展的一系列重要指示精神，通报了各成员单位自 2008 年下半年以来为推动动漫业发展所做的工作，研究部署当前扶持动漫业发展的各项工作。这些工作充分反映了政府推动动漫业发展的良好态势，在动漫业界取得了良好的反响，对于推动产业发展发挥了积极的促进作用。

3. 中国数字动漫市场规模

国家统计局和文化部对我国动漫业的首次专项调查数据显示，2010 年，我国动漫业总产值共计 470.84 亿元，相比 2009 年增长了 27.8%。此次调查范围覆盖漫画创作、动画制作、动漫舞台剧演出、新媒体动漫传播、动漫衍生品生产销售、动漫主题公园经营、动漫品牌授权等业。根据各省动漫产值规模，排名前十的地区为：广东省 168.67 亿元，上海市 50.90 亿元，湖南省 46.55 亿元，北京市 41.37 亿元，湖北省 37.85 亿元，浙江省 34.98 亿元，江苏省 19.58 亿元，黑龙江省 14.029 亿元，吉林省 13.19 亿元，福建省 9.01 亿元。

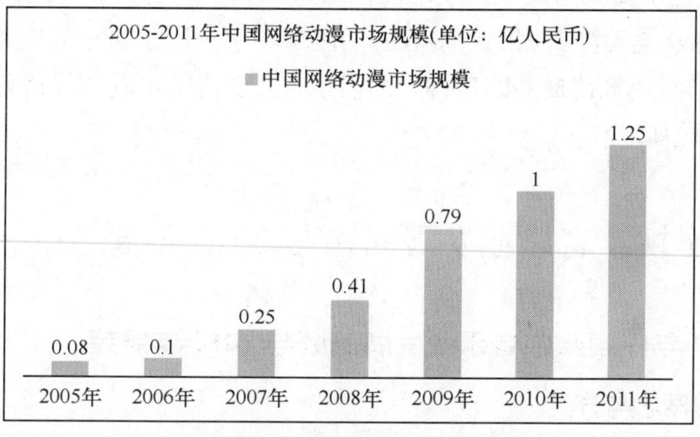

（资料来源：公开资料）

图 11-10 中国动漫业市场规模

2011 年，我国动漫业保持着迅猛发展的良好势头，国产动漫数量大幅度增长，质量进一步得到提升，一批优秀动漫企业和动漫品牌崭露头角，动漫产业链日益完善，动漫“走出去”步伐加快，动漫管理工作不断加强。具体表现在：原创漫画精品力作不断涌现，传播平台推陈出新，影响日益扩大，优秀漫画刊物月发行量上百万册；电视动画播映体系日益完善，动画片投资主体日益多元化、社会化、市场化，民营动画企业成为生产的主力军；动画电影创作生产发展迅速，票房收入取得重大突破；网络动漫、手机动漫、动漫演出发展迅速，充满活力；动漫衍生产业发展迅猛，创意频现，与动画、漫画互动发展，相得益彰，使动漫产业链日趋完善。

11.2.2 2012 年中国数字动漫业发展展望

手机动漫或将是数字动漫的新的发展趋势。随着移动互联网技术的发展，中国动漫的内容、消费群体、消费金额等正处于快速增长中。动漫是非常适合在移动场景下的典型应用，以画面表达内容的形式，适合在非专注环境和碎片化时间下使用。日本的手机漫画从 2005 年日本 3G 用户数突破 4000 万开始在短短几年内实现了数百倍的增长，预计中国未来的手机动漫市场也会复制日本市场的高速发展的路径。

3G 网络的发展以及智能手机的普及改善了动漫用户体验。3G 网络解决了移动网络数据传输的速度问题，因此大幅改善了手机动漫用户的体验。伴随着智能手机在中国市场的快速普及，手机的显示屏幕更大、分辨率更高、运算速度更快、存储容量更大。3G 和智能手机的发展十分有利于更高质量地向用户呈现图画和动画形式的手机动漫内容。

动漫业将成为文化建设重要组成部分。2011 年 7 月 7 日，第七届中国国际动漫游戏博览会在上海召开。期间，我国文化部有关人士透露，文化产业“十二五”规划已经完成，其中动漫游戏业将作为重要的组成部分。动漫业的提法始见于文化产业“十一五”规划，第十七节第九小结中，《规划》提出要大力发展国产动漫的质量和数量。在五年时间内，国内动漫业获得了快速发展，在日韩欧美动漫占据绝大多数的动漫市场中创出了自己的一片天地。国产动漫的发展，既满足了人们群众日益提高的精神生活需求，又创造了可观的经济效益，这是管理层将之作为重点发展的原因。

11.3 2011 年影视、音乐业发展回顾与 2012 年展望

11.3.1 2011 年中国数字音乐业发展回顾与 2012 年展望

1. 数字音乐的概念与分类

数字音乐，是用数字格式存储的，可以通过网络来传输的音乐。无论被下载、复制、播放多少遍，其品质都不会发生变化。目前，数字音乐业已经确立了它在我国数字内容产业中的重要地位，传统音乐产业、电信运营企业和数字技术新贵们争相进入这一领域，一批具有一定规模、拥有各自竞争优势的代表性企业相继涌现，对在中国市场条件下发展数字音乐产业进行了大量的探索和尝试。

按照获取网络的不同，数字音乐分为在线音乐（通过互联网获取）和无线音乐（通过移动互联网获取）。在线音乐是指通过互联网在线试听或可直接下载到电脑中及传输到其他播放设备中视听的数字音乐。无线音乐是指通过移动互联网获取的音乐服务，包括手机铃声下载、彩铃、IVR 中的音乐服务、整曲音乐下载及未来的无线视听等音乐服务。

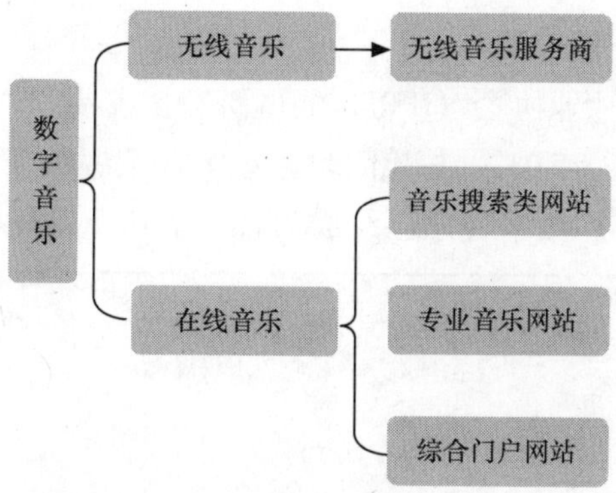

（资料来源：艾瑞咨询网）

图 11-11 数字音乐分类

2. 中国数字音乐发展政策环境

对数字音乐发展极为重要的数字版权正在受到越来越多的保护。政府在制定各种法律与法规方面，对著作权保护、互联网著作权、著作权集体管理等方面均有规定，并于 2010 年 4 月 1 日施行新的《著作权法》，首次为保护版权和版权交易提供了正式的法律依据。2009 年 8 月 26 日，文化部印发了《文化部关于加强和改进网络音乐内容审查工作的通知》，就加强在线音乐内容审查，规范在线音乐经营提出了明确要求。文化部的网络音乐新规有利于在线音乐的规范化发展，通知的出台将为在线音乐运营商提供一个更为公平、规范的竞争环境，实现在线音乐产业链上下游企业的“共赢”。此外，政府也加大了对盗版的打击力度，例如，2009 年以来，中国政府对互联网视频业进行了较大力度的整顿，保证了数字影视与数字音乐业的持续健康发展。

除了政府制定各种法规进行监管外，数字版权保护的技术环境也正在改善，为更好地保护数字版权提供了基础。

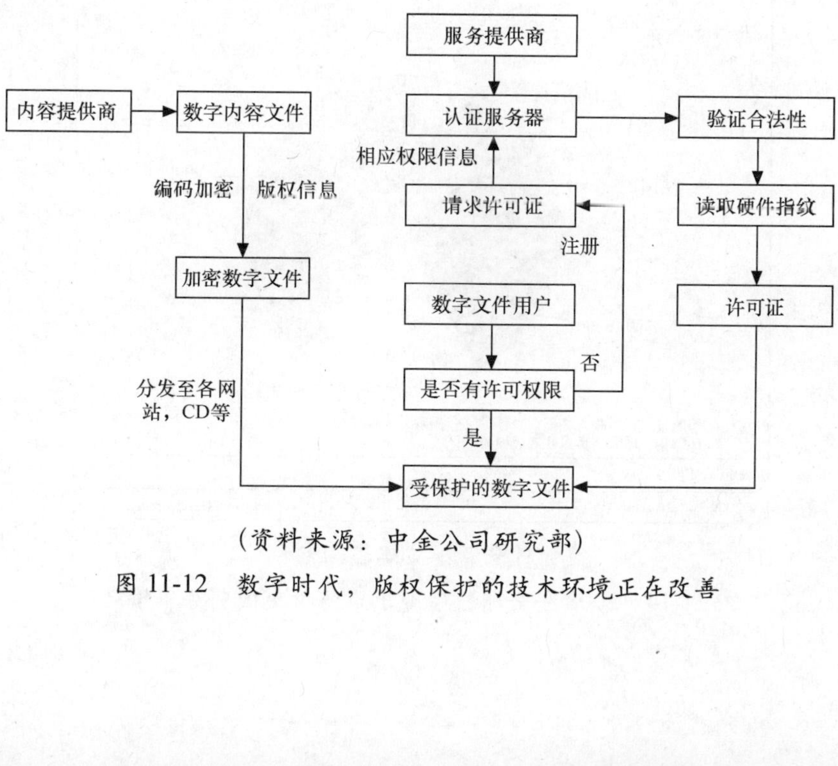

（资料来源：中金公司研究部）

图 11-12 数字时代，版权保护的技术环境正在改善

3. 全球数字音乐整体发展状况

根据艾瑞咨询对国际唱片业协会（IFPI）的调研数据发现，2008 年全球数字音乐收入规模达到 37 亿美元，同比增长 25.0%。与此同时，数字音乐占整个音乐唱片业销售额比重也在逐步提升，2008 年达到 20%。数字音乐已经成为音乐唱片业发展的一个重要方向。

（资料来源：艾瑞咨询网）

图 11-13　2004-2008 年全球数字音乐收入规模

美国仍然是全球最大的数字音乐市场。2008 年美国数字音乐收入规模占全球数字音乐市场规模的 39%，比重最大；其次是日本，占全球市场的 19%，英国、法国、德国的数字音乐收入分别占全球总规模的 16%、12%和 9%。包括中国在内的其他国家和地区，数字音乐收入规模占全球市场的 5%。

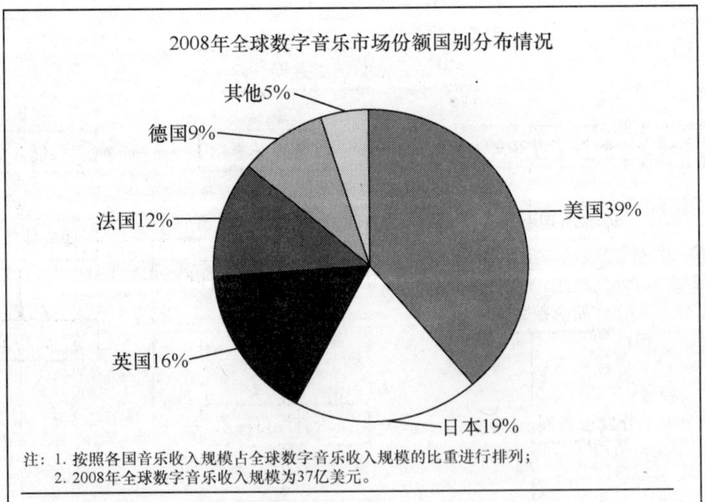

（资料来源：艾瑞咨询网）

图 11-14　2008 年全球数字音乐市场份额国别分布情况

4. 2011 年中国数字音乐市场规模

中国数字音乐产业以手机音乐为主。根据 PWC 的数据，2009 年中国互联网音乐的市场规模为 0.2 亿美元，占数字音乐市场整体规模的 15%左右；手机音乐市场规模为 0.9 亿美元，占比为 85%左右，成为中国产业规模最大的数字音乐类型。根本原因在于，互联网音乐在中国无法实现内容收费，只能靠部分广告收费（如百度音乐搜索），而这部分的收入规模较小；手机音乐则可以通过运营商实现内容收费（如中国移动的中央音乐平台），版权价值得以体现，产业规模也因此更大。

（资料来源：中金公司研究部）

图 11-15　中国音乐产业规模

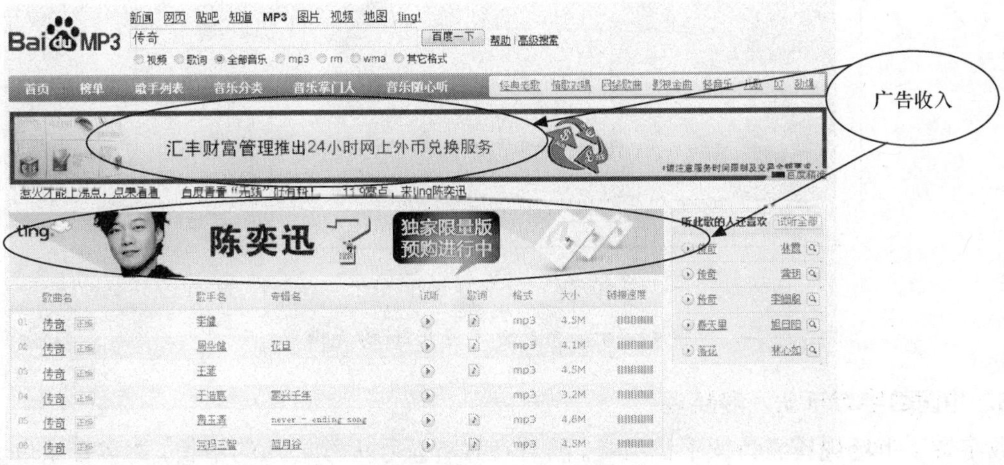

（资料来源：百度网站）

图 11-16　百度音乐搜索

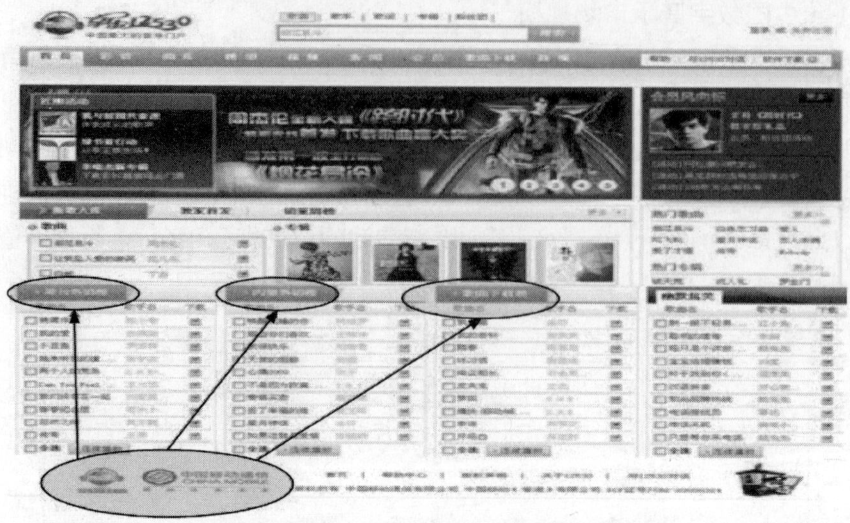

（资料来源：中国移动网站）

图 11-17　中国移动中央音乐平台

随着在线音乐市场及无线音乐市场的平稳增长，艾瑞咨询预计 2009—2011 年，中国的数字音乐市场将继续增长，2011 年将突破 20 亿元。

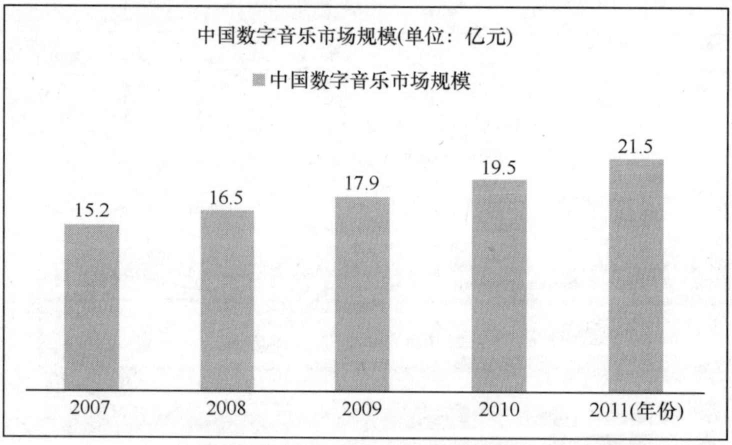

（资料来源：艾瑞咨询网）

图 11-18　中国数字音乐市场规模

5. 中国数字音乐业发展展望

数字音乐市场规模将持续平稳增长。随着在线音乐和无线音乐的增长，数字音乐市场规模也将继续增长。数字音乐的增长仍将主要依靠无线音乐的拉动。3G 的推广，手机用户及手机上网用户规模的增长在推动无线音乐市场规模的扩大的同时，将助推数字音乐市场规模持续平稳增长。

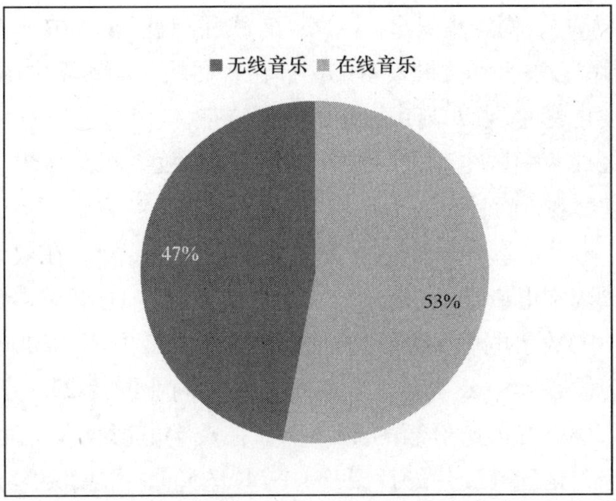

（资料来源：艾瑞咨询网）

图 11-19　2011 年中国数字音乐市场结构

在线音乐与无线音乐将融合发展。随着互联网、移动互联网及 IPTV 等网络的界限逐渐模糊，在线和移动音乐的界限将会模糊，两者的主要区别在于获取音乐服务最后终端的选择。3G 技术的普及和发展，在线音乐与无线音乐的相互补充和融合，数字音乐收入正成为唱片企业收入的重要构成部分。

数字音乐应用方式呈多样化发展，音乐服务作为网民的重要网络应用之一，与网络游戏、音乐咨询、网络社区、博客以及即时通信工具等应用不断融合。无论是互联网/移动互联网的音乐网站还是基于 PC 端的音乐播放器，都在不同程度上集合了音乐欣赏、音乐咨询、音乐社区和网络游戏等功能，使得用户在收听音乐的同时，可以互动和沟通。

11.3.2　2011 年中国数字影视业发展回顾

1. 数字电影的界定与发展

数字电影是现代电影发展的基本趋势。所谓数字电影，是指以数字技术和设备设置、制作、存储的故事片、纪录片、美术片、专题片以及体育、文艺节目和广告等，通过卫星、光纤、磁盘、光盘等物理媒体传送，将符合技术要求的数字信号还原成影像与声音，放映在银幕上的影视作品。

当前，全球数字电影处于高速发展期。前期拍摄、后期制作到发行放映，都在进行着从模拟向数字的转变和过渡。电影的制作手段、发行方式、放映形式及其管理模式也在发生转变和过渡。传统影院的数字化改造和数字影院的建设速度越来越快。数字电影在技术、设备、标准、规范、运营、管理等方面已基本成熟。数字电影取代胶片电影，成为电影业的核心与主流已为期不远。

“十二五”期间，我国将进一步深化数字技术在电影领域的应用，逐步形成并完善支撑电影业发展的数字电影技术体系，构建信息化、网络化、标准化和存储安全、监管可控为一体的数字影院技术运营及管理新格局，构建集卫星、网络、有线和硬盘于一体的数字电影发行传输技术平台，积极推进数字电影核心技术和关键设备的国产化，尽快全面实现中国电影的数字化转换。

当前，中国的数字电影呈现以下四个方面显著特征。

一是数字电影已经成为中国电影发展的新的增长点。数字制作与数字放映不仅可以大大提高电影品质，创造视觉奇观，而且也可以改变传统电影的生产方式和运营模式，拓展电影业的发展空间和服务领域，带动电影体制变革、管理变革和产业变革。在数字电影制作方面，2009年我国生产的影片中，数字电影306 部，占总量的67.11%，比2008 年增长17.69%。电影频道节目中心供电视播映的数字电影110 部。在数字电影播放方面，2009 年，我国农村数字电影放映场次为578.6 万场，其中公益影片555.1 万场，商业影片23.5 万场。城市院线数字电影放映场次为173.9 万场，占市场份额的29.24%。在数字电影收入方面，2009 年，城市院线数字影片票房收入18.45 亿元（胶片影片票房41.74 亿元），占市场份额的30.65%。农村流动放映数字电影技术服务费2273084.58 元，（ 公益1905652.58 元、商业36743 元）。全年城市院线观看数字电影的观众人次达5864 万，占市场份额的29.26%。

二是数字电影为中国电影发行提供了广阔空间。我国电影数字放映分为三个层次：面向广大农村农民观众的电影流动数字放映（0.8K），面向中小城市观众的中档商业影院（1.3K），面向大城市观众与国际相兼容的商业数字影院（2K）。农村数字电影流动放映（0.8K）是我国自主研发的数字电影流动放映系统，为农村电影公共服务体系建设提供了有力支撑和保障。经过多年努力，基本完成流动数字放映发行的制作、分发、授权、回传系统建设，搭建了便捷的交易服务平台。全国已成立农村流动放映院线249 条，流动数字放映队40271 个，建立卫星地面接收站127 个，全国32 个省、市、自治区基本覆盖，基本实现“一村一月放映一场电影”的预期目标。中档商业影院（1.3K）已在全国50 多个中小城市安装了239 台具有自主知识产权的1.3K 数字放映电影设备，累计制作完成1.3K 影片发行版199 部，完成中档授权15920 个。高端城市商业影院（2K），银幕数已超过2400 块，而且每天是平均1.7 块银幕的增长速度。在2009 年新建的142 家电影院中，数字影厅达到500 多个，占新增影厅的80%，部分影院实现了全部数字化放映。全国运营的2K 数字电影放映设备达到1938 台，约占城市总银幕数的42%，3D 数字放映电影设备已近900 台。未来几年，我国将实现影院的全部数字化，城市影院数字银幕数达到3 万块。

三是3D 电影成为中国数字电影发展的新动力。每一部3D 电影的上映，都会把数字电影的发展带上一个崭新的台阶。同欧美发达国家一样，我国3D 电影发展很快。2008 年上映《地心历险记》时，全国仅有80 块3D 银幕，2009 年上映《冰川时代3》时，全国3D 银幕已达到300 多块，2010 年《阿凡达》上映时，全国3D 银幕突破500 块，目前3D 银幕数已经发展到900 多块。《地心历险记》平均每块银幕赚取70 多万元票房，远远高于同期上映的其他影片。《冰川时代3》上映不到20 天，每日平均银幕票房在1.5 万元左右，而票房突破4.5 亿元的《变形金刚2》这一数据才不过万元。《阿凡达》的数字放映票房更是高达该片总票房的70%，成为中国数字放映史上第一部数字票房赶超胶片票房的影片。很多影院看到了 3D 影片的前景，纷纷引进数字放映设备。在《阿凡达》上映期间，数字放映机供应甚至出现脱销现象。目前，我国很多影院拥有多套数字放映设备。这不仅体现了3D 电影技术给中国电影业带来的转变，同时折射出中国电影市场的巨大容量与需求。

四是我国数字电影技术开始与国际技术标准体系接轨。数字电影必须有高科技做支撑。为加快中国数字电影发展，国家广电总局提出了面向城市、社区和农村流动放映的数字电影放映系统技术要求，电影流动放映检测以及数字影片放映系统技术要求，制定下发了中小城市1.3K 数字电影技术标准；建设研发了电影数字节目库、农村电影数字节目制作平台、农村电影数字节目交易平台、农村电影数字节目卫星发送平台、农村电影数字节目技术监管平台、农村流动数字放映系统等。通过卫星发送、网络购买和授权影片，农村电影实现了"电影的质量、电视的传输、电信的管理、电子的商务"。电影科研所近年修订和发布了数字电影发行母版、数字源处理、数字电影打包、数字电影运营、数字电影质量、数字立体电影等一系列数字电影技术标准，促进了我国数字电影技术发展。

2. 2011 年中国数字电影市场规模

2010 年全球电影票房收入大涨，其中北美地区票房收入以105.5 亿美元排名榜首，远高于其他国家和地区的票房收入，即使是排名第二的日本，其票房收入也仅占据北美地区票房收入的25%，中国票房收入15.2 亿美元位居第五。加拿大巨幕电影公司（IMAX）首席执行官格尔福特于近日表示，该公司计划5 年内在中国运营300 家以上的影院，就此，中国将成为该公司除北美外的第二大市场。美国电影协会（Motion Picture Association of America）公布，去年全球的电影票房收入为318 亿美元，同比增长仅为8%，而中国就占了其中15 亿美元。

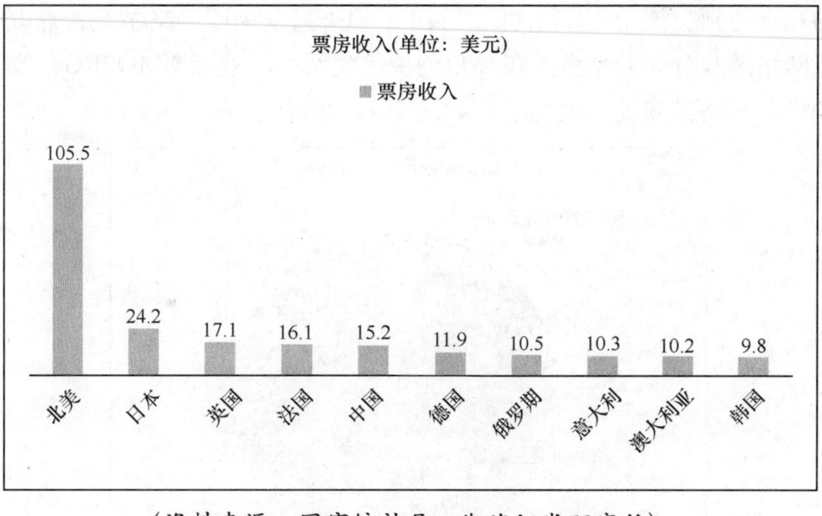

（资料来源：国家统计局，渤海证券研究所）

图 11-20　全球电影票房收入前十名地区

外资影院公司看好中国国内市场的同时，国内对影视剧业版权的重视也在日益加强。乐视网投资5000 多万人民币购买华谊19 部影视剧独家网络版权，迅雷、奇艺也从盛世骄阳购买了价值不菲的影视剧版权；新浪、腾讯、迅雷更是用数千万购买 TVB 的影视剧网络版权。正版长视频还让视频网站获得了资本市场的认可。优酷之所以能够成功上市，与大力发展正版长视频不无关系。Hulu 的核心是正版长视频，依靠广告获得收入，Netflix 则是美国视频点播的龙头老大，主要做的是视频点播收费。而乐视网成为国内首家 A 股上市的视频网站，也是因为对正版长视频的执着坚持。

3. 2012 年中国数字电影市场发展展望

网络影视版权费用将大幅增长。由于视频网站激烈的竞争和 IPO 与募资带来的充足的资源，视频网站影视剧采购价格持续高涨，从国内个案来看，影视剧网络版权三年翻了 4～10 倍，海外，Netflix 采购《广告狂人》版权费或达到 100 万美元/集。虽然网络版权销售对影视剧带来额外收入并不多，但是对视频网络和影视制作方是双赢，视频网站通过影视剧获得流量和点播收入，以热播剧《回家的诱惑》为例，在优酷网站已经累计点播 3.35 亿次；而制作方一方面可以借助视频网站对影视剧进行宣传，另一方面可以通过网络播出延长影视剧的生命周期与影响力，并且所获得的网络版权收益，属于额外新增收益。

11.4　2011 年网络游戏业发展回顾与 2012 年展望

11.4.1　2011 年中国网络游戏市场发展回顾

1. 网络游戏的界定与分类

网络游戏又称在线游戏，是必须依托于互联网进行、可以多人同时参与的电脑游戏，通过人与人之间的互动达到交流、娱乐和休闲的目的。根据目前中国网络游戏特点以及网络游戏的内容，一般将网络游戏分为大型多人在线角色扮演类网络游戏（MMOPRG）类、大中型休闲网络游戏类和棋牌网络游戏类三大类型，如图 11-21 所示。

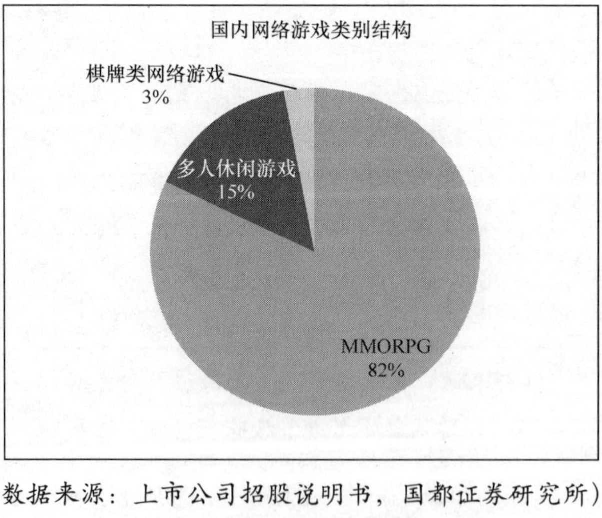

（数据来源：上市公司招股说明书，国都证券研究所）

图 11-21　国内网络游戏类别结构

大型多人在线游戏 MMOG（Massive Multiplayer Online Game），支持多人同时出现在同一场景中，游戏过程持续且不是以局或盘等作为限制的一种游戏类型。这是目前最主流的游戏类型，游戏形式主要是通过用户的游戏技能及其他各方面投入实现在虚拟社会中的生存和成长并参与游戏虚拟世界的人际沟通及社会活动等。根据电子游戏分类方法，大型多人在线游戏还可进一步细分，如：MMORPG（大型多人在线角色扮演游戏）、MMOFPS（大型多人在线第一人称射击游戏）、MMORAC（大型多人在线竞速游戏）等。2008 年，中国大型角色扮演类网络游戏（MMORPG）市场规模为 150.8 亿元，占整个网络游戏市场的 82.05%。

多人在线游戏 MOG（Multiplayer Online Game），游戏过程通常有时间与空间的限制，这类游戏一般采用回合制的方式，玩家能够自主控制游戏时间在较短的时间内重复地进行游戏。

平台游戏，是通过社区的特性，将一些线下或者单机类别的游戏整合到一起，为玩家在网络上寻找其他玩家共同玩游戏的平台。游戏平台分以下两类：棋牌桌面游戏和对战游戏。棋牌游戏在线下的普及度非常广，通过棋牌桌面游戏平台，玩家自己寻找玩家共同进行游戏。除了棋牌游戏，棋牌桌面游戏平台上也有许多广受欢迎的益智趣味类小游戏。棋牌桌面游戏平台上的游戏由游戏平台提供下载安装。（游戏举例：四国大战、斗地主、麻将、连连看；平台举例：联众世界、QQ 游戏）。单机类的对战性大型游戏，初期受网络带宽等诸多因素影响，此类游戏的网络连线大多只在局域网中进行。随着网络基础条件的进步和游戏本身的完善，玩家可以不受地域限制，自由选择玩家共同进行远程对战。对战游戏平台本身不提供游戏安装，只提供一个插件，供游戏网络连接所用。（游戏举例：CS、星际争霸、魔兽争霸；平台举例：浩方对战、QQ 游戏）。

网页游戏（Webgame）简单讲是基于网站开发技术，以标准 http 协议为基础表现形式的无客户端或基于浏览器内核的微客户端游戏。网页游戏是最早出现的网络游戏形式，其雏形为 MUD 游戏（Multiple User Dimension）。1995 年开始经营“乐之声电话游戏专家”电话声讯游戏服务的“笑傲江湖”，开始进入互联网领域，经对原电话游戏的升级改造，推出了国内最早的简易图形 MUD 游戏《笑傲江湖之精忠报国》。

目前国内外网络游戏业盈利模式主要分为三种，即按时间收费（PTP，又称“收费模式”）、按虚拟道具收费（FTP，又称“免费模式”）和游戏内置广告（IGA）。我国网络游戏的盈利模式已经历了从“收费游戏”到“免费游戏”两个阶段，目前以按虚拟道具收费为主流盈利模式，如图 11-22 所示。

2. 中国网络游戏的发展历程

整体而言，中国网络游戏业的起步略迟于西方发达国家，这与中国在 20 世纪 90 年代计算机的普及和互联网的规模化扩张稍晚密不可分。尽管如此，网络游戏在中国的崛起速度之快、发展势头之猛、产业影响之广令国内外许多分析人士始料不及。纵观中国网络游戏的发展历程，大致可以分为以下几个发展阶段。

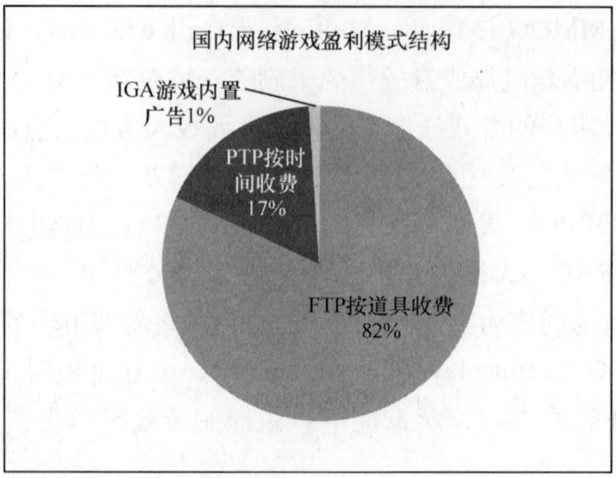

（数据来源：上市公司招股说明书，国都证券研究所）

图 11-22　国内网络游戏盈利模式结构

① 早期孕育阶段：20 世纪 90 年代中期陆续出现文字 MUD 游戏，在年轻一族尤其是学生群体中引起了热烈反响。虽然这一阶段被认为是中国网络游戏的"史前文明"时期，但通过互联网这种新型媒介引进游戏的概念和方式逐步为人所知。

② 网络游戏诞生阶段：由于联众等棋牌游戏平台的创立，互联网用户很快被其新颖的娱乐方式吸引。在客户端和网站页面植入广告、实行会员制收费等方式成为该类型站点主要盈利手段。另一方面，一些运营商开始尝试引进国外游戏，其运营大多参照单机的模式操作，如出售游戏客户端和 CD-Key，出售游戏时间等。

③ 探索发展阶段：随着以盛大、九城为代表的新兴网游运营商的不断壮大，网游规模逐步超过了传统单机游戏，因此吸引了许多资深单机游戏厂商加大产品研发投入。为降低用户加入门槛，各运营商纷纷取消了出售 CD-Key 和客户端的模式，改而通过网络下载或赠送光盘等方式免费发放。另一方面，出售游戏时间的方式更加灵活，包月、包年等方式使得用户长期消费，拉动营收增长。在此阶段完整的产业链逐渐形成，处于产业链上的渠道销售商、点卡销售商、上网服务业（网吧等）和媒体飞速发展起来。

④ 行业成熟阶段：在经历多年市场发展后网游业的"蓝海效应"渐渐褪去，市场面临激烈竞争。运营商开始通过免费试玩吸引大量用户，由于服务成本大幅上升，出售游戏道具的商业模式应运而生。新模式有效地提高了单个用户的消费额，虚拟财产的概念应运而生。

⑤ 多元发展阶段：经过一轮残酷的优胜劣汰，一批在运营、研发和市场拓展方面具有较强实力的网游公司陆续登陆港股和纳斯达克，网游业的财富效应受到资本市场的肯定和青睐，市场格局逐渐明朗。SNS 社交游戏、网页游戏等一些新型游戏的出现显示出网游业正在发生转变，市场开始拓展传统网游无法覆盖的剩余空间，联营等多元化运营模式得到发展。此外，移动终端和移动互联网的技术进步使得移动网络游戏市场发展迅速，该细分市场的前景十分广阔。

标志事件	商业模式	市场情况	年份	阶段
·中国台湾成大两位博士生麦树翔和金昌里架设中国最早的MUD	·非盈利模式	·用户群十分有限、多为在校学生	1993	第一阶段 孕育时期
·联众、中国游戏中心等平台休闲网络游戏服务商成立	·平台类：广告+会员制 ·出售客户端光盘、CDKey ·出售游戏时间	·用户激增 ·产品各类少、供不应求 ·市场缺乏竞争	1998	第二阶段 诞生时期
·网游规模超过单机游戏 ·资深单机游戏厂商加入	·免费下载客户端 ·出售包月、包年卡、点卡	·用户数逐步积累 ·产品逐渐丰富 ·市场在探索中快速成长	2001	第三阶段 发展时期
·盛大和九城在纳斯达克上市	·出现免费游戏模式 ·出售游戏时间、道具 ·出售游戏广告	·用户快速增长 ·产品供过于求、竞争激烈 ·代理运营费用上升，进口减少，自主研发增加	2004	第四阶段 成熟时期
·完美时空等4家网游公司在香港和美国上市 ·SNS、Webgame出现	·免费游戏成为主流 ·出售道具、虚拟货币 ·出售游戏广告	·用户快速增长 ·产品同质化，新型游戏崭露头角 ·经营模式多样化	2007	第五阶段 多元发展

（资料来源：iresearch）

图 11-23　中国网络游戏的历史演变

3. 网络游戏产业链与商业模式

经过十多年的市场培育，网络游戏已经发展出一条完整的产业链和成熟的商业运营模式。位于产业链最上游的开发商是网游的创造者，也是整个市场的供给者。网游的开发存在较高的门槛，特别是人才的门槛，比如一款网络游戏的诞生需要创新、策划、美工、音效、编程等多个部门通力合作与反复修改，开发周期长，资金回收慢，高端艺术型、技术型尤其是游戏策划类人才在目前市场依然十分紧俏。但是一旦开发出一款成功的产品往往就能够换来高昂的代理费用以及巨大的利润分成，这一特点使得对该领域的资本投资非常活跃，对人才争夺非常激烈。目前，国内网游开发商一部分来自实力较强的传统运营商（以盛大为代表），一部分来自传统单机网游开发商（以金山为代表），一部分以做平台游戏起家（以腾讯为代表），还有一部分是 2007 年以后针对门槛较低的网页游戏而大量兴起的开发商（如 51wan，杭州泛城、光辉互动等）。

连接开发商和下游渠道的网游运营商出在中游，起到承上启下的作用，是网络游戏实现其价值的重要环节。位于网游业中上游的企业是产业链的“链主”，对用户有着最主要的影响力和吸引力，控制着产业链的绝大部分利润。这些企业具有下列特点。

首先，企业分饰两角——“既是开发商，又是运营商”的情况十分普遍。为了进一步拓展上游产业链，争取最大化利润，国内许多有实力的网游运营公司同时也是自主开发公司。而很多网游开发商长期为运营商提供技术支持和运维服务，在了解运营的特点和规律后，也会选择建立自己的运营系统提升效益。

其次，无论开发商还是运营商近年来都呈现多样化趋势。随着社交游戏的发展，一些社区纷纷扮演起运营商的角色，推出社交类网游，提高用户黏度；而随着网页游戏的成长，除传统大型门户网站外，众多中小型网站也纷纷缴入网页游戏运营，将剩余流量转化成了商业价值。另一方面，游戏开发门槛的降低使众多的小型社交、网页类游戏公司如雨后春笋般纷纷涌现。其中既有专著于制造精品、锐意创新的原创性公司，也不乏停留在仿制甚至复制阶段的“山寨”型公司。

再次，和其他行业相互拓展，开发相应衍生产品。近年来，网游改编自影视文学作品的情形屡见不鲜，反过来的例子也越来越多；一些社区类网游在页面植入报刊等平面媒体，一些大型多人在线游戏引入电台广播供玩家在游戏过程中收听和参与互动；另外，随着游戏内涵的丰富，音乐、玩具、漫画等相关产品也在逐步进入市场。

在产业链的下游，一度以销售时间卡、点卡为主的各种下游渠道（比如报刊亭、网吧、IT卖场等）随着网游转向部分收费模式，市场有所萎缩，目前主要承担着少量游戏包月卡或点卡的销售。在线电子支付和手机支付的普及进一步加剧了这一趋势。网游运营商和各类行销商都在网上直接销售道具和虚拟货币成为主流销售模式。用户可以非常方便地在网游主页、游戏门户网站以及游戏界面中找到购买、充值等链接，利用网上银行支付或手机扣费的方式直接进行消费。此外，作为产业链的重要一环，为用户提供接入服务的电信运营商，主要分享相对固定的用户上网费用。IT 厂商在整个网游产业链的各个环节起到了支撑作用。电信业和 IT 业每年因网游产业而带来数百亿的直接收入。

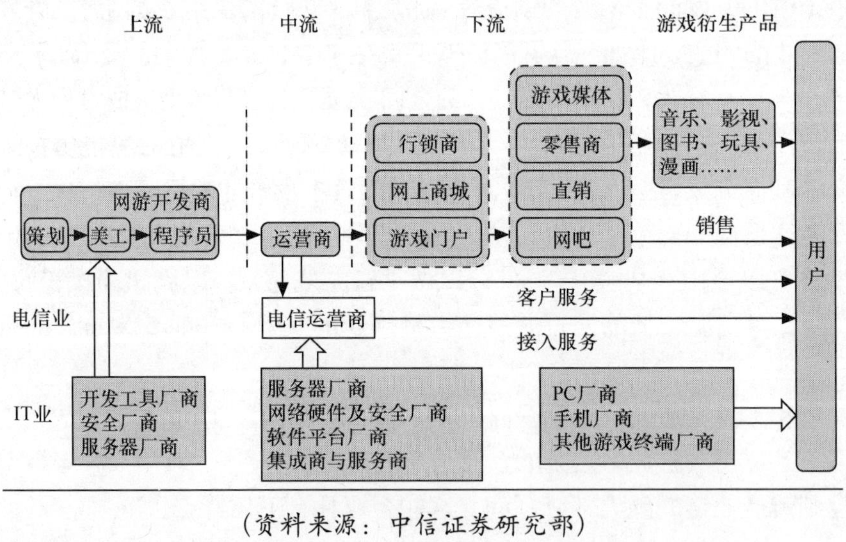

（资料来源：中信证券研究部）

图 11-24　网络游戏产业链

从整个网游产业链的终端可以看到，客户（玩家）贡献了大部分正现金流，除去资本市场的影响因素，作为产业链主题的游戏运营商 95%以上的收入来自于用户供给，游戏媒体化和授权则是中国游戏运营商的其他重要构成部分，未来的商业模式创新，产业链延伸、增值和衍生市场开拓等都将持续围绕这三类来源展开。

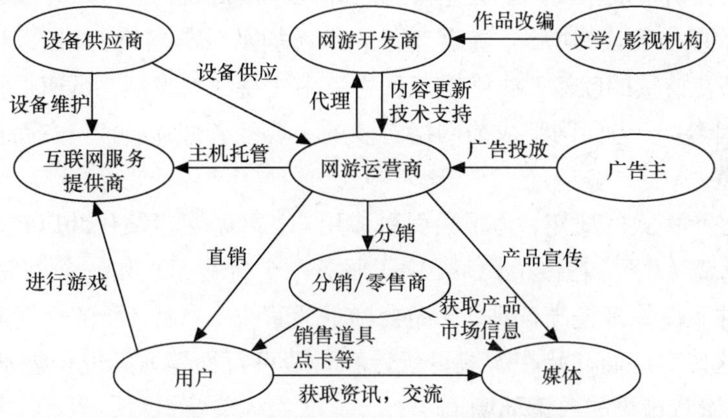

（资料来源：中信证券研究部）

图 11-25　网络游戏业的服务流程

今年来，随着网游业这块蛋糕越做越大，一种整合上游开发商、中游运营商以及下游媒体、行销商等环节的“联合运营”逐步兴起。联合运营模式由博瑞传播旗下“梦工厂”在推广MMOG《侠义道 I》时首创，最初局限于中小游戏开发商与平台商间需求合作，但目前该合作模式已经扩大到整个行业领域，成为一种趋势，只要游戏的运营权开放，媒体、渠道推广商、公会、网吧等所有产业链上的企业或个人都可以参与运营，并共享利润空间。联合运营一方面有助于研发型企业将精力专注于技术研发，节约游戏推广和宣传成本，降低运营风险；另一方面为拥有庞大用户群的站点或拥有成熟运营水平的运营商提供了一条利润增长的有效途径。目前，联合运营在网页游戏市场已经成为主流；MMOG 市场虽然仍以代理和独立运营为主，但是联合运营正越来越被业界包括一线厂商所重视，合作案例逐渐增加。总体看来，目前国内的“联合运营”尚处于较为简单的初级阶段，大多还只是变形的“代理”方式。随着厂商之间合作的加深，联合运营会进一步往纵深发展，衍生出更多负责的合作形式；同时也可能横向发展，演变成为研发、推广等层面的联合。

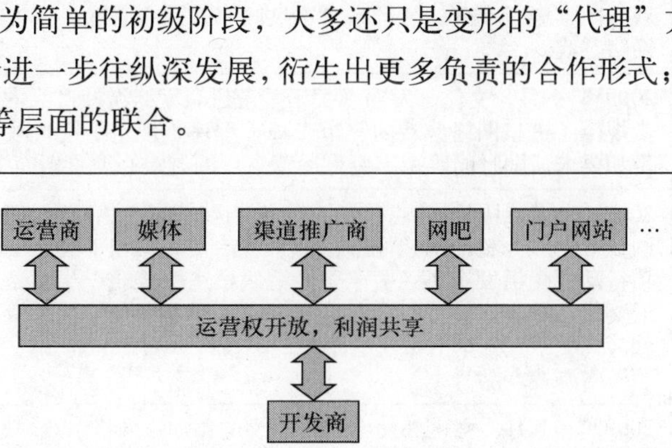

（资料来源：中信证券研究部）

图 11-26　联合运营模式

网络游戏业的发展与网游产品、市场环境、商业模式等因素是一个相互作用、相互影响的过程。网络游戏往往研发成本高昂，但运营的边际成本很低，这一特点导致运营商在早期计时收费阶段普遍追求用户数量的增长。随着竞争的不断加剧，游戏厂商开始以边缘化甚至非法题材吸引用户，市场在持续的政策、法律规范和约束中保持快速发展。迅速扩张的网吧成为网络游戏普及的重要因素，一方面网吧成为网络游戏的主要经营载体，另一方面也是文化传播与市场推广的重要渠道。

随着市场和经营模式的演变，为了吸引更多用户，网游逐步演化为以销售道具、服饰等虚拟产品为主的“免费”方式。在该模式下，由于服务一个付费用户和一个免费用户的成本一样，单纯追求用户数并不能保证提高盈利，反而会增加运营成本；而付费的金额和比率成为盈利的两个重要因素，这使得厂商开始在游戏可玩性和付费可行性等方面进行需求平衡。

4. 中国网络游戏市场的政策环境

国家逐步加强监管，旨在规范市场。长期以来，我国网络游戏市场由于还不够成熟，存在许多不容忽视的问题。一是认识有偏差，对网络游戏市场中存在的问题有夸大或者忽略化等两种极端认识。二是监管不力，网络游戏产品中存在色情、暴力、赌博、迷信等内容，影响了行业的健康发展。三是“私服”,“外挂”等非法经营行为比较突出，严重扰乱网络游戏的市场秩序。四是缺乏对未成年人的引导和保护，引发“网瘾”等一系列社会问题。以上这些也是导致我国社会长期以来对网游认可度低，将网游视为形象差、层次低、不健康行业的原因。国家有关部门很早就清醒地认识到网络游戏市场存在的问题，积极采取措施，加强监管，解决存在的问题，有力地保障了我国网络游戏市场的健康发展。

表 11-8　　网络游戏业和市场规范政策

政策导向	政策内容
明确网络游戏产品的审核标准，强化内容监管。	2004 年 4 月，为了规范网络游戏市场，文化部成立了网络游戏内容审查专家委员会，5 月发布《文化部关于加强网络游戏产品内容审查工作的通知》。加强对进口网络游戏的内容进行审查。清理包含不良内容的网络游戏。打击未经审查进入中国的非法网络游戏。
	2009 年 4 月，文化部发布《关于规范进口网络游戏产品内容审报工作的公告》进一步规范了进口网络游戏内容审查报审程序，规定了进口网络游戏进行技术测试的规范和要求，同时明确指出变更运营企业的游戏必须重新向文化部报审。
	2009 年，针对网络游戏存在的低俗之风，全国文化部门联合执法机构开展整治互联网低俗之风、整治网络淫秽色情、整治互联网和手机媒体淫秽色情及低俗信息等专项行动。先后发布了《关于查处第六批违法游戏产品及经营活动的通知》、《关于开展文化市场集中整治行动的通知》、《关于立即查处“黑帮”主题非法网络游戏的通知》、《关于查处第七批违法游戏产品及经营活动的通知》等，重点查处了 219 款非法网络游戏产品。
	2009 年 11 月，文化部发出《关于改进和加强网络游戏内容管理工作的通知》，要求网游企业改变以“打怪升级”为主导的游戏模式，同时对玩家之间的“PK 系统”、“婚恋系统”进行严格限制。通知还要求网络游戏企业要设立专门的内容审核部门，配备经文化部门培训考核的专业人员，对游戏产品进行自审查。加快筹建全国及地方网络游戏行业协会，建立和完善行业自律公约。引导网络游戏企业增强社会责任感。

续表

政策导向	政策内容
加大对"私服"、"外挂"等违法行为的打击力度。	2003年6月26日，国家新闻出版总署明确表示外挂行为属于非法互联网出版行为。
	2003年12月20日国家新闻出版署对网络游戏外挂私服的打击活动在全国展开。此后几乎每一年都会有打击私服的专项整治活动。但由于对"私服"、"外挂"等缺乏相应的法律规定，在巨大利益的诱惑之下，私服外挂仍然大量存在，严重影响市场的正常秩序。
	2009年2月28日通过的《中华人民共和国刑法修正案》为严厉打击网络游戏出版运营中的盗号、私服、外挂等非法行为提供了强有力的法律依据。众多游戏厂商开始运用法律武器严厉打击网络游戏出版运营中的侵权盗版和盗号行为。
	2010年5月，因在2008年制作和销售《征途》外挂，唐文军、肖颖被上海徐汇区法院一审判处5年有期徒刑。2010年2月盛大游戏携手南京警方成功缉捕外挂集团16名犯罪嫌疑人，涉案金额达到2000万元之多。
加强对网吧的整治，规范网络游戏市场秩序。	2002年6月16日，北京蓝极速网吧火灾震惊全国，北京科技大学21条年轻生命迫使政府全国范围内整顿黑网吧。
	2002年8月，国务院通过《互联网上网服务营业场所管理条例》，规范网吧等上网服务营业场所，同时明确规定在中学、小学周围200米范围内和居民住宅楼（院）内不得设立互联网上网服务营业场所。
	2007年文化部牵头的14个部门联合印发《关于进一步加强网吧及网络游戏管理工作的通知》，对全国网吧总量进行严格控制。在完善政策法规框架的基础上，文化部还开展了网吧重新审核登记工作和多次专项整治，建立了网吧及网络游戏管理工作协调小组，推动建立网吧管理长效机制，发动社会监督，加强对网吧的技术监管。
关注青少年网游玩家，营造健康的市场环境。	2003年，国家新闻出版总署要求所有互联网游戏出版物在游戏开始前，必须在画面的显著位置全文登载《健康游戏忠告》："抵制不良游戏，拒绝盗版游戏，注意自我保护，谨防受骗上当。适度游戏益脑，沉迷游戏伤身。合理安排时间，享受健康生活。"
	2007年4月，新闻出版总署倡议并联合中央文明办等八部委联合下发了《关于保护未成年人身心健康实施网络游戏防沉迷系统的通知》，要求国内所有网游（包括代理的国外网游）均必须增加防沉迷系统，此类技术保护措施属中国政府管理部门首创。虽然目前市场上的主流游戏在系统内容方面都严格执行了防沉迷系统的要求，但是执行过程存在很多漏洞。
	2010年8月，中国首部专门针对网游管理和规范的部门规章《网络游戏管理暂行办法》开始实行，全面监管网游产业，推行网游实名制，即网游账户需用有效身份证件进行实名注册。此外，网络游戏分级标准也正在酝酿，网游有望成为文化领域首个实施分级制的行业。
保护虚拟财产，规范虚拟交易。	2003年12月18日在北京朝阳区法院作出一审判决，认定虚拟财产具有价值含量，原告红月玩家李宏晨胜诉被告（游戏运营商）被判定在游戏中恢复原告李宏晨丢失的虚拟装备。这也是虚拟财产获得法律保护的首个判例。
	2007年的《关于进一步加强网吧及网络游戏管理工作的通知》对虚拟货币的购买和销售做出相关规定：严格限制网络游戏经营单位发行虚拟货币的总量以及单个网络游戏消费者的购买额；严格区分虚拟交易和电子商务的实物交易，网络游戏经营单位发行的虚拟货币不能用于购买实物产品，只能用于购买自身提供的网络游戏等虚拟产品和服务；消费者如需将虚拟货币赎回为法定货币，其金额不得超过原购买金额；严禁倒卖虚拟货币。

续表

政策导向	政策内容
保护虚拟财产，规范虚拟交易。	2008 年 10 月，国家税务总局公布了“关于个人通过网络买卖虚拟货币取得收入征收个人所得税问题的批复”，明确规定个人通过网络收购玩家的虚拟货币，加价后向他人出售取得的收入，应按照“财产转让所得”项目计算缴纳个人所得税，税率固定为 20%。
	2009 年 3 月文化部作出“游戏虚拟货币不得购买实物和流通”的规定，内容包括：网游虚拟货币交易服务企业不得为未成年人提供交易服务；网游虚拟货币发行企业和交易服务企业应积极采取措施保护个人信息安全；网络游戏运营企业不得在用户直接投入现金或虚拟货币的前提下，采取抽签、押宝、随机抽取等偶然方式分配游戏道具或虚拟货币。
	2009 年 6 月，文化部联合商务部发布了《关于加强网络游戏虚拟货币管理工作的通知》。从行政管理角度规范虚拟货币的发行、使用、交易等行为，解决网络游戏虚拟货币市场行为缺乏监管、用户权益缺乏保障、网络游戏虚拟货币使用范围缺少限制等问题，切实加强管理。

（资料来源：中信证券研究部）

网游业受益动漫游戏和数字出版政策扶持。在经历早期的诞生和初步发展后，我国网络游戏业进入了发展的战略机遇期，国家在行业发展之初便把网络游戏作为文化产业中的一个重要组成部分，针对这一新兴产业出台保护和扶持政策。一直以来，外资不得以任何方式进入中国的游戏运营领域，这实际上是为中国网游公司在国内的生存和发展提供了保护伞。2009 年国务院通过的《文化产业振兴规划》对动漫游戏、文化产业园建设、对外贸易措施以及准入门槛等内容进行重点阐述。此外，网络游戏不仅受益动漫游戏业支持，还是数字出版业和文化对外出口的重要组成部分。比如正在封测的网络游戏《乾坤在线》是吉林省数字出版基地的重点项目之一。随着国家出版总署、文化部等主管部门在“十二五”加大文化产业扶持力度，网游业将继续从中受益。

表 11-9　　网络游戏业扶持政策

政策导向	政策内容
国家扶持，加大对产业创新的支持力度。	网络游戏在 2003 年 9 月正式纳入“十五”期间国家“863”计划，总投资额 500 万元，由科研机构、高校和企业参与网络游戏通用引擎研究和示范产品开发等两个项目，此举标志着网络游戏产业开始得到了政府扶植，金山和世模成为“863”计划的第一批受益者。国家将网络游戏列入“863”课题的主要考虑了三方面的原因：一是网络游戏具有一定的技术含量和市场前景。二是发展网游具有一定的战略意义。三是网游领域内培养自主知识产权。有助于以提高本国企业的核心竞争力。
	2007 年 11 月，天联世纪与北京科技大学通信工程系合作成立“交互性网络多媒体引擎研究中心”研发新 3D 引擎，申请国家“863”项目资助，这也将是国内网游企业第一次与国内高校进行深度合作。
	2010 年年初，新闻出版总署表示将于年内启动实施“中国民族原创网络游戏海外推广计划”，同时还将会同国家发改委、财政部等部门制定更加有利于中国网络游戏“走出去”的优惠政策，继续加大扶持力度，采取多种措施积极引导有条件的网络游戏企业加快海外推广的步伐。

续表

政策导向	政策内容
创立宣传平台，增进行业内的合作发展。	2003 年 11 月，国家体育总局根据形势发展的需要，将电子竞技列为中国正式开展的第 99 个体育项目，电子竞技运动在国内如火如荼地开展对网络游戏的发展有着促进和推动作用。
	为了推动行业交流，积极促进行业发展，2003 年新闻出版署在北京举办了第一届 ChinaJoy 游戏盛会。ChinaJoy 不但成为众多国内外网游企业展示网游大作、新作的舞台。其设立的多个游戏论坛也成为厂商深入探讨行业发展、增进合作的良好平台。在成功举办了八届后，ChinaJoy 已经成为了具有国家影响力的顶级游戏展之一。
	2008 年开始，随着对网游关注的提升，政府相关部门为了加强中国国内电子娱乐产品行业管理，积极规范电子和网络出版物市场，举办了中国数码互动娱乐产业投资发展论坛、中国国际数码互动娱乐产业高峰论坛、中国休闲游戏发展论坛、中国移动娱乐发展论坛、MissChinaJoy 青春风采大赛、ChinaJoy 游戏动漫角色扮演嘉年华、"张江杯" ChinaJoy 电子竞技大赛等诸多会议和大型活动，在促进中外优秀电子娱乐产品贸易、学术交流的同时，积极在全国乃至国际范围内推广有中国特色的优秀电子娱乐产品。
建立游戏产业人才培养体系，开展产学研结合。	2004 年，中国传媒大学等学校的动画学院在动画专业下开设了游戏设计方向，成为在国内开设相关课程的首批高校。至 2005 年，全国 200 多家设置动画类专业的高校中绝大部分开设了游戏设计与制作相关专业。
	2005 年，中国软件行业协会游戏软件分会成立了游戏人才培训专业委员会，主要负责游戏人才培训机构和教育机构的发展。同年 9 月，由中国软件行业协会游戏软件分会联合北京汇众益智科技公司等游戏人才培训机构，推出"中国民族游戏人才培养工程万人计划"，此举对推动中国游戏人才的培养，满足中国游戏产业人才缺口的需要起到重要作用。目前，我国游戏人才培养模式基本分为社会培训机构培养、自学成才、高校开设相关专业三种方式。
	2006 年 6 月 28 日，国家信息技术紧缺人才培养工程（NITE）游戏人才培训项目在北京正式启动。该项目是由信息产业部软件与集成电路促进中心（CSIP）发起创办、由信息产业部支持、北京汇众益智科技有限公司（游戏学院）负责执行的首个国家级游戏人才培训工程。
积极培育网络游戏产业孵化器。	2004 年 12 月，国内首家游戏孵化器——成都数字娱乐软件园成立。 2005 年 6 月，杭州数字娱乐产业园成立，吸引专业从事网络游戏开发的公司入驻。
	2009 年 4 月，北京海淀科技园区建中关村动漫游戏孵化器，北京中海创意动漫游戏科技孵化器有限公司负责运营管理。 2009 年 12 月，山海宝山区科技园揭牌，园内的上海动漫产业孵化器成为全市首个主要针对动漫衍生产业的科技企业孵化器，支持动漫、游戏产品的开发与培育。 2010 年 7 月，首钢在京部分厂区正式变身动漫园区，该项目由首钢和中国动漫集团合作，首钢负责土地开发，动漫集团进行产业规划和引进项目。
	2009 年 12 月，中青宝网 IPO 申请顺利过会，成为 A 股首家网游 IPO。主打民族网游产品的中青宝，其共青团的股东背景一度引起媒体关注。中青宝网的控股股东包括持有 34%股权的宝德控股和分别持有 20%的股份的宝德科技和中青联创。其中，中青联创的两个股东之一为中青网络，中青网络的股东为共青团中央网络影视中心（正局级事业单位）、中国青少年网络协会。中青宝也是中国首家与共青团中央合作研发网络游戏的企业。
引导价值取向，鼓励精品游戏。	2005 年 4～9 月，文化部、中央文明办等多部委在全国开展集中净化网络游戏工作，对含有淫秽、色情、赌博、暴力、迷信、交易敛财和危害国家安全等违法内容的网络游戏产品及相关经营行为给予严厉打击。在进一步规范网络游戏审批制度后，市面上的游戏存在违规内容的情况基本得到消除。
	2005 年 8 月文化部游戏产品内容审查委员会从社会各界推荐的百余款网络游戏中遴选、审定出一批适合未成年人的网络游戏产品，并向社会公布，包括梦幻西游在内的 15 款产品入选。此后，在 2006 年 1 月和 2008 年 1 月文化部发布公告推荐了第二批和第三批网游产品。此举有助于鼓励社会各方面积极创作、开发和推荐具有教育、益智等题材的网络游戏产品，引导网游价值取向的健康发展。

（资料来源：中信证券研究部）

5. 中国网络游戏市场规模及竞争现状

随着中国互联网的蓬勃发展以及近年来移动接入的逐步普及，中国网络游戏市场规模呈现持续快速增长的态势，增长率持续五年保持在 50%以上。2008 年，中国网络游戏市场规模达到 183.8 亿元，比 2007 年增长 61.9%；其中，国产网游市场规模从 2004 年的 17 亿元上升到 2008 年的 110 亿元；在整体市场规模的占比从 2004 年的 42%上升到 2008 年的 61.1%。2009 年网游业营收规模达 270.6 亿，相比同期网络广告（207.4 亿）、互联网搜索（69.6 亿）和 B2B 电子商务（64.8 亿）等其他互联网市场，网游业依然是中国互联网经济中最大的细分领域。预计国内网游市场未来三年的年均复合增长率仍将保持在 40%以上，2011 年整个市场规模将突破 540 亿元。

（资料来源：iresearch）

图 11-27 中国网络游戏市场规模

相比 2003 年，2009 年除中国之外的全球网游市场增长幅度约为 3 倍，而中国本土市场的增幅超过 13 倍，年复合增长率达 56%，所占比重也从 11.3%稳步上升到 32%。在未来三年内，中国网游市场规模有望持续增长，比重超过全球市场的 50%。

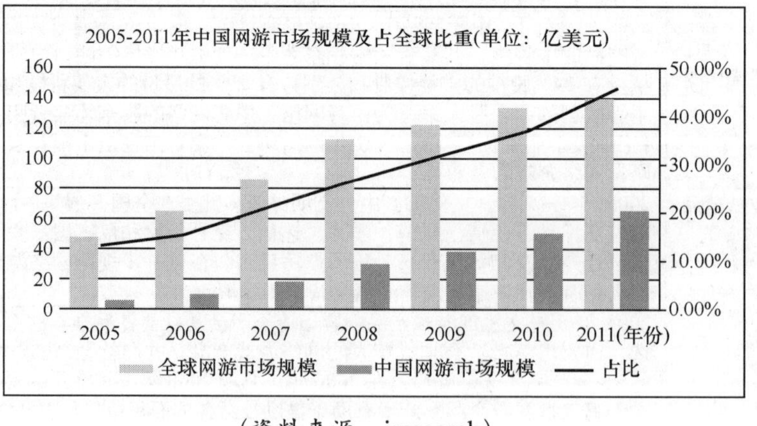

（资料来源：iresearch）

图 11-28 中国网络游戏市场规模占全球市场规模比重

我国本土网络游戏开发商的崛起，成为了我国网络游戏业快速发展的源动力。从自主研发网络游戏（国产网游）的市场规模增长率以及在整个市场中的占比来看，其增长速度一直高于市场总体规模的增长。国产网游市场规模从 2004 年的 17.1 亿元上升到 2008 年的 110.1 亿元；国产网游在整体市场规模的占比也从 2004 年的 42%上升到 2008 年的 61.1%。从原创网游企业数量及规模来看，从最初网易一家独挑大梁，发展到目前的巨人、搜狐、完美、金山、网龙等一批拥有自主研发能力的优秀网游开发商的百家争鸣的局面。同时，盛大、腾讯等以代理运营国外网游起家的企业也加大了在自主研发方面的投入力度，使得行业整体研发实力明显增强。

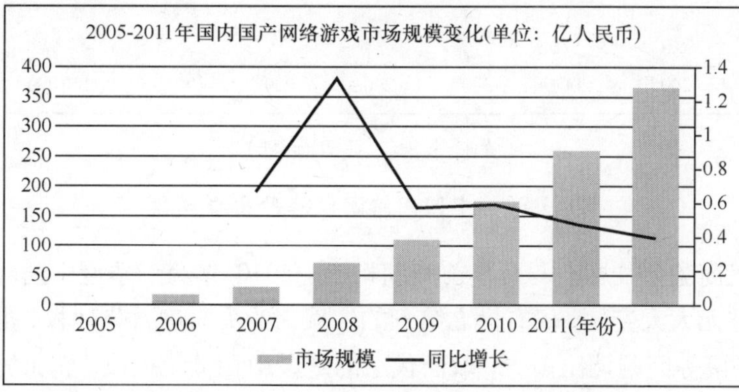

（资料来源：上市公司招股说明书，国都证券研究所）

图 11-29　国内国产网络游戏市场规模变化

网络游戏已经成为互联网领域最重要的应用之一，中国互联网用户的快速增长是互联网经济快速增长的基础，尽管中国的网民规模和普及率持续快速发展，但是由于中国的人口基数大，目前国内互联网普及率仅为 25.5%，在全球排在 87 位，相比韩国 76.1%、美国 74.4%和日本的 73.8%的普及率还有较大差距，这表明中国的互联网经济仍具备广阔的潜在增长空间。据游戏工委的数据，国内网络游戏用户的增长速度高于互联网用户增长速度。2008 年，国内网络游戏用户数达到 4936 万，同比增加了 22.9%。预计 2013 年国内网络游戏用户数将达到 9453 万，2008 年到 2013 年复合增长率为 13.9%。

在经历 10 年高速增长期后，中国网络游戏市场在 2010 年增速有所放缓。根据艾瑞咨询的报告数据显示，第二季度环比和同比均有所下降，但第三季度收益于暑假营销力度和产品更新，增幅有所反弹。面临整体市场有所放缓的情况，要求整个行业除了关注传统的电脑网游，还需要寻找新的拓展方向，在细分市场和出口市场上寻求突破。

中国网络游戏市场竞争格局变化巨大，众多互联网企业看好网游市场的巨大利润，参与到竞争中，网络游戏市场集中度明显下降，网游运营公司之间的实力差距在不断缩短。2006 年以前，只有少数几家大型的网游公司，如盛大和巨人，占领网络游戏市场 50%以上的市场份额，市场集中度非常高。近三年来，众多实力强大的互联网企业看中网络游戏的巨大潜力，积极参与到竞争中，其中网易、腾讯和搜狐等门户网站更是成绩斐然。2008 年，这三家门户网站在网游市场中的收入已占到网游市场总规模的 27%。

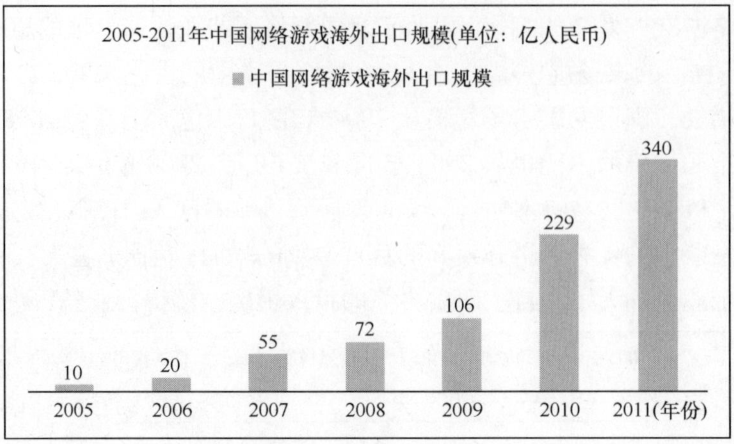

（资料来源：公开资料）

图 11-30　中国网络游戏海外出口规模

传统网游运营商竞争加剧。与两年前同期相比，2010 年第二季度中国网游市场规模排名前十位的运营商并无太大变化，仅有排名第五的九城因为失去魔兽代理权，排名第九的网龙因产品老化、利润下降等问题调出前十，取而代之的是金山和世纪天成。腾讯凭借庞大的用户群在网络游戏上逐渐发力，在 2009 年第二季度一举超越盛大占据网游业的第一，并逐步扩大领先优势。2010 年第二季度数据显示腾讯以超出 12%的份额遥遥领先盛大和网易。

根据艾瑞咨询的数据，与 2010 年第一季度相比，第二季度大多数游戏运营商营业收入增长持平、甚至出现负增长，前三名的游戏运营商市场份额保持微幅上升，总份额达 59.3%。第二集团的收入份额减少，生存空间被压缩。对于逐渐出现瓶颈效应的市场，拥有稳定用户基础和丰富推广平台及周边产业的领头企业有主动权和资本来减少自己的成本和风险，而其他中小企业的突破点在于针对细分市场寻求突破。

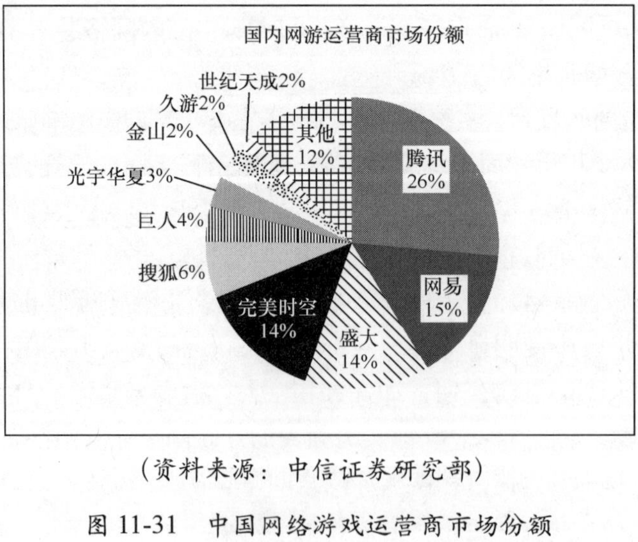

（资料来源：中信证券研究部）

图 11-31　中国网络游戏运营商市场份额

11.4.2　2012年中国网络游戏市场发展展望

1. 中国网络游戏市场发展趋势展望

随着网络游戏产业链的日趋成熟，产业环境的改善，未来的竞争将会加剧，中国网络游戏市场将保持稳定中孕育变化的发展趋势。

市场格局稳固，有待进一步细分。目前国内MMOG市场已经由最初清一色的国外产品独霸市场，演变为国产为主、进口精品游戏竞争共存的局面。这种局面在未来几年内较难打破，但MMOG的产品数量方面会逐步减少，朝着大制作、精品线路发展。MMOG将在产品和市场上进一步细分，一方面针对不同人群，如女性客户、儿童客户等推出相应产品，另一方面在一线城市互联网普及率较高的形势下，继续拓展二三线地区和农村市场。对于网络游戏运营商而言，细分产品和对市场的把握将成为网络游戏差异化竞争的重要方面。

竞争加剧，产品质量有待提高。一方面，用户增长缓慢、监管政策收紧、产品同质化以及大公司的强势竞争使得中小厂商发展形势更为恶劣，未来中国网络游戏市场将进一步集中，中小厂商淘汰形势将愈加严峻。另一方面，随着市场的逐步发展，玩家们的需求变得更加多元化，对网游产品的期望值也在不断提高。据CNNIC调查，导致MMOG用户流失的两个最大要素分别是"游戏安全性"和"外挂泛滥"，比例分别为64.4%和52.4%，这充分说明在国内玩家普遍重视的游戏外在体验方面，因游戏的安全、质量不足形成的短板最为明显。长期来看，中国的网络游戏产品必然向品质竞争层面转换。

产品营销和推广方式改变。与最初被各式各样借铺天盖地的广告吸引不同，对于早已审美疲劳的网络游戏用户，产品选择变得更为理智。中国大型网络游戏用户游戏信息获取方式中，"朋友介绍"以72.6%的比例占据第一位，而因朋友介绍使用新产品的用户比例为69.4%。"朋友"成为越来越重要的选择因素，"有朋友使用"、"朋友口碑好坏"以及"游戏评测的好坏"等外部因素的选择比例分别为63.4%、62.4%和48.7%。另一方面，中国网络游戏广告影响力较初期有所下降，广告对于用户较有影响或者很大影响的用户比例仅为21.9%，而没有影响或者影响不大的比例高达44.6%。两种趋势此消彼长之下，厂商有可能减少盲目而单一的产品宣传，更多地采用整体品牌营销、品牌推广策略。

网页游戏市场将保持高速增长。网页游戏诞生于2007年，因其直接给予浏览器内核、无需下载客户端进行安装，上网即可玩的特性降低了用户的游戏门槛，在短时期内得到快速发展。虽然在画面的精致程度、稳定性、内容的复杂性等方面和传统网游有一定差距，但是依托成熟的脚本语言、表现力丰富的Flash技术以及一些最新的Web2.0交互技术，市面上出现了数量众多的网页游戏产品，当中也不乏精品。可玩性和便利性是网页游戏快速发展的原因。根据艾瑞咨询发布的数据显示，中国网页游戏市场受整体网络游戏大环境的影响，市场规模在第2季度有所下降，但第3季度有所回升。同比增幅来看，网页游戏仍在快速增长，具有巨大机遇。

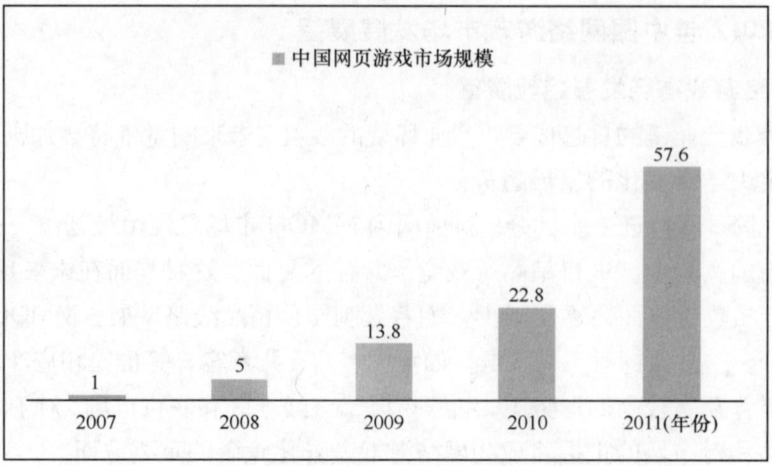

（资料来源：iresearch）

图 11-32　中国网页游戏市场年度市场规模

2. 行业风险

移动游戏、SNS 社交游戏、网页游戏等一些新型游戏领域虽然存在空间，但进入仍面临业务拓展的风险。腾讯、盛大、网易等传统网络游戏运营商开始布局新型游戏业务，投入大量资本和人力用以新型游戏的自主研发或合作运营。对于中小公司而言，寻求产品的差异化竞争，提升运营服务质量，将是未来游戏市场竞争的关键。

行业增幅放缓，行业竞争加剧。以传统电脑网游为代表的整体规模在 2010 年增长开始放缓。各大运营商面临更加激烈的竞争。一方面，用户增长缓慢、产品同质化是行业需要面临的挑战。另一方面，随着市场的逐步发展，玩家们的需求变得更加多元化，对网游产品的期望值也在不断提高。为了满足用户的需求必然要求推出网游精品，开发支出和服务成本不可避免上升。

政府监管力度影响。2010 年 8 月 1 日，中国第一部针对网络游戏进行管理和规范的部门规章，由文化部制定的《网络游戏管理暂行办法》正式施行。该《办法》规定，网络游戏账户需要通过有效身份证实名注册。虽然该法规主要旨在防止未成年人沉溺，对正规运营商影响较小，但如果政府继续加大监管力度，可能会对行业产生一定的负面影响。

各种侵权盗版对行业的影响。网游业属于文化创意产业，各种非法盗版行为会造成收入流失。对于传统 MMOG 电脑游戏，私服泛滥导致玩家大量流失，游戏生命周期缩短；打击各种外挂增加了企业的维权成本。对于移动游戏市场，针对智能设备终端的破解（比如对 iPad，iPhone 的“越狱”），将一定程度影响开发商的收入。

第12章　信息存储业

21 世纪以来，由于越来越多有价值的关键信息转变为数据，数据的价值变得越来越高，尤其是在金融、电信、商业、社保和军事等领域，数据要比计算机系统设备本身的价值高得多。然而信息存储空间日益拥挤，加上数据采集及管理的日益复杂性使得存储成本越来越高。在信息技术的获取、传输、存储、显示、处理这五个环节中，存储作为IT 系统架构最基础的元素，已经成为了推动信息产业的核心动力，信息存储业的发展也正在迈向成熟。

12.1　中国信息存储业概述

12.1.1　信息存储业的相关界定及发展历程

一般认为，信息储存是指将获得的或加工后的信息保存起来，以备将来应用。信息存储强调储存的思路，即为什么要储存这些数据，以什么方式储存这些数据，存在什么介质上，将来有什么用处，对决策可能产生的效果是什么等。

随着存储技术的发展，市面上出现了多种存储介质的新旧更替，同时伴随着存储模式的细分与不断创新。下面将分别介绍存储介质、存储技术及存储模式的发展历程。

1. 存储介质的发展

自 20 世纪 50 年代以来，信息存储的介质形式出现了较大的变化，从汞延迟线、磁带、磁鼓、磁芯存储到磁盘，以及同时代出现的软盘、光盘到纳米存储，均见证了存储介质不断朝着增加功能、缩短服务时间、减少设备占地以及简化磁带通路的目标发展，其具体发展历程如表 12-1 所示。

表 12-1　　存储介质的发展历程

年份	事　件	存储介质
1950 年	世界上第一台具有存储程序功能的计算机诞生	汞延迟线
1950 年	美国物理学家王安提出的利用磁性材料制造存储器的思想，福雷斯特将其实现	磁芯
1951 年	第一台通用自动计算机 UNIVAC-I 第一次采用磁带机作外存储器	磁带
1953 年	第一台磁鼓作为内存储器应用于 IBM 701	磁鼓

续表

年份	事　件	存储介质
1956 年	IBM 公司发明了世界第一台硬盘存储器	硬盘
1967 年	IBM 公司推出世界上第一张软盘	软盘
1978 年	飞利浦公司第一个将激光视盘投放市场	光盘
1988 年	Intel 是世界上第一个生产闪存并将其投放市场的公司	闪存
1997 年后	采用巨磁电阻原理的纳米结构器件在美国问世，美国明尼苏达大学和普林斯顿大学制备成功量子磁盘	纳米存储

（资源来源：公开网络资源）

2. 存储技术的发展

关于存储技术的发展可以追溯到 50 多年前的磁带机存储技术，当时人们最关心的是如何提高计算机芯片的处理速度和效率。随着互联网的发展，90 年代后期以网络的发展为核心动力，于是在网络存储和企业存储环境中出现了三种典型结构，即以服务器为中心的 DAS（Direct Attached Storage）、通过异构服务器进行数据共享的 NAS（Network Attached Storage）以及以数据存储为中心的 SAN（Storage Area Network）。

传统的存储技术一般采用直接连接，即通过线缆直接连接到计算机处理器上，此为直接连接存储技术 DAS，用在数据量少、对应用可用性要求低的情况下，但一旦数据不断增长，其缺陷则明显暴露。如今，市场上比较成熟的两种存储技术是 NAS 及 SAN，其性能比较如表 12-2 所示。

表 12-2　　DAS、NAS、SAN 的性能比较

存储系统架构	DAS	NAS	SAN
采用企业规模	中小企业服务器 Bundle	中小企业、SOHO 族 企业部门	大型企业 资料中心
IT 环境	区域网路 资料档案共用程度低 独立作业平台 服务器数量少	区域网路 资料档案共用程度高 异质格式存储需求高 服务器数量少	广域网路 复杂网络环境 资料档案共用程度高 异质作业平台 服务器数量多
商业模式	一般服务器	网页服务 存储大量的图形或音乐 分享知识 研发新产品 软体研发等	资料库 数据库
资料档案格式复杂度	低	中	高
容量需求成长性	低	中	高

（资料来源：资策会 MIC IT IS 计划）

由表 12-2 可知，由于 SAN 技术的适用范围更广、应对网络复杂性的能力更高、更能满足企业的需求，因此在未来几年中，SAN 将会成为网络存储和企业存储的主角。除了上述存储技术以外，还有多种有效可行的技术如 IP 存储技术、虚拟存储技术等也在不断发展。

3．存储模式的发展

20 世纪中后期，由于存储数据的增加较为缓慢，当时主要应用计算机的计算数据存储，仅用硬件存储即可满足当时的存储需求，如磁盘、光盘、硬盘、内存等，这些实体存储器在一直持续进行新产品的更新。但随着数据的指数增长，而信息存储空间日益拥挤，企业的成本支撑能力与硬件资源有限，仅靠内部存储已无法满足用户的需求，因此各种不同功能用途的存储模式应运而生，出现了虚拟化的网络存储模式，主要实现存储资源共享、备份容灾等功能，提高了集中管理与分配资源的效率，于是为提高存储效率的数据库、网络存储、云存储及移动存储等一系列存储方式进入高速发展时期，其发展历程如下所述。

（1）数据库

数据库产生于距今 50 年前，随着信息技术和市场的发展，特别是 20 世纪 90 年代以后，数据管理不再仅仅是存储和管理数据，而转变成用户所需要的各种数据管理的方式。数据库有很多种类型，从最简单的存储有各种数据的表格到能够进行海量数据存储的大型数据库系统都在各个方面得到了广泛的应用。

（2）外部存储

外部存储是一种存储服务模式，可从两方面进行理解，一是外部存储器，二是外部存储服务系统。常见的外部储存器有硬盘、软盘、光盘、U 盘等，目前外部存储技术主要以磁存储和光存储为主。

（3）网络存储

由于互联网的快速发展、在线数据存储的快速增长、电子商务等众多需求，原来以服务器为中心的存储技术不再适合今天的存储需求，以存储网络为中心的存储技术得到快速的发展。目前网络存储技术沿着三个主要的方向发展：NAS、SAN、IP-SAN。同时，由于 NAS、SAN、IP-SAN 系统的一些固有缺点，使得网络存储新技术不断出现，如 DAFS、InfiniBand、统一虚拟存储、NASD 等。

（4）云存储

云存储是在云计算概念上延伸和发展出来的一个新的概念，是指通过集群应用、网格计算或分布式文件系统等功能，将网络中大量各种不同类型的存储设备通过应用软件集合起来协同工作，共同对外提供数据存储和业务访问功能的一个系统。

（5）其他存储

除以上几种主要存储方式之外，还有其他的一些存储模式。例如 p2p 分布式存储，其总体思想是让客户也成为服务器，当你在存储数据的同时，也提供空间让别人来存储。这就很好地解决了由于服务器很少而产生的瓶颈，也能在速度上加以改进。

12.1.2 信息存储业的需求状况分析

（1）数据的增长导致信息存储需求出现大量缺口

据 IDC 的调查报告《数字世界十年》显示，从 2009 年到 2020 年，数字世界的混合增长率预计在 44%左右。即使在发生全球性经济衰退的 2009 年，数字信息增长率也达到了 62%，数字信息总量达到 8000 亿 GB。该数值相当于 8 亿 TB、80 万 PB、800EB 或 0.8ZB。2010 年，新创造的数据量为 1ZB 以上。更重要的是，现在新创造出来的数字信息比 2010 年的数字信息量还要多出 35%。这一数值很快就会在未来几年里跃增至 60%以上，这意味着全球存储供应商有望迎来数十年的增长。这样庞大的数据增长，尤其是非结构数据的爆炸增长导致存储需求出现大量缺口。这使得存储业迎来了前所未有的发展机遇与需求。

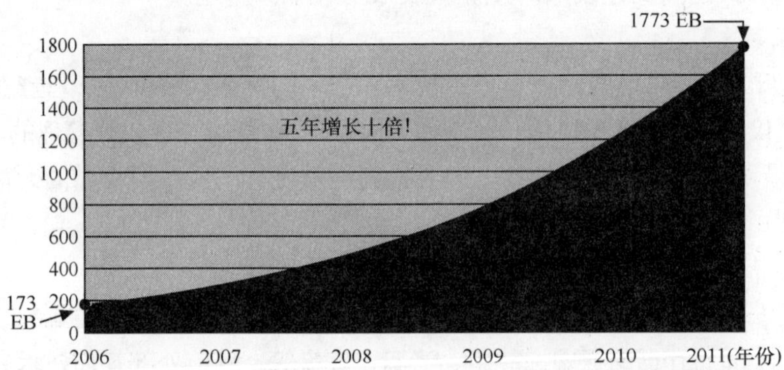

（资料来源：IDC 白皮书《多元化，不断膨胀的数字宇宙》）

（注：1EB=1024PB）

图 12-1　每年全球创建和复制的信息

图 12-1 是 IDC 提供的数据增长情况，由图可知，到 2011 年，全球数字信息量已高达 1773EB。根据 Gartner 研究报告显示，参与调查的 1000 名数据中心管理员中有近半数（47%）都将数据增长列为他们每天需要面对的第一大挑战，这将是 2011 年存储业中的第一大趋势。

（2）各大企业将信息存储作为企业增收扩张、提高竞争地位、降低数据风险的重要手段

在竞争激烈的 IT 业中，各企业都在寻找让自身更易获得最大利润的路径，其中核心技术成为企业增收的重要因素，这里需要考虑的有技术的创新性、可持续性、便利性等。图 12-2 是 IDC 对众多企业关于各项前沿技术的未来使用意愿的调查情况，原问题是“你认为哪一项前沿技术会在接下来的 6 至 12 个月内对贵公司有利？”，从图中可以看出，企业对虚拟化（其中包括“存储”）更为看好，占到了 30%，由此看出信息存储越来越受到企业的关注及重视。

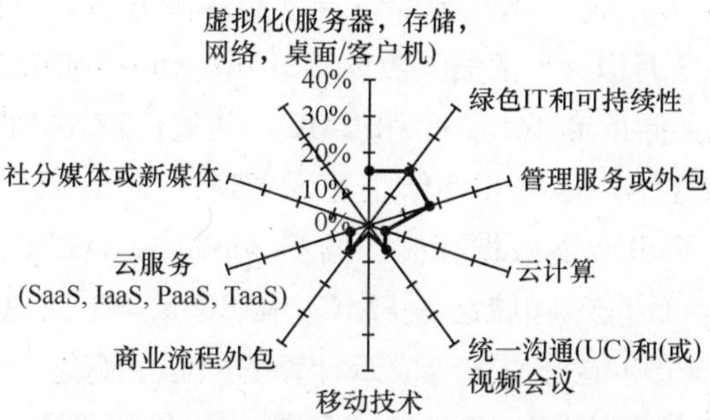

（资料来源：IDC 关于存储与网络基础设施的调查报告）

图 12-2　前沿技术对众多企业的有效性比较

如今存储成为信息业的一个重要耕作领域，也逐渐成为企业扩张的一个重要手段。据 iSuppli 公司于 2011 年发布的报告可知，中国领先的电信解决方案提供商华为正在进行重大重组，扩大在 ICT、云和设备领域的销售，争取在 10 年内把营业收入提高到现今的 4 倍，其中云存储是促进其增长的非常重要的途径。在这些新的业务领域为客户创造价值，华为也可以扩展到新的市场领域并获得新的收入来源。如图 12-3 所示，除了原有的电信业务，云存储技术对华为的未来效益作用性将占到 20%。由此可知，在未来，云计算及云存储将成为众多企业扩张及增收的一个重要手段。

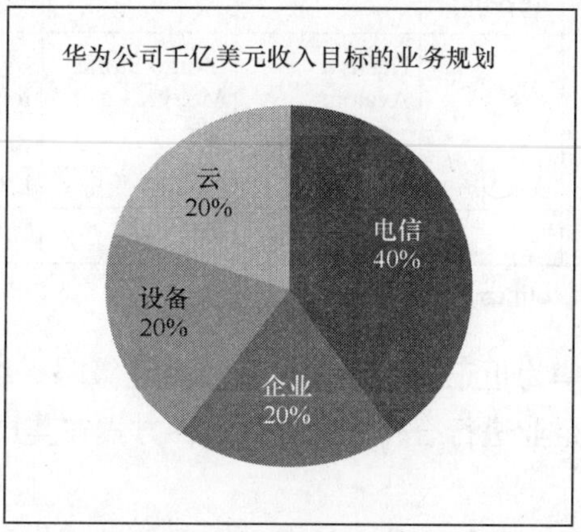

（资料来源：IHS iSuppli 公司）

图 12-3　华为未来的收入来源比例预测

而世界 PC 软件开始的先导微软公司也提出，其存储产品 Storage Server 在微软整个战略中处于重要的角色。这将是他们一直会进行革新的产品线，并尽量让该产品的功能简单易用，易部署以吸引更多的用户。

信息存储技术除了有助于企业的增收及扩张，还有利于提高企业的竞争地位。当今信息存储市场竞争非常激烈，尤其中小企业的发展更是此起彼伏。因此，为了向上游发展，提高其竞争地位及品牌影响力，各 ICT 企业都开始筹备自己的存储方案，以提高市场份额。例如，存储厂商 NetApp 在 2011 年 3 月以 4.8 亿美元收购 LSI Engenio 存储系统业务后便立即进行业务整合。而同年，不仅是纯存储厂商 NetApp 和 EMC，其他厂商 IBM、戴尔、惠普等都非常重视存储产品的发布和市场宣传，这些非存储企业试图通过涉足存储领域以拓展自身的经营范围。例如惠普收购 3PAR、Dell 收购数据存储厂商 Compellent，IBM 收购 XIV 和 Storwize，都是想拓展企业级存储业务。而全球存储巨头 EMC，从 2003 年至今总共投入了 110 亿美元，进行了 50 次战略收购，从一个存储公司转变成云计算的核心厂商之一，大大增强了自身在存储业里的领头地位，表 12-3 是 EMC 从 2003 年至今进行的收购情况。

表 12-3　　EMC 从 2003 年到 2010 年的收购情况

	2003 年	2004 年	2005 年	2006 年	2007 年	2008 年	2009 年	2010 年
服务商		Dolphin	Internsis	Interlink	Genlant Business Edge	Conchange		
信息安全				Authentica RSA Network Intelligence	Valyd Verid Tablus			Archer
内容管理	Documentus	Ask Once	Acartus Captiva	Pro Activity	X-Hive Dokumentum	Document Sciences	Kazeon	
资源管理	Astrum		Snarts	nLayers	Voyence	Infra	Configuresoft FastScale	
虚拟化/移动		VMware	Rainfinity Acxiom	Akinbi		YottaYotta	Springsource	
数据保护/归档	Legato	Dantz Allocity		Kashya Avamar	Indigo Stone Mozy	MysDM Ionega	Data Donain	
云计算						Pi Source Labs		
数据仓库								Greenplum

（资料来源：存储时代 stor-age.zdnet.com.cn）

在国内，电信设备厂商华为也正在希望通过云和企业策略，汇集安全、存储与网络技术，以企业垂直解决方案与多家企业进行合作，尝试另一种方式在美国获得立足点，争取在美国乃至全球获得有利的竞争地位。

同时，信息存储技术的另一大好处是有效降低企业的数据存储风险。在很多情况下，数据要比计算机系统设备本身的价值高得多，尤其对金融、电信、商业、社保和军事等部门来说更是如此。设备坏了可以重新购买，而数据的丢失对于企业来说，损失将是无法估量的，甚至是毁灭性的。如果不重视存储尤其是异地备份存储，忽略构建容灾体系，将会给企业带来非常严重的后果。例如，2001 年的美国“9 · 11”事件发生前纽约世贸大厦中约有 350 家企业工作，但一年后，却只剩下不到 150 家的企业恢复正常运作，这中间无法恢复正常运作的近 200 家企业正是由于无法恢复重要的信息系统而倒闭、消失。在“9 · 11 事件”发生后，这些公司对数据存储的认识开始变得前所未有的深刻：数据是仅次于员工的企业生命线，必须在至少两个地方有镜像或进行远程数据备份。摩根士丹利就是靠 IBM 的产品和技术才得以在灾难中保存了数据。这个事件充分说明了数据存储之于企业的重要性，只有企业中对数据存储“防患于未然”，企业的数据才能安全可靠。

（3）信息存储业中的新兴技术成为企业在经济危机中自保和突围的重要投资方向

2008 年以来，我国为应对国际金融危机采取了“扩内需、保增长、调结构”以及依靠科技创新实现产业升级的战略，通过加大对经济建设的投资以推动对 IT 基础架构设备的采购，我国经济保持了稳定高速的发展，市场需求稳定增长，产业发展环境持续改善。这使得我国具备了发展存储器所需的长期投资的基础和实力，同时具有其他国家所欠缺的巨大的存储器内需市场。

而实际上，从 2009 年开始，存储数据的增长速度继续提高，但受到经济危机的影响，很多单位或企业减少了数据存储的预算。为了保持自身在存储业中的地位，存储厂商转向了新兴技术，例如重复数据删除技术，固态硬盘（SSD）和云。新兴技术的一个重要商业优势是低成本，这将会导致企业在未来几年调整自身的投资方向，并刺激在这些存储领域的开支的增长。因此，在金融危机中，各行业都或多或少地受到了影响，甚至营业收入下降，而存储业仍然保持较高的发展水平。

表 12-4　　2011 年第二季度各大存储厂商的收入及市场情况

厂商	2011 年第二季度收入（百万美元）	2011 年第二季度市场份额	2010 年第二季度收入（百万美元）	2010 年第二季度市场份额	收入同比增幅
EMC	827	24.5%	722	23.9%	14.5%
Symantec	533	15.8%	488	16.1%	9.2%
IBM	477	14.1%	436	14.4%	9.4%
NetApp	298	8.9%	297	9.8%	0.5%
Hiatchi	147	4.4%	83	2.8%	76.5%
HP	131	3.9%	96	3.2%	35.7%
其他	957	28.4%	905	29.9%	5.8%
总计	3370	100.0%	3028	100.0%	11.3%

（资料来源：IDC）

表 12-4 是 2011 年存储业中领先企业在 2011 年第二季度的收入及市场份额情况，这已经是全球存储软件市场整体收入实现连续第七个季度的同比增长，该季度存储软件市场总值接近 34 亿美元，同比增长 11.3%。两位数的增幅主要得益于服务器和磁盘存储系统市场不断增加的投资，表明存储软件销售受到了基础架构领域投资扩大的积极推动。另外新产品推出、简化的定价与捆绑、数据保护流程后续的改进、在虚拟环境中改善存储管理的需求、降低法律和 IT 风险等也刺激了收入的增长。由此可知，各大存储厂商势头良好并成为推动全球经济增长的重要因素。

（4）人民生活的改善、社会经济的发展离不开信息存储业的发展

一直以来数字技术在任何时候都是处理、传输和存储技术的三位一体、缺一不可，其中存

储技术在过去长期处于后台位置，被处理技术和传输技术的光辉所掩盖。但是，随着人们对存储技术认识的提高，存储技术开始走上了前台，影响着社会经济与人民生活，成为数字化舞台的主角之一，并深刻地改变着社会的形态、经济增长方式和人们的生活及思维方式，对社会生活各个方面产生巨大的影响。

首先，存储设备的容量不断增加，小到如今消费者广泛使用的 U 盘，大到被众多企业提上日程的云存储，都将大大舒缓数据爆炸的压力。

其次，信息存储模式的改变使数据存储更为简便，数据库的诞生便是最好的例子，不仅可以大容量存储数据信息，还可以智能地对有用数据进行管理。

另外，行业人士认为，云存储将是 IT 业的第三次革命，这将使得云对人民生活的影响会更加深刻。举个“云电视”的例子，TCL 集团高级副总裁赵忠尧曾描绘过“云生活”的场景：“早晨，云电视会用悦耳的音乐叫你起床；你只要对着云电视挥一下手，电视就开始语音播报当天的新闻资讯；临出门，你问云电视今天天气怎样，电视就会告诉你今天有雷阵雨；晚上，你下班回家，将手机中拍到的搞笑视频，以无线的方式传到家中的云电视上，让妻子和孩子共同分享白天遇到的趣事。”其实，无论是云计算还是云服务，云存储是最核心的一个平台。离开了数据，云技术的所有应用都将是空中楼阁，随着人们对云技术的关注越来越广，云存储或者说整个存储业都将时时刻刻地改变着人们的日常生活。事实上，如果我们注意观察，我们就会发现很多生活习惯已经慢慢在改变。

12.1.3 信息存储业国家政策及规定

如今，信息存储成为推动国家经济发展的重要力量，为充分发挥其作用，国家出台了多个扶持政策以提高我国的信息化水平。

首先，云存储在“十二五”规划中成为产业发展的重点对象之一。随着《中华人民共和国国民经济和社会发展第十二个五年规划纲要》的出台，“十二五”规划拉开了序幕。该纲要中提到要在继续做强做大高技术产业的基础上，将七大战略性产业培育发展成为先导性、支柱性产业。新一代信息技术产业是七大战略性新兴产业之一，而作为信息技术中重要部分的信息存储业则迎来了政策扶持的春天。其中的云计算及云存储也成为政府重点推动发展的新一代信息技术的重点，多个城市的政府都在大力推进整个云计算产业链的发展。2010 年 11 月 21 日在北京召开的“IT 两会”上，Vmware 大中华地区总裁宋家瑜就表示，国家现在规划“十二五”里面，整个“云计算”已经成为一个产业重点。

其次，“科学技术规划纲要”强调信息业的政策落实。为了配合并落实“十二五”规划，《国家中长期科学和技术发展规划纲要（2006—2020 年）》也紧接着出台，该纲要要求加强信息业关键技术和基础软硬件的研发，重点突破高端容错计算机系统、海量数据存储服务系统、集成电路及关键元器件、新型传感器和智能化信息处理技术、高性能网络、宽带无线移动通信技术、网络与信息安全技术、导航与位置服务技术等关键技术。加强信息与空间技术产品的集成创新，培育新技术和新业务，推动信息与空间产业发展，全面提高国民经济和社会信息化水平。

另外，“电子信息产业调整和振兴规划”也在加强发展存储业的力度。2009 年正式发布的《电子信息产业调整和振兴规划》确定的规划期为 2009 年至 2011 年。该规划将集成电路列为战略性核心产业重点来突破，而存储器是我国发展集成电路最重要也最可行的产品方向，因此，在产业升级的国家战略背景下，存储器业将大有可为。根据该规划，未来产业调整和振兴的主要任务是，确保计算机、电子元器件、视听产品等骨干产业稳定增长；突破集成电路、新型显示器件、软件等核心产业的关键技术在通信设备、信息服务、信息技术应用等领域培育新的增长点。该规划还把大容量存储的核心技术研发与产品突破列为重要任务，此举给国内厂商带来了跨越式的发展机会。

为推动技术产业的发展，国家政策已经陆续出台，但企业如何在“十二五”期间利用政策带来的好处，在信息存储业上发挥自己的自然优势和社会优势，确定自己的市场竞争能力，这是广大的国产存储企业发展的方向和努力的目标所在。政策的有效落实，是社会主义市场经济有效运行的必要前提和客观基础，在这个条件下，存储企业要积极参与市场活动，在市场竞争中要取得主动权，依据市场营销环境的现状、发展趋势和企业自身的主客观条件，科学而合理地制定企业的发展策略和努力目标。

12.1.4　2012 年信息存储业的发展趋势

随着政策的逐步落实，信息存储业将有着良好的增长势头，这首先体现在存储企业的营业收入将持续增长。在微处理器、服务器及存储虚拟化的推动下，企业的存储需求持续增长，2011 年下半年企业对于硬盘和固态硬盘的市场需求强劲增长 13%，同时企业的营业收入从上半年的 41.3 亿美元增长到 46.7 亿美元，其中硬盘将占 71%或 33.1 亿美元。但硬盘销售额将只比上半年的 32.9 亿美元增长 0.9%。固态硬盘所占份额较小，但增长较为迅猛，下半年销售额将增长 61%，从上半年的 8.43 亿美元上升到 13.6 亿美元，如图 12-4 所示。

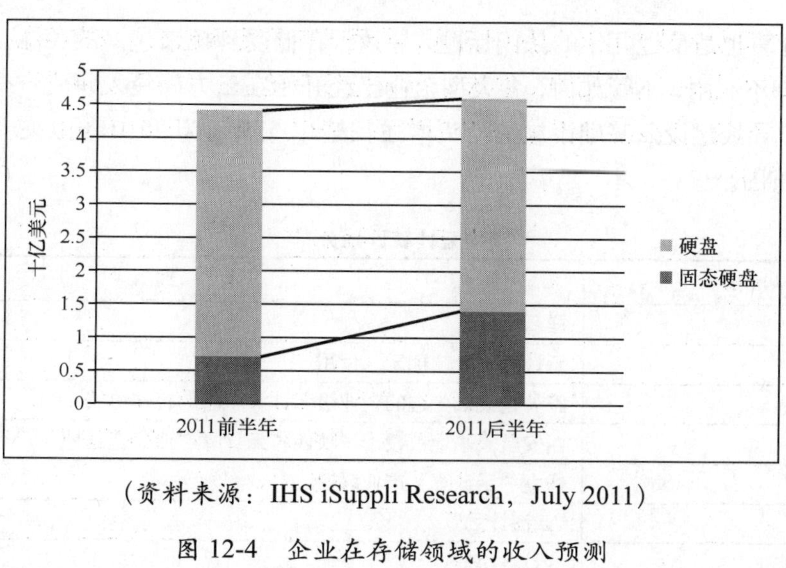

（资料来源：IHS iSuppli Research，July 2011）

图 12-4　企业在存储领域的收入预测

当然，企业的增收需要强大的技术作基础，在企业增收与技术发展的相互作用下，新型技术的发展劲头逐步增强。从 2008 年的金融危机到现在，各大小企业已经意识到传统技术及模式的抗风险能力较低，需要寻找新的支撑点，因此在经济衰退结束后企业家们再度倾向于在新技术方面进行投资。固态硬盘是其中一个竞争焦点，去年产业发生的最大存储新闻—苹果 MacBook Air 笔记本电脑采用了固态硬盘，其较低价格的入门型配备促使其他 PC 厂商纷纷对类似的笔记本降价，而随着平均销售价格回到正常水平，相对昂贵的固态硬盘对于消费者来说也变得更加可行。由于竞争者争相开发与 MacBook Air 相似的产品，IHS iSuppli 公司预测 2011 年固态硬盘及硬盘驱动器将稳健增长，如图 12-5 所示。

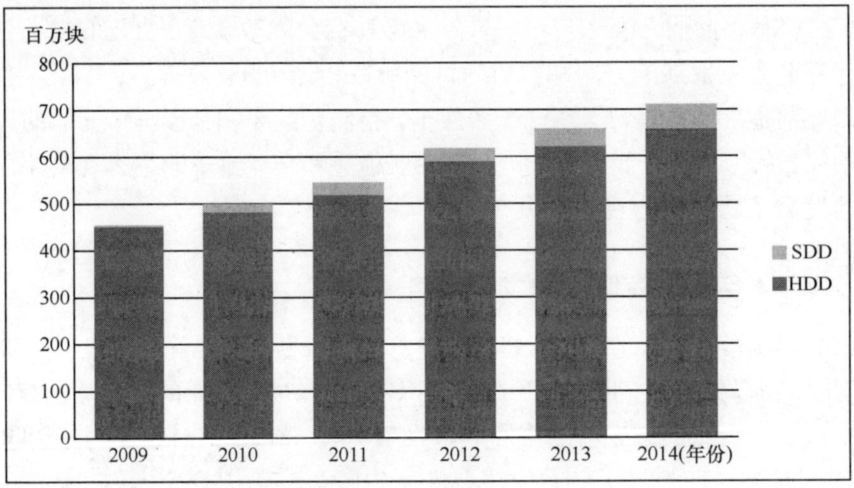

（资料来源：IHS iSuppli 公司）

图 12-5　全球硬盘产品出货量预测

另外，云计算也是最近几年的热门话题，导致云存储受到越来越多的关注。有行业人士认为现在是密云却不布雨，不管如何，各大型企业已经开始在云方面投入研发资金，以求在新领域中先发制人，导致建设云基础设施的劲头增强。表 12-5 所示为 2010 年以来中国云计算项目建设计划的分布图。

表 12-5　国内云计算计划分布

城　市	计　划
北京	祥云计划
天津	云计算平台“翔云”投用
河北廊坊	签署建设最先进的企业级云计算中心的合作协议
西安	西安航天基地被授予“陕西省云计算产业示范基地”
武汉	成立“云计算”产业联盟
上海	“云海计划”
重庆	“云端计划”

续表

城　市	计　划
无锡	总投资 7.5 亿元云计算项目启动
宁波	“星云计划”
广州	“天云计划”
杭州	“西湖云计算公共服务平台”　上线
深圳	云计算国际联合实验室揭牌

（资料来源：Watchstor 网）

工业和信息化部为了加快云的应用和落地，推进云计算业的切实发展，于 2010 年 10 月 18 日确定北京、上海、深圳、杭州、无锡等 5 个城市先行开展云计算服务创新发展试点示范工作，试点内容涵盖了平台搭建、产业联盟、核心技术研发和产业化以及标准和安全管理规范的研究制定等。

在 IT 业中，虚拟化存储技术的发展是贯穿 2011 年全年的焦点之一，且将在 2012 年继续影响整个行业的发展。但是，虚拟化在迅速普及推广的同时，由于虚拟基础设施缺乏统一规划和标准化部署，虚拟环境的安全性和备份之间的缺口将在 2012 年变得更加明显。

12.2　2011 年数据库业发展回顾与 2012 年展望

在存储领域中，因大量数据管理任务的需要，数据库担当着非常重要的角色。但随着数据量的不断增长，数据管理问题越来越困扰各行各业的管理人士，传统的数据库模式已满足不了各层次用户的需求。那么数据库应如何发展，这将成为 IT 业的重要焦点之一。

12.2.1　数据库业的相关界定及发展历程

一般认为，数据库是在计算机可读介质上按一定的结构组织的信息集合，是数据管理自动化和开发利用信息资源最常见的一种形式。其产业包括数据库、数据库生产者、数据库提供者三个部分。常用的盈利方式如一些发达国家积极按照实物商品的生产、销售、流通和批发模式进行数据库的生产和销售，实行数据有偿服务。

最早的数据库可以追溯到 20 世纪 40 年代，发展从美国开始，当时的数据管理方式是对穿孔卡片进行物理的储存和处理。到了 20 世纪 50 年代，相继出现了磁带驱动器与磁盘驱动器，引发了数据管理的革命。20 世纪 60 年代，数据库系统开始萌芽，并发展出了三种传统的数据库、网状数据库、层次数据库和关系数据库，并开始往商业化发展。到后来的 70 年代，直接为数据库服务的开发语言 SQL 诞生，成为数据库发展史的历程碑。

随着信息需求的增加，关系数据库系统逐渐淘汰了网状数据库和层次数据库，成为当今最为流行的商用数据库系统。现在随着面向对象技术的发展，出现了基于面向对象数据库。2009

年，一项全新的数据库革命性运动兴起，NoSQL 数据库开始成为争论热点，该数据库的拥护者们提倡运用非关系型的数据存储，相对于目前铺天盖地的关系型数据库运用，这一概念无疑是一种全新的思维的注入。其实，NoSQL 在早期就有人提出，只是发展至 2009 年趋势才越发高涨。

图 12-6 是数据库从 20 世纪 40 年代到现在的发展情况，在发展的最初期即 20 世纪 40 年代，数据库还仅仅处于简单的物理存储与处理的阶段，而随着存储技术的进步，数据库发生了多次革命，并逐渐走向商业化。

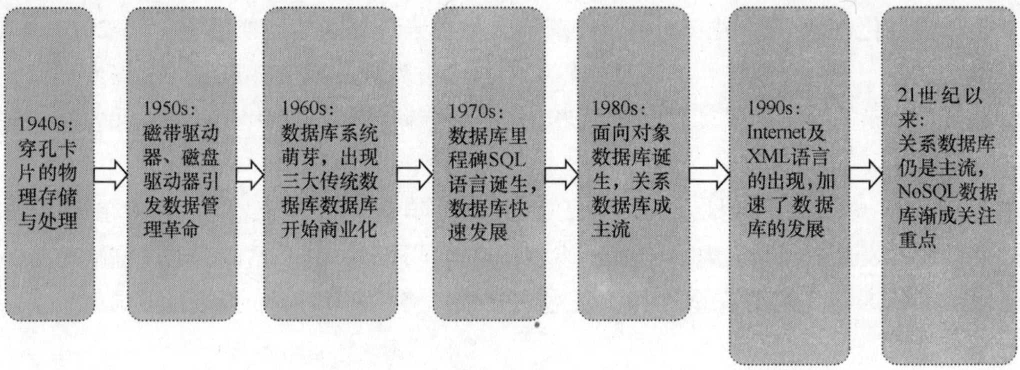

（资料来源：网络百科）

图 12-6　数据库发展历程

而我国数据库建设分为 3 个阶段：20 世纪 70 年代，引进外国数据库理论和成果，解决汉化处理技术问题；80 年代到 90 年代初，小型数据库建设阶段，开始自主建设数据库的工作；1993 年，万方数据库公司的成立标志着我国数据库业开始萌芽，到现在，数据库业飞速发展，呈现出勃勃生机，如图 12-7 所示。

（资料来源：网络百科）

图 12-7　中国数据发展建设历程

因此，我国的数据库发展从一开始就比国外晚了 20 年，并且发展较为缓慢，从最初的复制汉化处理到后来的萌芽可以看出，中国数据库的发展较为被动且缺乏创新。但事实上，在国内巨大的信息市场背景下，中国数据库最终会走上高速发展的道路。

12.2.2 数据库业的发展现状及竞争状况

2011 年，经济形势依然严峻，面对残酷的市场竞争，无论是已稳坐前三的还是后来发力的数据库厂商，都在捍卫着自己的市场份额，期望占领更有利的市场阵地。而随着业务复杂度的增加及企业数据量的增长，数据库产品的优劣影响着企业的有效运行，因此对数据库的选择成为企业的重要决策。下面将具体阐述数据库业的发展现状及竞争情况。

（1）NoSQL 发展迅速，但仍需以非主要存储方式的角色来接受时间检验

随着数据量的爆炸式膨胀，特别是互联网应用，对高并发的数据存取性能要求越来越高，对海量数据和访问和数据存储的横向扩展需求愈发迫切，传统模式在应对新形式下新需求时，频繁地暴露出很多不足。于是 2009 年出现了 NoSQL 技术，很多人为之激动并积极投入力量。但是，就目前来看，想要在混乱的“NoSQL”技术这个领域中紧跟潮流非常困难，新的项目和技术层出不穷，即使是 NoSQL 阵营内部，也在彼此交锋不断，不过这一点也从侧面说明了 NoSQL 产品的热度和活力。NoSQL 虽然如火如荼，但对于很多最终用户来说，NoSQL 方案的应用仍不是作为主要存储方式，很多场景下还是将其作为一种优化的技术手段在应用，其所依托的基础数据来源，仍然是传统 RDBMS 产品。综合来看，NoSQL 产品弥补了关系型数据库在某些应用场景的不足，但是它也并非万能，仍然需要时间的检验。

（2）企业对数据库的性能、备份容灾及设计等问题最为关注

针对数据库的不同技术，企业用户的关注程度也不同，根据 IT168 网站对数据库技术应用情况的调查结果可知，用户对于数据库技术热点的关注仍然以数据库性能优化为主，占到了 72.6%，这是由于几乎所有企业在处理复杂业务时都不可避免地会遇到数据库的性能问题，解决数据库性能问题一方面有赖于厂商不断完善和改进产品，一方面要靠用户不断提高应用水平，从这个角度来说，数据库从业人员的市场和前景将会长期看好。

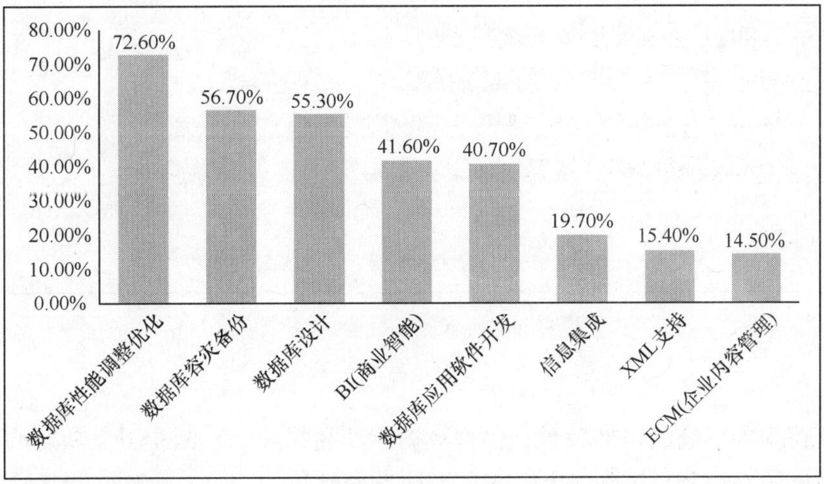

（资料来源：IT168）

图 12-8 用户对数据库技术的关注分布

另外，用户对数据库容灾备份及设计的关注程度也很高，分别占了 56.7%与 55.3%，这是由于近些年来越来越受到了网络安全、环境灾难等因素的影响，这成为企业十分重视并必须要解决的问题。

（3）从用户对不同品牌产品的部署情况中看数据库市场的争夺

在过去的数据库市场中，各个数据库产品都凭借自己的技术特点占领着只属于自己的市场份额。但如今这种情况在众多数据库产品的不断升级中慢慢地被改变，原来凭借一种领先技术来独占市场的优势被减弱，且其他数据库产品开始渗透进入自己占有的市场，所以在完善自身优势的同时，数据库厂商们开始把目标又放在了自己原来所不曾涉及的领域。例如 Oracle 的多次并购，将自己从一个纯软件厂商拓展到了软硬并发的巨大企业，快速增加并稳固了自身的龙头地位。

根据 Gartner 公司针对用户部署数据库的情况可知，Ocacle 产品的目前使用率最高，达到 70%；微软的 SQL Server 仅跟其后，使用率达 68%；开源数据库 MySQL 及 IBM 的 DB2 分别达到了 50%和 39%，如图 12-9 所示。另外从该图可以看出，2012 年计划部署或以后计划部署的比率相当，即 Teradata、Sybase IQ、Sybase ASE 等后劲较足，部分用户对这几类产品的信心不低，例如未来安装 Teradata 的可能性几乎是 Oracle 的两倍。但与已部署的用户率正好相反的是，不打算部署某品牌的比率从 Oracle 的 14%到 Teradata 的 61%逐渐增加。就算把现今部署量与未来部署量相加，后几名的厂商的问题也难以与 Oracle 或微软匹敌。

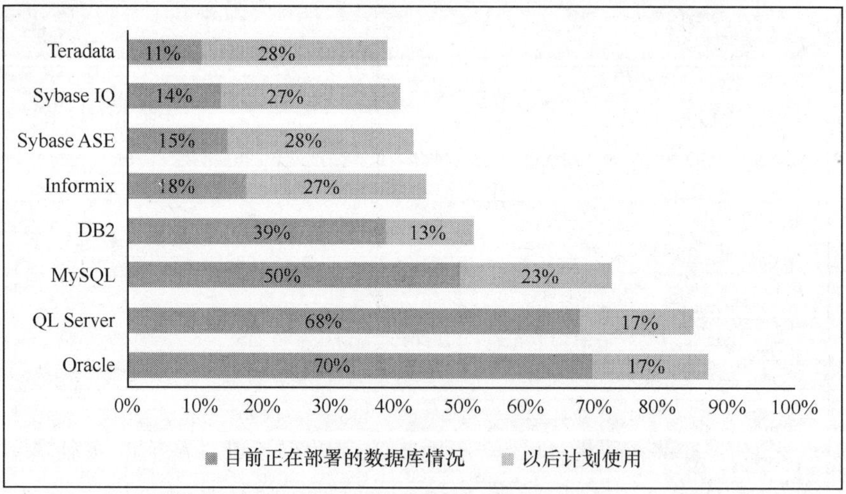

（资料来源：Gartner 数据分析）

图 12-9　用户部署数据库的情况

随着各大数据库厂商的不断发展，各种数据库产品的技术不断提升，功能的不断完善，数据库同质化现象越来越明显。数据库厂商在保证自身优势的同时，已经纷纷开始了在新领域市场的争夺，各种新技术的研发，各种新功能的问世，都增加了数据库厂商的竞争实力，相信 2012 年，数据库市场又将硝烟再起，群雄逐鹿。

（4）国外品牌不断推出新产品，国产数据库后劲不足，仍需创新及合作

如今在国内的数据库领域，仍然是实力雄厚的国外品牌稳占前排，如 Oracle、微软、IBM 及 Sybase 等。而国产数据库则较为落后，虽然不断推出新措施、新产品，但仍无法动摇国外厂商的巨头地位。

实际上，我们可以从今年各大厂商的新闻中找出各厂商业绩表现的原因。

首先，Orcale 于 2011 年 7 月推出重量级产品，这个战略计划的宣布加上其积极的态度使用户预见到了其乐观的销售业绩。实际上，Oracle 于近些年已先后收购了 PeopleSoft、BEA、SUN 等知名软件企业，同时在产品线上也是四面出击，使自身由一个单纯的数据库软件厂商，蜕变成产品集合涵盖了包括数据库、中间件、操作系统、企业化管理、商业智能、虚拟机、开发工具等，并能对外提供完整企业解决方案的巨无霸厂商，完成从卖产品到卖服务的重大角色转变。据 Gartner 调查报告显示，在 RDBMS 市场，Oracle 的市场份额占到 48.1%，位居第一位，其市场份额超过了之后的五个竞争对手的总和。图 12-10 是 ORACLE 的数据库和中间件等业务从 2003 年到 2011 年的收入情况，可以看出该公司八年来的强势状态。

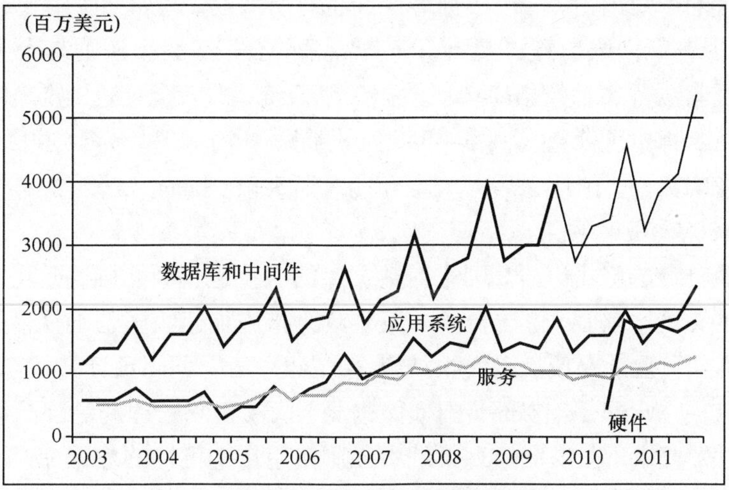

（资料来源：Gartner 数据分析）

图 12-10　ORACLE 数据库等业务从 2003 年到 2011 年的收入情况

其次，IBM 于 2011 年发布的数据库产品中扩充了数据库硬件配置，重新调整了数据仓库应用工具来充实硬盘的空间，以增加硬盘容量。而在企业级 RDBMS 领域，IBM 的 DB2 被公认为是 ORACLE 数据库的最大对手。2011 年，IBM 继续针对 ORACLE 在数据库维护费用很高以及对于客户的咨询回复速度不够及时等缺点，在 TCO（Total Cost of Ownership，总体拥有成本）方面下重本作为反击 ORACLE 的重心，有针对性地鼓励并帮助用户移植数据到 DB2 数据库平台，提升用户 TCO 的整体方案。并加强与 SAP 等其他厂商的合作，进一步提升 DB2 数据库中在 SAP 应用软件的性能，提高软件性能及其对 ORACLE 的兼容性。

另外，微软今年也推出了基于云计算办公软件 Office365，同时推出创新的数据库应用，

并且兼容大多数浏览器、智能手机和桌面应用程序，获得市场一片好评。尽管是与ORACLE、IBM等老牌关系型数据库软件厂商竞争，Microsoft公司的产品SQL Server表现也不弱，并有逐年增强之势。如果细分市场的话，SQL Server在中小企业市场中一直占据较大比重，这也与SQL Server一直深植Windows平台有重大关系。按行内人士的说法，Microsoft公司采用的是“农村包围城市”的市场路线，即先抢占市场，再丰富功能。这些年来，从云计算到虚拟化技术，再到自助商业智能工具，SQL Server一直追赶，是ORACLE和IBM不可忽视的对手。

至于Sybase，被SAP收购后由于推广问题而导致市场份额有所下降，但其后来推出了Sybase事件流处理器，作为受赞誉的Sybase Aleri CEP平台的重要新版本，这款产品重新提升了Sybase的市场地位，但实际上，Sybase在国内的被关注程度与Oracle及微软相比起来仍是非常微小的。作为全球第四大数据库厂商，Sybase在规模上其实已经远逊于前三名，即使是Sybase旗下的关系型数据库管理系统主打品牌ASE,其曾用名Sql Server也已被市场慢慢遗忘，该系统是由Sybase当年联合微软及Ashton-Tate共同进行开发，然而，时过境迁，随着市场份额的逐年下降，影响力也日趋弱化。

面对国外品牌的不断出击，国产数据库厂商也有所举动。例如天津南大通用数据技术有限公司于2011年7月与云南联通签订GBase8a产品采购合同；紫金桥则与大庆油田有限责任公司合作推出了基于紫金桥实时数据库实现数据采集系统；人大金仓是“核高基”重大专项数据库方向课题的牵头承担单位获得核高基6050万元补贴，并于2011年年初开始选择用并购整合的模式来加速企业的突围，预计之后人大金仓能有所突破。同时，思创数据库与达梦数据库也有所动静但相对来说收获平平。

除了国产企业自身的努力以外，国家对数据库的扶持也不断增强。近几年来，国家支持国产基础软件发展的力度空前强大，出台了一系列政策措施加速我国基础软件的发展，其中仅中央财政通过“核高基”重大专项投入的扶持资金，“十一五”期间预计就将超过30亿元，数据库产品将会受益其中。此外，公安部、国家保密局、国家密码管理局等部门制定的《信息安全等级保护管理办法》要求，在安全信息系统中强制使用自主可控的数据库产品。工信部在《加快软件服务业发展的指导意见》中也明确指出软件服务业发展目标：到2015年，党政机关内网办公系统关键软件基本实现国产化。

总的来说，国外数据库品牌有技术和时间积累优势，同时凭借技术上的创新和实力，赢得了用户的忠实青睐，而国产数据库后劲不足，更缺乏技术上的创新，也就缺少国外品牌的核心竞争力，因而表现十分不稳定。本土基础软件厂商的发展主要是借助国家政策和资金的支持，如果想在未来几年有所突破，需要积极团结合作，发挥各自优势。否则在当前国外数据库迅猛发展，而国内数据库厂商形势不利的环境下，差距越来越大，国外品牌也将长期垄断数据库市场。

12.2.3 国产数据库艰难发展的原因及应对方法分析

在国际数据库厂商的挤压下，国产数据库艰难发展，但国内并不缺乏人才，也不缺少资源，为何仍然无法超越国外品牌，归根结底，有以下几个原因。

(1) 营销失力导致品牌建设困难，需提升宣传效果

如今很多数据库用户并没有使用过国产数据库，但也从没想过要用，“国产”二字已深深影响了很多人对中国的数据库的客观评价，甚至产生了不可理解的心理抵触。一个产品在其品牌的发展要经历三个阶段：品牌的知名度、美誉度和忠诚度。现在国外的主流数据库产品基本都处在“最高阶段”——品牌的忠诚度上，而国产数据库产品还处于提升品牌知名度和美誉度的阶段，这是国产数据库在营销方面的一个很大的挑战。

因此，一方面，国产数据库要加大宣传力度和范围；另一方面，也要多树立样板工程、亮点工程，实现客户“知道国产、试用国产、购买国产、推广国产”的口碑式营销。

(2) 国外品牌先入为主导致品牌壁垒，应提升产品兼容性

在国内重大的行业和领域中，国外数据库产品经过多年的发展，先入为主并得到了广泛的应用和认同，而国产数据库在进行市场开拓的时候，特别是在已经使用国外数据库的重大客户、高端客户的面前，都被置以怀疑的态度。若无法实现国内外产品的无缝对接与兼容，也唯有继续使用原数据库产品，这就从品牌上形成壁垒，直接将国产数据库出局。

因此，国产数据库需要提高其产品兼容性，在不增加客户工作量的基础上，通过产品的优化，实现“有条件的无缝对接”。此时国产数据库厂家就要充分了解竞争对手的产品特性，快速实现产品的对接。比如在 2008 年的国电备调系统上，达梦数据库不用修改一条源代码，就实现了与原来基于 Oracle 的系统的对接。

(3) 技术上存在差距，可从增强实用性入手

与主流数据库产品相比，国产数据库存在着一定的技术差距，这是不可否认的，这些差距主要体现在产品的高级功能上。但其实，用户在招标过程中不切实际地求全求大，使得不需要的功能指标也写在标书内，直接造成壁垒。据统计，Oracle 的功能平均使用率不到 30%。一位从 Oracle 公司出来的技术人员讲 Oracle 的很多新功能都是一种时尚，就像时装一样，非常招引顾客，但并不实用。

因此，国产数据库要有针对性地结合中国信息化建设的实际情况，研发出具有自身特色的产品，满足客户的个性要求，并且争取在一些关键指标上赶上甚至超过国外主流数据库产品。其次，为客户精心打造，量身设计数据库产品。

(4) 使用国外主流数据库已成习惯，需从早期教育开始渗透

国外主流数据库产品经过常年的发展，对技术人员从学生时代起，就耳熏目染，使得他们认为数据库产品就应该是像 Oracle、MSSQL 一样的，一旦有了新的事物，从使用习惯上就很不接受，也造成了一定程度上的壁垒。

因此，应该从高校或更早就对国人进行国产数据库的教育，实际上这方面国产数据库已经开始有所动作，例如达梦数据库现在在全国多所高校都成立了“国产数据库实验室”，并编撰了多本教材在高校发行。

(5) 领导责任产生负面作用，应鼓励政府营造国产氛围

倪光南院士曾经发表过一句话：“使用国产基础软件，一方面，需要国产厂商的优秀产品

来实现，另一方面，更需要领导敢于使用国产软件”。领导不敢使用国产数据库，其中一个主要原因就是：如果用国产的数据库产品出了问题，领导就要承担相应的责任。基于明哲保身的思想，就使得国产数据库一直作为领导方案中的“备选产品”。

因此，需要政府在国产基础软件的使用上，中央从宏观的层面，鼓励各级政府使用国产产品，营造宽松的氛围。

（6）渠道发展困难，应完善售后、代理等服务

国外主流数据库厂家基本上是通过代理商机制在完成销售。而国产数据库厂家由于品牌知名度、市场认知度等原因，没有“自然消费率”，这样就很难去发展代理厂家、渠道商。在外部上，没有主动购买的愿望，而在内部，由于缺乏去了解国产数据库的动力，代理商、渠道商又很难去转型做国产的产品。

因此，各级地方政府应该出台支持国产基础软件的政策、并要求提供本土化的售后服务，为“主动购买国产数据库”提供了良好的外在条件，同时，国产数据库厂家也要让利于商家，并且提供强大的技术保障和技术支持，促进代理机制的发展，借力扩大自己的市场。

（7）国产问题受歧视，应宽容对待国产软件的失误

国外的产品，每周都有补丁，都要升级，都要修复 BUG，但是国产的产品一出问题，马上不公平地被一棒子打死，从领导到技术人员全部摇头否定。大家可以容忍国外的产品出问题，而对国产的产品严格要求，是不利于国产数据库发展的。

因此，应以开明的态度，宽容地对待国产软件，并树立以使用国产基础软件为荣的思想，积极地推进国产化的进程。同时，国产数据库厂家也要急用户之所急，主动地将问题积极解决。能够从底层最快捷最有效地解决用户在实际使用过程当中出现的任何问题，最大程度地实现用户信息化工作的最大价值。

（8）价格代表质量的观念严重，应正视国产的价格优势

客户在选择国产数据库产品的时候，除了因为产品本身能用、好用、适用外，价钱因素，也是很大的一个优势。国产基础软件的出现，大大降低了信息化建设的成本，为国家节省了大量的资金。但是，现在用户在信息化建设中，对于数据库产品还是存在有两种主要的思想，一种是：“要买，就买最贵的，最好的”;另一种是：“能不能用不要钱的，或者干脆就用盗版的!”而国产数据库比上不足，比下更没有优势，反到成了一种尴尬的价位。

因此，国产数据库要准确定位，在知识产权保护日益受到重视的今天，低廉而实用的信息产品必定会受到社会的认同和欢迎。在经济条件不够发达的地区和行业中，国产数据库要发挥自身的价格优势。

12.2.4 2012 年国产数据库业的发展趋势

发展国产数据库，是国家信息化建设的战略需要，是构成民族产业发展的关键环节，因此，国家对国产数据库的支持应是长期而且坚定的。下面将从国产数据库业的发展机遇、技术趋势及市场趋势等方面来具体阐述。

1. 国产数据库业的发展机遇

国家的支持给国产数据库厂家带来发展机遇，其主要体现在以下几个方面。

（1）资金支持

国家通过“九五”、“十五”、“十一五”期间的种种发展基金和科研项目，对国产数据库厂家有着强大的支持，并且在“十二五”期间，会延续这种支持。

（2）市场支持

国家通过推出国产数据库应用示范点，在市场上推广国产数据库。如在 2006 年发起的由科技部、信产部牵头的“国产基础软件平台体系的建立和应用示范”项目，通过在电子政务、卫生、计生委、教育、农业等领域上的试点应用，很好的起到了推广国产基础软件的作用。

（3）政策支持

国家颁布的国务院 18 号文、国务院 41 号文、47 号文等，都对国产基础软件表达了坚决的支持。财政部于 2007 年下发了《关于实施促进自主创新政府采购政策的若干意见》，更是确定了在政府采购中优先采购具有自主知识产权的产品。使得国产数据库有一个良好的市场氛围。

2. 国产数据库业的技术发展趋势

从技术层面，数据库的发展非常迅速并前景可观，可体现以下几个方面。

（1）技术融合

随着计算机应用领域的不断扩展，各种新技术的发展，数据库技术与网络通信技术、人工智能技术、并行计算技术等互相渗透，互相结合，成为当前数据库技术发展的主要特征，涌现出多种新型数据库系统。

例如数据库技术与分布式处理技术相结合，形成了分布式数据库系统；与并行计算技术相结合，形成了并行数据库系统；与多媒体技术相结合，形成了多媒体数据库系统；与人工智能技术相结合，形成了知识库系统和主动数据库系统；与模糊技术相结合，形成了模糊数据库系统等。

（2）互联网领域 NoSQL 应用成为主流

在互联网应用领域，特别是 Web2.0 网站的一些常见需求，传统 RDBMS 应对这些需求时异常的艰难，或者实现成本极为高昂。NoSQL 经过三年的蓬勃发展，发展出了众多不同应用场景的产品，其所拥有的高效海量数据处理能力、高并发存取和简便的横向扩展等特点，非常适合互联网应用。

（3）“云计算”正步入实质性阶段

随着互联网业务的迅猛发展，数据规模急剧的膨胀，与之对应的 IT 硬件更新速度完全无法与之相比，存储和管理海量数据已越来越成为亟待解决的问题，云计算的概念也是由此应运而生，在这方面，NoSQL 所具有的高性能、高可用性、高扩展能力非常适合“云”的需求，也是目前“云数据”应用的主力。

（4）DBA 变身架构师

在关系型数据库仍然为主流的时代，工程师们往往只需要专注于所使用的数据库产品的特性及相关维护工作上，但在现如今这样一个信息大爆炸的时代，生成海量数据的应用遍布四周，虽然同样还是面对数据，但不同的应用有各自不同的特点和需求，各种模型、各种实现也纷纷兴起，越是大型的应用，越会面对复杂的存储层管理需求，工程师就需要有能力根据应用的特点，使用不同技术满足不同应用的需求，这个行业正变得越来越复杂，DBA 必须做好从维护传统的单一平台系统到架构师的转变，储备更多的“食粮”应对新时代下的不同需求。

3. 国产数据库业的市场发展趋势

从社会市场层面，我们可以看到数据库业在未来有以下发展特征。

（1）社会化

目前国外数据库已跳出科学技术领域，扩展到企业、管理、市场、新闻、法律、社会生活等领域，经济和社会其他领域数据库市场的销售额和增长率，越来越高于科技情报服务，这将是中国数据库发展的一个必然趋势。

（2）商品化

由政府部门、科研机构、高等院校及学会或协会等非赢利机构生产、所有或资助建造的数据库利用形态将逐渐趋向商品化，成为信息市场的重要商品。

（3）产业化

在发达国家，数据库业已按照其他产业的模式，实现生产、加工、流通、批发零售的产业化改组，数据库生产和服务的市场与产值将越来越大。国内数据库业也必将具有产业化的规模。

（4）技术手段现代化

在国外，计算机通信和数据库建设被认为是信息业现代化的三位一体，在信息处理、存储和传递三个主要环节上基本是同步、配套地发展。数据库作为一个系统，开始支撑着信息技术的发展。

（5）资源化

数据库事业的社会功能将出现实质性的转变。数据库的发展水平也将同国家经济实力、科技成就、外交地位、文明程度等一起作为衡量一个国家实力的重要指标。数据库作为未来社会的重要战略资源将越来越受到国家和社会的重视。

12.3　2011 年外部存储业发展回顾与 2012 年展望

12.3.1　外部存储业的相关界定

外部存储（External Storage），是一种存储服务模式，可从两方面进行理解，一是外部存储器，二是外部存储服务系统。

外部存储器是指除计算机内存及 CPU 缓存以外的储存器，使用的是不被永久写入计算机的数据存储格式。常见的外部储存器有硬盘、软盘、光盘、U 盘等，目前外部存储技术主要以磁存储和光存储为主。

外部存储服务系统直接或通过网络连接服务器主机，其本身是完备的，拥有可独立存储、管理及读取数据的所有全部组件，其系统具有高度容错能力，表现为在某一组件发生故障时可以持续工作。

12.3.2　外部存储业的发展现状

1．国际外部存储业的发展现状

国际厂商在保持领先市场份额的同时，都在部署至少未来五年的存储战略。一方面通过对产品线的整合与完善，对技术的互补与合作，增强客户认知并为客户提供丰富且适合的存储解决方案；另一方面通过对渠道及合作伙伴的拓展，覆盖更广更深的区域，为客户提供更具针对性的选择与更多元化的服务。

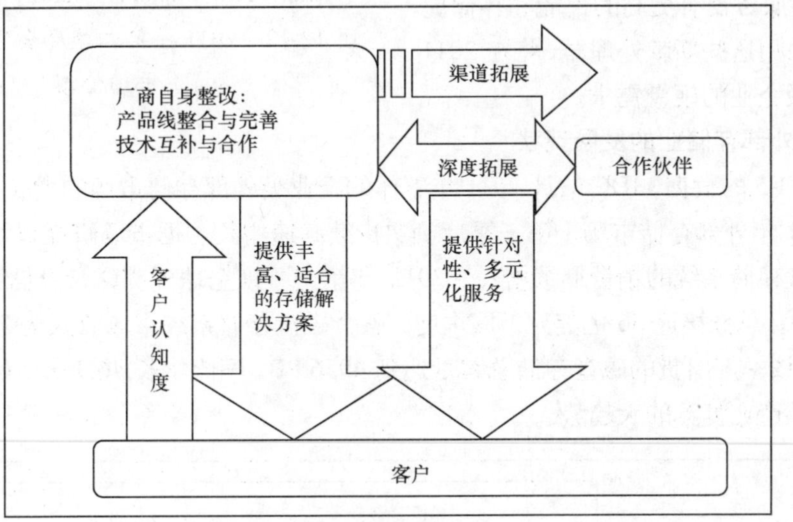

（资料来源：IDC）

图 12-11　国际厂商的未来存储战略

例如，国际厂商 EMC 和 IBM，除了在中高端市场依旧占据主导地位，也开始加大对低端市场的渗透，国内厂商如浪潮与同有，则除了发挥在政府、军工等行业的传统优势以外，也升始加大研发，向中高端市场挺进。

下面重点看看国际硬盘市场的发展现状。据 IHS iSuppli 公司的存储市场研究报告，2011 年第二季度的硬盘(HDD)出货量略有增长，为 1.671 亿个，比第一季度的 1.605 亿个增长 4.1%。西部数据（Western Digital）的总体出货量连续第六个季度领先，占总量的 32%，希捷（Seagate）紧随其后，占 31%，而日立存储科技（Hitachi GST）份额是 16%，东芝/富士通（Toshiba/Fujitsu）份额是 11%，三星电子占 10%。西部数据收购日立和希捷收购三星之后，开成三足顶立的态势。明显的，西部数据占到了全球市场几乎一半的份额，而希捷则为五分之二左右，如图 12-12 所示。

尽管 3 月份的日本地震对硬盘市场造成了一定的影响，以及笔记本电脑销量受平板电脑的影响而持续下降，但第二季度的硬盘出货量仍然上升，其中原因包括 PC 厂商担忧地震导致元件短缺而提前下订单，以及供应商利用成本较低的海运代替空运等。虽然出货量增长，但利润率却整体出现下降，归因于大宗商品价格上涨、竞争加剧和笔记本利润较低以及技术转变较慢等。另外，各大处理器生产商推出了新款微处理器，HIS 公司认为，需要服务器有更高的性能和存储虚拟化的企业采用这些新款处理器，将在 2011 年下半年刺激企业的硬盘需求。

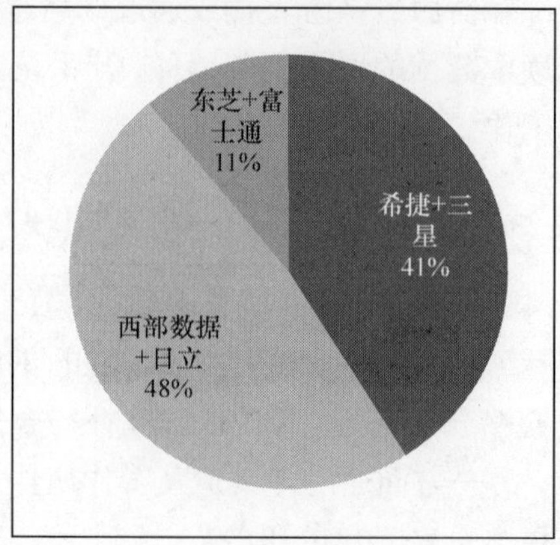

（资料来源：HIS iSuppli Research，September 2011）

图 12-12　2011 年第二季度全球硬件厂商的市场份额

2. 国内外部存储业的发展现状

根据图 12-5 的数据，IDC 估计 2011 年整体的企业级外部存储市场的增长会超过 15%。而事实上，2011 年外部存储市场于第一季度确实持续高速增长。据市场研究公司 IDC 的数据表明，外部磁盘存储系统的销量继续增长，2011 年第一季度全球外部磁盘存储系统工厂收入同期增长 13.2%，总额接近 56 亿美元。该季度，整个磁盘存储系统市场收入为 75 亿美元，同比增长 12.1%，该季度出货的磁盘存储总容量达到 4956 PB，同比增长 46.3%。，如图 12-13 所示，这客观反映了产业复苏的大趋势。

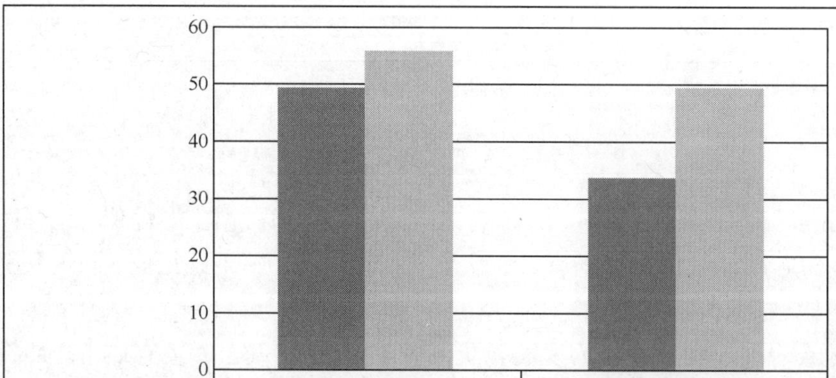

	收入(亿美元)	存储总容量(100PB)
■2010年第一季度	49.5	33.87
■2011年第一季度	56	49.56

（资料来源：IDC）

图 12-13　2010 年和 2011 年第一季度外部磁盘存储工厂收入与存储总容量的情况

3. 全球主要的外部存储厂商的竞争格局及影响因素

2011 年第一季度，EMC 凭借 27.3%的收入份额继续保持在外部磁盘存储系统市场的领先地位，NetApp 紧随其后，以 13.5%的市场份额名列第二，IBM 则以 12.2%位列第三。惠普和 HDS 分列获得 10.5%和 9.0%的市场份额位列第四、第五。而到了第二季度，EMC 仍然位居第一（28.7%的市场份额），IBM（13.7%）和 NetApp（12.8%）从统计意义上并列第二，惠普（11%）排第四，日立（8.1%）和戴尔（7.9）并列第五。图 12-14 是 2011 年第一季度及第二季度全球外部磁盘存储系统工厂收入排名前五的供应商。

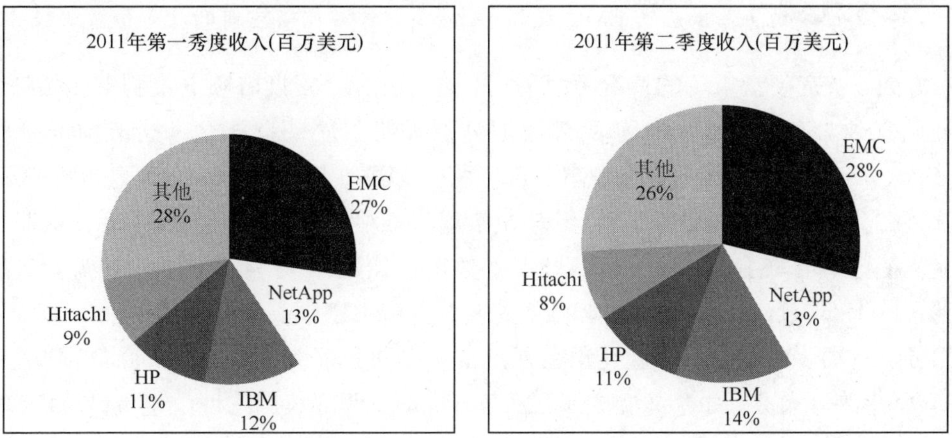

（资料来源：IDC）

图 12-14　2011 年第一季度全球外部磁盘存储系统工厂收入排名前五的供应商

由图 12-14 可知，EMC 连续两季度在外部磁盘存储中占据领先位置，而且比第二名竞争者要高出两倍以上，而 IBM 与 NetApp 的市场占有率非常相近，二者的竞争应更为激烈。在增长率方面，虽然 EMC 占据最大份额，但收入增长比不上 NetApp，成为 EMC 未来几年的最大竞争者。另外，根据 IDC 报告可知，在全球排名前五名供应商的市场总占有率从 2010 年初到 2011 年初有所下降，从 34.10%下降到 27.50%，这说明了外部存储市场由于全球市场需求的增加，吸引了大量 IT 厂商加入到竞争当中。

另外，有市场人士分析，在外部存储领域中，两极分化正在形成。从收益的角度，两家纯粹的存储供应商 EMC 和 NetApp 在获取市场份额方面远领先于 Dell、HP 和 IBM。如图 12-15 所示，从 2004 年到 2011 年，EMC 和 NetApp 的市场份额之和一直高于 Dell、HP 和 IBM 的总和，并从 2007 年开始趋于明显并持续至今，在图上表现为两条折线的间隔日益扩大。并且上一季度的数据显示这个差距又被进一步扩大。

而根据 Stifel Nicolaus 关于存储供应商收入增长率的调查研究可知，近几年，NetApp 的增长速度远远超过其他任何的供应商，包括 EMC。但相比 EMC 接近 45%的市场份额，NetApp 在短期内依旧无法赶上 EMC。另外，2011 年，EMC、日立数据系统和 IBM 在增长率上的近况要好于 HP 和 Dell。

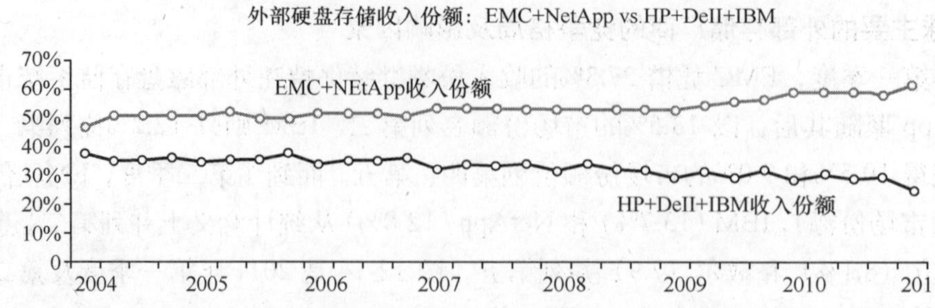

（资料来源：Stifel Nicolaus）

图 12-15　纯存储供应商 EMC 及 NetApp 与非纯存储供应商的收入份额比较

另一方面，留意硬盘市场的情况可以看出，最近几年，硬盘市场上收购事件频频发生，其中最大的两家硬盘存储厂商希捷和西部数据分别收购了三星与日立。据市调研究公司 IHS iSuppli 表示，希捷科技收购三星硬盘事业部门将会大幅推升其并购后之硬盘市占率，2011 年的出货量将占全球硬盘市占率的 2/5。但是，希捷与三星两家硬盘事业合并后，依旧不敌全球台式电脑及笔记本电脑主要硬盘供应厂商西部数据。西部数据并购了日立的硬盘业务后合计出货量达到 3 亿 1950 万台，成为硬盘业的龙头老大，市占率则高达 50%。

我们可以从图 12-16 看出最近几年在硬盘市场中的竞争情况，硬盘厂商从 2004 年的七大家变成 2009 年的五大家，如今又变成了三大家。同时，西部数据的地位也从 2004 年的第二升到第一，并持续保持六年之久。有分析师表示：总的来说，从 5 家减为 3 家相当程度地使硬盘业的稳定性跟效率获得进一步的改善。然而，收购案的产生亦象征着未来全球硬盘厂商的竞争将愈显激烈。

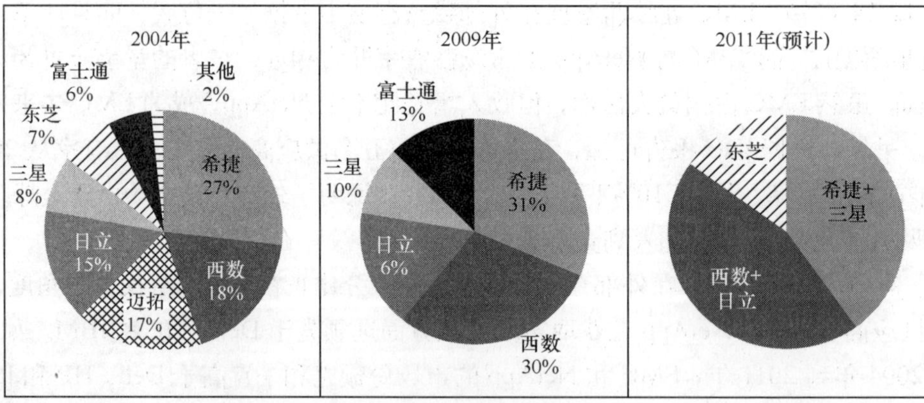

（资料来源：Stifel Nicolaus）

图 12-16　全球硬盘厂商的市场格局变化情况

据 IHS iSuppli 公司的研究，在平板产品销量增长等不利因素的打击下，2011 年电脑硬盘市场增长速度将放缓，销售额增长率将比 2010 年降低 3 个百分点。包括用于 PC 和存储服务器的硬盘在内，预计 2011 年电脑硬盘销售额将达 281 亿美元。虽然这比 2010 年的 270 亿美元增长 4.1%，但增幅远低于 2010 年的 7.0%。除了 2013 年增长率预计上升到 4.5%以外，未来几年硬盘销售额增长速度将不断下降，2012 年降至 3.9%，2014 和 2015 年分别降到 2.8%和 2.1%。2010—2015 年，电脑硬盘销售额的复合年度增长率将为 3.5%，2015 年销售额将达到 321 亿美元，如图 12-17 所示。

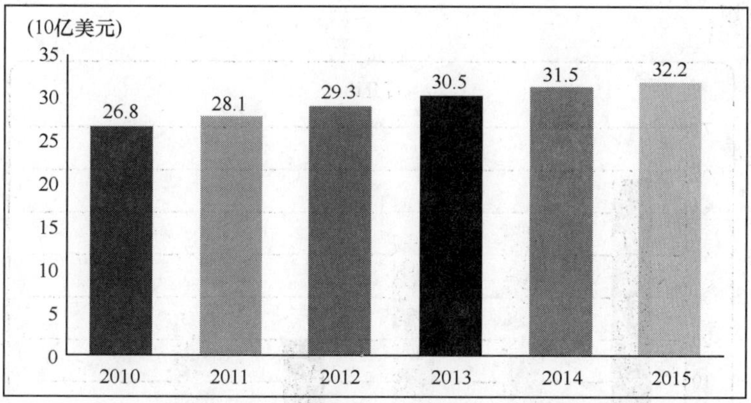

（资料来源：HIS iSuppli Research，May 2011）

图 12-17　全球 PC 硬盘收入预测

经分析，造成以上市场格局的原因有很多，其中主要的影响因素如下。

（1）品牌效应与客户基础

凭借着高信誉的专业品牌与较高的客户信任度，个别领先的外部存储厂商于 2011 年的收入与市场占有率会以一定的速度持续增加，例如 EMC 与 NetApp。

（2）渠道因素

有些厂商凭借其成熟的渠道体系使其良好发展，如 HP 的深耕计划，加大对中国三级以下城市投入，其销售渠道和人员数量进一步扩充，使之具有稳定的市场占有率。

（3）地域优势

占有了电子信息最发达的一级城市资源便占了市场最大的份额，例如 EMC。

（4）市场层次

不同的厂商有其不同的市场针对性，例如浪潮主要针对中端市场，IBM 与 EMC 主要针对高端市场，其成本投资与回收速度也是不一样的，这将导致发展速度参差不齐。

（5）行业分布

另外，还有不同的行业分布也将导致不同的收益情况，如浪潮主要进攻政府市场，富士通进攻教育领域，也将形成不同的市场格局。

12.3.3　2012 年外部存储业的发展趋势

1. 外部存储业的技术发展趋势

随着企业网络应用的时间和应用的数据量的加大，企业已经感觉到存储容量和性能落后与网络的应用发展需求的矛盾，特别是流媒体企业，在这种应用条件下满足用户的存储需求的技术应用诞生，其中，DAS、NAS 和 SAN 三种存储技术仍然是当今与未来的主流存储技术。

图 12-18 是目前外部存储应用中涉及到的技术类型的使用率。从图中可以看出，应用 FC SAN、IP SAN 以及 NAS 设备的比例基本平分秋色，需要引起注意的是，DAS 产品依然把持着一定的市场份额。

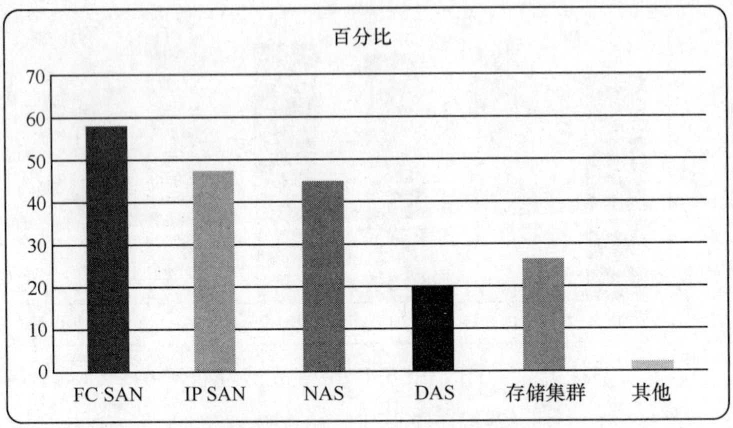

（资料来源：存储在线网）

图 12-18　外部存储应用中涉及的技术类型的使用率

关于外部存储器的使用，某些业内评论员开始预测，只需数年，闪存就会完全取代磁盘的主存储器地位，闪存将成为新的磁盘，而磁盘将成为新的磁带。但也有人认为，数年后当固态硬盘与传统磁盘的价格差异降至 2～4 倍的时候，磁盘时代才会结束。因此，未来的应该会进入混合存储即各种固态硬盘与磁盘混搭使用的时代，这两种存储技术的混搭比例可能不尽相同，目的只有一个，就是在性能和容量上找到最完美的平衡点。

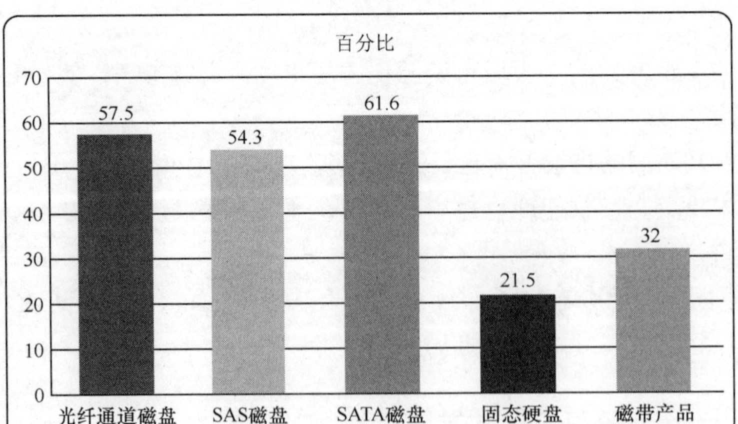

（资料来源：存储在线网）

图 12-19　外部存储应用中使用的存储介质类型的使用率

另外，关于外部存储应用中使用的存储介质类型的使用率如图 12-19 所示，由此图可知，在应用外部存储的样本中，应用光纤通道磁盘、SAS 磁盘以及 SATA 磁盘的样本数量相差不大，同时，固态硬盘的应用数量目前来看被业界看好，也是不容忽规的。

2. 外部存储业的市场发展趋势

(1) 成本与定价下降

无论是存储产品还是存储服务的总成本都将持续下降，这多归功于愈加激烈的市场竞争和生产工艺的改善。

(2) 闪存市场将出现并购热潮

企业数据中心闪存市场规模虽小，但是发展却很迅速。这片市场领域的竞争正在升级，业内分析师预计，随着大型厂商的介入，一场并购浪潮很快就会袭来。从 IBM 到西部数据等大型技术公司都开始将重点放在速度极快的闪存技术上。

(3) 统一存储成为热点

2012 年，几大外部存储厂商将发力中端，预示加速对统一存储市场的征战，不管是国外厂商 EMC、IBM、惠普、NetApp、戴尔等，还是国内厂商浪潮、同有、UIT 等，在统一存储架构下，不断地融入更多的存储软件、管理等功能，使得统一存储产品和方案越来越丰富，“统一存储”就成为了各大存储厂商角逐的热点。

(4) 固态磁盘将取代传统硬盘

随着经济的好转，固态硬盘将会吸引更多的投资。Spansion 和 Virident Systems 公司旗下的 EcoRAM 等公司都在开发高级的固态硬盘技术，EMC、戴尔和 Sun 微系统公司是第一批为其服务器和存储阵列设备提供固态硬盘选择的厂商。由此可以看出，未来几年，硬盘存储将让位于更简单和效率更高的固态硬盘。

(5) 发展速度仍然追不上数据的增长速度

工程师和制造商定期的改进，使存储介质包括旋转磁片硬盘、固态 NAND 和 NOR 闪存及数字磁带的利用更加有效，极大改善了网络和处理速度。然而，存储业发展速度还是追不上由人类和计算机生成的数据的增长速度。

总的来说，随着中国政府对信息化工作建设的重视，中国各大行业信息化需求将持续增加，中国消费市场也将对存储产生强烈需求，未来中国磁盘存储系统市场将迎来更加美好的未来，甚至能引领全球存储的发展。

3. 中国外部存储业的未来机遇

(1) 天时、地利、人和给厂商更多发展空间

经过多年的积累和历练，中国厂商所占有的成本优势在快速发展的中低端市场得以凸显。浪潮、UIT、SOUL、同有、蓝鲸、华赛、迪菲特等多家中国厂商在短短几年内就在中低端和某些行业市场建立了自己的市场氛围。快速市场反应、本地执行能力、对新技术的整合能力和对中国行业用户需求的透彻了解，也给他们建立行业细分提供了“天时、地利、人和”的优势，可以想象，这些在中国起步的存储厂商在今后将会有更多的发展空间。

（2）国际金融的不稳定给中国厂商提供契机

此外，由于金融和经济的不明朗因素，将海外一些具有突破性技术的厂商推向存亡边界，这给中国存储厂商提供了一个快速、经济提高产品技术含量的契机，也为中国存储业提高整体行业技术水平提供了一条捷径。

（3）国际厂商的优势将被削弱，其传统产销模式将受限

中国存储市场在未来几年将会出现格局性的改变，以往占主导地位的海外存储厂商在中国市场价值链中的优势，例如产品细分和营销体系，将随着存储产品的商品化与大众化和中国厂商在技术和销售能力上的快速提升而被削弱，市场和利润也随之受到挤压。同时，传统产销模式在新的“大集采”和“纵深”的经济环境下，无论在行业深度和地域覆盖广度上都将受到一定的限制。

总的来说，随着中国存储产品性价比和技术含量的不断提高，功能的不断完善，以及政府扶植力度的增强，在未来，中国存储厂商将大有作为。

12.4 2011 年网络存储业发展回顾与 2012 年展望

12.4.1 网络存储业的相关界定及发展历程

网络存储技术是将“存储”和“网络”结合起来，通过网络连接各存储设备，实现存储设备之间、存储设备和服务器之间的数据在网络上的高性能传输。

为了充分利用资源，减少投资，存储作为构成计算机系统的主要架构之一，就不再仅仅担负附加设备的角色，逐步成为独立的系统。利用网络将此独立的系统和传统的用户设备连接，使其以高速、稳定的数据存储单元存在，用户可以方便地使用诸如浏览器这样的客户端进行访问和管理，这就是网络存储。

到目前，网络存储的发展经历了三代，行业中亦将其归为传统的网络存储技术，即直连存储系统（DAS，Direct Attached Storage）、附网存储系统（NAS，Network Attached Storage）和存储区域网络（SAN，Storage Area Network）。如今，根据传统网络存储技术存在的不足，出现了一些在传统结构上进行改进的网络存储新技术，典型的有 NAS Gateway 技术、基于 IP 的网络存储技术、对象存储（Object Storage）技术、存储集群系统和网格存储技术等。

12.4.2 网络存储业的发展现状

在全球电子产业复苏的推动下，2011 年第一季度开放网络磁盘存储市场（NAS 和 Open/iSCSI SAN）收入达 47 亿美元，同比增长 17.3%。EMC 以 30.8%的份额继续稳坐开放网络存储市场的头把交椅，NetApp 以 16.1%排名第二。

各大厂商在具体细分市场中的收入份额对比总结汇总如表 12-6 所示，其中，NAS 市场发

展势头较好，其市场同比增长率高达 27.1%，而其余细分市场也保持着较高的市场增长率。从这些数据可以看出，EMC 公司在 2011 第一季度继续领先于其他企业，在存储业中占有较大的市场份额，有些甚至是第二竞争者的两倍多。EMC 信息架构产品总裁和首席执行官 Pat Gelsinger 称，EMC 之所以能引领市场，是因为消费者和合作伙伴信任 EMC 的战略、视野以及执行力。同时，EMC 在技术上的革新和投资也受到用户的欢迎。

表 12-6　　2011 年第一季度开放网络磁盘存储及其细分市场的收入情况

开放网络磁盘存储市场		NAS 市场		Open SAN 市场		iSCSI SAN 市场	
领先厂商	收入份额	领先厂商	收入份额	领先厂商	收入份额	领先厂商	收入份额
EMC	30.80%	EMC	48.80%	EMC	22.70%	戴尔	32.90%
NetApp	16.10%	NetApp	30.80%	IBM	14.80%	HP	14.40%
其他	53.10%	其他	20.40%	HP	13.40%	EMC	14.20%
市场同比增长率	17.30%	市场同比增长率	27.10%	市场同比增长率	13.40%	市场同比增长率	23.00%

（资料来源：IDC）

根据行业人士的说法，“关键中端和高端这两部分市场增长强劲，推动了 2011 年第一季度的整体增长。”“在中端市场上，提供横向扩展架构、文件存储以及容量优化（比如重复数据删除）等功能的产品是主要推动力，而高端市场对光纤通道重新产生兴趣，导致了 2011 年年初网络存储市场中出现较为乐观的增长。”

12.4.3　2012 年网络存储业的发展趋势

随着信息爆炸性的增长，企业中所采用的存储技术也经历了类似的发展历程：从最初传统的直接附加存储技术，发展到现今企业中以网络连接存储技术和存储区域网络技术为主的基于局域网的网络存储，以后也将发展到基于广域网的存储模式。通过总结验证，可以从中看出当前网络存储技术的发展趋势。

1．网络存储技术融合、虚拟化和智能化

（1）各种网络存储技术融合

任何一项成功的信息技术，其历史趋势都是朝着功能融合、系统增强以及性价比不断提高的方向发展。光纤存储网络在速率等各方面均占优势，而且发展潜力巨大，未来肯定仍然是 SAN 的主流。互连的 SAN 代表了主流的发展方向，而由光纤构成的高速全球性网络带来的以存储为中心的计算却更有前景。由 DAS 到 NAS、SAN 孤岛到广域 SAN 到未来的全球性宽带存储网络，将是网络存储发展模式的技术路线。

（2）存储的虚拟化和智能化

存储虚拟化可以使用户更方便地复制以及备份数据、管理存储资源。只有采用了存储虚拟化的技术，才能真正屏蔽具体存储设备的物理细节，为用户提供统一集中的存储管理。目前仍处于连通设备地位的存储导向器和交换机，必然会演进到多协议的、智能化的存储管理平台，将 SAN 从孤岛中解脱出来，实现真正的网络存储。

（3）软件的角色越来越重要

硬件技术的突飞猛进给存储市场带来了新的活力。存储虚拟化、存储资源管理、数据迁移和灾难恢复等存储应用的实现，都离不开存储管理软件。经过半个世纪的发展后，存储将朝着越来越“软”的方向发展，硬件平台之上的管理会变得越来越重要。

2. 企业对网络存储的需求多样化

① 企业对智能化存储体系的需求量增大。

② SAN 存储体系是目前的发展趋势，其虚拟化及共享文件系统，是企业更为看重的最关键的核心技术。

③ 目前的协议标准还不完善，而网络存储协议标准少不了，因此需要逐渐制定更多的制度，逐渐修改，更加完善标准，这需要多家领头企业合作与协调。

④ 如何保证企业中存储数据的完整性、保密性、可用性成为目前企业所要研究的重点。

⑤ 不能局限于一种存储技术，要随着企业的发展，数据的剧增改变企业的存储技术，也可多种存储技术融合使用。

总的来说，越来越多的企业开始充分认识到数据在企业中的重要性，如今在企业中需要做到维护数据的安全、合理有效地管理数据，保证数据的安全、保密、可靠，方能有效提高工作效率，增加企业效益。而要使日益增长的数据得到完善的管理，企业必须要做到选取合适、有效的网络存储技术，采取一个切实可行的存储技术来存储管理企业中的数据，这直接影响着企业的生存和发展。而企业采取何种存储技术，取决于多方面的因素，例如资金、企业的发展前景、企业规模大小等。随着企业的发展，数据的剧增，企业不能局限于一种存储技术，而改变企业的存储技术，也可以多种存储技术融合使用，这样企业才能更为有效地运用企业中的数据，增加企业的收益，为企业发展奠定良好的基础。

12.5　2011 年云存储业发展回顾与 2012 年展望

云存储（Cloud Storage）这个概念一经提出，就得到了众多厂商的支持和关注。如国际上的 IT 巨头亚马逊、微软、EMC、IBM 等，在前些年就开始投入大量资金，推出各具特色的云存储产品。云存储变得越来越热，大家众说纷纭，各有各的说法和观点，那么到底什么是云存储？

12.5.1　云存储业概述

1. 云存储业的相关界定

（1）云存储

云存储是云计算的延伸应用，是分布式存储技术与虚拟化技术结合的产物，是分布式存储技术的最新发展。云存储意味着存储可以作为一种服务，通过互联网提供给用户。用户无需考虑存储容量、存储设备类型、数据存储位置以及数据的可用性、可靠性和安全性等繁琐的底层技术细节，根据需要付费就可以从云存储服务提供商那里获得近乎无限大的存储空间和企业级的服务质量。而云既可以提供云内虚拟设备的存储需求，又可以满足云外存储租用需求及云间相互备份需求。云的种类可分为公共云存储、私有云存储、混合云存储。典型的公共云存储供应商包括亚马逊和 Nirvanix（将存储作为服务提供）。典型的私有云存储提供商包括 IBM、Parascale 和 Cleversafe（为内部云构建软件和/或硬件）。最后，混合云提供商包括 Nirvanix 和 Egnyte 等。

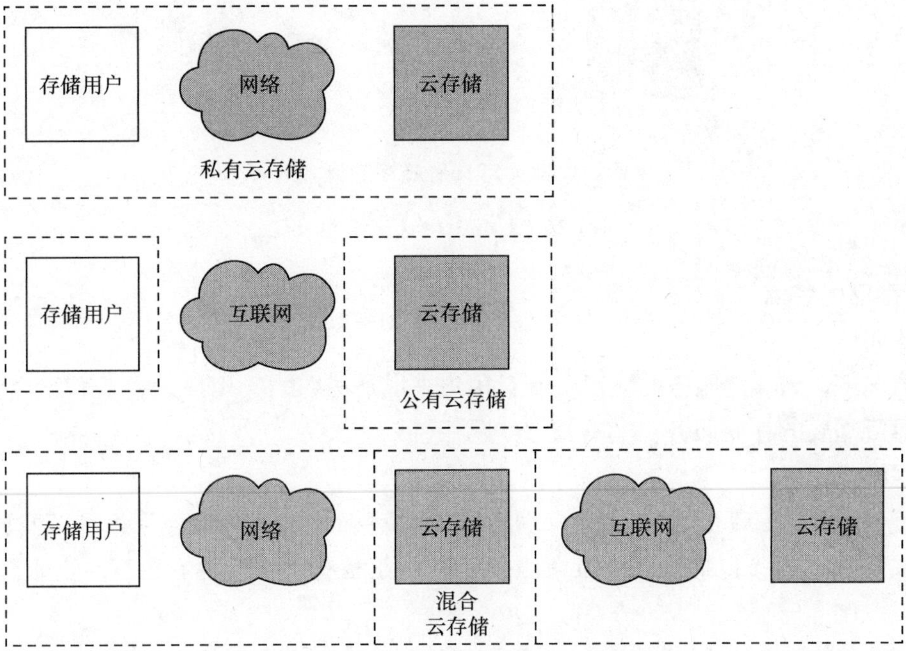

（资料来源：IBM 官网）

图 12-20 云存储模型

（2）云存储服务

根据 IT 市场咨询公司 Springboard 市场咨询的定义，“云存储服务”是指云存储服务供应商提供的存储和与存储相关的服务。这些服务商包括了托管服务提供商，电信运营商和云存储技术厂商，如 IBM、EMC 等。云存储服务将提供先进的文件共享和内部协作服务，其中包括数据备份、归档和远程共享，以及互联网电视（IPTV）和互联网视频安全应用（IPVS）的集中存储等不同类型的存储服务。

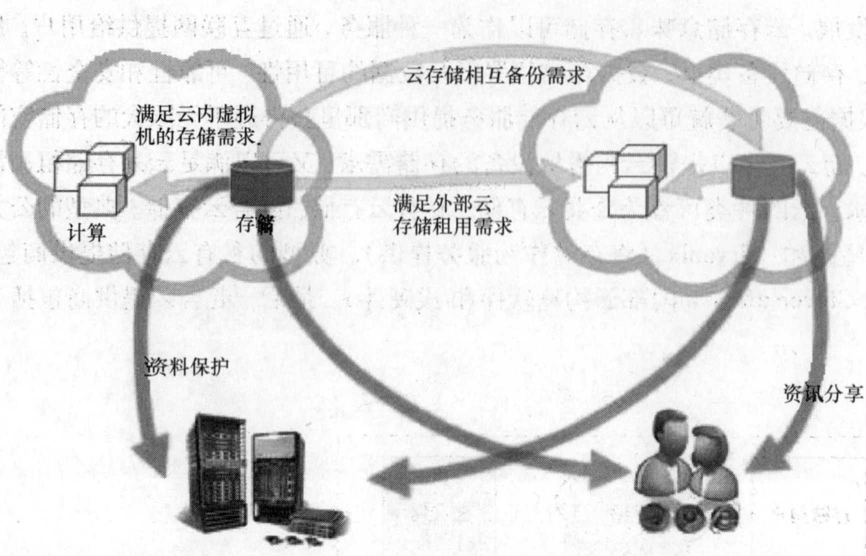

（资料来源：IT168 云存储频道）

图 12-21　云存储示意图

2. 云存储的特点

（1）透明性

一般情况下，云存储服务的实现机制对用户来说是透明的。用户无需了解云的具体机制，就可以获得所需要的存储服务，具有很强的易用性。

（2）规模大

云的规模非常大，截止到 2010 年 7 月谷歌云计算拥有 100 多万台服务器，亚马逊、IBM、微软、雅虎等的“云”也拥有几十万台服务器。企业私有云一般拥有数百、上千台服务器。

（3）虚拟化

应用在“云”中的某处运行，用户只需要任意一台电脑甚至手机，就可以通过网络来请求所需要的服务，所请求的资源来自“云”，不是固定的有形的实体，且不需要了解应用运行的具体位置。

（4）高可用性

“云”利用服务器之间的冗余和分布式存储方式，使用了数据多副本容错、计算节点同构可互换等措施来保障服务的高可用性。

（5）高可拓展性

“云”的规模可以动态伸缩，满足应用和用户规模增长的需要。如图 12-22 所示，当云存储供应商的原服务器承载量出现饱和，可以随时扩充其服务器数量，并在服务器之间实现数据迁移及反馈。

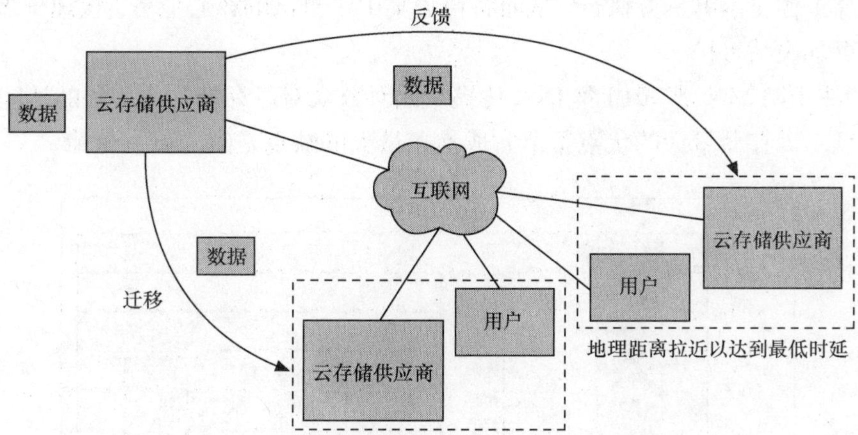

（资料来源：IBM 官网）

图 12-22 云的可拓展性

（6）按需服务、价格便宜

"云"是一个庞大的资源池，云可以实现像水、电、煤气那样按需购买和计费。"云"的特殊容错方法和自动化集中式管理使企业无需负担高昂的数据中心管理成本。

（7）潜在危险性

当然，任何一项新技术的推广都避免不了克服其缺陷，云存储的最大风险就是安全问题。一旦商业用户大规模使用私人机构提供的云服务，无论其技术优势有多强，都不可能完全保证交到当前垄断在私人机构手上的"数据"万无一失。

3. 云存储的优缺点

云存储的优势明显，特别是扩容能力和容灾能力方面，但也有一些客观存在的缺陷，如带宽问题、安全问题等。

（1）具有强大的扩容、容灾能力

云存储通过将文件复制并且存在不同的服务器，解决了这个潜在的硬件损坏的难题。而且存储服务器硬件的更新、升级并不会影响存储服务的提供。云存储采取的架构是并行扩容，容量不够了，只要采购新的存储服务器即可。云存储会将工作量均匀分配到不同存储服务器，避免个别存储服务器工作量过大造成瓶颈。云存储技术通过消除传统数据存储预期的增长容量和负载而配置的大量存储空间，以达到数据空间接近 100%的利用率。

（2）节省成本

云存储技术是以服务为基础，无需购买、管理和维护存储硬件设备，依靠这项服务，即使不能消除，也能大大减少数据中心和存储管理人员方面的成本。云存储克服了昂贵的技术更新，这通常是在最初购买后的三至五年里开始的。

（3）管理方便

无需增加额外的硬件设施或配备专人负责维护，减少管理难度。将常见的数据复制、备份、服务器扩容等工作交由第三方执行，从而将精力集中于自己的核心业务。快速部署配置，随时扩展增减，更加灵活可控。

图 12-23 和图 12-24 是 2010 年 Doit 传媒集团对公众对云存储的优劣势的认同情况的一个调查。结果显示云存储最大的优点是节省成本，最大的缺点是缺乏安全保障。

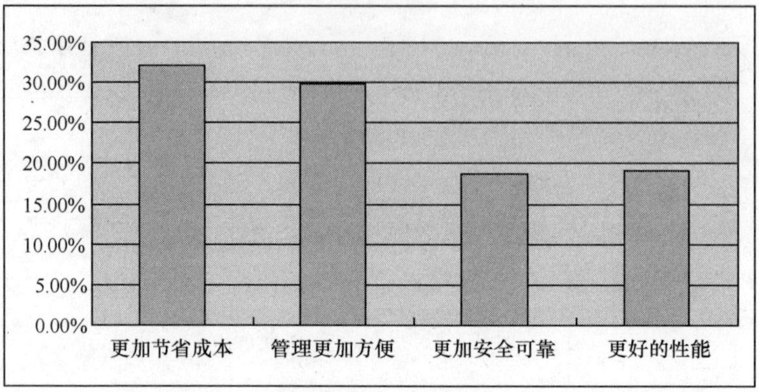

（资料来源：存储在线）

图 12-23　用户对云存储的优势认同率

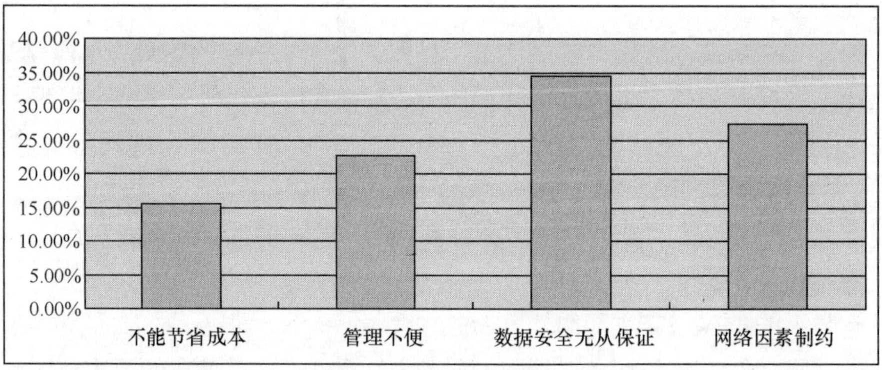

（资料来源：存储在线）

图 12-24　用户对云存储的劣势认同率

云存储的缺点或存在的问题如下。

（1）数据中心建设问题

数据中心的建设需要大量的投入，国内的企业很少有这么大的实力。如果国内企业来承建云存储，则面临着非常大的资金压力，并且其部署很可能受到诸多法律法规的限制。

（2）带宽问题

过去 20 年中，带宽提升和数据增长的差距越来越大，在未来也将继续加大，正是因为带宽的限制，云服务提供商很难给个人用户提供非常便捷的服务。因此带宽很有可能是阻碍云存储被当做标准商业化应用普及的最大障碍。

（3）国内云存储的用户问题

国内已经建立了部分云计算中心，但大部分客户都是政府或者大型企业，客户群比较局限，由于主要是满足用户的计算需求，其盈利能力也较弱。而在国内的个人消费市场上，云存储发展的阻碍主要来自于用户更青睐的免费的云存储服务，而不是收费服务。同样，建立云存储服务，在国内用户没有达到一定数量的情况下，如何维持一个云存储数据中心是个非常大的难题。

（4）安全性问题

如今对于云存储最担心的主要是数据安全的问题。例如，2011 年年中，亚马逊的云存储服务被黑客利用，用来控制 SpyEye 银行的木马以盗窃其用户的财务数据。这说明了云存储可能会降低了犯罪成本，并利用云存储系统的可信域逃过银行的地址安全监控，突破了安全防线，一旦被利用，后果不堪设想。虽然目前有很多的厂商和供应商一直在这方面努力改善，比如用户身份认证和数据加密等。然而还欠缺透明度、备份和恢复等诸多因素，特别是对于大型企业，法规遵从、机密数据保护、分层存储等问题都是需要用户在应用云存储前进行考虑的。

（5）监管与标准问题

任何一项新技术的应用都有其固有的风险，云存储也不例外。初始阶段，从公司管理到国家性的数据安全因素，云存储面临着过多可能的国际监管障碍，并且缺乏国家认可的标准。

由于以上众多原因，中国目前企业的 CIO/CTO 对云存储尤其是公共云存储还是存怀疑态度，据调查，目前大约有 70%的企业不愿意将企业内的数据放在公有云上，他们的观念更习惯于花钱购买硬件产品而非服务，作为存储需求最大的政府、电信、金融三个行业，在中国都建有自己的数据中心，而在中小企业市场，目前 90%的中小企业在存储采购上只有 10%，因此，采购云存储能力非常低，这些都将阻碍云存储的发展步伐。要解决云存储的安全性问题，需要从法律上对云存储的安全性、可靠性进行约束，需要出现第三方机构帮助企业来对云存储进行审计。总之，云存储以传统模式所无法企及的方式重新改变了企业存储的市场格局。作为服务来提供的数据管理会带来更大的投资回报，然而，在这种新模式适用于主流企业之前，需要克服各种重大的挑战。

12.5.2 云存储的应用

云存储的功能或服务可见图 12-25，云存储能提供什么样的服务取决于云存储架构的应用接口层中内嵌了什么类型的应用软件和服务。根据云存储提供的服务类型和面向的用户不同，云存储服务可以分为个人级应用和企业级应用，例如空间租赁、数据备份、远程共享、大容量在线存储、公用 API 接口、重复数据删除、数据压缩、存储虚拟化、设备提供等。云存储的用途以及适用的业务系统可以分为个人级和企业级进行说明。

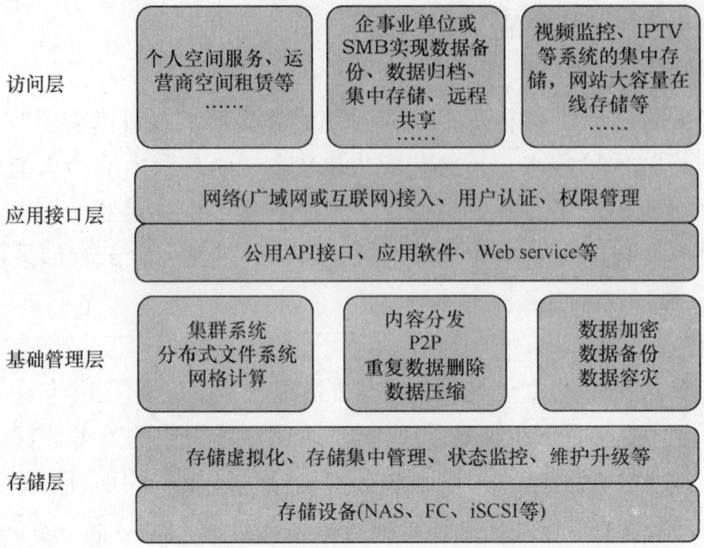

（资料来源：计世网）

图 12-25　云存储在不同技术层次中提供的服务

1. 个人级云存储应用

（1）网络磁盘

网络磁盘是个人在线存储服务，使用者可通过 Web 访问方式来上传和下载文件，实现个人重要数据的存储和网络化备份。

（2）在线文档编辑

无论我们走到哪里，都可以再次登录在线存储系统，打开保存在云存储系统中的文档。通过云存储系统的权限管理功能，还能轻松实现文档的共享、传送、以及版权管理。

（3）在线的网络游戏

云计算和云存储的应用，可以代替现有的多服务器架构，使所有玩家都能集中在一个游戏服务器组的管理之下。所有玩家聚集在一起，这将会使游戏变得更加精彩，竞争变得更加激烈。

2. 企业级云存储应用

（1）企业空间租赁服务

通过高性能、大容量云存储系统，数据业务运营商和 IDC 数据中心可以为无法单独购买大容量存储设备的企事业单位提供方便快捷的空间租赁服务，满足企事业单位不断增加的业务数据存储和管理服务。

（2）企业级远程数据备份和容灾

通过高性能、大容量云存储系统和远程数据备份软件，数据业务运营商和 IDC 数据中心可以为所有需要远程数据备份和容灾的企事业单位提供空间租赁和备份业务租赁服务，普通的企事业单位、中小企业可租用 IDC 数据中心提供的空间服务和远程数据备份服务功能，可以建立自己的远程备份和容灾系统。

（3）视频监控系统

假设我们有一个遍布全国的云存储系统，并在这个云存储系统中内嵌视频监控平台管理软件，建设“全球眼”或“宽视界”系统将会变成一件非常简单的事情。到时，实时的视频图像就可以很方便地保存到云存储中，用户就不仅可以通过电视墙或 PC 来监看图像信号，还可以通过手机来远程观看实时图像。

以上是对云存储应用的系统介绍。具体的云存储类的国内外主流产品及其价格比较如表 12-6 所示。

根据全球 IT 市场咨询公司思林博德市场咨询（SpringboardResearch）发布的《中国云存储服务报告，ChinaCloudStorageServicesReport，2010》可知，从 2010 年到 2014 年，中国云存储服务市场的年复合年增长率将达到 103%。Springboard 认为，中国云存储服务市场将由 2009 年的 605 万美元快速增长至 2014 年的 2.0854 亿美元。报告指出，尽管每月每 GB 的存储服务价格将持续下降，但是云存储市场总采用量的增长幅度更为迅猛，这将推动云存储市场整体规模在未来的快速上扬。

表 12-7 是主要产品及价格列表，产品包括了亚马逊的 cloud drive、谷歌的 Google Storage、微软的 Skydrive 和 Dropbox、SugarSync、Box.net，以及国内的联想云存储等。从表中可以看出，在这些产品中，除了微软的 Skydrive 和 Carbonite 以外，其余产品均提供限空间或时间的免费使用机会，如亚马逊的 Cloud drive 前 5GB 免费，超过 5GB 后按一定价格计算。而联想则是免费使用 14 天。

表 12-7　　云存储产品价格报表

公司及其产品	云存储报价	对比优势	对比劣势
亚马逊 cloud drive	前 5GB 免费，超过 5GB 后每 GB 是 1 美元/年（约 6.5 元人民币）	与 Google Storage 和 Skydrive 相比，Amazon 的“云盘”使用更方便	相比其他公司，“云盘”的价格并非最优惠
谷歌 Google Storage	1TB 空间价格为 256 美元/年，0.25 美元/GB（约 1.6 元人民币）	价格比 Amazon 的便宜 75%	
微软 SkyDrive	暂无报价	提供 25GB 的免费空间	无法扩容，且不允许上传大于 50MB 的文件
Dropbox	100GB 价格为 19.99 美元/月，每 GB 是 0.999 美元(约 1.3 元人民币）	免费空间 2GB	
SugarSync	500GB 的价格为 39.99 美元/月，每 GB 是 0.07798 美元/月（约 0.5 元人民币）	免费空间 5GB	
Box.net	500GB 的价格为 15 美元/月（约 0.19 元人民币）	免费空间 5GB	
Mozy	125GB 价格为 9.99 美元/月	免费空间 2GB	
Carbonite	无限的备份空间价格为 54.95 美元/月（约 9.5 元人民币）	提供无限的备份空间	
Backblaze	每台设备 5 美元/月	提供无限的备份空间	
联想	基本套餐：3600 元/年；可选配置：每增加一个子账户 120 元/年，每增加 5GB 空间 720 元/年	目前可以免费试用 14 天	

（资料来源：公开网络资源）

12.5.3 中国云存储业的发展现状

1. 国内云存储潜在的需求

根据IT市场咨询公司Springboard Research于2010年发布的《中国云存储服务报告/China Cloud Storage Services Report》可知，在2010年至2014年期间，中国云存储服务市场的复合年增长率将达到103%。Springboard认为，中国云存储服务市场将由2009年的605万美元快速增长至2014年的2.1亿美元。报告指出，尽管每月每GB的存储服务价格将持续下降，但是云存储市场的总采用量的增长幅度更为迅猛，这将推动云存储市场整体规模在未来的快速上扬。其中，交通运输业、制造业和公共事业客户对于云存储服务有着很高的潜在的需求。

根据该报告，在中国的交通运输业、制造业、公共事业以及能源业，云存储服务将有高潜在需求。可解释如下：为了处理多区域多行业客户，云存储服务将吸引运输部门的客户。而公共事业以及能源业客户将会在政府政策鼓励下逐渐采用云存储服务。对于制造业，云存储服务将为客户提供最新存储技术和与现有应用程序无缝连接的存储能力，制造行业客户尤其是那些尚不具有成熟数据中心并已花费高昂IT成本用于维护生产系统管理的客户，将对云存储服务具有高潜在的需求。

2. 国内商业化云存储平台点评

简单地说，云存储平台可以比作一个容量超大的网络硬盘，主要向用户提供存储服务。实际上很多人都已经对多种云存储平台或者说是网盘的使用有了一定的经验，而目前国内提供云存储平台的企业数量相比去年有了大幅度的增加，下面列举几个比较典型的国内云存储平台。

（1）e云平台

e云是EMC公司与中国电信联合开发的网络硬盘服务，基于EMC在国外已有多年成功运营经验的Mozy云存储平台。根据官方描述，e云是一款专业的云存储平台，意味着可以将数据永久保存在这里，更能进行机器上文档和数据的自动备份，不限文件类型。

关于e云平台的计费，由官网可知初始免费提供2G空间，付费空间可增至10GB或者300GB大小。表12-8所示是收费标准。

表12-8　　中国电信e云平台的空间收费标准

空间大小	包月价格（元）	包年价格（元）
10GB	15	165
300GB	40	440

（资料来源：中国电信e云官网）

（2）联想企业网盘

联想网盘是联想集团推出的网络存储和数据管理解决方案，利用互联网后台数据中心的海量计算和存储能力为企业和个人提供数据存储、备份、中转以及安全分享等服务。其注册试用版的空间大小为10GB，单个文件上传限制在1G以内，试用时间为14天，可建的子账户数目为5个，1TB的流量额度。适用适合频繁外出而且随时随地携带重要文件的人群（比如律师、保险业务员）。图 12-9 是联想网盘的租用价格及可选配置的价格。

表 12-9　　联想企业网盘的价格

基本套餐		
功　　能	内　　容	收费（元/年）
空间	10GB	基本套餐：3600
最大上传文件	不限	
外链	无限制	
子账户	5 个子账户	
流量额度	10TB	
企业二级域名	✓	
公告栏	✓	
日志审计	✓	
附加可选功能		
功能	内容	收费（元/年）
子账户管理	每增加一个子账户	120
扩容	每增加 5GB	720

（资料来源：联想官网）

联想是国内较早提供云存储服务的知名企业，但其业务主要限于商用。国内的个人用户更多地使用国外的免费工具，如 Dropbox、SugarSync、Windows Live Mesh 等。

（3）国内云存储领域其他代表企业

有多人认为云存储服务还是局限在国外，距离国内消费者还非常遥远。但其实，从 2011 年开始我们身边已经出现了许多云存储服务的例子，并且如今国内对云计算呼声越来越高。在过去，云存储在企业应用方面总是雷声大、雨点小，大多数人都认为“云”是一种炒作，但到了 2011 年情况有了较大变化，各种各样的应用逐渐多了起来，云存储技术逐渐走到了我们身边。例如，酷盘、金山、联想等都推出了基于云存储技术的网络硬盘，而腾讯 QQ 空间、安全厂商的杀毒软件病毒库以及各种在线商城也步入了云存储时代。表 12-10 是国内七大代表行业中部分企业在云存储领域的发展优势。

表 12-10　　国内七大代表行业中部分企业在云存储领域的发展优势

代表行业	企业	优势
传统硬件制造业	华为	雄厚的资金实力和完备的硬件支持
下载工具	迅雷	本身业务与大容量文件存储、虚拟化、资源分享等相关
安全工具	360	打着“安全”“免费”的旗号而一路绿灯
IM 工具	腾讯	扩张野心与庞大的用户基数
门户网站	新浪	开发者开放平台和微博开放平台的双重推动
云端化的传统应用工具	金山	较早成为自身集成云端化的在线办公协作工具
网络在线存储空间	115 网盘	自身在线存储服务的业务形态、技术和用户支撑

从表 12-10 可以看出，如今只要是拥有大量用户作基础的或能与云扯上点关系的企业，都有向着云存储发展的憧憬，并希望从中分一杯羹。中国不仅过去还是未来，都是云存储发展的巨大市场，IT 业将迎来最大的竞争市场。

表 12-11 针对国内较为常见的三款个人云存储平台在各方面指标上进行比较，包括开心网盘、Rayfile 和 e 云平台。测试类型有平台提供的免费空间大小、是否有隐私保护、保存期限、上传限制、是否提供客户端以及是否支持第三方下载，其下载体验如何，收费如何，服务类型等。

表 12-11　国内三款个人云存储平台的部分指标比较

云平台	免费空间	隐私保护	保存期限	上传限制	第三方下载工具	收费	服务	是否提供客户端
开心网盘	1GB	可任意设置	永久	小于 4MB	不支持	无	社交网络型	无
Rayfile	不限	无	根据账号健康状况	不限	不支持	无	共享下载型	提供客户端
e 云平台	2GB	可任意设置	永久	不限	不支持	提供收费服务	主要云存储服务	必须提供客户端

由表 12-11 可以看出，该三个云存储平台各有优缺点，需要用户根据个人需求进行对比后选择。在这里，可以看出这三大平台代表了三类较典型的云存储盈利模式，根据不同的盈利模式，各个云存储平台有不同的特点。首先是社交网站盈利模式，在社交网站中，云存储属于网站提供的附属功能，仅用于提高该社区网站的吸引力，这也决定了云存储服务相对而言较为简单，这种网站主要提供了一个虚拟社区，主要依靠广告收费；第二种是资源共享网站盈利模式，主要提供资源共享服务，盈利来源也主要依靠广告收入，但该类型网站往往面临政府审查等方面的问题，因此并不是一个可以永久存放文件的网盘，即使网站本身提供了永久空间；第三种是专业存储服务盈利模式，这类型存储服务网站由于专业性，其安全性较好，隐私保护较好及管理功能强大，其盈利来源主要依靠存储空间及服务，这类型网站通常提供免费的试用空间以吸引收费用户人群。

3. 影响云存储发展的技术因素

（1）网络宽带

在未来，云存储系统将是一个遍布全球的庞大系统，目前使用者多数是通过 ADSL、DDN 等宽带接入设备来连接云存储，因此，云存储使用者需要使用宽带网络与存储系统进行连接，只有宽带网络得到充足的发展，使用者才能获得足够大的数据传输带宽，实现大容量数据传输，享受到云存储带来的便利。

（2）Web 2.0 技术

通过 Web2.0 技术可以使使用者的应用方式和可得到的服务更加灵活和多样化，目前云存储使用者只能通过 Web2.0 技术，将 PC、手机、移动终端等多种设备连接起来，实现数据、文档、图片、音频、视频等内容的集中存储和资料共享。

（3）应用存储

应用存储是一种在存储设备中集成了应用软件功能的存储设备，其不但具有数据存储功能，还包括了部分应用软件的功能，就如同数据中心中包含程序应用服务器与数据库服务器。应用存储与云存储结合，可以减少云存储中服务器的数量，降低企业系统建设成本，减少系统中由于服务器造成的单点故障和性能瓶颈，提高系统性能和效率。

（4）集群技术、分布式文件系统和网络计算技术的发展

云存储系统是由多个存储设备、多应用、多服务协同工作的集合体，需要通过集群技术、分布式文件系统和网络计算等技术，实现各个存储设备之间的协同工作。

（5）网络存储安全技术的发展

由于云存储的数据传输是通过普通的宽带进行传输，因此，必须保证数据传输的安全性，云存储可以通过 CDN 内容发布系统、数据加密技术保证云存储中的数据不会被未授权的用户所访问，同时，数据备份和容灾技术保证云存储中的数据不会丢失，从而保证云存储自身的安全和稳定。

（6）存储管理技术的发展

云存储涉及多地域、多厂商、多硬件设备之间的传输管理，因此，存储虚拟化管理和多链路冗余管理尤为重要，这同样会和网络一样形成存储系统的性能瓶颈。由于云存储中存储设备众多，分布地域广，因此存储设备运营管理商必须学会面临故障维护、人力资源、集中统一、状态监控等成本及管理等问题。

12.5.4　国外商业化云存储平台现状

如今，国外的云存储竞争非常激烈，其中亚马逊被认为是云服务业的领导者，但同时也有越来越多的云存储平台提供商开始发起攻势，如谷歌、IBM、微软、惠普、AT&T 等。下面，我们将简单介绍国外三大云存储平台：亚马逊、谷歌及微软，其中重点以亚马逊为例。

1. 亚马逊云存储平台

作为云存储的先驱，亚马逊提供一种被称为弹性计算云的服务，此后又推出了弹性块存储产品。该云存储平台主要采用分布式系统，有优化的分布式算法，能进行良好的容错。用户可在亚马逊这个平台上创建自己的操作系统、应用程序和配置设置等机器映像，然后上传至亚马逊简单存储服务（亚马逊 S3，Amazon Simple Storage Service）并注册。目前，亚马逊的 S3 云存储服务已经成为运作最成熟的云存储平台之一。有第三方统计机构提供的数据显示，亚马逊与云计算相关的业务收入已达 1 亿美元，云计算成为亚马逊增长最快的业务之一。

使用云存储服务需要付出一定的成本，例如使用亚马逊云存储服务的 5GB 空间，10GB 流量，每年大概 200 元（RMB），表 12-12 是美国使用亚马逊云存储服务的计费方式。

表 12-12　　美国使用亚马逊云存储服务的收费价格

按存储空间收费	
0.150 美元/GB	每月 50TB 以内
按流量收费	
0.100 美元/GB	上传
0.170 美元/GB	每月 10TB 以内
按命令和请求收费	
0.01 美元/1000 条	PUT,COPY,POST,LIST 命令
0.01 美元/10000 条	GET 以及所有其他命令

（资料来源：IT168）

在国内租个同样水平的虚拟主机价钱大致相当，但是亚马逊的稳定性、可靠性应该没有哪个国内的主机商比得上，所以成本相对还是可以接受的。

另外，根据亚马逊公布的一项数据显示，截止到 2011 年 10 月，亚马逊 S3 云存储服务所托管的文件数量比 2011 年年初翻了一番：截至 2010 年第四季度，S3 存储的文件数量为 2620 亿个，而截至 2011 年第三季度末所存储的文件数量为 5660 亿个，如图 12-26 所示。

但 2011 年年初亚马逊的 EC2 云服务曾出现故障，导致 Foursquare、Quora 和 Hootsuite 等服务中断，最长达 48 小时，其可靠性仍待改善。

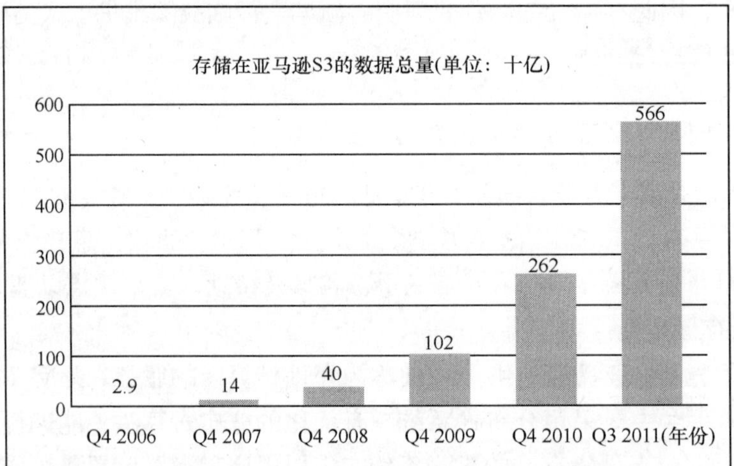

注：这里 Q3、Q4 分别指第三、第四季度

（资料来源：亚马逊官网）

图 12-26　最近五年亚马逊 S3 云存储服务所托管的文件数量的变化

2. 谷歌云存储平台

谷歌的云存储体系包括建立在集群之上的文件系统 Google File System、针对谷歌云存储应用程序的特点提出的 Map/Reduce 编程模式、分布式的锁机制 Chubby 以及谷歌开发的模型

简化的大规模分布式数据库 BigTable。其云存储服务是在其他一些品牌厂商推出电子邮件存档和存储服务之后于 2009 年推出的，而且其计费方式不是按照存储在云中的数据数量进行计费，而是采用在线服务，其存储成本=25 美元/GB/年=2 美元/GB/月，除此之外，没有其他转移成本，而且每个人都可在 2011 年 12 月 31 日之前免费申请体验 5GB 的存储空间和 25GB 的带宽。

谷歌的产品从信息存档和发现的角度来看并不独特，其他一些服务供应商也早就已经提供了类似的功能。不过，谷歌的定价策略非常有侵略性，它利用信息安全服务和品牌效应而赢得市场竞争。

3. 微软云存储平台

微软在 2008 年也推出了微软云计算战略及服务平台，即 Windows Azure Service Platform，并于 2009 年发布其更新版本。

微软的这个云计算服务平台包括了计算与存储服务，其中存储服务依靠的是微软数据中心，允许应用程序开发者在云端存储他们的应用程序数据，并且可以存储任意长的时间。该平台提供了三种主要的数据存储结构，即 Blob 类型、Table 类型及 Queue 类型，其功能分别是提供容量巨大的存储空间以存储大型的无结构数据，提供更加结构化的数据存储，支持在 Windows Azure 应用程序组件之间进行通信。这三种数据存储方式为构建云计算应用程序提供了灵活和功能强大的存储服务，另外，微软对 Windows Azure 平台提供的计算和存储资源进行独立收费，这意味着创建在本地运行的应用程序时也可以访问 Windows Azure 的存储服务。

除了以上三种云存储平台，还有 IBM、HP、Dell 等各大 IT 企业的云存储产品，这些产品各有优缺点，为用户提供了多方面、多层次的选择，但如今也出现了能同时使用多个云存储平台的第三方工具，这将使得云存储的产业链更加具有活力。

12.5.5 2012 年云存储的发展趋势

未来的云存储将如何发展，这是各大企业及用户非常关注的话题，但肯定的是，云存储必然会成为未来存储发展的一种趋势。实际上，目前的云存储厂商正在将各类搜索、应用等技术和云存储相结合，以便能够向企业及个人用户提供一系列的数据服务。因此，关于未来云存储的发展，可以总结出以下几个特点。

（1）云中百家争鸣

在未来，国内将有越来越多的 IT 企业关注云计算市场，并积极展开布局，逐渐形成自己的云计算架构。

例如，世纪互联推出商用云计算服务平台，提供弹性计算服务、云存储服务和云备份服务。阿里巴巴提出商业云概念，积极建设电子商务云计算中心。百度提出“框计算”的概念，内部已经开始使用私有云。此外，电信运营商也开始积极涉足云计算业务，中国移动发布“大云”计划，中国电信推出“e 云”服务，中国联通推出“互联云”战略。同时，云计算的兴起及 SOA 技术的发展推动了 SaaS 的进一步发展，中国 SaaS 已走入实际应用，SaaS 服务市场深入发展。目前，SaaS 在服务、流通、制造等行业已得到越来越广泛的应用，SaaS 厂商的商业模式也逐步多样化，SaaS 厂商与产业链上下游、行业龙头等对象展开充分合作。阿里软件、用友伟库网、金蝶友商网、800APP、奥林科技、金算盘等 SaaS 厂商在注册用户数和销售额方面表现出了较快的增长。

（2）中型企业成为中国云存储服务的主力

根据 Springboard 的报告，中型企业将成为中国第一轮大规模采用云存储服务的企业。Springboard 认为，中型企业将是云存储服务在中国第一批大规模应用的企业群体，小型和大型企业将紧随其后。该报告进一步指出，由“降低总体拥有成本”和“简单而快速的实施”是驱动整个云存储市场的主要因素。这是因为有限的 IT 预算和集中于核心业务的投资，将使得中型企业成为驱动市场首次广泛采用云存储服务的动力之源。采用云存储服务将帮助这些企业有效地降低固定资产投入（CAPEX），并保护企业的资本流动性。而在云存储服务提供商中，传统的主机托管服务提供商将成为市场的倡导者，他们将倾向于向更多的云存储服务投资，并重新包装其现有的托管服务。

（3）云存储业需要深耕，短期内难以盈利

国内的云存储服务市场虽然才刚刚开始发展，但是还是有许多厂商蜂拥而至。例如在国内竞争最激烈的网盘服务市场，参与的厂商大大小小有几十家，比如联想企业网盘、e 云、金山快盘等。但由于很多个人用户有“免费就用，收费就考虑考虑”的想法，很多面向个人消费者的云存储服务在短期内还无法赢利。而像联想企业网盘这样主攻企业客户的云存储服务产品毕竟是少数，而且其品牌知名度及服务内容等还有待加强。其实，按行业人士的说法是，云存储服务这个大方向没有错，关键是能否在对市场、客户需求和服务模式、内容等有了充分了解之后再出手，并且勇于坚持下去，只有这样才能尽快推动云存储服务市场步入良性发展的轨道。

实际上，现今众多 IT 厂商开发的各种云存储服务只是云存储业中的一小部分，在中国蹒跚起步的云存储业中，将有更多的诱人领地在等待各路掘金者。随着宽带网络的发展，集群技术、网格技术和分布式文件系统的拓展，CDN 内容分发、P2P、数据压缩技术的广泛运用，以及存储虚拟化技术的完善，云存储在技术上已经趋于成熟，但在应用及管理意识上仍待改善，我们要继续以“用户创造内容”和“分享”为精神的 Web2.0 去推动全网域用户对云存储服务的认知。

第13章　信息加工业

13.1　2011年增值服务发展回顾与2012年展望

13.1.1　相关界定

本报告以信息服务业的相关界定为依据，参考《北美产业分类体系（NAICS）》（1997年）、联合国《全部经济活动的国际标准产业分类》第3.1版、经济合作与发展组织（OECD）“信息和通信技术标准”（ICT）分类标准和国家统计局《统计上划分信息相关产业暂行规定》，结合增值服务行业相关主要活动和过程，采用定性的方法，将《国民经济行业分类》中属于增值服务的行业纳入研究范围，并对行业小类进行了重新组合。

一般研究增值服务业的口径，比较接近于信息内容服务业的范畴。信息内容服务是信息服务业的生产和加工环节，也是信息服务业的主要组成部分，主要包括互联网信息服务、电信增值服务，也包括广播影视、新闻出版与图书、档案等内容。以下主要把信息服务业的加工环节作为增值服务的研究重点，即主要包括电信增值服务和互联网信息服务（见表13-1）。

表13-1　增值服务业研究范畴

类别名称	国民经济行业代码
1.电信增值服务	
其他电信服务	6019
2.互联网信息服务	6020
3.其他信息内容服务	8000

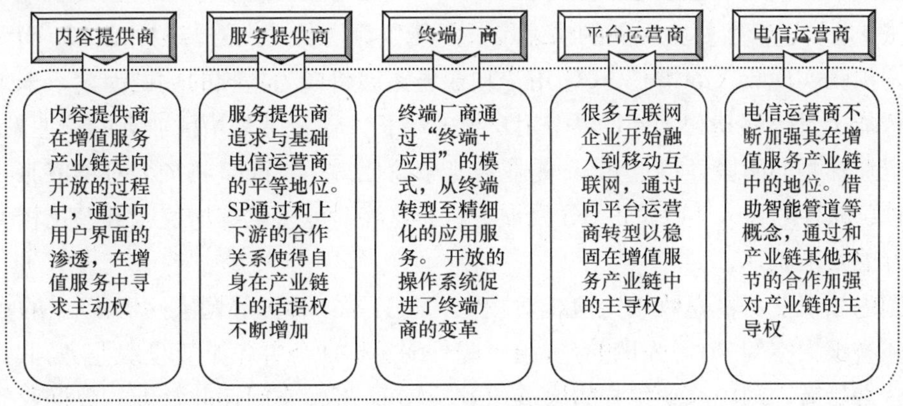

图13-1　增值服务产业链

13.1.2 发展环境

在 3G 网络基本覆盖实现之后，运营商的工作重点将从网络建设转移到推动基于 3G 网络的消费上来，这决定着未来几年运营商将会加大投入到增值服务开发、推广和终端配套的相关工作。这将给配合运营商进行增值服务运营、增值服务配套软件系统和终端以及器件开发的厂商带来广阔的发展机遇。

1. 政策环境

作为我国行业主管部门，工业和信息化部十分重视电信增值服务及其商业模式的发展，相关政策重点主要集中在以下几个方面：加快通信业转型发展，扎实推进三网融合。研究推动实施“宽带中国”战略；加强新一代宽带无线移动通信、下一代互联网、物联网等关键技术研发和产业化；以 3G 和宽带为重点，加强技术业务创新和商业模式创新，发展原创性应用，培育发展新兴信息服务业。

有关主管部门也在不断加强电信增值服务的规范发展。以全国范围内的“网络扫黄”行动为标志，工信部就一直没有放松对电信增值业务市场的约束力度。2010 年，工信部多次全面清查手机、短信等增值业务服务商，并清退违法接入商和服务商 200 余家，暂停各类推广渠道超过 500 家，各地 ISP 和 IDC 等各类电信增值业务牌照也停止发放。2011 年，又对 ISP、SP、IDC 等服务商进行全方位的检查。

2011 年 9 月 7 日工信部公告，按照《电信业务经营许可管理办法》规定，对持有基础电信业务经营许可证和跨地区电信业务经营许可证的企业进行了 2010 年度电信业务经营许可证年检，其中 314 家企业“年检不合格”。工信部此次公布的“年检不合格”企业数量众多，占 2000 余家年检企业的 15%左右。随着部分企业被陆续清理，电信增值业务市场将逐渐改变现有格局，市场有望建立新的竞争格局。

2. 经济环境

同我国总体经济的发展水平相比，我国的电话普及率已经超出人均 GDP 的相关对应水平，已经同部分发达国家水平相仿。电信业基数已经较高，这将使得电信主营业务增速低于 GDP 增速在一段时间内成为常态，电信主营收入占 GDP 比重也在缓步下降。随着前几年电信业务的快速扩张，电信运营业要实现新的快速增长只能依靠增长模式的转型和创新，而无法再依靠传统的用户扩张实现收入的增长，3G 用户和业务拓展将成为增收的关键因素，未来一段时间内主要的依靠力量为移动和 xDSL 宽带用户数的增长，这将带来增值业务的快速发展。

电信行业转型的阶段性特点和3G的业务竞争将使得运营商必将加大对增值服务以及配套终端与器件、软件的投入，以抢占 3G 发展先机，这将对专营电信增值服务以及相关配套的公司带来很好的发展机遇。

目前国内增值业务占总收入比值相对较低，与日本、韩国等国家 40%以上的数据业务占比相对比还有很大空间。值得强调的是，由于国外的短信业务并不是重量级业务，其短信 ARPU 不如国内这么显著，国内移动用户的增值业务 ARPU 开发空间还非常大，数据业务的拓展将成为国内电信运营商的主攻方向。

3. 社会环境

电信用户对增值服务的需求在不断提高。移动用户已经超越固定电话用户，移动通信已成为老百姓生活的重要部分。而且，随着生活质量的提高，移动用户对多样化和个性化需求不断提高。

电信用户对于增值服务的认知度在不断提升。用户认知度的提升使得用户从认知转化为消费行为的时间段进一步缩短，用户得到进一步增值服务的消费熏陶。工信部的数据显示，2010年基础电信企业实现增值电信收入突破2175亿元，占主营业务的比例达到42%，在2000多亿当中，移动占了1947亿，占到了总量的90%。

移动增值服务用户激增。根据工业和信息化部的统计数据，截至2010年12月，移动个性化回铃业务用户达到57408万户，渗透率达到66.8%；移动短信业务用户达到70062万户，渗透率达到81.6%;移动彩信业务用户达到18037万户，渗透率达到21.0%。

4. 技术环境

(1) 3G网络覆盖为增值服务提供了良好的基础

根据工信部等八部门联合印发的《关于推进第三代移动通信网络建设的意见》，到2011年，3G网络覆盖全国所有地级以上城市及大部分县城、乡镇、主要高速公路和风景区等，3G建设总投资4000亿元，3G基站超过40万个，3G用户达到1.5亿户。自2009年初3G牌照发放以来，电信企业制定了3G发展规划，在各方的共同努力和支持下，3大运营商都投入了以"百亿"计的投资，加快3G基站建设、网络布局。3G网络建设基本顺利开展，投资已超过1600亿元。目前来看，网络覆盖已经有了实质变化，可以应对亿级3G用户的荷载。但目前在3G网络建设中，基站选址困难、业务应用不足等问题日益突出，将影响到后续3G建设的顺利开展。

(2) 开放联盟与应用平台为增值服务提供了强大动力

应用平台进入高速发展阶段。移动增值服务的快速发展，引发了移动平台建设的全面竞争。互联网应用的移动平台开发和普及成为了推动移动第三方应用快速发展的动力。与此同时，开放的手机操作系统联盟以及类似AppStore、中国移动MM、中国电信天翼空间等应用下载平台的兴起，为第三方应用的推广提供了基础。谷歌、微软等互联网巨头，也开始竞相推出自己的开放平台战略。这些举动无疑触动了国内互联网公司的敏感神经，纷纷开始建设自己的应用平台。2010年，新浪微博、百度、盛大、开心网、腾讯等相继尝试开放部分互联领域的API，力求在网民中为自己塑造开放平台的形象。2011年国内开放平台已经进入全面快速发展阶段。

(3) 智能终端为增值服务提供了有效载体

移动的智能终端成为最终用户获得体验的关键，它的智能终端的操作系统能力越来越强，当今云计算的计算能力和存储能力，都是在后台提供了更加强大的信息处理能力。2009年3G牌照发放以来，各运营商加快终端定制步伐，不断丰富终端款式，降低终端价格。如中国移动积极与终端厂商、芯片厂商等合作，终端款式不断增加，各类TD终端型号总数已达到341款，其中 TD 手机为 119 款。截至 2011 年 2 月底，国内 3G 的手机销售量累计达到 5853 万部，智能手机达到 2300 万部，占 3G 手机市场份额近四成。3G 消费量将会占更大的消费占比，智能终端在 3G 的终端中也将会占据更大的比重。预计到 2011 年年底，智能手机占比将达到 3G 终端的 67%。

13.1.3 电信增值服务发展现状

2010 年，基础电信企业实现增值电信业务收入 2175 亿元，同比增长 15.7%，占主营业务收入的比重上升到 24.2%。其中，移动增值业务收入 1947 亿元，增长 19.0%；固定增值业务收入 227 亿元，下降 7.0%。2011 年，增值电信业务收入继续保持快速增长的势头（见图 13-2）。

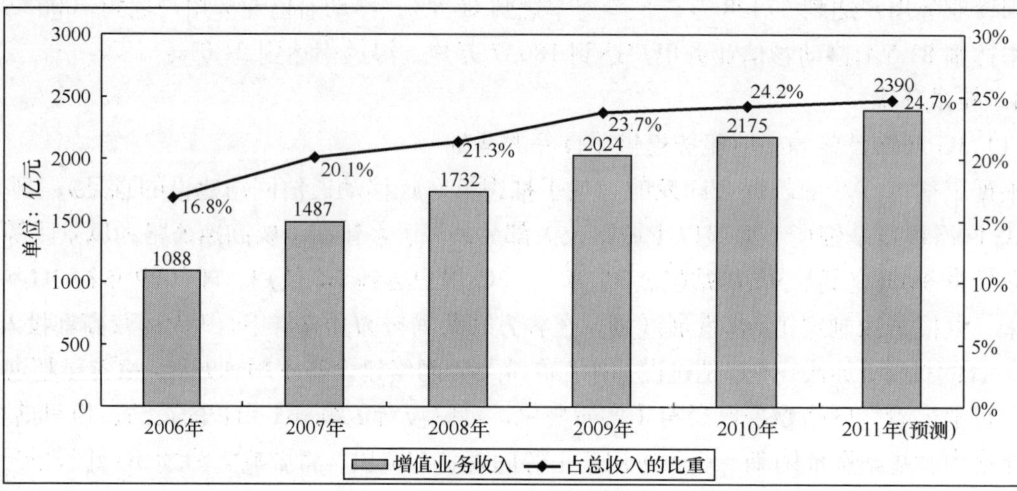

数据来源：根据工业和信息化部相关统计公报整理计算

图 13-2　基础电信运营商增值业务收入

近几年来，我国的通信行业发展速度已经低于我国的经济增长速度，基础电信运营业务陷入了低谷，现正处于缓慢复苏阶段。但从整体结构来看，增值业务却呈明显的崛起态势，非话音业务收入持续攀升。从电信业务的分类分析，移动信息服务经营者仍然占有很大的优势。2010 年，移动增值业务收入 1947 亿元，增长 19.0%（见图 13-3）。与此同时，固定增值业务收入 227 亿元，下降 7.0%。

3G 牌照发放以后，移动增值市场的增长速度又有所回升，新的服务或盈利模式不断涌现，成为移动增值市场快速增长的突破口。随着运营商重组完成，增值业务发展步入正轨，运营商基于 3G 网络的商用，在服务和合作模式等方面，都在积极尝试着创新，移动增值业务发展较快。2010 年，移动个性化回铃业务用户达到 57408 万户，渗透率达到 66.8%；移动短信业务用户达到 70062 万户，渗透率达到 81.6%；移动彩信业务用户达到 18037 万户，渗透率达到 21.0%（见图 13-4）。

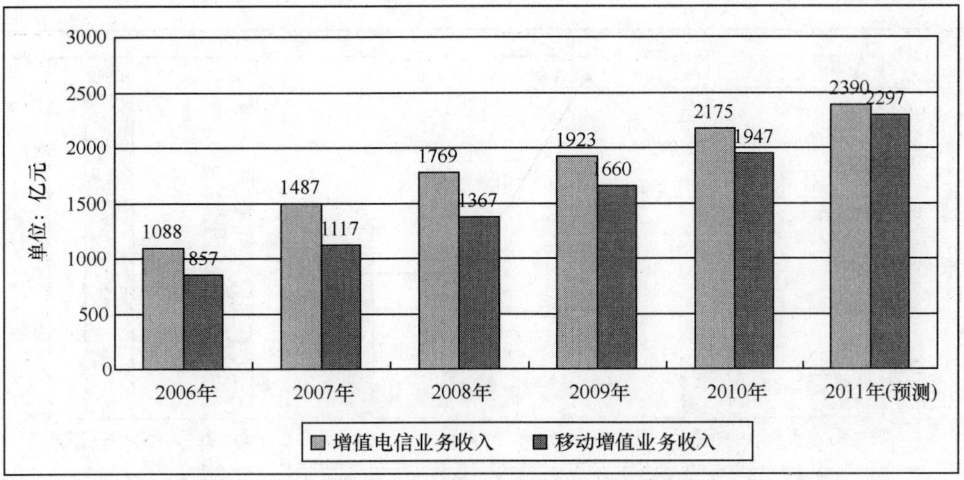

数据来源：根据工业和信息化部相关统计公报整理计算

图 13-3　移动增值业务收入

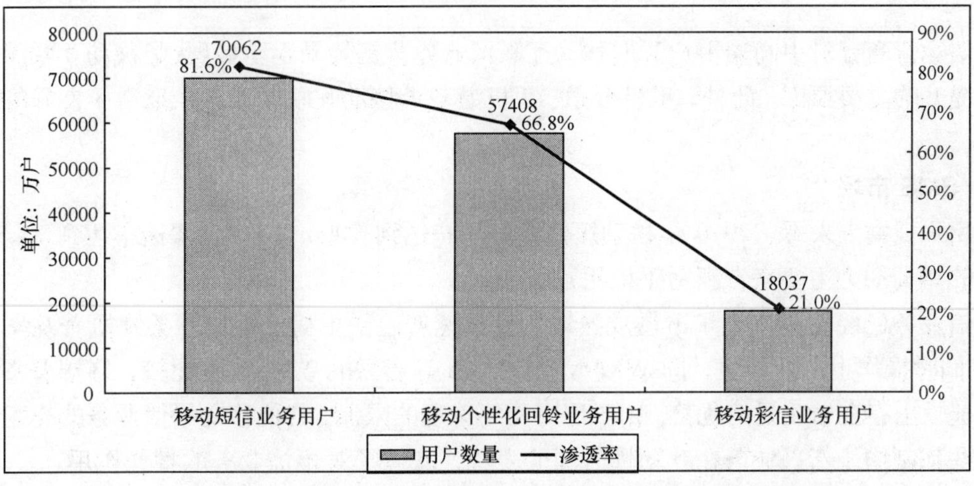

数据来源：根据工业和信息化部相关统计公报整理计算

图 13-4　移动增值业务收入

截至 2011 年 5 月 31 日，在我国经营电信增值业务的企业共有 2063 家，其中国有控股企业 110 家，占经营总体的 5.33%，非国有控股企业 1930 家，占经营总体的 93.55%，外资投资企业 23 家，占经营总体的 1.11%。我国共有 1903 家经营者持有移动信息服务的业务经营许可，有 230 家企业只有呼叫中心业务许可，有 138 家企业只有业务许可，网络接入服务企业有接近 80 家。

2010 年互联网信息服务市场规模达 975 亿元人民币，同比增长 30%。在基础电信运营商和互联网企业共同推动以及移动互联网用户规模增长等因素驱动下，2011 年中国互联网信息服务市场规模将达到 1258 亿（见图 13-5）。

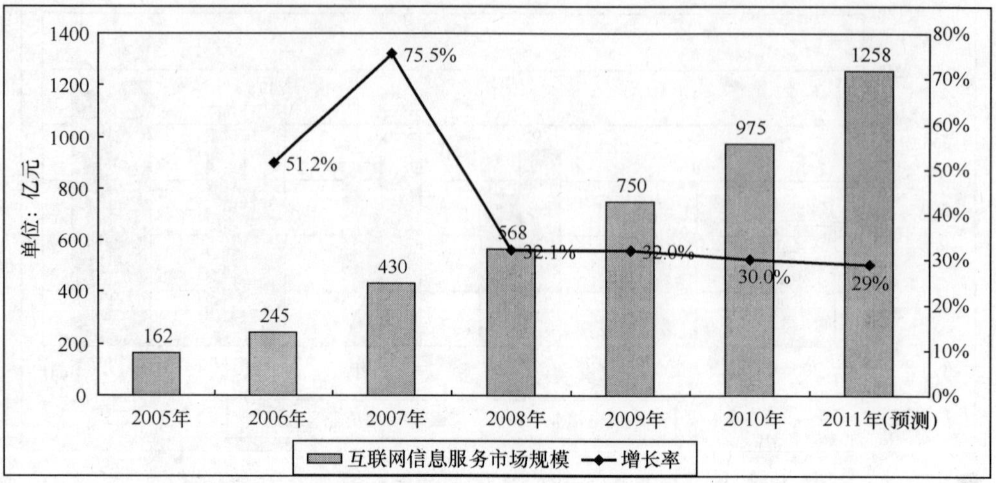

数据来源：根据工业和信息化部相关统计资料整理计算

图 13-5　互联网信息服务市场规模

电信运营商针对中高端用户开展移动互联网业务营销效果逐步显现，是移动互联网用户消费能力提升的主要原因。此外，手机搜索、手机游戏等移动互联网业务也取得了良好的市场业绩表现。

1. SMS 市场

从用户规模上来看，2010 年移动短信业务用户达到 70062 万户，渗透率达到 81.6%，用户规模的增长动力主要来自新增手机用户。

短信业务已经逐步进入了市场成熟期，发展速度趋于平稳。短信业务终端普及率几乎为 100%，同时操作上比较简便，同 WAP/MMS/JAVA 等新兴的 2.5G 业务比较，终端普及度和操作的便捷性上存在着明显的优势。由于现有网络速度的限制，其他移动增值业务的交互性比较低，这些都制约了新兴业务在互动性方面的表现，减慢了对短信业务的替代作用。

2010 年，各类短信发送量达到 8317 亿条，同比增长 6.1%。其中，无线市话短信业务量 67 亿条，下降 47.6%；移动短信业务量 8250 亿条，增长 7.0%（见图 13-6）。

由于短信业务是电信运营商较早开展的增值服务，参与短信的 SP 的数量很多，这些因素决定了短信业务在近几年之内仍将是 SP 重要的业务收入来源。同时，由于终端的普及以及操作简单，短信业务能够较为充分地受益于移动通信用户数量的增长。

目前，与传统媒体合作的互动类 SMS 增值业务在 SMS 增值市场中占据了较大的份额，比如广播电台、电视台的短信交流互动业务，选秀类节目的短信投票业务等。诸如掌上网等 SMS 增值服务中规模较大的 SP 都与传统媒体有良好的合作。但是在这类合作中，由于节目内容以及观众/听众等核心资源都掌握在传统媒体手中，因此较强势的传统媒体往往要求极高的信息费分成，SP 的利润空间受到挤压。

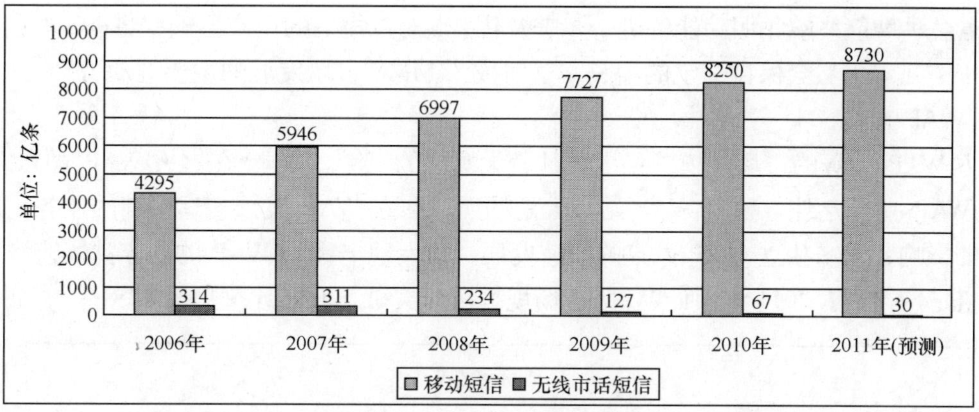

数据来源：根据工业和信息化部相关统计公报整理计算

图 13-6　短信业务发展情况

2. MMS 市场

MMS 被认为是 GPRS 和 3G 市场启动与发展的关键推动力。自从中国移动 2002 年 10 月正式推出 MMS 业务以来，我国的彩信市场已经走过了接近 9 个年头。虽然彩信业务未能复制短信业务的巨大成功，但是也经历了一个不断发展的历程，成为移动增值业务的一个增长支点。

目前，彩信业务已经不再被各大基础电信运营商作为 KPI 业务重点发展，因为点对点彩信及 SP 彩信业务已经进入了相对成熟的发展阶段，而彩信手机报业务逐渐成为 MMS 市场的重要组成部分。关于 SP 彩信业务的推广渠道，除了争取运营商合作资源以及群发外，近一两年来与山寨机的合作也成为一条重要渠道。不仅在终端设备的组装制造环节，而且上至终端方案提供商，下至终端的经销维修渠道，都成为彩信业务 SP 终端内置的合作伙伴。2011 年，MMS 市场规模可能超过 60 亿元（见图 13-7）。

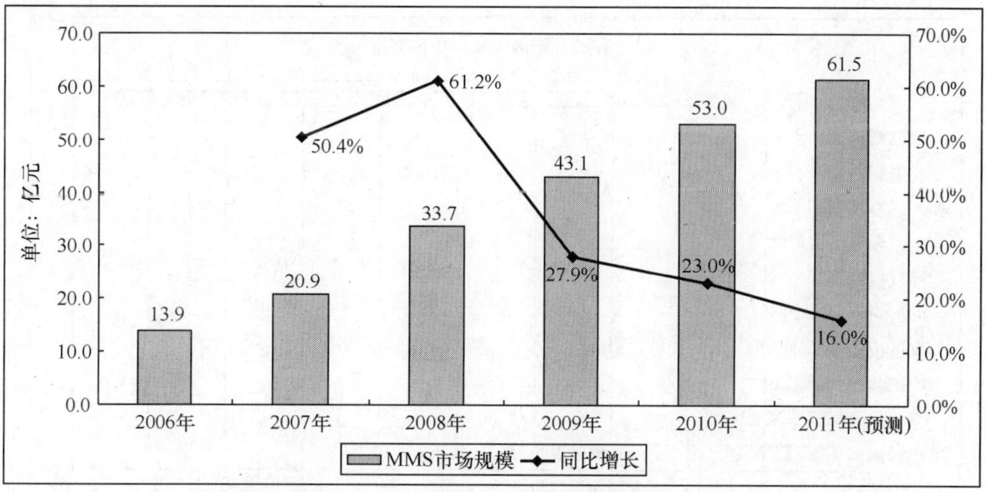

数据来源：根据课题组市场监测数据综合计算

图 13-7　MMS 市场规模

随着各种智能终端拍照功能的进一步普及化，点对点短信的用户渗透率将进一步提高。手机报在未来几年仍然会保持一定的增长，这将成为MMS市场发展的主要推动力。

3. WAP 市场

官方 WAP 业务的市场规模曾经出现过较大幅度的下滑。目前，在官方 WAP 站点以及 SP 的收费 WAP 业务之外，独立 WAP 站点大量涌现。独立 WAP 发展对运营商的业务发展产生了较大的影响，众多独立 WAP 站点的快速发展，极大地丰富了 WAP 的内容，快速培育起客户的手机上网习惯。2011 年预计 WAP 市场规模可以突破 500 亿元（见图 13-8）。

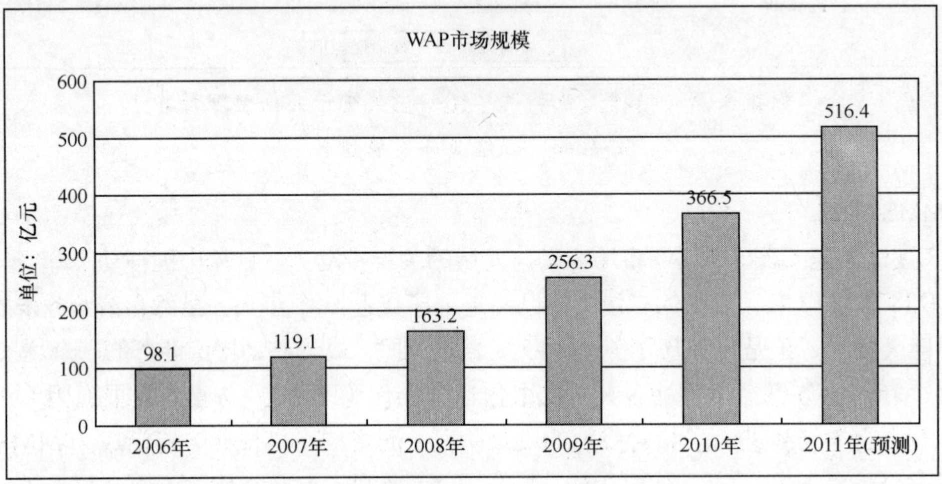

图 13-8　WAP 市场规模

独立 WAP 站点的快速发展，已经对基础运营商构成冲击，从市场监测数据可以看出，中国移动门户网站在移动互联网流量市场占有率上只排在第三位（见图 13-9）。

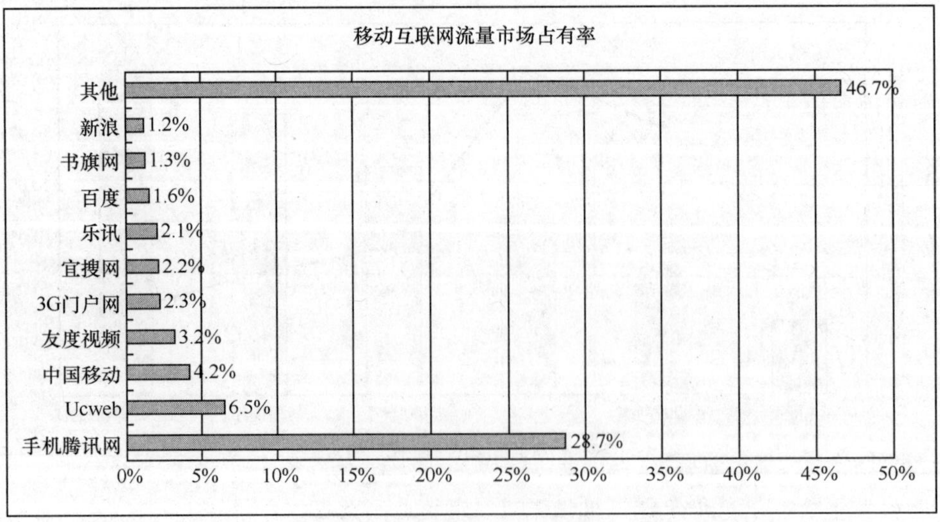

图 13-9　移动互联网流量市场占有率

Ucweb 以其手机网页浏览器的独特优势，市场占有率呈上升势头。而中国移动由于传统的信息内容缺乏竞争力，部分内容转移到相应的增值服务基地，对流量产生非常大的影响，所以市场占有率不断下降。友度视频则因其丰富的视频资源和依靠 UC 浏览器等的推广，流量市场占有率不断扩大。3G 门户网内容缺乏核心特色，流量占比维持较低水平，市场占有率呈现下降趋势。移动梦网对运营商的价值并不局限于其所带来的收入。事实上，官方门户是各种新业务、应用的整合平台以及统一的体验界面，对中国移动的意义非常重大。移动梦网市场占有率的下降将直接影响到中国移动对各种业务、应用的推广、普及。

13.1.4 互联网信息服务发展现状

1. 互联网信息服务的市场稳定增长

2011 年上半年，我国网民数量增加 2770 万人，半年增长率为 6.1%，增长的绝对数量小于去年同期的 3600 万。截至 2011 年 6 月底，我国网民总数达到 4.85 亿，互联网普及率为 36.2%，较 2010 年年底提高 1.9 个百分点。互联网用户进入稳定增长阶段。在互联网用户增长的同时，互联网信息服务经过十几年的发展，已经培育出腾讯、百度、阿里巴巴等规模巨大，对经济生活影响深远的大型企业。

2. 互联网信息服务的经济效益表现良好

在业务范围涉及门户、搜索、电子商务、即时通信、SNS、网络游戏、网络视频、IDC/CDN 等 8 个领域的众多公司中，通过选取 20 家上市公司作为样本进行研究发现，2011 年第一季度，这 20 家公司总收入达到 205 亿人民币，同比增长 51.6%；净利润总额为 69 亿元，同比增长 46.5%。20 家公司的平均净利润率为 33.7%，远远高于 ICT 行业的平均净利润率。

3. 互联网信息服务的商业模式逐渐成熟

在互联网信息服务的各种业务种类中，网络广告、搜索、网络游戏等已经开始形成成熟的商业模式。如新浪第一季度的传统门户广告业务收入规模达到 5 亿人民币。SNS、电子商务、视频业务等也探索自己的商业模式，有些业务虽然目前尚未实现盈利，但盈利目标可以预期。

4. 互联信息服务的新兴载体不断出现

微博目前已经成为人们获取信息、传播信息的重要渠道，也在逐渐成为互联网信息服务的新兴载体。2011 年上半年，我国微博用户数量从 6311 万迅速增长到 1.95 亿，半年新增微博用户 1.32 亿人，增长率高达 208.9%，在网民中的使用率从 13.8%提升到 40.2%。手机微博的应用也成为亮点，手机网民使用微博的比例也从 2010 年年底的 15.5%上升至 34.0%。新浪在 2010 年增加了 5000 万用户，而 Twitter 用了三年时间才获得了同样数量用户。

13.1.5 产业发展趋势分析

1. SMS 市场

近年来针对 SMS 市场的监管主要集中在垃圾短信的治理方面，预计未来几年随着手机广告市场的规范化程度提高，比如三大电信运营商已经陆续推出了群发短信的过滤功能，屏蔽短时间内大量发送短信的号码。广电系统对选秀类节目的播放时间、活动时间跨度、节目场次等加以限制，将对 SMS 增值市场的发展产生一定的负面影响。

但是 SMS 市场基数庞大，主管部门加强监管的影响主要作用于 SMS 市场下具体的细分领域，对整体市场的影响不大。SMS 整体市场的发展很大程度仍然受到手机用户数发展的影响，由于中国的手机渗透率已经达到较高程度，未来数年 SMS 市场也将进入相对稳定的发展阶段。SMS 仍将占据移动增值行业的较大份额，预计 2012 年中国 SMS 市场规模将超过 1000 亿元人民币。

2. MMS 市场

随着手机拍照功能的进一步普及，点对点短信的用户渗透率将进一步提高。尽管手机报在未来几年仍然会保持一定的增长，但随着手机报形式的多样化，WAP、客户端、阅读器等形式都可能加入，MMS 将很难独享手机报市场规模的成长。

但是随着网络条件的改善，基于彩信的一些新型融合类服务也将不断涌现和发展。这些新兴的业务将成为 MMS 市场的新增长点。2012 年全年中国 MMS 市场规模将超过 100 亿元。

3. WAP 市场

尽管手机用户总体规模增速放缓，但是手机网民整体规模持续增长，从而促进 WAP 业务快速发展。此外，电信运营商下调上网套餐资费是 WAP 市场规模继续扩大的利好因素，这从两方面起到积极作用：一是降低用户资费敏感度，促进新增 WAP 用户的增长；二是增强用户黏性，增加用户活跃度。

近几年独立 WAP 站点的快速发展，在丰富 WAP 的内容方面取得了很大的成绩，并以此为基础，快速培育起消费者的手机上网习惯。作为移动互联网未来的发展方向，独立 WAP 的发展和繁荣，事实上将很大程度上影响移动互联网的演进路径，影响增值服务的发展方向。

独立 WAP 还将促进诸如移动搜索、移动广告等新商业模式的发展。3G 商用带来了手机用户上网体验的改善，互联网与移动互联网的融合为 WAP 市场带来更为丰富的内容和应用，基于上述促进因素，预计 2012 年中国 WAP 市场规模将突破 1000 亿元。

13.2　2011 年数据挖掘发展回顾与 2012 年展望

13.2.1　相关界定

数据挖掘技术是人们长期对数据库技术进行研究和开发的成果。数据挖掘和知识发现源于人工智能的学习，并在 20 世纪 80 年代有了长足的进展。目前，数据挖掘技术已经在市场分析、政府管理、医疗卫生、科学探索、金融及制造业得到应用并取得了一定的实效。

数据挖掘（Data Mining），就是从存放在数据库、数据仓库或其他信息库中的大量的数据中获取有效的、新颖的、潜在有用的、最终可理解的模式的自动完成的创造性过程。数据挖掘，在人工智能领域，习惯上又被称为数据库中的知识发现（Knowledge Discovery in Database，KDD），把数据挖掘视为数据库中发现知识的一个过程。知识发现过程由以下三个阶段组成：

（1）数据准备；（2）数据挖掘；（3）结果表达和解释。数据挖掘可以与用户或知识库交互。基于数据挖掘的知识发现过程构成了一个有机的系统结构（见图 13-10）。

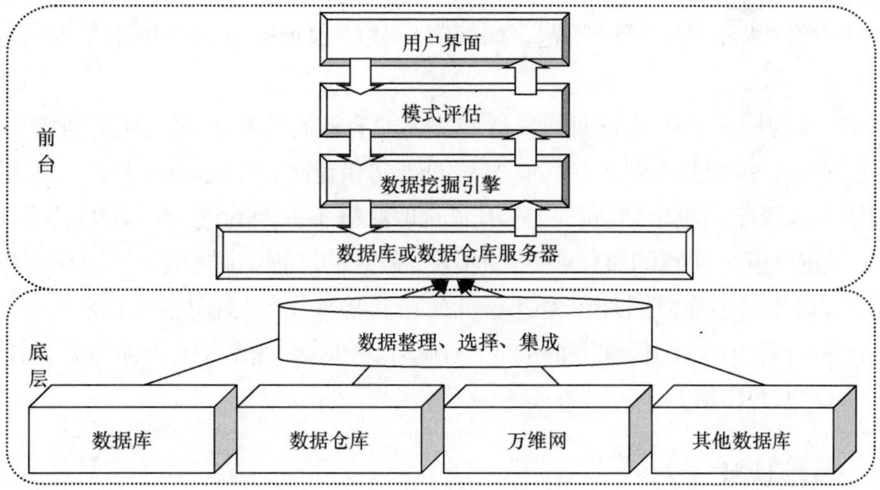

图 13-10　数据挖掘的系统结构

并不是所有的信息发现过程都可以称之为数据挖掘。使用数据库管理系统查找个别记录，或者通过因特网的搜索引擎查找特定的 Web 页面信息，一般称之为信息搜索。虽然这信息搜索也是很重要的，可能涉及使用复杂的算法和数据结构，但是它们主要依赖传统的计算机科学技术和数据的明显特征来创建索引结构，从而有效地组织和检索信息。数据挖掘技术用来增强信息检索系统的能力，与传统数据分析工具存在一系列的区别（见图 13-11）。

	传统数据分析工具	数据挖掘
工具特点	回顾型的、验证型的	预测型的、发现型的
分析重点	已经发生了什么	预测未来的情况、解释发生的原因
分析目的	从最近的销售文件中列出最大客户	面向未来可能客户，减少未来销售成本
数据集大小	数据维、维中数据均是少量的	数据维、维中数据均是庞大的
启动方式	人员启动与控制	数据与系统启动，少量的人员指导
技术状况	成熟	统计分析工具成熟，相关工具正在发展

图 13-11　数据挖掘和传统数据分析工具的区别

数据挖掘的研究一般集中于算法的研究、数据挖掘的实际应用以及有关数据挖掘理论方面的研究。随着相关研究的逐步深入，数据挖掘已经成为许多商业领域的一个热门话题，成为许多企业在赢得竞争优势的重要的竞争工具之一。国内外早期的研究集中在算法的研究上。其实很多时候技术不是主要的问题。如何实现从技术到商业的应用才是数据挖掘的主要难题。

目前，国外数据挖掘在研究方面的发展趋势主要有：对知识发现方法的研究进一步深入，如近年来注重对 Bayes 方法以及 Boosting 方法的研究和提高；传统的统计学回归法在 KDD 中的应用；KDD 与数据库的紧密结合。在应用方面也取得了很大的进步：KDD 商业软件不断产生和完善，注重建立解决问题的整体系统，而不是孤立的过程。用户主要集中在大型银行、保险公司、电信公司和销售业。国外很多计算机公司非常重视数据挖掘的开发应用，IBM 和微软都成立了相应的研究中心进行这方面的工作，此外，一些公司的相关软件也开始在国内销售，如 Platinum、BO 以及 IBM。

13.2.2　发展现状

随着以数据库、数据仓库等数据存储技术为基础的信息系统在各个行业的应用，海量数据不断产生。由此带来的问题是，大量的数据容易获得但是难以消化，无法直观地发现其中所蕴涵的有效信息，相关数据的应用就无法保证。如何从大量的数据中找到真正有用的信息成为人们关注的焦点，数据挖掘技术也正是伴随着这种需求从研究走向应用。

目前，数据挖掘的研究和应用受到了学术界和产业界越来越高度的重视。进行数据挖掘的开发并不需要太多的积累，国内软件厂家开始进入该领域，并处于和国外公司基本相同的起点上。数据挖掘已经引起国内实业界更多的重视，也有更多的国内软件厂商开始进入该领域，一起促进数据挖掘技术在中国的应用。

数据挖掘的商业应用，就是企业站在竞争战略的高度，对企业相关的买卖双方、产品、竞争者等市场要素进行战略规划，借以培养竞争优势的过程。所以，未来企业的竞争会更激烈，竞争的焦点表现在对数据的隐含信息的挖掘，这才是更高级形态的市场竞争。当前数据挖掘应用主要集中在电信、零售、农业、网络日志、银行、电力、生物、天体、化工、医药等方面（见图 13-12）。Gartner 的报告也指出，数据挖掘会成为未来 10 年内重要的技术之一。而数据挖掘，也已经开始成为一门独立的专业学科。

如果将 Web 视为企业 CRM 的一个新的渠道，则 Web 数据挖掘便可看做数据挖掘应用在网络数据的泛称。利用 Data Mining 技术建立更深入的数据剖析，并赖以架构精准的预测模式，以期呈现真正智能型个人化的网络服务，是 Web Mining 努力的方向。

1. Web 挖掘流程

与传统的线下数据和数据仓库相比，Web 上的信息是非结构化或半结构化的、动态的、并且是容易造成混淆的，所以很难直接以 Web 网页上的数据进行数据挖掘，而必须经过必要的数据处理。典型 Web 数据挖掘的处理流程见图 13-13。

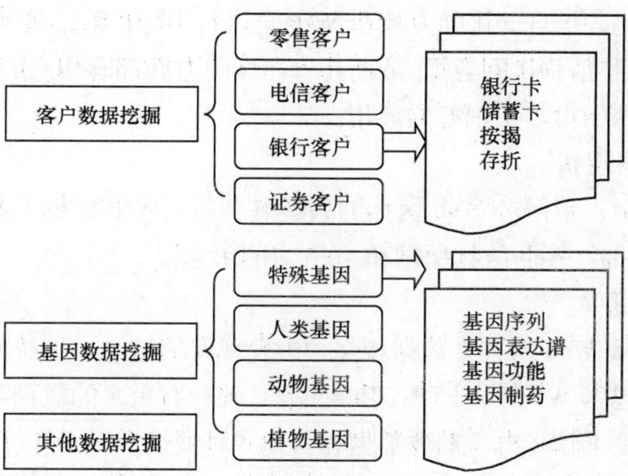

图 13-12 数据挖掘的主要应用

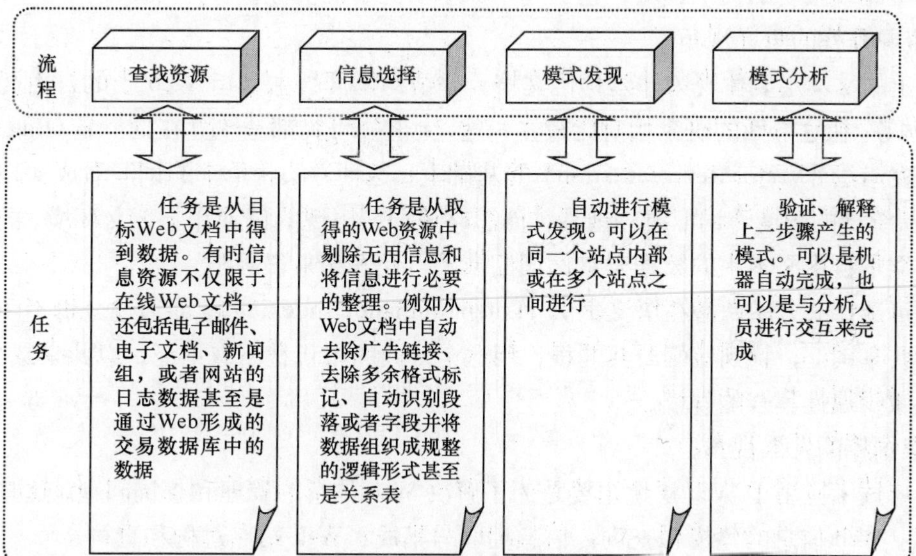

图 13-13 WEB 数据挖掘的流程

Web 挖掘作为一个完整的技术体系，在进行挖掘之前的信息获得（Information Retrieval，IR）和信息抽取（Information Extraction，IE）相当重要。信息获得（IR）的目的在于找到相关 Web 文档，它只是把文档中的数据看成未经排序的词组的集合，而信息抽取（IE）的目的在于从文档中找到需要的数据项目，其重要任务就是对数据进行组织整理并适当建立索引。

信息获得（IR）和信息抽取（IE）技术的研究已经有很长时间，随着 Web 技术的发展，基于 Web 技术的 IR、IE 得到了更多的重视。由于 Web 数据量非常大，并且动态变化，目前的研究方向是用自动化、半自动化的方法在 Web 上进行 IR 和 IE。在 Web 环境下既要处理非结构化文档,又要处理半结构化的数据,最近几年在这两方面都有相应的研究成果和具体应用,特别是在大型搜索引擎中得到了很好的应用。

2. Web 挖掘发展现状

在信息服务过程中，根据对 Web 数据的兴趣点不同，Web 挖掘一般可以分为三类主要内容，包括 Web 内容挖掘、Web 结构挖掘和 Web 用法挖掘。

（1）Web 内容挖掘

Web 内容挖掘指从 Web 内容、数据和文档中发现有效信息。传统的互联网由各种类型的服务和数据源组成，包括 WWW、FTP、Telnet 等，现在有更多的数据和端口可以使用，比如政府信息服务、数字图书馆、电子商务数据和其他各种通过 Web 可以访问的数据库。Web 内容挖掘的对象包括文本、图像、音频、视频和其他各种数据类型。其中针对无结构化文本进行的 Web 挖掘被归类到基于文本的知识发现（KDT）领域，也称文本数据挖掘或文本挖掘，是 Web 挖掘中比较重要的技术领域，也引起了许多研究者的关注。

① 资源查找的研究视角。

网络上的文本主要体现为非结构化文档。非结构化文档主要指 Web 上的自由文本，包括小说、新闻等。在这方面的研究相对比较多一些，大部分研究都是建立在词汇袋（Bag of Words）或称向量表示法（Vector Representation）的基础上，这种方法将单个的词汇看成文档集合中的属性，只从统计的角度将词汇孤立地看待而忽略该词汇出现的位置和上下文环境。词汇袋方法的一个弊端是自由文本中的数据丰富，词汇量大，处理起来很困难。

另外可选择的方法是潜在语义索引（Latent Semantic Indexing），即通过分析不同文档中相同主题的共享词汇，找到他们公共的根，用这个公共的根代替所有词汇，以此来减少维空间，这样可以减少属性集合的规模。

② 数据库的发展视角。

数据库技术应用于 Web 挖掘主要是为了解决 Web 信息的管理和查询问题。这些问题可以分为三类：Web 信息的建模和查询；信息抽取与集成；Web 站点建构和重构。

从数据库的观点进行 Web 内容挖掘主要是试图建立 Web 站点的数据模型并加以集成，以支持复杂查询，而不止是简单的基于关键词的搜索。这要通过找到 Web 文档的模式，建立 Web 数据仓库或 Web 知识库或虚拟数据库来实现。相关研究主要是基于半结构化数据进行的。

（2）Web 结构挖掘

Web 结构挖掘的对象是 Web 本身的超链接，即对 Web 文档的结构进行挖掘。对于给定的 Web 文档集合，应该能够通过算法发现他们之间连接情况的有用信息。在 Web 结构挖掘领域最著名的算法是 HITS 算法和 PageRank 算法。他们的共同点是使用一定方法计算 Web 页面之间超链接的质量，从而得到页面的权重。Google 搜索引擎就采用了该类算法。

此外，Web 结构挖掘另一个尝试是在 Web 数据仓库环境下的挖掘，包括通过检查同一台服务器上的本地连接来衡量 Web 结构挖掘 Web 站点的完全性，在不同的 Web 数据仓库中检查副本以帮助定位镜像站点，通过发现针对某一特定领域超链接的层次属性去探索信息流动如何影响 Web 站点的设计。

（3）Web 用法挖掘

Web 用法挖掘即 Web 使用记录挖掘，在新兴的电子商务领域有重要意义，它通过挖掘相关的 Web 日志记录，来发现用户访问 Web 页面的模式，通过分析日志记录中的规律，可以识别用户的忠实度、喜好、满意度，可以发现潜在用户，增强站点的服务竞争力。

Web 用法挖掘可以分为两类，一类是将 Web 使用记录的数据转换并传递进传统的关系表里，再使用数据挖掘算法对关系表中的数据进行常规挖掘；另一类是将 Web 使用记录的数据直接预处理再进行挖掘。

13.2.3 发展趋势

数据挖掘技术系统的发展正在按一定的路径逐渐演进（见图 13-14）。第一代系统因为不具有和数据管理系统之间有效的接口，所以在数据预处理方面有一定缺陷；第二代系统提供数据管理系统和数据挖掘系统之间的有效接口；第三、四代系统强调预言模型的使用和在操作型环境的部署。

发展阶段	特征	数据挖掘算法	集成	分布计算模型	数据模型
第一代	作为一个独立的应用	支持一个或者多个算法	独立的系统	单个机器	向量数据
第二代	仓库集成	多个算法：能够挖掘一次不能放进内存的数据	数据管理系统，包括数据库和数据仓库	同质、局部区域的计算机群集	有些系统支持对象,文本和连续的媒体数据
第三代	和预言模型系统集成	多个算法	数据管理和预言模型系统	Intranet/Extranet 网络计算	支持半结构化数据和web数据
第四代	和移动数据/各种计算设备的数据联合	多个算法	数据管理、预言模型、移动系统	移动和各种计算设备	普遍存在的计算模型

图 13-14 数据挖掘技术系统的发展

目前，随着新的挖掘算法的研究和开发，第一代数据挖掘系统仍然会出现。第二代系统是商业软件的主流，部分第二代系统开发商开始研制相应的第三代数据挖掘系统，比如 IBM Intelligent Score Service。第四代数据挖掘原型或商业系统尚处于培育期。

围绕现代信息服务业的发展，数据挖掘将来的几个热点包括网站的数据挖掘、生物信息或基因的数据挖掘及其文本的数据挖掘等等。

1. 数据挖掘的商业价值将逐步显现

从需求侧来看，数据挖掘的商业前景光明。随着信息服务业的快速发展，企业面对的是庞大的数据环境。企业间商业竞争的压力使数据挖掘将倍受企业关注。要想在这个激烈的商业竞争中获取并保持企业的竞争力，就必须重视对包括客户、营销、研发等在内的竞争战略的研究。

从供给侧来看，数据挖掘的基础已经具备。首先是商业交易的电子化提供了大量可获得的电子储存的数据，为数据挖掘和数据库营销提供了数据基础。其次是数据存储技术的发展和计算机处理速度的提高，如数据处理系统的广泛应用、功能强大的硬件和并行处理系统、数据仓库的整合。最后是新的先进算法的出现，如神经网络技术和遗传基因算法技术，这为数据挖掘提供了方法和工具。这些年来，技术发展很快，使得数据挖掘成为现实。

2. 网站的数据挖掘方兴未艾

在对网站进行数据挖掘时，所需要的数据主要来自于两个方面：一方面是客户的背景信息，此部分信息主要来自于客户的登记表；而另外一部分数据主要来自浏览者的点击流（Click-stream），此部分数据主要用于考察客户的行为表现。

就分析和建立模型的技术和算法而言，网站的数据挖掘和原来的数据挖掘差别并不是特别大，很多方法和分析思想都可以运用。所不同的是网站的数据格式和传统的数据库格式有区别。因而对电子商务网站进行数据挖掘所做的主要工作是数据准备。未来将有越来越多厂商致力于开发专门用于网站挖掘的软件。

3. 文本的数据挖掘潜力无限

在现实生活中，许多领域都不断产生海量数据，特别是海量的文本数据。怎样从这些数据中抽取和发掘有用的信息和知识已成为一个日趋重要的问题。由于这个原因，文本数据挖掘虽是一个新兴学科，但已成为一个引人瞩目，发展迅速的领域。

无论是在数据结构还是在分析处理方法方面，文本数据挖掘和前面谈到的数据挖掘相差很大。文本数据挖掘并不是一件容易的事情，尤其是在分析方法方面，还有很多需要研究的专题。目前市场上有一些类似的软件，但大部分方法只是把文本移来移去，或简单地计算一下某些词汇的出现频率，并没有真正的分析功能，文本的数据挖掘在未来的商业领域潜力无限。

13.3 2011年搜索引擎发展回顾与2012年展望

搜索引擎（Search Engine）是指根据一定的策略、运用特定的计算机程序从互联网上搜集信息，在对信息进行组织和处理后，为用户提供检索服务，将用户检索的相关信息展示给用户的系统。随着互联网的快速发展，各种智能终端设备的日新月异，人类获取信息的方式更加多样和便捷。与此同时，随着各种论坛、博客、SNS 等社交网络应用的快速增长，网络信息的生产和使用快速扩展，互联网所承载的信息量快速膨胀。在这样的背景下，搜索引擎成为信息社会网民进行网络信息检索的主要工具。

根据中国互联网络信息中心统计，截至 2011 年 6 月底，中国网民人数达 4.85 亿人，其中 76.9%的网民使用搜索引擎，用户人数达 3.86 亿人，在各类网络应用排在第一位。随着搜索引擎覆盖的人群范围不断扩展，搜索引擎作为互联网入口的地位持续提升。一方面，用户对搜索服务的精准性和及时性提出更高的要求；另一方面，搜索引擎自身的推广价值快速提升。研究搜索引擎用户的结构特征、行为取向、消费偏好等信息具有重要意义。

13.3.1　发展回顾

搜索引擎的发展已经经历了三个重要的历史时期，最开始出现的搜索引擎只是检索 FTP 上的文件，随后的搜索引擎开始收录网络地址，其后的搜索引擎开始收录标题，目前的搜索引擎，已经开始抓取网页全文了。

① 搜索引擎的出现。1990 年，麦吉尔大学的三名学生想到了开发一个可以用文件名查找文件的系统，于是便有了 Archie。Archie 是第一个自动索引互联网上匿名 FTP 网站文件的程序，但它还不是真正的搜索引擎。受其启发，Nevada System Computing Services 大学于 1993 年开发了一个搜索工具 Veronica（Veronica FAQ）。

② 元搜索引擎（Meta Search Engine）的出现。使用元搜索引擎，用户只需提交一次搜索请求，由元搜索引擎负责转换处理后提交给多个预先选定的独立搜索引擎，并将从各独立搜索引擎返回的所有查询结果，集中起来处理后再返回给用户。元搜索引擎搜索效果始终不理想，所以没有任何一个元搜索引擎有过强势地位。

③ 智能检索的产生。智能检索利用分词词典、同义词典，同音词典改善检索效果，进一步还可在知识层面或者说概念层面上辅助查询，通过主题词典、上下位词典、相关同级词典检索处理形成一个知识体系或概念网络，给予用户智能知识提示，最终帮助用户获得最佳的检索效果。

现在的搜索引擎一般由搜索器、索引器、检索器和用户接口四个部分组成。搜索器的功能是在互联网中漫游，发现和搜集信息；索引器的功能是理解搜索器所搜索到的信息，从中抽取出索引项，用于表示文档以及生成文档库的索引表；检索器的功能是根据用户的查询在索引库中快速检索文档，进行相关度评价，对将要输出的结果排序，并能按用户的查询需求合理反馈信息；用户接口的作用是接纳用户查询、显示查询结果、提供个性化查询项。

13.3.2　产业现状

1. 世界搜索引擎发展现状

根据美国互联网流量监测机构 ComScore 2010 年 1 月公布的统计数据显示：2009 年 12 月，全球搜索引擎用户的搜索次数达 1314 亿次，年增长 46%。从各国搜索引擎用户的搜索量统计来看，全球搜索量（搜索次数）排名前三位的国家依次是美国、中国、日本。其中，美国搜索引擎用户搜索量约为 227 亿次，占全球搜索量的 17.3%；中国位居第二位，用户搜索量约为 133 亿次，占全球搜索量的 10.1%（见图 13-15）。

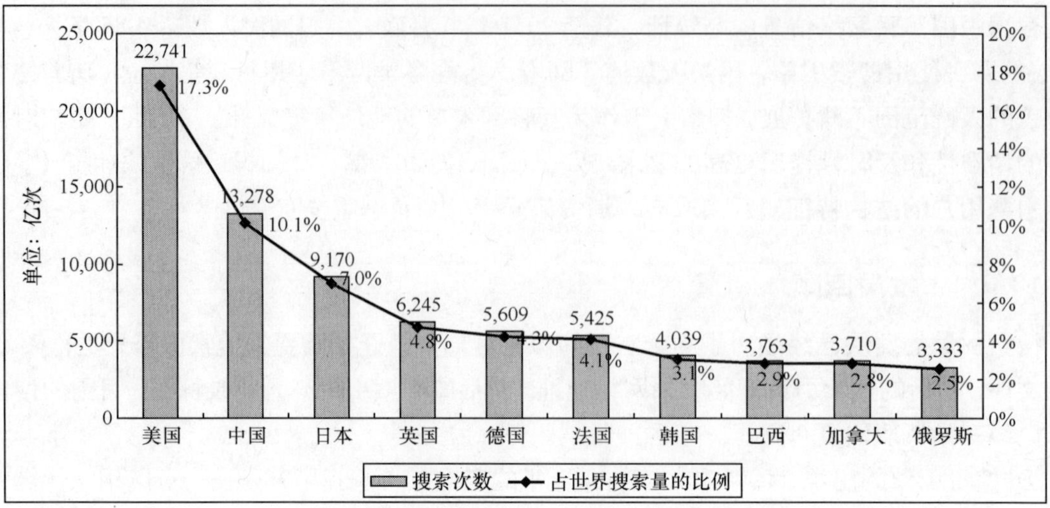

数据来源：http://www.comscore.com

图 13-15　各国搜索引擎用户的搜索量

各国搜索引擎用户搜索量的增长速度依次是：俄罗斯年增长率 92%，法国年增长率 61%，巴西年增长率 53%，日本年增长率 48%，韩国年增长率 44%，中国搜索引擎用户搜索量年增长 13%，增速相对缓慢。

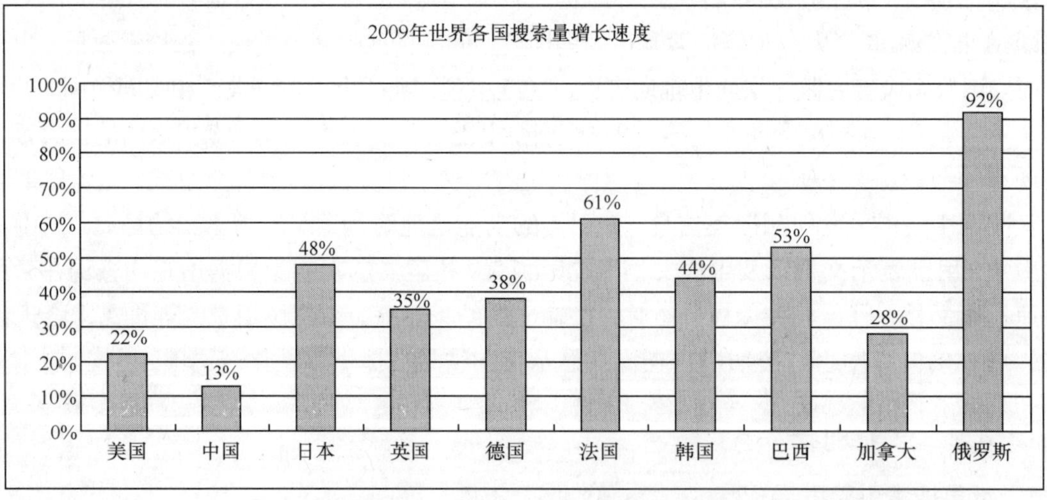

数据来源：http://www.comscore.com

图 13-16　2009 年 12 月世界各国搜索量增长速度

2009 年 12 月时，谷歌搜索以 878 亿次位居全球首位，搜索量的市场份额为 66.9%，雅虎网站的搜索次数 94 亿次，市场份额为 7.2%；百度位居第三位，其搜索次数为 85 亿次，市场份额 6.5%（见图 13-17）。

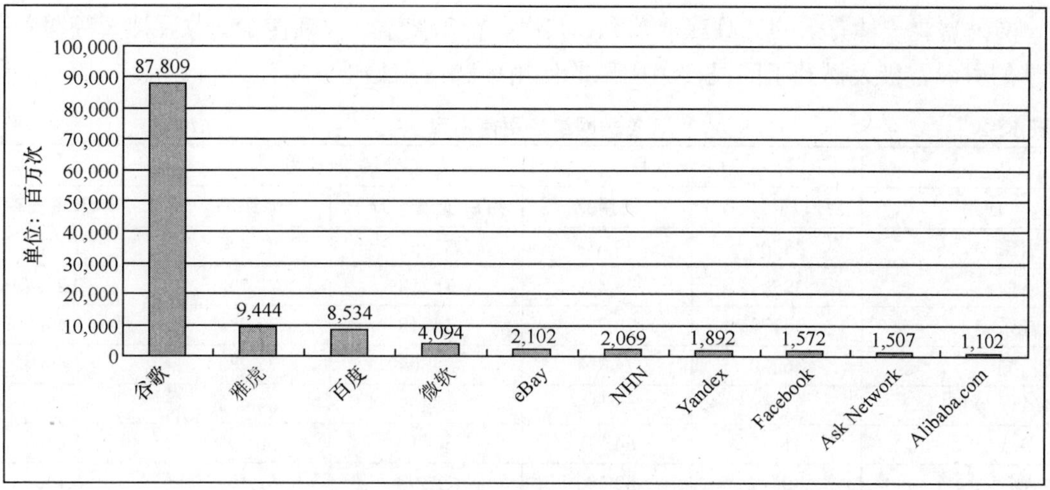

数据来源：http://www.comscore.com

图 13-17　2009 年 12 月世界搜索引擎品牌分布

2. 中国搜索引擎发展现状

(1) 搜索引擎总体情况

海量信息也增加了人们获取信息的时间和成本，作为网络信息检索的主要工具，搜索引擎服务大幅提高了人们获取信息的效率，成为人们从各种网络资源中获取信息的主要手段，并持续快速发展。截至 2011 年年底，搜索引擎在网民中的使用率为 79.3%，用户规模超过 4 亿人(见图 13-18)。

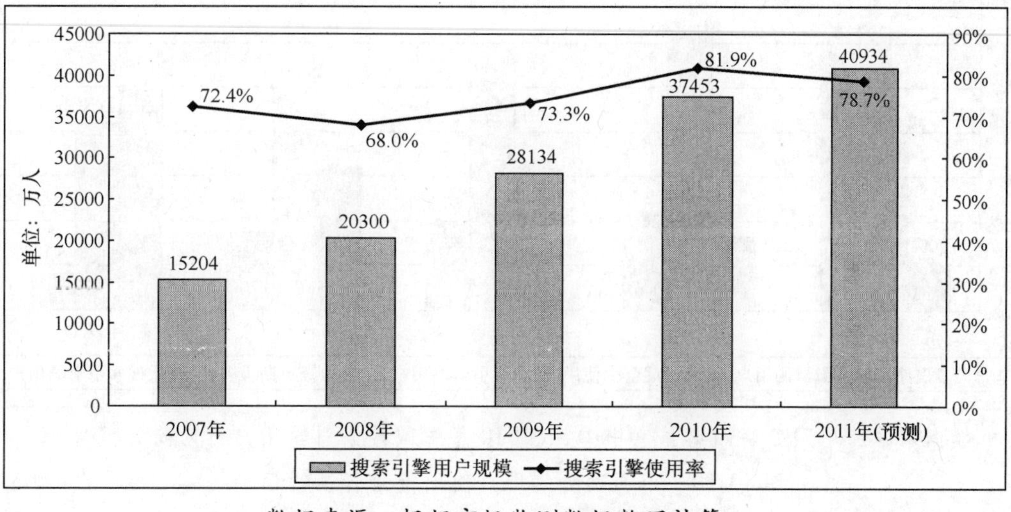

数据来源：根据市场监测数据整理计算。

图 13-18　搜索引擎用户规模

自 2010 年搜索引擎超过网络音乐成为网民使用最多的互联网服务以来，继续保持稳步上升的态势（见表 13-2）。搜索引擎用户规模的增长，首先是由于互联网信息量庞大且保持高速增长，网民需要一种有效的工具获取信息；其次，音乐搜索、视频搜索、位置搜索等服务在搜索引擎的引入，极大提升了网民搜索引擎的使用率和使用黏性。

表 13-2　　各类网络应用使用率

应用	2011 年 6 月		2010 年 6 月		半年增长率
	用户规模（万）	使用率	用户规模（万）	使用率	
搜索引擎	38606	79.6%	37453	81.9%	3.1%
即时通信	38509	79.4%	35258	77.1%	9.2%
网络音乐	38170	78.7%	36218	79.2%	5.4%
网络新闻	36230	74.7%	35304	77.2%	2.6%
博客/个人空间	31768	65.5%	29450	64.4%	7.9%
网络游戏	31137	64.2%	30410	66.5%	2.4%
网络视频	30119	62.1%	28398	62.1%	6.1%

数据来源：《第 28 次中国互联网络发展状况统计报告》，中国互联网络信息中心。

从 2009 年以来，搜索引擎在网民中的普及和渗透率快速增长。但与用户规模的增长速度相比，国内搜索引擎的搜索量的增速明显迟缓。这与新增用户结构及其对搜索引擎的使用频率和依赖度有密切关系。

搜索引擎的使用频率随着上网时间的增加而增加，上网时间不到一年的新网民对搜索引擎的依赖度明显低于老网民（见图 13-19）。近年来，互联网正在向高龄、低学历、低收入群体渗透。

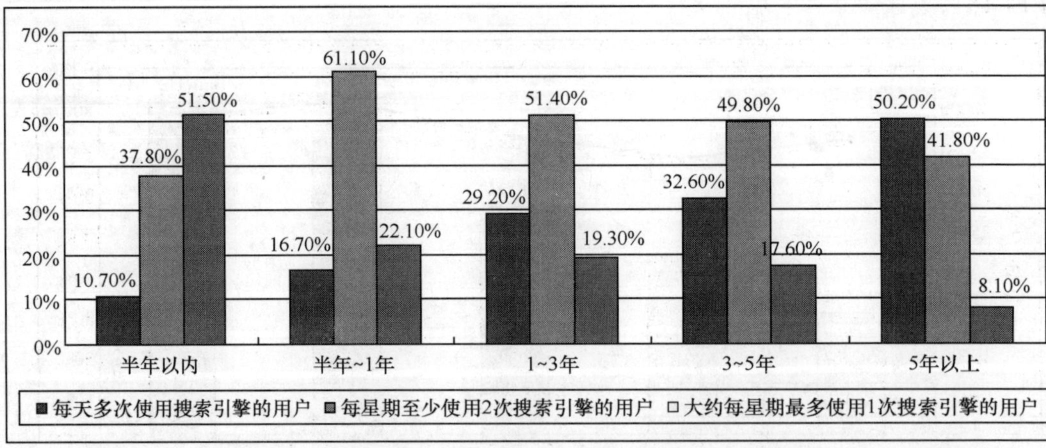

数据来源：中国互联网络信息中心，《2010 年中国搜索引擎用户行为研究报告》

图 13-19　不同网龄的用户使用搜索引擎的频率

3G 的推广使用，使移动终端的功能日益增强。手机上网技术的快速发展，信息服务能力的提高，优化了手机搜索的性能。相对于传统互联网搜索，手机搜索所具有的及时性、便捷性等优势得以发挥，用户规模持续增长。中国互联网络信息中心的研究数据显示，搜索在总体网民的上网应用使用率中排名第一，但在手机上网应用的使用率中仅排名第三，达到 59.5%，较

2010年年底也略有提升。这种差异是由于手机和PC的上网使用方式差异造成的。手机输入、展示方面的劣势，使得客户端模式逐渐侵蚀网页浏览模式的上网方式，而手机搜索的基础就是网页浏览的上网方式。因此，搜索应用在手机上网中的使用率并不是最高（见图13-20）。

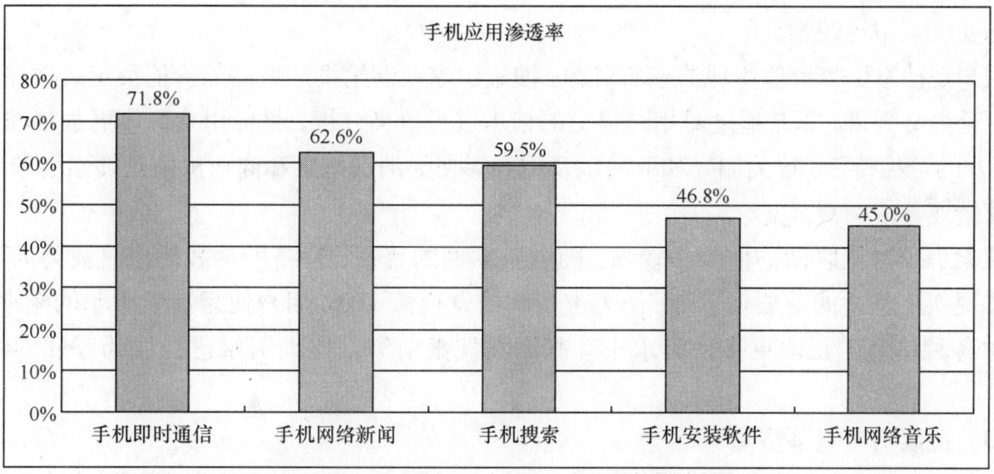

图13-20　2011年上半年手机搜索渗透率

根据艾瑞咨询近期发布的《2010—2011年中国搜索引擎用户行为研究报告》的调研数据显示，搜索用户最为关注知识型和娱乐型内容，其中工作/学习资料、电影/视频、Mp3音乐和新闻咨询是用户最喜欢搜索的内容。相比之下，用户的商业型搜索需求有着较大提升空间（见图13-21）。

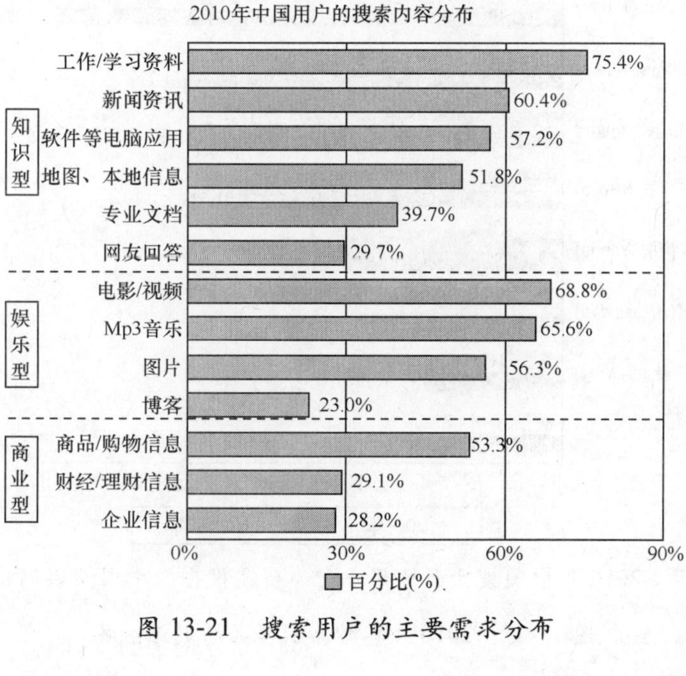

图13-21　搜索用户的主要需求分布

（2）搜索引擎发展特点

搜索引擎进入门坎较高。搜索引擎行业技术含量比较高，搜索引擎业务的开展需要相当大的人力投入和资金投入进行技术研发。而国内搜索引擎方面的专业人才相对匮乏，并且存在技术、资金等方面短缺。目前国内搜索引擎市场品牌分布高度集中，市场格局已经初步稳定，新企业想要进入市场较难。

用户是搜索引擎价值体现的核心资源。搜索引擎在营销推广方面的价值突出表现在：一是用户主动提交需求；二是通过对用户提交的请求进行语义分析，目标用户群体更加精准。基于此，用户的结构特征、行为偏好和取向以及用户潜在的消费意愿和商业价值是搜索引擎运营商开展营销业务的关键。

搜索引擎对互联网的控制力较强。随着互联网的普及，网络所承载的信息成为人们网络生活和现实生活中的重要信息源。作为主要的信息检索工具，用户使用搜索引擎的频率增加，生活中各种信息的获取更多地诉求于互联网和搜索引擎，搜索引擎已经成为互联网的重要入口。

（3）搜索引擎竞争格局

根据 comScore 公布的统计数据，截止到 2009 年 12 月，中国搜索引擎用户的搜索量约为 133 亿次，位居世界第二位，年增长 13%。随着互联网在中国的快速发展，以及国内搜索引擎市场格局的高度集中化，国内搜索引擎品牌的快速成长正在影响和改变全球搜索引擎市场。目前，国内主要搜索品牌除百度以外，各品牌渗透率比较接近，市场竞争激烈（见图 13-22）。

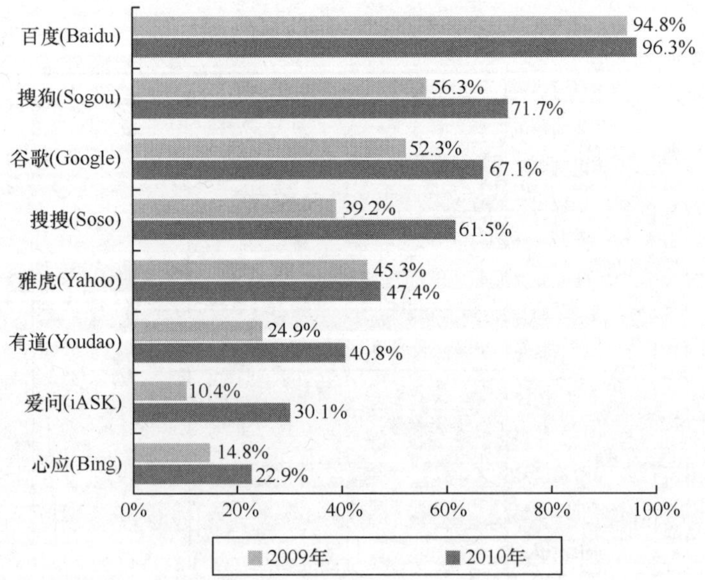

数据来源：2010 年中国搜索引擎用户行为研究报告，中国互联网信息中心

图 13-22　2010 年各搜索引擎品牌的渗透率

13.3.3　发展趋势

1. 技术发展趋势

搜索引擎将会朝着个性化、智能化和移动化的方向发展，能够为搜寻者提供更准确及适用的资料。与此同时，随着手机上网业务的快速发展，手机搜索也将获得了长足发展，手机搜索将成为搜索引擎市场发展的重要推动力量。同时，相对于传统互联网搜索较为集中的竞争格局，移动搜索成为打破搜索引擎市场寡头格局的关键，通过搜索引擎与智能移动终端相结合，提升移动终端上的搜索请求量，将有助于推动各品牌的营收增长。

2. 服务发展趋势

随着搜索引擎用户规模的日趋庞大，用户对搜索引擎的使用和认同加强，检索信息的种类和数量快速增长，用户的搜索需求和使用行为日趋个性化，并且对精准性提出了更高要求。

在基础搜索服务方面，提高中文搜索、图片搜索等搜索服务的精准度；视频搜索、购物搜索、生活搜索等搜索服务更加专业化；同时，在其他应用方面提供服务更加多元化，增加了浏览器、输入法、网络社区、网络视频、电子商务等不同领域的投入；在日趋激烈的竞争中通过个性化服务充分尊重不同用户群体的主动需求，并通过各种服务整合的平台化为用户提供更全面、更周到的服务，成为各搜索厂商吸引和黏住用户的重要举措。

3. 市场发展趋势

随着中国网民的整体成熟度不断提高，对于搜索引擎的应用更加熟悉，中国用户对于商业型内容的搜索需求将会得到进一步提升，通用搜索领域和垂直搜索领域将会持续跟进。

在经过全球金融危机和搜索引擎行业整顿后，国内搜索引擎商业操作将更加规范。随着企业主在推广营销方面的投入放宽，随着互联网的快速普及和渗透，随着网民结构的逐步优化，网络媒体的营销价值获得更多的认同，而搜索引擎在网络营销的精准性和营销效果评估方面的优势，大大提升了网络媒体的营销价值。在竞争格局方面，百度在中国搜索引擎市场中的优势地位仍然难以被撼动。虽然 Google 中国近期针对中国市场的态度和策略有所变化，但是依然可能受制于种种不确定因素。

13.4　2011 年 SNS 行业发展回顾与 2012 年展望

SNS（Social Networking Services）指帮助人们建立社会性网络的互联网应用服务，也指社会现有已成熟普及的信息载体，如短信 SMS 服务。SNS 的另一种习惯称谓是社交网站（Social Network Site）。Social Network Service 中文直译为社会性网络服务或社会化网络服务，意译为社交网络服务。中文的网络含义包括硬件、软件、服务及网站应用，四字构成的词组更符合中国人的构词习惯，因此人们习惯上用社交网站来代指 SNS。

在实际应用中，SNS 有广义和狭义两种理解。广义的社交网站是指基于帮助人们建立社会性网络关系的互联网应用服务，一般都为用户提供表现自我、交流互动等功能，如交友网站、微博、博客、播客、视频分享等。狭义的社交网站是基于熟人关系以共同的兴趣爱好吸引用户的 SNS 网站，主要特征是基于用户注册的真实信息建立线上人际关系、网站主动推进用户间关系网络的发展。

13.4.1 发展回顾

1. 国外发展回顾

在互联网上展示自己的信息，让朋友可以看到并分享的想法，这在 1994 年就已见雏形。当时雅虎地球村（GeoCities）问世，用户可以自由创建网页，利用照片和文字展现自我。而想法相似的网友则可以在上面组建各种名目的“群”。

2002 年在美国成立的 Friendster，它的创新之处在于让人们的网络身份之间建立起了联系。Friendster 上的每一个主页不仅有主人的照片，还包括其朋友们的照片。点击其中某个朋友的照片，访问者就可以进入其主页。从技术上说，也许这种链接的实现并不复杂，但它使众多用户原本孤立的页面连成了一张巨大的网络，每名用户的特征都能够通过这张网得到诠释。Friendster 一直被 SNS 业界称为全球首家社交网站，此后大批的模仿者蜂拥而至。

2004 年，同在洛杉矶一家互联网营销公司工作的德沃尔夫和安德森一起创立了 MySpace。当时两人想让 MySpace 成为比早期社交网站 Friendster 更随心所欲的社交网站。MySpace 推出一年后，受到了美国大众的追捧。其功能与 Friendster 相似——提供个人主页的空间，用户能在主页上放照片，写上兴趣爱好，建立好友链接。同时，包括星座、游戏和博客的功能，也出现在这家网站上。为了增进人气，安德森选择了音乐为突破口，其第二年就为网站拉来了 5000 多名音乐人，对外营销的噱头便是“免费充当众音乐人士的网络营销工具”。

值得关注的是，这一年的 2 月，美国的实名制网站 Facebook 上线，创始人马克 · 扎克伯格是哈佛大学的学生。Facebook 的创意其实来自扎克伯格中学时的同学录，扎克伯格只是将其搬上网络。最初，网站的注册仅限于哈佛学院的学生，后来拓展到更多的高校。

2. 国内发展回顾

2003 年到 2004 年的起步阶段。受 Friendster.com 掀起美国 SNS 浪潮第一波影响，中国的 SNS 开始出现。主要表现为在线约会交友（Date）服务，以“寻找朋友的朋友”的方式建立完善社交圈。当时存在的问题是网站页面粗糙，交互功能缺乏，在线使用率太低；用户的黏性不强，活跃度低。大部分 SNS 没有可行的盈利模式。

2005 年到 2007 年的快速发展阶段。这一阶段主要受 MySpace.com 和 Facebook 模式的影响，主要用户是校园、网吧等，主要应用是同城约会、视频认证等。某些网站开始剑走偏锋。代表网站包括 51.com、赛我网、MySpace 国内站、校内网等。当时存在的主要问题是用户增长过慢，盈利模式单调。

2007 年年底以来的商业模式创新阶段。SNS 网站的问题是如何借鉴其他新媒体应用的长处以发掘 SNS 网站的信息资源优势。主要特征包括积极进军即时搜索领域，为用户查询内容提供便利的支持，重视开发信息对接功能，在促进信息共享的同时提高访问量，充分发挥口碑营销的优势。

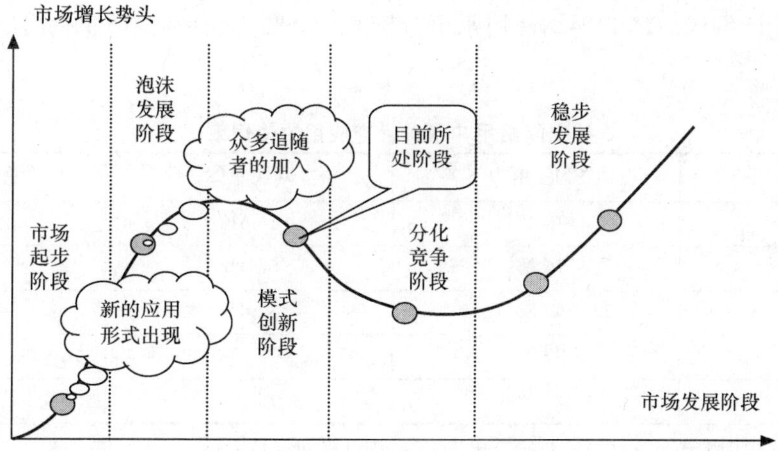

图 13-23　SNS 发展周期

13.4.2　发展现状

根据中国互联网络信息中心《第 28 次中国互联网络发展状况统计报告》调查显示：截至 2011 年 6 月底，中国社交网站用户规模为 2.30 亿，相比 2010 年年底减少 516 万，降幅为 2.2%，使用率也由上年底的 51.4%回落至 47.4%（见图 13-24）。

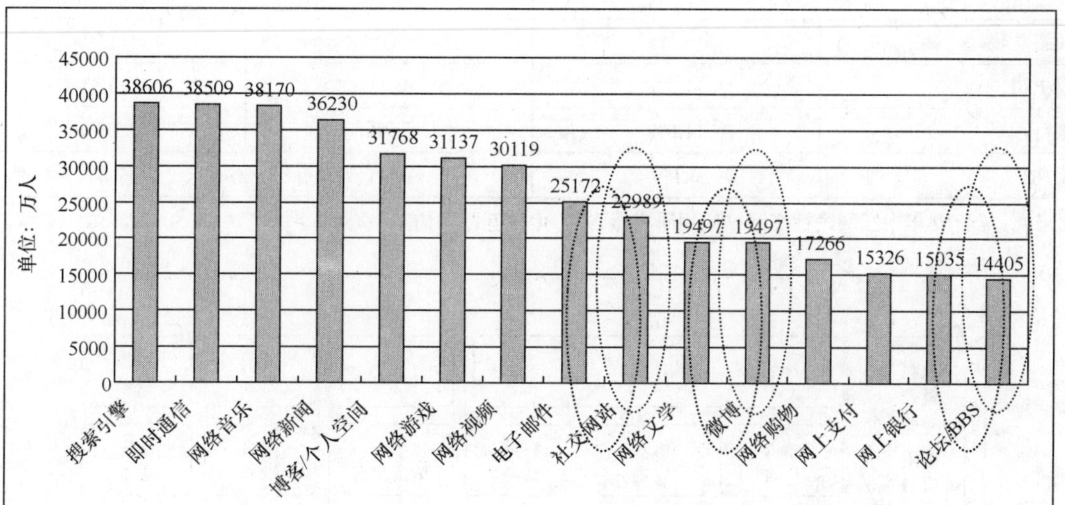

图 13-24　SNS 用户发展规模

与此同时，2011 年上半年微博用户规模保持迅猛增长的态势。截至 2011 年 6 月底，中国微博用户数量达到 1.95 亿，半年内增长了超过两倍，增长率为 208.9%。网民使用率从 13.8%

迅速提升至 40.2%，成为增长速度最快的互联网应用。

社交网站的用户具有更高的活跃度，使用交流工具的比例更大。社交网站用户使用电子邮件、博客应用、论坛/BBS、即时通信、微博客等社交应用的比例分别为 70.1%、76.2%、47.8%、87.2%、21.2%，比网民总体的平均使用水平分别高 15.5%、11.8%、15.4%、10.1%、7.4%（见表 13-3）。

表 13-3　社交网站用户各种社交应用的使用率

	SNS 用户	网民总体	差异
电子邮件	70.1%	54.6%	15.5%
博客应用	76.2%	64.4%	11.8%
论坛/BBS	47.8%	32.4%	15.4%
即时通信	87.2%	77.1%	10.1%
微博客	21.2%	13.8%	7.4%

数据来源：《2010 年中国网民社交网站应用研究报告》，中国互联网信息中心。

社交网站用户具备开拓电子商务的更大潜力，网络购物相关应用的使用率较高，网上支付、网络购物、网上银行、旅行预订、团购的使用率分别达到 41.3%、46.3%、41%、11%、6.1%，比网民总体的平均使用水平分别高 11.3%、11.2%、10.5%、3.1%、2%（见表 13-4）。

表 13-4　社交网站用户电子商务使用率

	SNS 用户	网民总体	差异
网上支付	41.3%	30.0%	11.3%
网络购物	46.3%	35.1%	11.2%
网上银行	41.0%	30.5%	10.5%
旅行预订	11.0%	7.9%	3.1%
团购	6.1%	4.1%	2.0%

数据来源：《2010 年中国网民社交网站应用研究报告》，中国互联网信息中心。

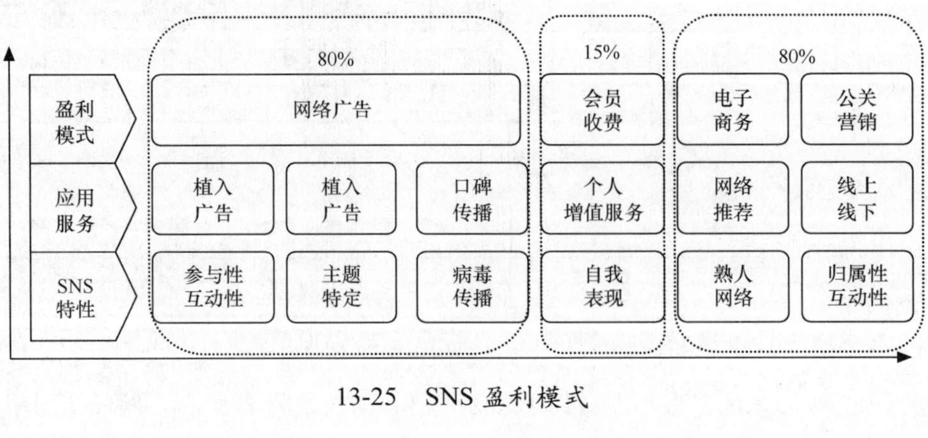

13-25　SNS 盈利模式

13.4.3 政策环境

2010 年《中国互联网状况》白皮书中明确指出，依法保护公民网上隐私。保护互联网上的个人隐私关系到人们对互联网的安全感和信息。中国政府积极推动健全相关立法和互联网企业服务规范，不断完善公民个人隐私保护体系。依据互联网行业自律规范，互联网服务提供者有责任保护用户隐私，在提供服务时应公布相关隐私保护承诺，提供侵害隐私举报受理渠道，采取有效措施保护个人隐私。

社交网站一般是基于实名制注册的网络服务。一方面，用户将个人真实信息放在网上，通过社交网站共享他们愿意分享的信息。社交网站提供朋友分类、朋友推送、应用服务隐私条款等服务，将社交网站上的人及扩展和信息共享的范围和速度提升。另一方面，由于社交网站上承载着更多的个人信息和隐私，因此，保护个人信息和个人隐私，打造安全的使用环境也是增进用户信任和支持的基础。目前国内社交网站在用户信息保护方面的服务日渐完善。一些社交网站对各种应用都会设置隐私权条款，同时留给用户更多的自主选择权，用户可以根据个人意愿选择分享的信息内容和对象。

13.4.4 技术发展趋势

API 开放成为趋势。2007 年 5 月，Facebook 开放网站 API，成为首家开放 API 的 SNS 网站。在 Facebook 的带动下，谷歌于 2007 年宣布了自己的社会关系平台标准 OpenSocial。2008 年开始，国内各大 SNS 网站也开始启动开放平台战略。2008 年 7 月，人人网开放平台正式推出，到目前为止 API 总数超过 3000 个。未来 API 开放将成为大趋势，通过开放平台提高网站的服务能力，更好地满足用户个性化需求；通过开放平台为植入式广告需求提供更好的平台，在应用中注入与现实生活紧密相连的商品信息，可以提高广告收益。开放平台既可以使开发者获得不菲的收入，也可以让 SNS 网站获得更多的流量和分成，这自然形成了一个双赢的局面。

手机社交网站应用服务日趋完善。互联网的社交化趋势和手机上网需求的快速增长，使手机社交化应用迎来更大的发展。随着手机上网用户对手机社交需求的增长，手机社交功能服务将不断丰富。社交功能已经成为诺基亚、LG、摩托罗拉、索爱等手机厂商用来吸引消费者的重要服务。在 2010 年 9 月 LG 推出的 5 款产品中，均内置了包括人人网、开心网等主流 SNS 网站客户端。同时，社交网站也通过提供手机客户端产品的下载，与手机厂商通过合作在手机终端内置客户端等，积极推广手机 SNS 产品和服务。

13.4.5 应用发展趋势

微博应用将继续保持快速发展。首先，微博的形式简单、功能强大，并支持文字、图片、视频等多媒体信息，用户体验良好；其次，微博用户间关系的双向性，使用者可以构建起一个强关系和弱关系并存的网络，从而同时满足了其多层次的社交需求；再次，鉴于微博有可能成为未来主要的信息传播平台和互联网新入口，门户网站均投入大量精力发展微博业务，通过广告投放、名人效应等策略成功地吸引了用户；最后，用户通过关注与被关注，在微博上结成一个庞大的传播网络，信息能够在短时间内病毒式地大规模扩散，从而使微博迅速成为当前极具时效性和影响力的媒体。微博的诸多优势使其能在短时间内聚集起大量用户，微博应用将继续保持快速发展。

社交网站发展进入平台期。从 2010 年开始，社交网站的发展势头开始放缓。由于过分倚重游戏类应用，无法对用户造成持续的吸引力，导致使用黏性降低，用户不断流失。为了应对这一局面，国内主要社交网站将加快调整步伐，通过改进一系列功能来提升用户的社交体验和移动体验，与电子商务进行融合，拓展盈利渠道，从而尝试将网站建设成能够融合用户现实生活中社交、商务等行为的平台，而不是单纯的娱乐消遣网站。

产品和应用更加多元化。借鉴国外社交网站的服务模式，同时结合国内网民互联网使用的娱乐倾向，国内社交网站提供了游戏、音乐等娱乐应用。基于这些娱乐应用，用户使用社交网站增强和友人间的关系，用户间的联系更加紧密，而社交网站的应用产品更加工具化、实用化，并将随着用户需求不断增长而更加多元化。

第14章 信息传输业

根据我国国民经济行业分类（GB/T 4754-2011），信息传输服务包括电信、互联网和相关服务、广播电视传输服务和卫星传输服务四个子类。其中，卫星传输服务是指卫星的基础电信服务和卫星广播电视传输服务。2009 年，中国卫星通信集团公司的基础电信业务并入中国电信，因此，卫星电信服务的状况将体现在电信服务中，而卫星广播电视服务的状况也将体现在广播电视传输服务中。

信息传输服务是信息服务业的重要组成部分，在整个信息服务产业链中起着桥梁和纽带作用。2011 年是“十二五”的开局之年，信息传输服务业在中国的经济建设和社会生活的各个领域所产生的影响和作用越加显著。

14.1 2011 年电信业发展回顾与 2012 年展望

14.1.1 相关界定及产业链

1. 电信业界定

根据国家统计局关于国民经济行业分类标准的界定，电信业主要是指通过电缆、光缆、无线电波等提供通信服务的行业。或者说利用有线、无线的电磁系统或者光电系统，传送、发射或者接收语音、文字、数据、图像以及其他形式的信息传输活动。主要包括以下内容。

① 固定电信服务。指固定电话等电信服务活动，其中包含固定网本地电话服务，国内、国际、港澳台长途电话服务等，以及固定电话网呼叫中心、语音信箱、可视电话会议服务等业务。

② 移动电信服务。指移动通信等电信服务活动。移动通信服务包含模拟移动通信业务、数字集群通信业务、第二代数字蜂窝移动通信业务、第三代数字蜂窝移动通信服务等。

③ 其他电信服务是指上述电信服务以外的其他电信服务活动，包含互联网管理服务、数据、图像传送服务、其他未列明的电信服务。

2. 电信产业链

电信产业链可以理解为以提供电信服务为核心的由前向、后向具有关联关系的的产业部门组成的链条式结构。一般，电信产业链上具有关联关系的产业部门主要包括设备制造商、电信运营商、内容（服务）提供商、系统集成（软件）提供商、专业平台提供（应用）商、终端设备提供商、渠道合作伙伴以及用户等。这根链条上的每一个构成要素紧密联系、互相作用，创造出比单一企业更大的协同效应。电信产业链结构不是固定的，随着通信技术、市场竞争情况以及用户需求的变化，电信产业链处在一个动态变化的过程中。

基础电信运营商：目前主要是指中国电信、中国联通、中国移动三大公司，它们提供包括固网国际、国内长途、固网本地电话业务和移动通信业务等服务。

终端设备制造商：主要指网络及通信设备生产和供应商，国内的设备制造商主要有华为、中兴、大唐电信、中国普天等公司，国外设备制造商主要有思科、朗讯、摩托罗拉、诺基亚、西门子、爱立信等。它们提供包括网络设备、交换机、路由器、网关、控制器和接入服务器等设备。

集成及软件开发商：一般是指对电信基础设施建设及电信内部管理进行系统集成和软件开发的企业。

内容提供商（CP）和服务提供商（SP）：内容提供商（CP）是服务提供商（SP）的上游企业，它将搜集、整理和制作的内容产品提供给 SP，再通过 SP 提供给电信运营商，如证券交易信息、天气预报和手机新闻等业务；服务提供商（SP）主要通过电信运营商提供的增值接口为用户提供服务，如电子邮件、语音信箱、电子数据交换、数据处理、交易处理、信息存储和检索及可视电话会议服务等。

渠道合作伙伴：一般是指电信运营商销售渠道上的合资者，包括企业和个体经营户。它们通过与电信运营商签订相关协议从事代办用户入网、话费缴存、电话卡销售等业务。

专业平台及应用商：是为内容提供商和服务提供商提供服务的企业，主要为它们开发各种应用平台解决方案。

用户：主要包括集团用户、企业用户和个人三种。

在产业链中，运营商是系统设备的主要采购者、电信业务的主要提供者，它拥有庞大的网络资源和客户资源，而且拥有完善的网络平台和收费渠道，对产业链实现价值的增值和价值分配起着主要作用。因此，电信运营商处于产业链的核心位置。

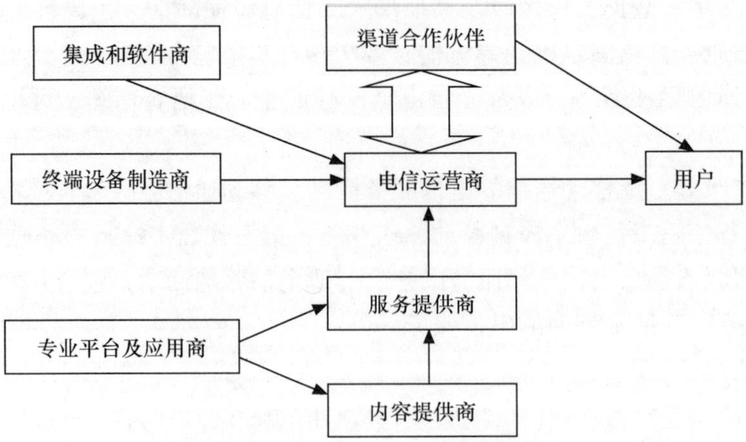

图 14-1 电信业产业链结构

14.1.2　2011 年电信业发展回顾

1. 发展现状

2010 年，电信业的发展十分显著，无论是电信业务量还是电信业务收入都一举扭转了增速下滑的局面，显示了强劲的增长势头（见图 14-2）。

2011 年，电信业务收入和电信业务量继续保持旺盛的增长势头，通信网络能力持续提高，电信业务用户平稳发展，整个电信市场呈现出和谐繁荣的局面。整体上，2011 年的电信业在发展过程中显示出以下特点。

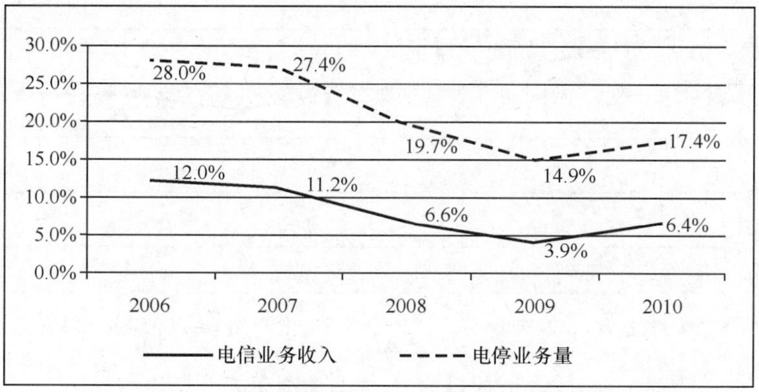

资料来源：公开资料

图 14-2　2006—2010 年电信业务量和电信业务收入增速比较

（1）电信业务收入增长显著，业务量的增长放缓

2011 年 1—10 月，全国电信主营业务收入比上年同期增长 9.9%，电信业务量比上年同期增长 15.7%。尽管电信业务量的增长稍稍放缓，但电信业务量的增速仍远高于电信业务收入的增速，说明广大用户一直享受着非常实惠的电信服务。电信业务收入增长显著则说明用户对电信服务的消费规模和消费水平进一步提高（见图 14-3）。

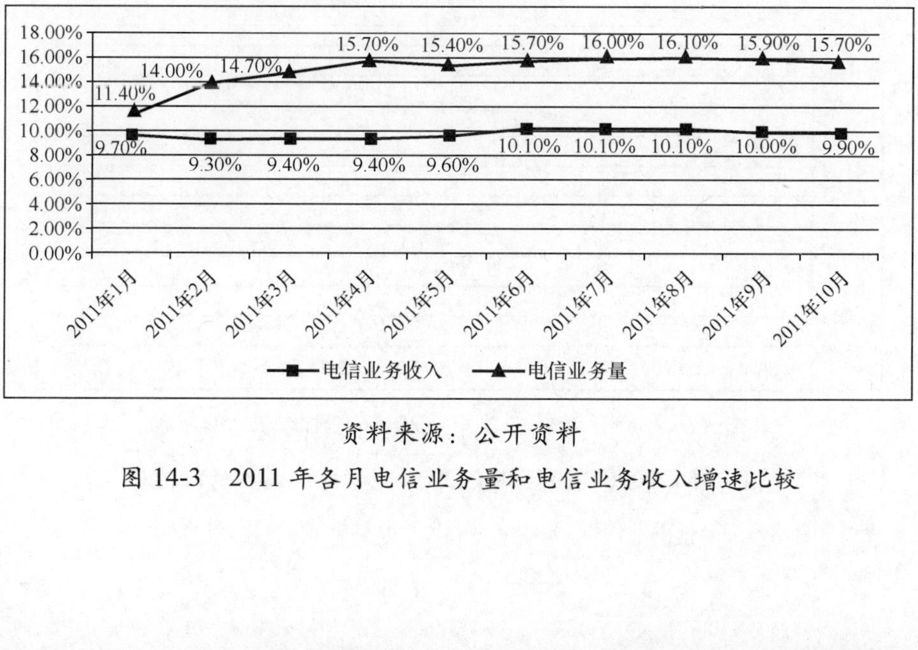

资料来源：公开资料

图 14-3　2011 年各月电信业务量和电信业务收入增速比较

（2）电信业对国民经济的直接贡献有所增长，综合贡献水平高且相对稳定

2011 年上半年，电信主营业务收入为 4740.7 亿元。经国家统计局初步核算，上半年 GDP 为 204459 亿元。预计 2011 年全年电信主营业务收入为 9566 亿元左右，GDP 为 444328 亿元左右。根据电信主营业务收入与电信业增加值的大体比例关系可以估算出 2011 年上半年电信业对 GDP 的直接贡献率（即电信业增加值占 GDP 的比重）为 1.39%，2011 年全年电信业对 GDP 的直接贡献率大体为 1.38%。电信业对 GDP 的直接贡献率开始回升（见图 14-4）。

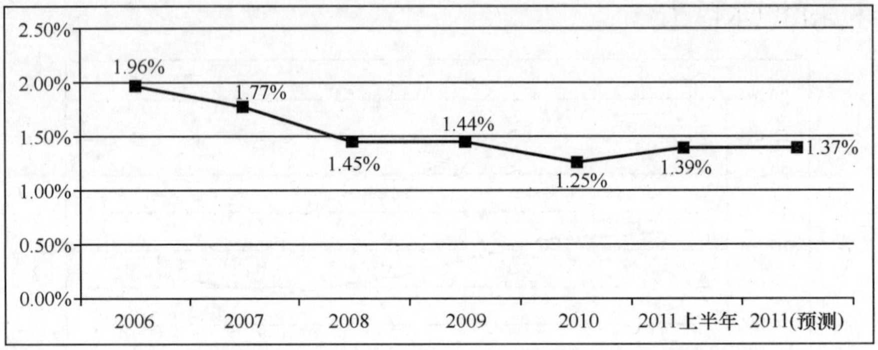

资料来源：公开资料　　其中，2011 年数据为预测所得

图 14-4　2006—2011 年电信业增加值占 GDP 的比重

电信业对国民经济的影响，不仅要看到电信业对国民经济的直接贡献，还要考虑电信业对国民经济的综合贡献，即将电信业直接贡献和间接贡献作为一个整体全面考察，其中，电信业对国民经济的间接贡献是指电信业（直接和间接）带动和推动其他行业而产生的对国民经济的影响。

这里，用 GDP 与电信业务收入的比值来表示电信业对国民经济的综合贡献，它说明每单位电信业务收入能够直接和间接支撑的 GDP 的量。2010 年和 2011 年，GDP 与电信业务收入的比值都有明显的提高（见图 14-5）。

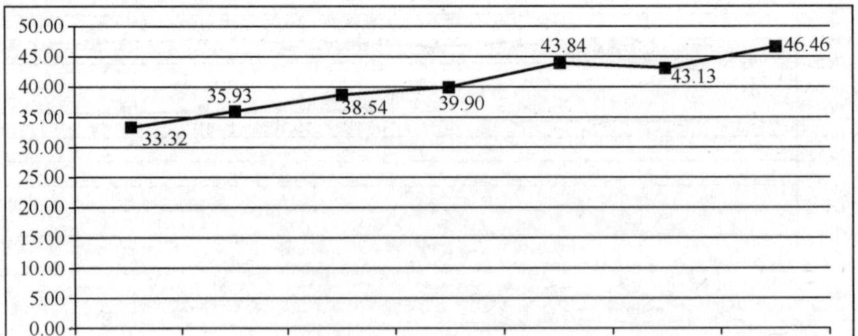

资料来源：公开资料。其中，2011 年数据为预测所得

图 14-5　2006—2011 年 GDP 与电信业务收入的比值

（3）电话用户持续增长，移动用户增速迅猛

2011 年 1—10 月份，全国固定电话用户减少 665.1 万户，移动电话用户净增 10498.9 万户。在电话用户总数中，移动电话用户所占比例为 77%左右。固定电话用户减少的势头依然强劲，移动电话用户迅速增长的势头也有所减缓（见图 14-6、图 14-7）。

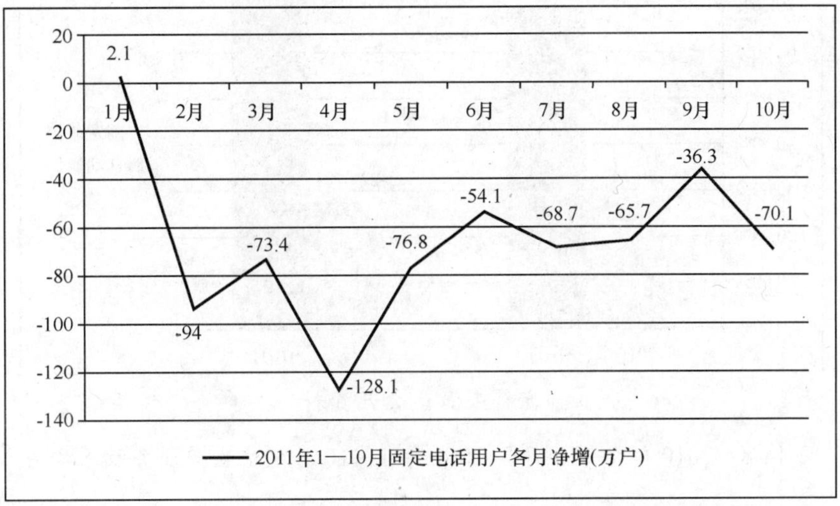

资料来源：公开资料

图 14-6 2011 年 1—10 月份固定电话用户各月净增比较

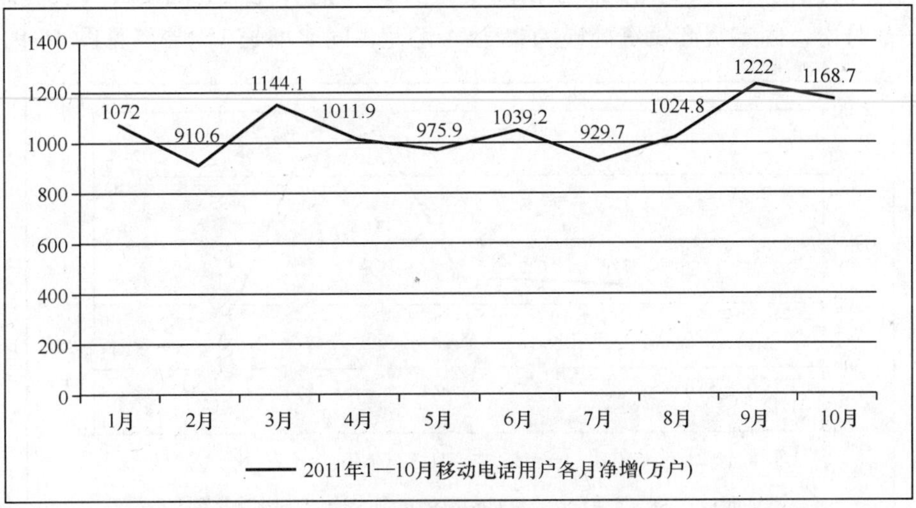

资料来源：公开资料

图 14-7 2011 年 1—10 月移动电话用户各月净增比较

2011 年 1—10 月份在新增移动电话用户中，3G 用户净增 6346 万户，达到 11051.1 万户，3G 用户净增规模超过了移动电话用户净增总量的一半，因此，3G 用户的增长是移动电话用户增长的主力。

移动电话用户和固定电话用户的此消彼涨使得电信主营业务中移动通信的份额进一步增强（见图 14-8）。

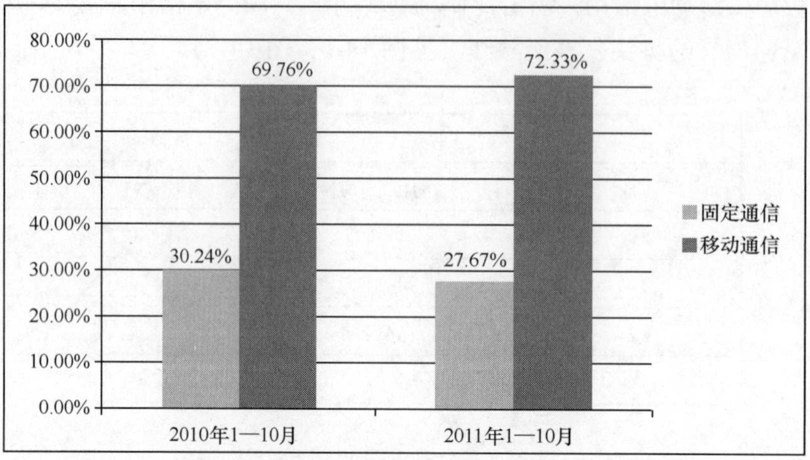

资料来源：公开资料

图 14-8　2010 年 1—10 月和 2011 年 1—10 月电信主营业务收入构成

（4）电信业固定资产投资明显增长，电信业经济效益保持稳定

2008 年、2009 年、2010 年电信业固定资产投资分别为 3068 亿元、3773.1 亿元和 3021.6 亿元，2010 年的固定资产投资明显低于前两年。从 2011 起，电信业固定资产投资开始提升，2011 年 1—9 月份，固定资产投资规模为 2074.4 亿元，同比增长 15.8%（见图 14-9）。

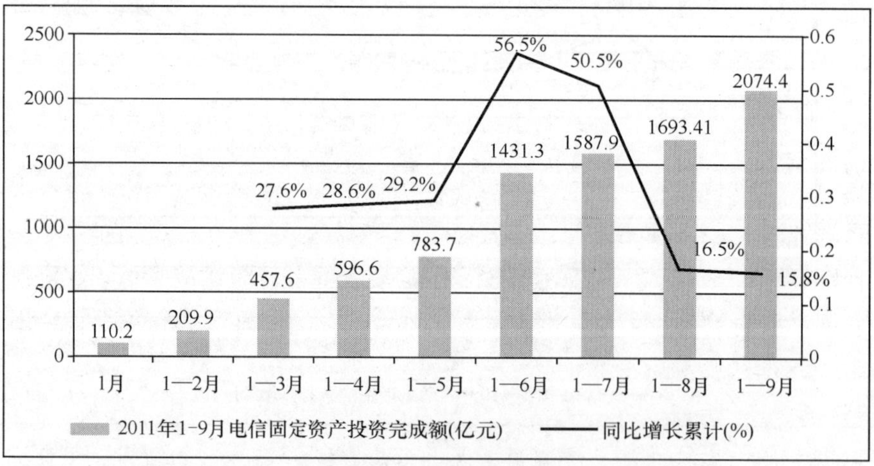

资料来源：公开资料

图 14-9　2010 年和 2011 年 1—9 月电信业固定资产投资

电信业固定资产投资是电信业发展的基础，也深刻影响着电信业经济效益。这里以电信业务收入与电信业固定资产投资比值作为衡量电信业经济效益的指标，表示每单位电信固定资产

投资能够产生的业务收入。可以看出，从 2007 年起，电信业经济效益开始下降，2009 年达到最低，2010 年开始，经济效益开始回升，2011 年 1—9 月经济效益增长显著（见图 14-10）。

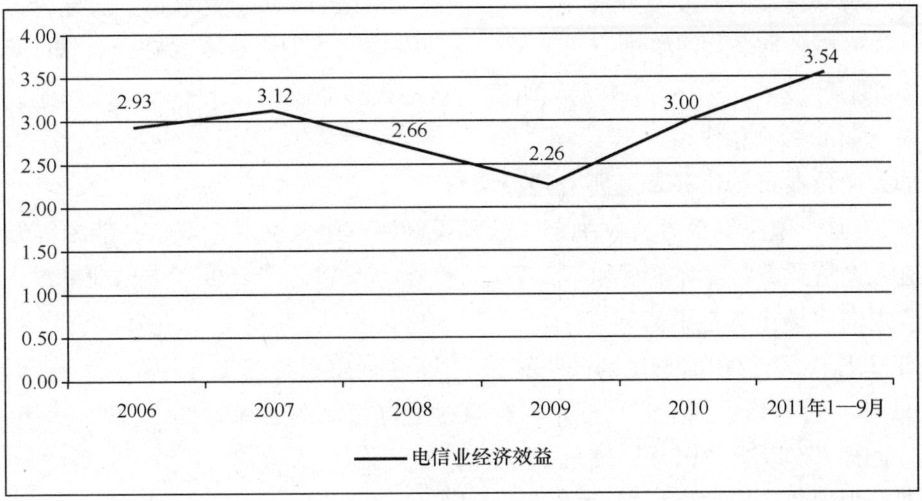

资料来源：公开资料

图 14-10　2006—2011 年 1—9 月电信业经济效益

（5）电信业转型压力加剧

谷歌收购摩托罗拉移动，微软与诺基亚战略合作，苹果 iPhone 的发展以及与中国电信企业的合作经历，使人们看到了传统电信运营企业运营模式的岌岌可危。在移动通信领域，原有的业务创新优势和用户感知优势被彻底改变。同时，移动应用服务的急剧扩张带来了移动网络流量的飞速增长，导致无线网络资源的加速消耗和服务质量的迅速下滑，使整个电信业面临着越来越严重的资源不足。

移动通信领域的巨大变革有目共睹。面对互联网时代的到来以及新业务、新技术、新模式的挑战，2011 年，电信业进一步推进以智能化为核心的产业变革，一是继续强化自主创新的能力，瞄准网络智能化和终端的智能化的目标，探索新产品、新业务、新服务的拓展之路；二是继续加强自身网络、业务平台的开放，进一步实现产业链和资源的整合，促进硬件、软件和服务的共同发展和融合；三是继续推进以网络优势为基础的信息化服务和以满足用户多方面需求为根本的精准营销和精细运营。

2. 政策环境

国家在政策上积极支持通信业的发展，一方面规范通信业生产、建设、经营活动，另一方面积极引导和促进重点领域的建设。

（1）积极推进新一代移动通信和互联网建设

2010 年 4 月，工信部等八部门发布了《关于推进第三代移动通信网络建设的意见》，为落实《电子信息产业调整和振兴规划》，引导推进第三代移动通信（简称 3G）网络建设，拉动国内相关产业发展，切实发挥 3G 对国民经济和社会发展的促进作用指明了方向。

2010 年 10 月，《国务院关于加快培育和发展战略性新兴产业的决定》发布，《决定》指出："加快建设宽带、泛在、融合、安全的信息网络基础设施，推动新一代移动通信、下一代互联网核心设备和智能终端的研发及产业化，加快推进三网融合，促进物联网、云计算的研发和示范应用……提升软件服务、网络增值服务等信息服务能力，加快重要基础设施智能化改造。大力发展数字虚拟等技术，……"《决定》明确了新一代移动通信、下一代互联网建设作为国家战略性新兴产业的影响和作用。

（2）加大通信业市场化和普遍服务建设力度

2010 年 3 月，国务院常务会议决定，鼓励民间资本进入交通、电信、能源等领域，支持民间资本进入增值业务，反对垄断和不正当竞争等行为，进一步降低了电信业的准入门槛，为电信进一步走向市场化奠定了基础。

2011 年 2 月，《工业和信息化部关于实施 2011 年通信村村通工程的意见》发布，《意见》明确了 2011 年"村村通工程"的目标，即行政村通宽带比例达到 83%，自然村通电话比例达到 94.5%，全国 70%以上乡镇开展信息下乡活动。

（3）进一步规范通信业生产经营活动

2011 年 5 月，《国家发展改革委、财政部关于核定第三代公众移动通信网络频率占用费收费标准及有关问题的通知》下发，对第三代公众移动通信网络运营商、使用第三代公众移动通信特殊频段的单位的频率占用费收费标准做了明确的规定。

2011 年 7 月，工信部发布了《关于进一步加强通信建设工程监理工作的通知》，对通信工程建设的规范化和科学化作出了明确规定。

3. 关注焦点

（1）物联网

2010 年初温家宝总理在政府工作报告中强调要促进物联网技术的应用开发，此次"物联网"首次被写进政府工作报告，标志着物联网的发展进入了国家战略层面。此后，一系列扶持政策的陆续出台，更是有力地推动了我国物联网产业的加快发展。2011 年物联网在运营商积极推动与研发下，开始从概念逐步走上实际应用，不少应用类物联网项目开始启动投入到实际应用中。由于物联网具有极大的潜在市场，对运营商来说，能否发展好物联网事关在未来的竞争中能否取得先机并占领制高点。因此，未来运营商将会在物联网技术与应用上更加关注和投入。

（2）移动互联网技术

随着 3G 和全业务时代的到来，移动互联网技术发展势头正劲，和传统的互联网相比，移动互联网技术更大程度上满足了用户对于互联网个性化和移动性的要求，同时也为运营商带来可观的宽带网络流量。随着 2011 年 10 月国内首家专注研发移动互联网技术的研究院广州久邦移动互联网研究院成立，移动互联网更成为了互联网行业和运营商关注的焦点。

（3）LTE 技术

LTE 也被通俗地称为 3.9G，具有 100Mbit/s 的数据下载能力，被视作从 3G 向 4G 演进的主流技术，2011 年该技术将是运营商发力的重点之一。据悉，中国移动将在北京、上海等六个城市建设多达 3000 个 TD-LTE 基站。同时，中国电信、中国联通也在加速 LTE 的演进，并提出了相关的应用技术。

（4）4G 发展规划起步

4G 是第四代移动通信及其技术，集 3G 与 WLAN 于一体，能够传输高质量视频图像。目前，国际电信联盟已经确定了 5 种 4G 标准。我国主导研发的 4G 技术 TD-LTE，已经申请国际标准，这也在很大程度上刺激运营商在全力发展 3.9G 的同时，大力发展相关技术，为向第四代网络演进提供有力保证。

（5）三网融合时代拉开帷幕

2010 年 1 月 13 日，国务院总理温家宝主持召开国务院常务会议，决定加快推进电信网、广播电视网和互联网三网融合。国务院常务会议提出，对三网融合涉及的产品开发、网络建设、业务应用及在农村地区的推广，给予金融、财政、税收等支持。同时，试点方案已经报告国务院，有的城市已开始推进广电和电信的合作，广电网络的通信营运已拉开序幕，全新的运营模式将会令消费者震撼。

（6）融合通信技术发展

"融合电信"是将语音业务、实时通信（即时消息、视频和应用享用）和准实时通信（电子邮件、语音邮件和短消息业务）集成的新型通信方式。目前，微软、IBM、北电等网络巨头均已开发出通信与 IT 融合的网络产品，随着互联网行业与通信行业的进一步结合，传统的通信运营模式将会受到有力的挑战。

（7）新一代宽带无线移动通信网

新一代宽带无线移动通信网属于《国家中长期科学和技术发展规划纲要（2006-2020 年）》中确定的 16 个重大科技专项之一。代表了信息技术的主要发展方向，实施这一专项将大大提升我国无线移动通信的综合竞争实力和创新能力，推动我国移动通信技术和产业向世界先进水平跨越。下一代移动通信技术的发展，也将会给运营商、制造商、设备商等带来新的市场亮点。

4．发展中的不足

（1）3G 业务缺乏创新点

目前影响 3G 业务普及和发展的很重要因素是缺乏丰富的 3G 业务创新，现有市场的 3G 业务主要集中在较传统的应用商店、手机音乐、高速下载、流媒体式手机电视、手机阅读等单纯模仿互联网等业务。在目前新技术鹊起、三网融合、物联网高速发展的情况下，3G 业务应该更多地融合新兴科技，发展差异化业务，更多注重用户体验服务，电信运营商必须抓紧时间转型，在 3G 业务上有新的创新，占领优势领域。

（2）农村通信市场驱动力不足

相对于较发达的城镇而言，农村通信仍然存在较多问题，为此，2011 年世界电信日的主题为"信息通信技术让农村生活更美好"，呼吁对农村的通信现况予以更多关注，引导运营商可以通过为农村用户提供实惠、专享的移动电视等娱乐业务，提升农村用户的生活质量，让通信业务能够真正惠农、乐农。

（3）电信运营业发展速度放缓

传统电信运营业由于用户趋于饱和，缺乏新的增长模式，并受到来自互联网技术的严峻挑战，因此正面临着全球性的增长趋缓。我国“十一五”期间的收入和用户的增速落后于“十五”增速，预计“十二五”期间传统电信运营业的收入和用户增速会进一步降低。

总量增长放缓的同时，业务结构面临调整。2011 年 5 月，英国电信分析公司 The Mobile World 发布的最新统计报告显示，目前全球电话普及率已经达到 100%。截止到 2011 年 9 月我国电话普及率也达到了 92.6%。消费者对通话的接入需求渐趋饱和，人均带宽需求逐步扩大。2011 年 10 月，全球最大网络流量管理商 Akamai 公布的 2011 年第 2 季度《互联网发展状况》报告显示，2011 年第 2 季度全球平均网络连接速度为 2.6Mbit/s，中国内地仅为 1.1Mbit/s，排名全球第 105 位。与之相伴，消费者对非话业务的使用正在快速增加，“十一五”期间，非话业务收入占比已经从“十五”期间的 22%左右提升到了 42%左右，预计“十二五”期间，这一数字将提升至 70%左右（含宽带接入）。

表 14-1　　主要国家网络连接速度

全球排名	国家和地区	2011 年第 2 季度平均速度（Mbit/s）	季度环比变化	年度同比变化
	全球平均	2.6	21%	43%
1	韩国	13.8	-4.2%	-17%
2	中国香港	10.3	12%	21%
3	日本	8.9	10%	11%
4	荷兰	8.5	14%	31%
5	拉脱维亚	8.2	29%	31%
6	捷克	7.4	13%	39%
7	瑞士	7.3	17%	43%
8	罗马尼亚	6.8	2.3%	-0.1%
9	比利时	6.4	4.8%	22%
10	丹麦	6.4	13%	23%
105	中国内地	1.1	13%	33%

资料来源：www.akamai.cn

（4）传统运营机制的束缚

运行机制是保障企业正常运转的体系，企业转型时需要与之相配套的运营机制保驾护航。在传统运行机制的框架内，电信行业是按以产品和业务为中心的商业模式运营，内部的组织架构按照产品和业务划分，企业的绩效考核以收入、放号量、资本性支出为主。这样的运行机制与综合信息服务提供商以客户为中心的商业模式不相适应。从长远利益来看，这种机制亟待重新审视和评估。

14.1.3　发展趋势

（1）移动互联网强力拉动通信业务

随着互联网行业技术创新和高速发展，以及用户对通信及时化、多样性、个性化的需求，庞大的智能终端将成为推动移动互联网发展的强大动力。据摩根士丹利预测，到 2012 年全球智能终端的出货量将超过 PC，成为推动未来移动互联网的主要动力。此外，在终端硬件性能日益提高的基础上，移动电子商务、移动营销、移动阅读、移动社区将进一步活跃和发展，并成为主流的移动互联网业务。运营商凭借其网络、终端和庞大用户群的先天优势，将迎来移动增值业务的爆发式增长，移动互联网也将成为推动通信业务增长的新引擎。

（2）宽带网络发展

业务种类的多样化，要求网络建设向宽带化、智能化、综合化方向发展。宽带接入技术、城域（骨干）承载技术、IP 和传输融合的技术、网络加速方案等宽带技术，在历经多年的研究后，其产品和系统已基本成熟。采用这些技术和新型架构的宽带产品将在网络上快速部署，宽带网络将在未来对通信网络向服务于综合信息业务转型，为实现通信业的跨越式发展做出突出贡献。

（3）云计算飞速发展

传统静态配置的网络架构已难以适应运营商新时期发展的需要和用户对信息安全和信息共享的需求，以云计算技术构建的新型服务模式由此应运而生。和传统的静态配置的网络架构相比，云计算优势突出：云计算为用户提供了最可靠、最安全的数据存储中心，用户不用再担心数据丢失、病毒入侵等麻烦；用户端的设备要求最低，使用起来也最方便；云计算可以轻松实现不同设备间的数据与应用共享；为用户使用网络提供了几乎无限多的可能。由于计算、存储资源和软件解耦，运营商提升了资源的利用率和使用弹性，这不仅仅能提高业务部署的速度和处理能力，更能在降低总体成本的同时，满足用户的动态个性需求。未来，业务“云化”与电信能力的结合将为电信网络提供一个新的发展方向。

根据 IDC 预测，云计算相关 IT 支出在 2012 年将达 423 亿美元，未来 4 年，全球云计算服务市场平均年增长率将达到 26%。通过向分布式云计算模式迁移，电信业务将实现“云化”。

（4）绿色通信将成为新动力

低碳经济已成全球发展的焦点。温家宝总理在研究部署应对气候变化有关工作时，就提出下一阶段我国将大力发展绿色经济，紧密结合扩大内需促进经济增长的决策部署，培育以低碳排放为特征的新经济增长点。因此，配合国家经济的转型，注重发展的质量和效益，走可持续发展的道路，这才是通信业在节能减排并实现“低碳”经济中更大的舞台。目前，通信业已成为全社会绿色环保和节能减排战略中的重要战场，产业界正通过设计、发明新的部件，开发和优化网络架构，来实现降低单位能耗的目标。应用于绿色节能的各种新技术、新工艺、新产品、新网络架构和体系正不断涌现，已经极大地降低了通信设备和网络的能耗。

（5）物联网将被高度关注

物联网仍将延续 2010 年以来的关注度，并隐含着巨大的创新空间和市场潜力。电信运营商将在以往的基础上对物联网积极布局，交通、电力等行业也在积极探索和实践。当然，物联网的一些关键技术亟待突破，并需要探索合适的商业模式，使物联网产业健康发展。

（6）电信运营模式进一步精细化

20 多年来，电信运营业的增长模式主要是投资拉动。随着国内市场渐趋饱和，传统电信增长模式已经不再有效，电信业营收近年来逐步放缓就是充分的证明。在营收增速变慢时，仍要保持利润的持续快速增长，只有依靠管理创新、模式创新和技术创新，走精细化道路。挖掘既有资源的潜力是推行电信运营模式走精细化道路的重要内容。新时代、新技术环境下的电信产业面对复杂多变的市场环境、层出不穷的新技术和新产品、日趋理性和多样化的客户群要求，只有推出差异化产品，细分客户分群，进一步完善营销体系，建立同业比较优势渠道，提升整体运作能力才能使电信产业步入良性发展的轨道。

（7）TD-LTE 的发展引人瞩目

基于 TD-SCDMA 的长期演进（TD-LTE）的即摄即传业务展示成为 2010—2011 年众多会议上的一个亮点，说明由中国主导并包含大量中国专利的 TD-LTE 正为通信产业变革注入新的活力。全球各地已经建设了 30 多个 TD-LTE 试验网，日本、印度、沙特、瑞典、澳大利亚等国家的 10 余家运营商已有明确的 TD-LTE 商用计划并部分开始了商用网络建设，越来越多的 WiMAX 运营商也正积极寻求向 TD-LTE 过渡。TD-LTE 已经成为了全球主流的移动宽带技术标准之一。而 TD-LTE 的发展更有力地推动了整个电信及相关行业的新一轮增长。

14.2 2011 年互联网传输业发展回顾与 2012 年展望

14.2.1 相关界定及产业链

1. 产业界定

互联网信息传输是指电信运营企业和网络公司所进行的基于互联网的信息传递活动。在国民经济行业分类中，互联网信息传输服务是“互联网和相关服务”的重要组成部分，它主要包括互联网接入及相关服务以及包含电子邮件、电子公告、文件传输等服务在内的互联网信息服务。

互联网是当今社会经济活动的亮点，它是联系各个行业的重要桥梁和纽带，是引领国民经济的新的增长点，是引发经济活动方式和人们生活方式变革的重要因素。互联网的发展已成为经济活动各个领域和社会生活各个方面关注的焦点。、

2. 产业链

互联网传输业的产业链是由设备制造商、互联网运营商、内容/服务提供商、系统集成/软件提供商、专业平台提供/应用商、终端设备提供商以及用户等市场利益主体构成的一个链状网络。

互联网运营商：主要是指基础电信运营商（目前，广电也开始经营宽带网业务）。它们通过电话拨号或宽带提供互联网接入、互联网传输数据传送业务等服务。互联网运营商居于互联

网传输服务产业链的主导地位，是该产业链的核心环节。

内容、服务提供商：内容提供商（CP）是指在互联网上提供大量丰富实用信息的商家，最为典型的是网易、新浪、搜狐等网络公司；服务提供商（SP）是致力于网站业务服务（例如网站的建设、网站寄存等）的公司。

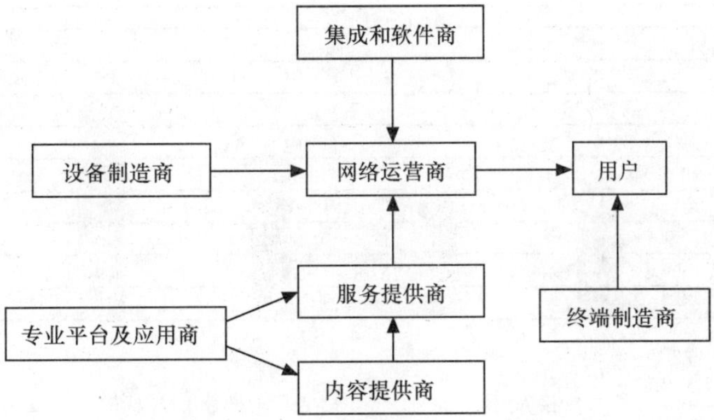

图 14-11 互联网传输业产业链结构

在这条产业链中，互联网运营商处在核心位置上，在产业链发挥主导作用。互联网运营商拥有庞大的网络资源、数据业务、客户资源、网络平台和收费渠道，是产业链中主要的“价值实现者”和“价值分配者”。运营商直接面对最终用户，充当产业链核心，发挥组织、协调作用，主动寻求与上下游相关企业的合作，探索新型协作关系；根据信息技术的发展和信息需求的变化方向，进行市场调研，扩展网络服务市场，推动产业链协调发展。

同时，随着宽带网和下一代互联网 NGN 的逐步推广和成熟，运营商将不断与技术及标准提供者进行业务协同，对系统集成及软件提供商和设备提供商提出更新的产品和服务的要求，提升网络带宽、拓宽服务内涵、提高服务质量。随着网络基础的完善和网络服务市场的饱和，运营商本身也正由单纯的基础网络运营商向综合信息服务商转型。

14.2.2 2011 年互联网传输业发展回顾

1. 发展现状

20 世纪，互联网的发展具有革命性意义。中国的互联网诞生于 20 世纪 90 年代中期，其后，其发展和使用情况每年都以几何级数增长。其中，互联网传输业的发展功不可没。互联网传输业的发展一方面源于互联网应用急剧扩展，人们在广度和深度上对互联网应用的广泛需求极大地带动了互联网传输业的增长。另一方面，互联网传输业的发展也得意于互联网基础设施的建设。

2011 年，互联网传输业的发展主要表现在：

(1) 以宽带用户为主体的互联网接入用户高速增长

2011 年 1—10 月份，基础电信企业互联网接入用户净增 2592.5 万户，达到 15811.8 万户，同比增长 22.28%，继续保持高速的增长趋势。其中宽带接入用户净增 2620.9 万户，达到 15250 万户，同比增长 23.8%，而互联网拨号用户减少了 28.4 万户，达到 561.8 万户，同比减少了 11.25%。

互联网用户的高速增长得益于宽带业务市场的飞速发展。2006 年宽带用户占互联网接入用户总数的 66.02%，2011 年 10 月宽带用户已占互联网接入用户总数的 96.45%（见图 14-12）。

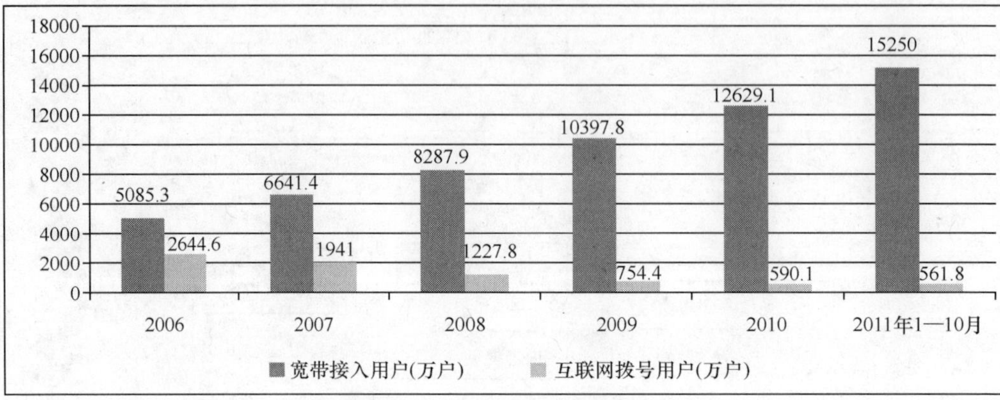

资料来源：公开资料

图 14-12　2006—2011 年 10 月互联网接入用户发展状况

（2）互联网网民数量庞大，增长迅速

中国互联网络信息中心（CNNIC）发布的《第 28 次中国互联网络发展状况统计报告》显示，截至 2011 年 6 月底，中国网民规模达到 4.85 亿，较 2010 年年底增加 2770 万人，增幅 6.1%。相比 2010 年的上半年和下半年，网民增长的速度有所减缓，但网民数量居世界首位（见图 14-13）。

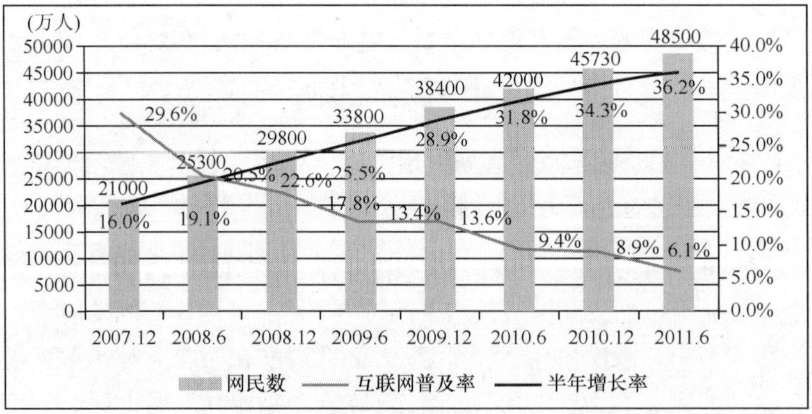

资料来源：公开资料

图 14-13　网民规模、普及率和增长率

网民数量的增长带动了互联网普及率的提高，2011 年 6 月底，网民总数已占全国人口总数的 36.2%，中国成为名副其实的互联网大国。

（3）网民结构变化显著，宽带网民成为网民的主体，手机网民成为网民的骨干

《第 28 次中国互联网络发展状况统计报告》显示，截至 2011 年 6 月底，家庭电脑宽带上网网民规模达到 3.90 亿人，占家庭电脑上网网民的 98.8%，较 2010 年年底增加 840 万人。手机网民达 3.18 亿，占网民总数的 65.57%，较 2010 年年底增加 1495 万人。因此，宽带网民成为网民的主体，手机网民成为网民中占优势的群体（见图 14-14）。

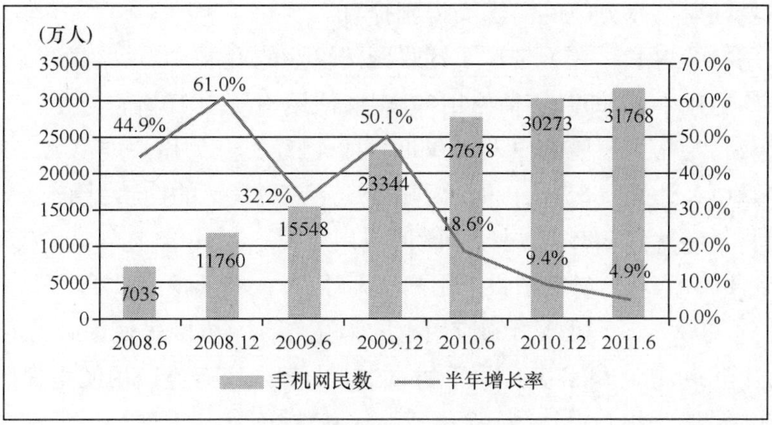

资料来源：公开资料

图 14-14　手机网民规模变化

中国的手机网民数尽管继续保持增长态势，但经历了 2008—2010 三年的高速增长后，手机网民的增长速度明显放缓，进入了平台期。不过，随着用户体验的改进、新应用（尤其是针对农村、老年人的应用）的出现、网络的进一步优化、资费的下调等，我国的手机互联网发展将跨入一个新的增长阶段。

（4）互联网基础设施进一步加强

互联网基础设施建设主要是指互联网资源的供给和建设。截至 2011 年 6 月底，我国 IPv4 地址数量为 3.32 亿，较 2010 年年底增长 19.4%；拥有 IPv6 地址数目全球排名第十五位；域名总数为 786 万个，其中，CN 域名总数 350 万，占比为 44.6%；网站总数为 183 万个；国际出口带宽达到 1182261.45Mbit/s，半年增长率为 7.6%。

表 14-2　　2010.12—2011.6 中国互联网基础资源对比

	2010 年 12 月	2011 年 6 月	半年增长量	半年增长率
IPv4（个）	277636864	331626752	53989888	19.4%
域名（个）	8656525	7861400	−795125	−9.2%
其中 CN 域名（个）	4349524	3502288	−847236	−19.5%
网站（个）	1908122	1830100	−78022	−4.1%
其中 CN 下网站（个）	1134379	931869	−202510	−17.9%
国际出口带宽（Mbit/s）	1098957	1182261	83305	7.6%

资料来源：公开资料

2010年，我国域名数量和网站数量下降明显，这与国家加大互联网领域的安全治理有关。自2009年12月以来，在工业和信息化部等国家主管部门的指导下，国家域名注册管理开展了一系列的工作。国家有关部门加强CN域名注册管理工作的效果正在显现，它使不法分子使用CN域名制作各种不良网站的违法成本、应用门槛和法律风险均大幅提高，直接促使CN域名下的恶意网站数量显著减少，同时使数百万CN域名网站总体安全系数也获得大幅提升，互联网基础资源的质量随着“水分”的溢出而得到提升。

（5）网络应用持续增长，有力带动了互联网传输业的发展

在各类互联网应用中，①即时通信使用率增加，使用率从2010年年底的77.1%提升到2011年上半年的79.4%，半年用户增长9.2%。即时通信已经提升为用户规模第二大的应用类型，目前即时通信用户已经达到3.85亿，仅次于用户达到3.86亿的搜索引擎。截止到2011年6月底即时通信用户已经达到3.85亿户。②微博应用爆发，2011年上半年，我国微博用户数量从6311万暴涨到1.95亿，半年新增微博用户1.32亿人，增长率达208.9%，在网民中的使用率从13.8%提升到40.2%。手机微博的应用也成为亮点，手机网民使用微博的比例也从2010年末的15.5%上升至34.0%。③商务应用平稳发展，大部分商务类应用使用率都在增加，其中，团购应用发展势头迅猛，用户已达到4220万人，使用率从4.1%提升到8.7%，增长率达到125.0%。④娱乐应用热度继续回落，其中，网络游戏和网络音乐的用户规模分别为3.11亿和3.82亿，使用率较2010年年底分别下降2.3个和0.5个百分点。网络视频用户规模为3.01亿，使用率与去年底持平。娱乐应用的相对“衰落”和商务应用的稳步“兴起”，表明了网民网络应用水平的提升。

网络应用的发展，尤其是即时通信、微博和商务应用的发展极大带动了网络流量的增长，进而带动了互联网传输业的发展。

表14-3　　2009.12—2011.6各类网络应用使用率

	2011.6			2010.12			2009.12	
	用户规模（万）	使用率	半年增长率	用户规模（万）	使用率	增长率	用户规模（万）	使用率
搜索引擎	38606	79.6%↓	3.1%	37453	81.9%↑	33.1%	28134	73.3%
即时通信	38509	79.4%↑	9.2%	35258	77.1%↑	29.5%	27233	70.9%
网络音乐	38170	78.7%↓	5.4%	36218	79.2%↓	12.9%	32074	83.5%
网络新闻	36230	74.7%↓	2.6%	35304	77.2%↓	14.7%	30769	80.1%
博客/个人空间	31768	65.5%↑	7.9%	29450	64.4%↑	33.0%	22140	57.7%
网络游戏	31137	64.2%↓	2.4%	30410	66.5%↓	15.0%	26454	68.9%
网络视频	30119	62.1%→	6.1%	28398	62.1%↓	18.1%	24044	62.6%
电子邮件	25172	51.9%↓	0.8%	24969	54.6%↓	14.6%	21797	56.8%
社交网站	22989	47.4%↓	−2.2%	23505	51.4%↑	33.7%	17587	45.8%
网络文学	19497	40.2%↓	0.1%	19481	42.6%↑	19.8%	16261	42.3%
微博	19497	40.2%↑	208.9%	6311	13.8%			

续表

	2011.6			2010.12			2009.12	
	用户规模（万）	使用率	半年增长率	用户规模（万）	使用率	增长率	用户规模（万）	使用率
网络购物	17266	35.6%↑	7.6%	16051	35.1%↑	48.6%	10800	28.1%
网上支付	15326	31.6%↑	11.7%	13719	30.0%↑	45.9%	9406	24.5%
网上银行	15035	31.0%↑	7.8%	13948	30.5%↑	48.2%	9412	24.5%
论坛/BBS	14405	29.7%↓	−2.8%	14817	32.4%↑	26.6%	11701	30.5%
网络炒股	5626	11.6%↓	−20.6%	7088	15.5%↑	24.8%	5678	14.8%
团购	4220	8.7%↑	125.0%	1875	4.1%			
旅行预订	3686	7.6%↓	2.0%	3613	7.9% →	19.5%	3024	7.9%

资料来源：公开资料

2. 政策环境

互联网是20世纪的重大科技发明，国家高度重视互联网的建设和发展，始终坚持积极利用、科学发展、依法管理、确保安全的基本方针。国务院和国家有关部委出台了多项政策法规支持、引导、规范互联网的发展。我国政府始终致力于推进网络环境的健康和谐，致力于构建更加可信、有用、有益于经济社会发展的信息网络。

（1）大力促进互联网建设和发展

2010年6月，国务院新闻办发表了《中国互联网状况》白皮书，介绍中国互联网发展的基本情况，说明中国政府关于互联网的基本政策以及对相关问题的基本观点。白皮书指出，要推进互联网发展与普及，促进互联网广泛应用，保障公民互联网言论自由。

2010年10月，《国务院关于加快培育和发展战略性新兴产业的决定》将下一代互联网建设作为国家战略性新兴产业。进一步强调要"加快建设宽带、泛在、融合、安全的信息网络基础设施，推动下一代互联网核心设备和智能终端的研发及产业化，加快推进三网融合，促进物联网、云计算的研发和示范应用……"

（2）推进互联网建设各个环节的落实

2010年2月，工信部制定了《进一步落实网站备案信息真实性核验工作方案（试行）》，对网站主办者的信息落实作了明确的规定。

2010年4月，工信部等7部门发布了《关于推进光纤宽带网络建设的意见》，就如何发挥光纤宽带对国民经济和社会发展的基础和促进作用，推进我国光纤宽带网络建设提出了意见和建议。

2011年1月，财政部、国家发展改革委、工信部联合印发通知，明确各级政府及其所属部门和单位的电子政务平台应免费向社会开放，无偿提供政府公共信息和办理有关业务。

2011年4月，国务院发布《关于进一步加强政府网站管理工作通知》，对强化政府网站的建设、管理、维护做出了明确规定。

2011 年 5 月，财政部、工信部联合印发了《物联网发展专项资金管理暂行办法》，明确并落实了物联网的资金管理，有效促进了物联网的健康发展。

（3）强化了互联网的规范管理

2010 年 4 月，广电总局发布《互联网视听节目服务业务分类目录（试行）》，对互联网视听节目服务的类别和范围进行了界定。

2010 年 7 月，文化部公布《网络游戏管理暂行办法》，首次系统地对网络游戏的娱乐内容、市场主体、经营活动、运营行为和法律责任做出明确规定。

2011 年 4 月，文化部发布新修订的《互联网文化管理暂行规定》的通知，旨在加强对互联网文化的管理，保障互联网文化单位的合法权益，促进我国互联网文化健康、有序地发展。

2011 年 5 月，商务部公布《第三方电子商务交易平台服务规范》，为规范第三方电子商务交易平台的经营活动，保护企业和消费者合法权益，营造公平、诚信的交易环境，保障交易安全，促进电子商务的快速发展起到了积极的促进作用。

3. 关注焦点

（1）视频网站走向成熟

随着中国宽带网络平台的建设和 3G 广泛普及，网络视频，特别是以手机为终端的视频播放在播放质量和能力上都有了很大的提高，整个行业正在向成熟化和正规化发展。在盈利模式上，以前视频网站主要的盈利点是广告，目前中国的多个视频网站都在尝试付费观看的盈利模式，同时借鉴国外的优秀运营模式，这些努力取得了一定的经验和效果。

（2）微博发展突飞猛进

在社交类网络传播模式中，微博以其特有的便捷性、即时性、草根性、广泛性赢得广大用户的青睐。2009 年 8 月新浪推出“新浪微博”内测版，成为门户网站中第一家提供微博服务的网站，微博正式进入中文上网主流人群视野。截至 2011 年上半年，我国微博用户数量从 6331 万增至 1.95 亿，半年增幅高达 208.9%；微博在网民中的普及率从 13.8%增至 40.2%。从 2010 年年底至 2011 年 6 月，手机微博在网民中的使用率从 15.5%上升到 34%，成为广大网民获取传播信息的重要渠道。

（3）团购、网购倍受青睐

我国电子商务高速发展，网络购物市场规模达到世界第一，随着互联网业务的创新和多样性发展以及网民消费观念的转变，以团购为组织形式的电子商务服务正在异军突起。2010 年，在 Groupon 的引导作用下，团购网站遍地开花，团购已成为广大网民喜闻乐见的消费模式。同时，随着团购网站实力的不断增强，其广告投放量也在大幅增长，入口的增多也使得访客量有显著增长，与互联网行业形成有力的互动。

（4）移动互联网快速发展

截至 2011 年 6 月底，我国手机网民已占网民总数的 66.6%，传统互联网正在向移动互联网迈进。内容版权、移动支付、智能终端成为业界普遍关注的话题，智能终端和应用商店的出现进一步扩大了移动互联网应用广度和深度，移动互联网的发展进入快车道。

（5）互联网企业纷纷上市

2010年，酷6网、乐视网、优酷网、当当网，全都迈入了纳斯达克的大门。2011前半年又进入了一个上市大潮。奇虎360、人人公司、网秦公司、凤凰新媒体纷纷登陆纽约交易所，世纪互联、世纪佳缘则青睐于纳斯达克。中国互联网已经进入上市高潮。

4. 发展中的不足

（1）互联网区域发展不均衡，数字鸿沟依然存在

受经济发展因素的影响，我国互联网发展呈现出了东部快、西部慢，城市快、乡村慢的特点。从基础设施建设看，我国东部沿海城市互联网宽带接入网络和骨干网络较为完善，互联网普及率较高。未来两三年内将形成成熟的互联网宽带区域。在西部地区除重庆、成都等城市，其他均处于起步阶段。我国华北、华东、华南的网站和域名数远远多于西南、西北的网站和域名数，这种数字鸿沟的存在可能将会进一步拉大区域经济的差距。

（2）互联网安全问题严峻

随着互联网向经济、社会等领域的不断扩展，网络与信息安全问题成为社会关注的焦点。一是网上能够较好体现本民族优秀文化传统、具有较强吸引力的网上内容还比较欠缺；二是色情、暴力等各类不良信息仍然存在，严重影响未成年人的成长；三是在网络互动中恶意攻击、信息篡改、信息泄密等问题还没有消除，这些都严重影响到国家政治、经济、军事、文化等各个领域。“十二五”规划明确指出，要“确保基础信息网络和重要信息系统安全”。

（3）微博的发展有待规范

2010年以来，微博的发展十分迅速，并且日益成为信息发布平台。由于微博的圈群特性，易成为相似问题的汇集地和相似人的集合地，从而在网上网下形成一股不断扩大，凝聚的强大力量。但是，微博的迅速发展也带来了若干值得关注的问题，例如：信息来源不确定、信息失真、信息误导、保密信息泄露诸多隐患。如何扬长避短、因势利导，成为今天急需研究解决的问题。

（4）移动支付发展仍存在障碍

手机支付是移动互联网商务应用的新兴领域，具有广阔的前景，但目前手机支付在发展中仍存在着诸多问题。一是技术不够成熟，支付平台在和银行、商户等环节的衔接上存在系统稳定性的问题，使得用户体验较差，用户流失率较高；二是用户对账户的安全性还存在很大质疑；三是由于电信运营商和银行存在着利益上的冲突，因此在利益分配上有时难以调和，进而影响手机支付的发展。

（5）影响互联网发展的深层次问题依然存在

尽管我国互联网的发展十分迅速，但影响互联网发展的深层次问题依然存在。这些问题包括：虚拟网络环境下诚信问题、互联网产业有效的合作竞争问题、互联网企业单一的盈利模式问题、互联网企业在技术和应用方面创新能力不足的问题、一些互联网增值企业自律意识薄弱问题等等，因此我国互联网市场秩序有待进一步规范。

14.2.3 发展趋势

（1）智能终端将广泛应用

Android 操作系统的开发以及主流芯片厂商成熟硬件平台的快速升级，使智能终端的处理能力日益强大，从而进一步促进智能终端产品和应用的开发。智能手机和平板电脑等智能终端将日益融合上网本、电子书、掌上游戏机、MID、PND 等设备的功能与技术。随着无线宽带网络的发展，智能终端将成为移动互联网应用的关键环节，并在移动互联网产业链中扮演越来越重要的角色。未来各种智能终端将更加智能，从而具备智慧网络终端所要求的感知和执行功能，并形成多样化的末梢网络，为人们的日常生活与工作提供优质服务。

（2）网络安全将进一步强化

网络环境本身的复杂性、多变性以及信息系统的脆弱性、开放性和易受攻击性等特点决定了网络安全威胁的客观存在。人们在享受到各种生活便利和沟通便捷的同时，网络安全问题也日渐突出。为了保证通信和互联网的健康发展，有关部门必将更加重视网络安全问题，会出台和采取各种符合中国市场需求的安全保护政策与措施，提升用户个人隐私权的保护意识，以全面提供网络安全和个人隐私保护。同时，网络运营商和互联网公司也将会通过技术手段确保存储在网络上和终端侧的用户隐私安全，防止网络设备资源被非法使用或滥用，做到只有经过认证用户所授权的应用才允许访问指定的该用户资源。

（3）微博发展将继续保持迅猛势头

2010 年是微博迅速发展的一年，用户注册数量呈井喷式增长，近 1 亿，同比 2009 年增长率达到 837%。同时，微博在访客数量的增长速度也是十分惊人，2010 年全年的增长率达到 259.5%。

2011 年微博继续蓬勃发展。根据艾瑞咨询的数据，截至 2011 年 8 月，国内微博用户规模已经突破 2.8 亿，相当于半数以上的中国网民都在使用微博，微博访问时长也突破 2.7 亿小时。同时，2011 年中国微博市场竞争也惊现奇观，以新浪、搜狐、腾讯为代表的各大门户网站纷纷搭建微博自留地，抢夺用户，打造影响力。可以预见，微博信息的即时性、互动性、参与性以及信息获取的便利性和碎片化特征，将使微博的发展继续保持迅猛的势头。

（4）移动互联网的发展将继续引人关注

2010 年以来，移动互联网成为人们关注的亮点，由于手机的便捷性以及应用类型的进一步多样化，移动互联网的发展前景将十分广阔。未来前景看好的移动互联网应用主要有：①手机搜索。由于手机终端能很好地满足用户对服务发起的随时、随地和随机性需求，手机搜索的潜力巨大。在手机搜索中，生活搜索将会成为最广泛的应用。②手机媒体。手机媒体既是移动互联网的主要盈利来源，也是能够整合业务能力、增强服务灵活性的新媒体产业链条，发展的空间广阔。③移动电子商务。市场的多变性和信息需求的及时性将使移动电子商务成为未来信息化建设的关键和商业模式的核心。④移动 UGC 业务。UGC 是一种让用户下载和上传并重的互联网使用方式。移动 UGC 业务中，用户不仅仅是网络内容的消费者，也是内容的创造者。运营商不仅可以借助它刺激用户使用业务，还可以将具有增值价值的内容与用户进行收入分成，提高运营收入。因此，移动 UGC 业务将成为移动通信领域的新热点，也将成为新的应用和商业模式。

14.3　2011 年广播电视传输业发展回顾与 2012 年展望

14.3.1　相关界定及产业链

1. 产业界定

广播电视传输是指广播电视企事业单位以电缆、光缆、无线电波、光波等为载体，通过广播和电视两大传播手段向社会大众提供各种信息的活动。按信号传输方式，广播电视传输分为地面无线传输、有线传输和卫星传输。

广播电视传输网是重要的基础网络。随着广播电视数字化、智能化和信息化的发展，网络融合成为必然的趋势。2010 年初，国务院常务会议决定加快推进“三网融合”，并给予政策支持，计划 2013—2015 年，全面实现三网融合发展，普及应用融合业务，基本形成适度竞争的网络产业格局。“三网融合”的推进为广电传输带来了极大的发展机遇，促使广电传输行业提升技术水平，加快网络改造，实现全网全通，培育新型业态。

2. 产业链

广播电视传输业的产业链主要由设备制造商、广电运营商、内容/服务提供商、终端设备提供商以及用户等组成。

广电运营商：主要由国家、省市、地级市和县四级电视台以及由他们为主体组建的不同电广传媒集团公司，再加上各级政府各行业不同类型的电视台和广播电台组成。

设备制造商：主要是指为广播电视节目制作和传输提供设备的公司，如广播发射设备、电视发射和差转设备、有线电视及网络系统设备、微波传输设备、卫星接收机等等。

内容及服务提供商：主要是指从事电影、电视节目、影音制作、广告、电视购物和旅游信息等广播电视节目和内容制作的企业和公司，也包括作为运营商的电视台本身。

终端设备提供商：指那些为用户提供电视机、收音机和数字电视机顶盒等设备的公司。

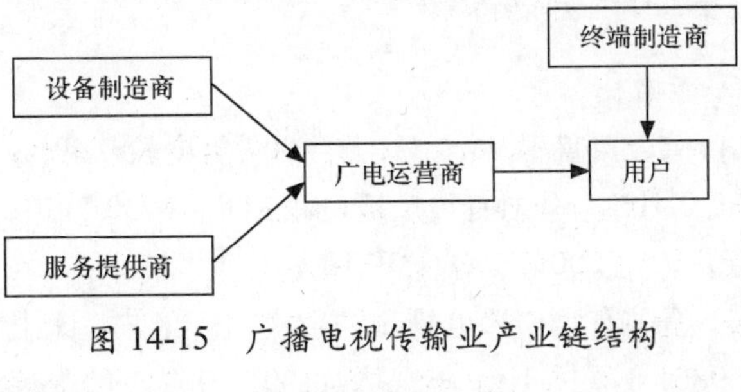

图 14-15　广播电视传输业产业链结构

广电运营商处于主导地位，是该产业链核心环节。运营商通过发达的广电网络和播放渠道，将电视、电影、新闻、娱乐节目等内容制作商提供的内容资源对消费者进行播送，主要获取广告收入和收视费。数字电视的普及和 IPTV 的发展，使广播电视传输服务产业链的规模和利润空间越来越大，并日益完善。随着“三网融合”政策的实施，在 IPTV 业务上，广电运营商与互联网运营商之间将出现价值链融合和产业链整合趋势。

14.3.2 2011 年广播电视传输业发展回顾

1. 发展现状

广播电视传输是整个广播电视事业的基础和保障。2010 年和 2011 年上半年，我国广播电视行业继续保持平稳的增长势头，广播电视节目的播出时间和数量、广播电视网络的覆盖状况、广播电视行业的收入状况、广播电视行业的结构调整状况都有了进一步的改善和提升。这些变化一方面得益于广播电视传输行业的支撑，另一方面也带动了广播电视传输行业的发展。总体上看，广播电视传输行业的变化主要表现如下。

（1）行业规模进一步扩大，收入平稳增长

2010 年全国广播电视总收入为 2301.87 亿元，首次突破 2000 亿元，比 2009 年增长约 24.23%。其中：有线网络收入 560.28 亿元，占广播电视总收入的比重为 24.34%。

2011 年上半年，全国广播电视实际创收 1019.68 亿元，比去年同期增加 184.95 亿元，增幅 22.15%。其中网络收入 249.67 亿元，比去年同期增加 34.25 亿元，增幅 15.89%。其他创收收入 232.34 亿元，比去年同期增加 50.39 亿元，增幅 27.96%。在网络收入中，有线广播电视收视费收入 167.14 亿元，比去年同期增加 22.02 亿元，增幅 15.17%。付费数字电视收入 18.70 亿元，比去年同期增加 5.85 亿元，增幅 45.52%。其他网络收入 63.83 亿元，比去年同期增加 6.4 亿元，增幅 11.14%。预计 2011 年广播电视总收入为 2752 亿元左右，其中有线网络收入为 702 亿元左右（见表 14-4）。

表 14-4 广播电视收入 单位：亿元

	2006 年	2007 年	2008 年	2009 年	2010 年	2011 年预测
广播电视收入	1099.12	1316.40	1583.91	1852.85	2301.87	2752.4
其中，有线网络收入	252	306.71	348	418.85	560.28	702.44

资料来源：广电总局网站，其中 2011 年数据为预测数据

（2）网络覆盖率进一步增长

2010 年全国广播人口综合覆盖率 96.78%，比 2009 年增长 0.49%；全国电视人口综合覆盖率 97.62，比 2009 年增长 0.41%。全国有线广播电视用户 18730 万户，比 2009 年增长 6.89%；数字电视用户数 8798 万户，比 2009 年增长 39.19%。

截至 2011 年 6 月底，全国有线广播电视用户数突破 2 亿户，比上年末增加 1128 万户。其中数字有线电视用户数 9861 万户，比上年末增加 991 万户。付费数字有线电视用户数 1337 万户，比上年末增加 232 万户（见表 14-5）。

表 14-5 广播电视行业发展状况

指标	单位	2006 年	2007 年	2008 年	2009 年	2010 年	2011 年预测
广播节目综合人口覆盖率	%	95.04	95.43	95.96	96.31	96.78	97.17
电视节目综合人口覆盖率	%	96.23	96.58	96.95	97.23	97.62	97.94
有线电视用户数	万户	13995	15325	16398	17523	18872	20216
数字电视用户数	万户	1266	2686	4528	6322	8870	12164
有线广播电视入户率	%	37.02	39.9	41.63	43.99	46.4	48.98

数据来源：《中国统计年鉴》，其中 2011 年数据为预测数据

(3) 有线电视数字化取得良好进展

2010 年，有线网络在高清互动、双向网改造等方面都取得了较大的突破，终端数字化在规模和纵深上都取得了比较好的成绩，用户规模净增长约 2300 万户。

2010 年年底，我国 333 个地级市中已有近 200 个地级市完成或基本完成有线数字化的整体转换工作，有线数字电视用户已超过 8800 万户，达到 8870 万户，有线数字化程度接近一半，达到 47%。2010 年是我国有线数字电视快速发展的一年，全年有线数字电视用户增长超过 2500 万户。随着地级市数字化整体转换逐渐接近尾声，我国的有线数字化的工作重点已逐渐实现从地级市向县级城市及农村地区转移。

截止到 2011 年 7 月底，我国有线数字电视用户已突破 1 亿户，达到 10115.2 户，有线数字化程度达到 54.01%。2011 年，我国数字电视市场的发展形势良好，仅上半年我国的数字电视用户的增量已经突破 1000 万户，达到 1119 万户。预计 2011 年年底，有线数字电视用户将达到 12164 亿户，数字化程度将达到 60.17%。

(4) 有线高清互动业务受关注

基于单向数字电视的整体转换解决了数字电视普及的问题，实现了“从模拟到数字”的转换。高清交互业务则被认为是实现产业彻底升级和转变发展方式的重要业务类型，2010 年受到了有线电视网络运营商的普遍关注。

2010 年各地有线网络运营商采用多种方式推进本地区高清业务发展。2011 年 3 月，络达咨询《中国数字高清电视市场发展现状及竞争趋势研究报告（2011 年版）》最新数据显示，截止到 2010 年 12 月 31 日，中国有线高清数字电视用户市场规模为 310 万户（见表 14-6）。据格兰研究统计，2010 年我国有线高清数字电视用户主要分布在北京、深圳、广西、山东济南、浙江金华等地区，其中北京歌华有线高清电视用户突破 130 万户，成为全国拥有百万高清的城市。随着中国高清终端产品价格的逐步下降及高清节目源的不断增加，高清数字电视将步入较快增长阶段。

根据络达咨询的预测，2012 年，国内有线高清数字电视用户数量达到 750 万户，2013 年将达到 900 万户，2014 年也将达到 1200 万户，2015 年将达到 1800 万户。

表 14-6　　中国高清电视用户发展状况

	2006 年	2007 年	2008 年	2009 年	2010 年	2011 年预测
有线高清数字电视用户（万户）	0.48	0.93	9.3	53.7	310	520
增长率（%）		95	900	479	477.28	67.74

资料来源：http://www.researchdtv.com（络达咨询），2011 年数据为预测数据

（5）广播电视传输格局有所改变

2010 年我国广播电视传输格局变化较大，卫星电视传播通路趋集中，有线与卫星接收比例渐重：一方面，有线电视数字化转换继续推进，有线数字电视普及比例进一步提高；另一方面，直播卫星经过多次加密调整对非法接收设备起到一定抑制作用，同时也改变了一部分电视观众的接收方式。

美兰德全国电视覆盖及收视调研显示，2010 年全国卫星电视频道累计覆盖人口创新高，达到 390.7 亿人次，较 2009 年增加 22.7 亿人次；1999—2010 年这十二年间持续高速增长，年均增长率达 11.7%。2010 年全国卫视频道平均月观众达到 4.14 亿人次，较 2009 年增加 0.1 亿人次，2005—2010 年 6 年年均增长率达 9.9%。2011 年全国卫星电视频道累计覆盖人口再创新高，达到 429.0 亿人次，较去年增加 38.3 亿人次；1999—2011 十三年间持续高速增长，年均增长率达 11.5%。

（6）网络媒体受到广泛关注

随着三网融合政策层面的不断明朗与试点工作的相继开展，网络媒体受到广泛关注。《中国视听新媒体发展报告（2011）》数据显示，中国各类视听新媒体业务形态发展迅速，2010 年中国网络视频广告收入在 20 亿元左右，而网络视频的用户人数则达到 2.84 亿，成为世界上最大的单一国家网络视频用户群体。根据易观国际的监测数据，截至 2011 年 9 月，中国网络视频广告收入已达 31.48 亿元。而来自中国互联网络信息中心的数据显示，2011 年 6 月底，中国网络视频用户数已达 3.01 亿。

中国视听新媒体历经 10 多年的发展，各业务形态均取得了快速发展。目前中国网络影视已形成传统媒体开办的视频网站、商业门户开办的视频业务、纯商业性的垂直网站、网络电视台四大阵营。

2. 政策环境

2010 年以来，广电业的发展主要围绕着两个方面展开：一方面积极推进三网融合战略的实施，另一方面进一步规范和促进自身的发展。

（1）积极推进三网融合建设

2010 年 1 月 12 日，国务院颁布《推进三网融合的总体方案》（国发 20105 号），随后召开的国务院常务会议决定加快推进电信网、广播电视网和互联网的“三网融合”工作，会议提出了推进“三网融合”的阶段性目标：2010 年至 2012 年重点开展广电和电信业务双向进入试点；2013 年至 2015 年，全面实现“三网融合”发展，普及应用融合业务，基本形成适度竞争的网

络产业格局，基本建立适应"三网融合"的体制机制和新型监管体系。"三网融合"对于实现三网互联互通、资源共享，为用户提供语音、数据和广播电视等多种服务，对于促进信息和文化产业发展，提高国民经济和社会信息化水平，具有重要意义。对广电行业而言，"三网融合"的推进将有利于打通我国广电业的产业链，催生广电大产业。

2010年2月，国家广电总局要求省有线电视网强化整合力度，努力实现2010年年底"一省一网" 的整合目标，为积极推进"三网融合"做准备。

2011年5月工信部下发了"2011年标准化重点工作"，其中物联网、移动支付、三网融合等行业标准在2011年获得优先制定和政策支持。

（2）加强广播电视网络建设

2010年7月，广电总局科技司向各有关单位发出《广电总局科技司关于成立中国下一代广播电视网（NGB）工作组的通知》，指出，为加速推进中国下一代广播电视网（NGB）相关工作，促进"三网融合"，决定成立中国下一代广播电视网（NGB）工作组，执行NGB相关推进实施工作。广电总局计划用10年时间建成覆盖全国3亿用户和连接2亿家庭的下一代广播电视网，加速形成与电信网公平"竞合"的态势。

（3）强化基于互联网传输的广播电视内容管理

2010年4月，广电总局下发《互联网电视内容服务管理规范》、《互联网电视集成业务管理规范》，对互联网电视将采取"集成服务+内容服务"的管理模式，分别颁发两类牌照，地方广电播出机构将获得互联网电视内容服务牌照。此举旨在加强互联网电视的内容监管，有利于"三网融合"中信息内容的规范化。

2011年6月，广电总局下发了《关于加强互联网传播新闻类视听节目管理的通知》，对各互联网企业的"资讯"、"新闻"类节目进行审查，对信息内容和舆论导向进行严格规范。

2011年9月，国家广电总局下发了《关于严禁通过互联网经机顶盒向电视机终端提供视听节目服务的通知》，指出：目前国家广电总局没有批准任何一家单位可以通过互联网经机顶盒（或DVD机等）向电视机终端提供视听节目服务，对擅自从事以电视机为接收终端的互联网视听节目服务业务的网站，要求其立即整改，自行关闭互联网电视平台，并停止一切宣传、销售活动，这对于"三网融合"过程中的信息监管具有积极的促进作用。

（4）积极推进有线数字电视的规范化发展

2010年7月，国家发展改革委、国家广电总局下发通知，要求各地采取有力措施加强有线电视收费管理，这对于和谐、有序地推进有线电视数字化改造，营造良好的运营环境起到了积极的作用。

2010年12月，财政部下发《关于部分省市有线数字电视基本收视维护费免征营业税的通知》，对十一个省区的有线数字电视基本收视维护费三年内免征营业税，这对于推进有线数字电视整体转换，推动有线数字电视的发展起到了积极促进作用。

2011年6月，工信部发布《地面数字电视接收机通用规范》和《地面数字电视接收器通用规范》等6项地面数字电视接收终端国家标准，并于2011年11月1日起正式实施。这次发布的地面数字电视接收终端测量方法和通用规范标准，作为我国地面数字电视标准体系的重要内容，将进一步完善我国地面数字电视标准体系，推动地面数字电视产业健康快速发展，加速模拟电视向数字电视的转换，对我国电视机、机顶盒制造业和相关产业发展具有基础性指导作用。

3. 关注焦点

（1）中国各类视听新媒体业务形态发展迅速

2010 年中国网络视频广告收入在 20 亿元左右，而网络视频的用户人数则达到 2．84 亿，成为世界上最大的单一国家网络视频用户群体。中国视听媒体历经 10 多年的发展，服务模式日益融合多元，呈现出全业务、全媒体的业务形态。目前中国视听媒体业务主要分为以下六类：网络广播影视；IP 电视；手机电视；互联网电视；公共视听载体；移动多媒体广播电视（CMMB）。中国网络影视已形成了传统媒体开办的视频网站、商业门户开办的视频业务、纯商业性的垂直网站、网络电视台四大阵营。另外，广电总局已批准中央电视台、上海广播电视台、杭州广电集团、南方广播电视传媒集团等单位开展互联网电视集成服务，中国互联网电视逐步踏入正规化运营新阶段。

（2）“三网融合”试点继续向前推进

2010 年 6 月 6 日，“三网融合”试点方案通过；2010 年 7 月 1 日，国务院公布首批“三网融合”试点城市名单，北京、大连、哈尔滨、上海等十二个城市获选……中国“三网融合”开始加速前进。2010 年全国有线网的双向网络覆盖率达 25.6%。在 12 个“三网融合”试点城市中，上海、南京、杭州、哈尔滨、深圳、长沙有线的双向网改覆盖率均已超过 80%。

2011 年 5 月，国务院“三网融合”小组分为三个调研组到首批 12 个试点城市进行了调研，各地反馈的信息积极，从而为启动第二批“三网融合”试点城市奠定了基础。

（3）新一代广播电视网初步发展

作为“三网融合”的一项重要任务，中国下一代广播电视网（NGB）发展迅速。NGB 是以提供传统广播电视业务为前提，以互动服务为新型体验方式，以宽带双向全媒体、全业务为主要发展目标的全新概念的广播电视网业务体系，上海作为 NGB 业务的试点示范地区，工程总体进展顺利，截至 2011 年 6 月，已完成中心城区 100 万户 NGB（下一代广播电视网）示范网建设，2011 年年底要达到覆盖 200 万户。随着 NGB 规模化，上海的有线电视用户将享受语音电话等多媒体通信服务。

在技术上，NGB 以有线电视网数字化和移动多媒体广播电视的成果为基础，以自主创新的高性能“宽带信息网”核心技术为支撑，将有线网络性能提升了一大步，大大提升了核心传输带宽和入户带宽。目前，NGB 入户网络带宽已达 100M的接入水平，为高端增值业务，如远程医疗、高清通话等应用提供了技术条件。

（4）中国广播电视网络公司积极筹备

2010 年 8 月，国家级有线电视网络公司正式定名为中国广播电视网络公司，并建立筹备组，筹备组的启动将实质性地加速全国广电网络的整合。计划 2012 年年底广电网络实现一省一网，同时组建国家级广播电视网络公司，逐步实现全国有线电视网络统一规划、统一建设、统一运营、统一管理。

在国务院关于“三网融合”的 5 号文件里，已经明确了广电总局一个主要任务是组建国家级的有线电视网络公司。也明确了由国家投入资金，通过社会各方面融资以及入股的方式，来组建国家级的有线电视网络公司，并将这个公司作为广电系统的一个市场主体来参与“三网融合”的工作。同时，通过成立这个国家级的网络公司，带领全国有线网络进行数字化、双向化的改造，并在这个基础上建设下一代广播电视网（NGB）。

（5）网络电视发展迅速

2010 年三网融合开始启动，以 2009 年年底中国网络电视台开播为发端的网络电视开始引起人们的关注。网络电视以其智能化、全网络和内容服务多样化吸引了广大消费者，网民数量的爆发性增长促使人们开始追求更为舒适便捷的网络使用方式，网络电视成为首选之一。2010 年可以说是网络电视的起步阶段，国家从监管政策、标准的制定、牌照发放等方面加强对网络电视的管理。2011 年网络电视开始进入快速增长期，2011 年 7 月，国家批准的第三家省级网络广播电视台湖北网络广播电视台开播，2011 年 8 月由全国 14 家城市电视台和 5 家平面媒体共同出资组成城市联合网络电视台（CUTV）开播，网络电视服务内容开始走向了繁荣华、多样化、规范化的轨道。据市场研究公司 DisplaySearch 预测，网络电视机从 2011 年起至 2014 年的出货量将以平均每年 30%的速度增长，其中 2013 年中国市场的网络电视机销量将占全部电视机销量的 33%。

4．发展中的不足

（1）管理体制的束缚

“三网融合”要求对广电部门和电信部门进行统一监管。而目前广电和电信一直是分业监管，且广电行业的市场化改革远落后于电信业，统一监管的条件还不成熟。所以，二者运营体制上的差异对“三网融合”的实施有明显的不利影响。

在广电行业内部，管理分散、政企不分、网台不分依然存在，网络监管和内容监管还没有完全实现，广电行业自身体制上的弊端影响其市场化改革的进程。

（2）广电整合还不到位

2009 年，广电总局印发《关于加快广播电视有线网络发展的若干意见》，要求全国各省在 2010 年年底前完成本省的省网整合，基本实现“一省一网”，在此基础上组建全国性经营主体——国家网络公司。但到 2011 年上半年为止，完成省网整合的省市仅占 2/3，还有近 10 个省市未完成“一省一网”。2011 年 11 月，广电总局关于“一省一网”的目标再次推迟到 2012 年年底。

由于各地广电公司经营水平参差不齐，人员来源千差万别，技术设备新旧不一。国家网络公司成立后人员整合和机构整合，尤其是资产整合仍然是一个大问题。

（3）广电宽带市场上竞争力还需进一步加强

“三网融合”政策促使广电行业积极推进网络整合和数字化改造，积极筹建国家网络公司。但由于广电行业长期地域分散经营、固化的管理体制，使其市场竞争意识薄弱，营销网络技术人才偏少，与互联网产业链合作不够紧密，新技术研发迟缓，加上网络改造过程中的高投入，因此，广电运营商在与电信运营和互联网企业竞争过程中存在较大难度。2010 年广电行业的总收入仅为三大电信运营商的1/4，甚至只有中国移动年收入的1 /2，广电企业需要进一步增强竞争能力。

14.3.3 发展趋势

（1）下一代广播电视网（NGB）加快建设

国家将按照统一部署，大力推进宽带接入等综合服务，努力实现有线网络的战略转型；将进一步加大推进力度，努力构建 NGB 传输网络、NGB 业务平台、NGB 管理系统，实现广播电视网络业务跨地区的互通、交换和节目资源的共享，为用户提供更加优质、更加高效的全方位服务；将充分调动和发挥社会各方面的力量，组建 NGB 技术和产业联盟，对重大关键技术开展联合攻关，加快产业化进程，形成合作共赢、良性发展的产业格局。

（2）有线网络整合步伐加快

2010 年 8 月，广电总局成立国家级有线电视网络公司筹备组，各地网络公司纷纷加快省内网络整合及跨区域整合。网络整合的目标是完成“一省一网”，最终实现全国一张网。据中广互联统计，截至 2011 年 9 月底，全国已有 23 个省（区、市）已经或基本完成省内地市和县级有线网络整合，还有全国“一省一网”格局基本形成，预计另外 8 省（区、市）2012 年可实现全省一张网。

（3）新业态开发进一步推进

数字、网络等信息技术的迅猛发展使广播影视的技术基础发生了深刻变革，业务形态也由封闭分割向开放融合转变。“三网融合”的深入将加快新业态的开发步伐，推动融合创新和本地化服务，满足消费者多元化需求。预计未来将加强对物联网等新兴产业技术的融合研发，大力开发高清电视、视频点播、电子政务、银行支付、民生信息、电视通话、宽带接入、家庭智能化等多种新业务，使有线数字电视真正成为家家户户人人享用的多媒体综合服务信息平台。

（4）管理体制的改革加速

在“三网融合”过程中，相对于电信业和互联网业，广电行业在管理体制上行政色彩还比较浓厚，市场化程度较弱。因此，在推进公益性广电服务体系建设的同时，加快建立市场取向的经营性广电服务体系，满足人民群众对广播电视服务的个性化需求成为当务之急。广电行业要改变以行政手段为主的管理方式，强化市场化管理；要按照现代产权制度和现代企业制度的要求，大力推进广播影视企业改制，培育一批有竞争力的大型企业集团和骨干企业；要鼓励和支持广播影视企业集团以资本为纽带，通过联合、重组等方式，打破条块分割、区域封锁和单一经营模式，实现跨媒体、跨行业、跨区域经营。

第15章　信息技术服务业

15.1　信息技术服务业的界定与范围

国内外市场和相关研究机构对于信息技术服务业的认知总体上是趋同的，即信息技术服务业是为满足用户需求而开发、应用信息技术产品或提供信息技术服务，或者利用信息技术支持用户的特定活动或任务的各项服务的总括。它与信息传输服务业、信息内容服务业共同构成信息服务业。

信息技术服务业是一个具有高附加值、高成长性、高渗透性、覆盖面广，知识密集型和都市经济等特征的现代服务业。它利用信息技术广泛而深入地改变传统行业的生产方式和社会生活方式，依赖并推动技术创新，是促进各行业各领域信息化进程的重要力量。

进入 21 世纪以来，中国信息服务业，包括信息技术服务业发展迅速，但各地往往统计口径不一，无法形成国际对接。很长一段时间，信息服务业更多采用的统计口径，是包括电信、广电、软件及网络服务的四个角度。2003 年 12 月 29 日，国家统计局发布了《统计上划分信息相关产业暂行规定》（后简称暂行规定），依据早前出台的《国民经济行业分类》（2002 版）将信息业分类为五个部分——电子信息设备制造、电子信息设备销售和租赁、电子信息传输服务、计算机服务、软件业和其他信息相关服务。根据 2011 年国家统计局发布的国民经济行业分类（GB/T 4754-2011），信息传输、软件和信息技术服务业包括：63.电信、广播和卫星传输服务；64.互联网和相关服务；65.软件和信息技术服务。从产业概念和我国统计口径的发展脉络综合考虑，发展信息技术服务业的范围与计算机服务业、软件产品与技术服务业的范围有较大程度的重合，包括软件开发、嵌入式软件开发等偏重于提供产品的业务和系统集成服务，技术咨询服务、数据处理和存储服务、IC 设计等服务类业务[1]。

① 软件产品：指向用户提供的计算机软件、信息系统的软件或在提供计算机信息系统集成、应用服务等技术服务时提供的计算机软件。包括基础软件、中间件软件、应用软件、支撑软件、定制软件、信息安全产品。

② 嵌入式软件产品：以应用为中心编制的，并嵌入和固化在硬件中与其共同构成完整功能的软件产品。

[1] 采用工信部《软件产业统计制度》的有关规定

③ 系统集成服务：基于需方业务需求提供的信息系统设计服务、集成实施服务，以及为需方软硬件系统及业务正常运行提供的支持服务。包括：信息系统设计、集成实施服务、运行维护服务等。

④ 信息技术咨询服务：在信息资源开发利用、工程建设、人员培训、管理体系建设、技术支撑等方面向需方提供的管理或技术咨询评估服务。包括：信息化规划、信息技术管理、信息系统工程监理、测试评估认证、信息技术培训等。

⑤ 数据处理和运营服务：指利用信息技术为需方提供的除信息技术咨询、系统集成等常规服务以外的附加服务，包括数据处理、运营服务、存储服务、数字内容加工处理、客户交互服务等服务。

⑥ IC设计：指集成电路研发、设计服务。

信息技术服务业的产品及服务具有高技术集成性，技术进步快，产品生命周期短，升级频繁以及以行业应用为导向的特点。高技术集成性表现为信息技术服务企业产品及服务涉及多种信息技术的兼容、整合与集成；技术进步快、产品生命周期短、升级频繁是因为信息技术服务企业的产品及服务主要依托于信息技术，随着信息技术的不断发展，信息技术服务企业的产品及服务必然具有技术进步快、产品生命周期短、升级频繁的特点；以行业应用为导向体现在信息技术服务企业提供产品及服务需要对用户需求有全面、细致和深入的理解，以满足各行业不同的应用需求，实现个性化和精细化的服务，同时发掘并引导客户潜在的应用需求。

表 15-1　　我国信息服务业分类表

电子信息传输服务	电信	固定电信服务
		移动电信服务
		其他电信服务
	互联网信息服务	互联网信息服务
	广播电视传输服务	有线广播电视传输服务
		无线广播电视传输服务
	卫星传输服务	卫星传输服务
计算机服务和软件业	计算机服务	计算机系统服务
		数据处理
		计算机维修
		其他计算机服务
	软件服务	基础软件服务
		应用软件服务
		其他软件服务

续表

<table>
<tr><td rowspan="14">其他信息相关服务</td><td rowspan="5">广播、电视、电影和音像业</td><td>广播</td></tr>
<tr><td>电视</td></tr>
<tr><td>电影制作与发行</td></tr>
<tr><td>电影放映</td></tr>
<tr><td>音像制作</td></tr>
<tr><td rowspan="7">新闻出版业</td><td>新闻业</td></tr>
<tr><td>图书出版</td></tr>
<tr><td>报纸出版</td></tr>
<tr><td>期刊出版</td></tr>
<tr><td>音像制品出版</td></tr>
<tr><td>电子出版物出版</td></tr>
<tr><td>其他出版</td></tr>
<tr><td rowspan="2">图书馆与档案馆</td><td>图书馆</td></tr>
<tr><td>档案馆</td></tr>
</table>

资料来源：《统计上划分信息相关产业暂行规定》，中国国家统计局，2003 年 12 月 29 日

15.2　信息技术服务业 2010—2011 年发展回顾

2010—2011 年间，信息技术服务业发展呈现以下态势。

15.2.1　信息技术服务业高速成长

进入 21 世纪以来，信息技术服务业持续高速成长，产业规模迅速增大。2011 年 1—8 月，信息技术服务业[1]主营业务收入累计 11120 亿元，同比增长 30.5%，较 2010 年同期高 0.7 个百分点。2010 全年，信息技术服务业主营业务收入 13364 亿元，同比增长 31.3%，高于国民经济大多数行业的发展速度。“十五”期间，我国软件业业务收入平均增速为 47%，“十一五”平均增速为 28%，收入增速有所趋缓，软件业开始从高速增长转入相对平稳的新阶段。历经两个五年计划，产业规模从 2000 年的 560 亿发展到 2010 年的 1.3 万亿，成长了近 24 倍，十年间年均增长 37.3%。在全球软件与信息服务业中，所占份额由不足 5%，上升到超过 15%。

15.2.2　信息技术服务业在国民经济中地位进一步提升

根据工信部数据显示，软件和信息技术服务业增加值已从 2001 年的占 GDP 不足 0.3%上升到 2010 年的占 GDP 比重 1%以上。据国家统计局公布的有关数据推算，到 2010 年末信息技术服务业的城镇就业人数达 111.3 万人，比 2009 年增长 18.3%，占全国总量的 0.85%，所占

[1] 根据工信部公布数据对照本文定义范围统计，无特殊说明均为此范围

比重自2005年起逐年提升。总体来看，信息技术服务业在社会生活中的影响力不断扩大，对于国民经济各个领域的渗透和带动力、支撑力不断增强。

15.2.3 信息技术服务业内部业务结构调整进一步深化

2010 年的信息技术服务业业务结构呈现的特点突出表现为业务结构调整加快，服务类型业务收入的迅速增长，产品类业务在全行业的比重进一步下滑，行业内部业务结构更趋合理。

服务类业务即信息技术咨询和管理服务、信息技术增值服务两大类业务，2010 年这两项业务收入分别为1233亿元和2178亿元，同比增速为37.2%和44.6%，高于全行业5.9和个13.3百分点，连续5年保持增速高于全行业水平，在全行业的比重超过25%，比2005年末高出近10个百分点。两者收入以占全行业25%而对全行业增长的贡献率为33.4%，拉动行业增长10.4%。

软件产品和嵌入式软件的增速均低于全行业增速，软件产品收入为4208亿元，同比增速为28.6%，近5年来首次低于全行业水平。嵌入式软件收入2242亿元，同比增速为15.1%，比行业水平低16.2个百分点。产品类收入占全行业比重为48%，首次低于50%，且近年份额不断下滑。

受集成电路行业复苏和软件外包市场增长带动影响，设计开发实现收入593亿元，同比增长73.1%，系统集成和支持服务收入为2910亿元，同比增速为31.8%，同全行业水平相当。

这一趋势延续到了2011年，1—8月信息技术咨询服务收入、数据处理和运营服务收入2533亿元，同比增长分别为38.5%和35.7%，高出全行业8和5.2个百分点，占全行业比重为22.8%，同比提升近3%。产品类业务收入增速有所回升，但是所占比重比去年同期下降了近2%。

15.2.4 信息技术服务业投资继续快速增长

信息技术服务业的固定资产投资主要依靠地方私营经济自筹资金，市场化导向明显，民间资本在本行业较为活跃。2010年，信息技术服务业新增城镇固定资产投资总额为386亿元，同比增长45.9%，建筑总规模1078亿元，在建总规模844亿元，同比增长56.7%和53%。2010年行业固定投资总额是2005年71.5亿元总投资额的5倍多，年均增速为40%，且增速逐年递增。在资金来源方面，全年获得资金414.8亿元，同比增长45.4%，其中自筹资金（341亿元，82.1%）是最主要的来源，利用外资（21亿元，5%）的规模增长迅速，同比增速达163%，国家预算拨款比2009年缩减，在资金来源中的比例进一步减小。值得注意的是，2010年，中央企业在该行业进行的固定资产投资是2009年同期的8倍多，中央企业和国有控股企业在该行业固定资产投资中所占的比重呈加速扩大的趋势。

15.2.5 信息技术服务业已形成区域产业集群

信息技术服务业在空间分布[1]上呈现出东部领先优势明显，西部追赶步伐加快，中部塌陷

[1] 按照国家“七五”计划有关标准和西部大开发的调整相关规定划分为东、中、西三个经济区域

滞后的特点。全国各地区由单一核心聚集趋向区域集群聚集，已在东部沿海地区形成了三大产业集群，西部地区也已孕育出集群的雏形。

2010年，东部地区信息技术服务业收入为11397亿元，西部地区收入为1185亿元，两者分别占全国的85.3%和8.9%，高于2009年的84.4%和8.8%。东、西部同比增速为41.9%和41.5%，比全国增速高出约10个百分点，比中部地区增速高出约20个百分点。东部地区的优势地位进一步得到了强化且有进一步拉大差距的趋势，西部地区呈现出快速增长态势，增长速度基本与东部地区一致，在全国所占比重有所提高。中部地区的发展速度低于全国水平，其在产业区域布局中的地位进一步下降。

在全国各地区中[1]，广东、北京、江苏的收入超过2000亿元规模，三者收入总和占全国比重为52.6%，这低于2009年的54.6%和2008年的55.3%，这显示产业很大程度上集中在京、粤、苏三地，但这种集中程度在逐步降低。山东、辽宁、上海、浙江、福建、四川六省的收入超过500亿元规模，六省收入占全国比重达33.9%，六省中山东、辽宁、浙江、福建四省的增长速度均超过34%，高于全国水平17.7、5.9、2.7、9.1个百分点，表现出强劲的增长动力，正在逐步打破过去由京粤苏三地占全国半数以上的格局。

同时，以广东、北京、江苏为中心形成了三个信息技术服务业的优势区域，分别是泛珠三角集群（广东、福建、海南）、环渤海集群（北京、山东、辽宁、天津）、长三角集群（江苏、上海、浙江），这三个区域收入占全国比重为33%、28.9%、22.4%，总和占全国收入的84%，产业聚焦集群效应明显。另一方面，在沿海地区形成三大集群之后，西部省份也逐渐产生聚集现象，四川、陕西产业收入超过了200亿元，占全国比重为6.3%，陕西、甘肃、重庆、贵州、云南的增速均超过40%，一个以陕、川、渝为核心的西部集群正在快速形成。

15.2.6 信息技术服务业向中心城市聚集趋势明显

信息技术服务业的另一个明显的空间区域分布特点是，产业高度聚集于全国4个直辖市和15个副省级城市，这些中心城市在该产业发展中的核心地位和辐射作用十分明显。

2010年，全国4个直辖市和15个副省级城市产业收入10643亿元，占全国的比重为80%，产业布局高度集中于中心城市。核心城市产业收入同比增长32%，增长快于全国平均水平近1个百分点，辐射和拉动了产业的整体发展。2011年前8个月，全国4个直辖市和15个副省级城市产业收入达8962亿元，占全国比重80.2%，同比增长31.2%，高于全国平均水平0.7个百分点。北京、深圳、南京、上海、济南五城市的收入规模都超过了500亿元，五城市的收入超过了全国行业收入的一半。在西部地区这一特点更加显著，成都、西安、重庆三城市的产业收入超过了整个西部地区产业收入的90%，大型城市，特别是中心城市作为信息技术业发展的聚焦点处于绝对优势地位，中心城市产业发展的优劣直接影响全国信息技术服务业的发展。

同时，中心城市信息技术服务业中服务类业务发展优势更为突出，2011年1—8月，中心

[1] 由spss简单分类法进行分组，京粤苏为第一组，鲁辽沪等六省为第二组，其余为第三组，详见附录

城市信息系统集成服务、信息技术咨询服务、数据处理和运营服务三项业务收入同比增速为31.5%、40.1%、41.5%，高于全国4、1.6、5.6个百分点。三者在全产业收入中所占比重为46.2%，高于全国水平和2010年同期1.7个百分点，服务类业务逐步取代产品类业务成为最主要收入的趋势日益明显。

15.2.7 信息技术服务业企业竞争加剧

我国信息技术服务业集中度低、结构分散、竞争激烈，行业以中小企业为主，近年来在行业企业数量迅速增加的情况下，企业平均规模增长较快，年收入十亿元以上级别企业迅速增多，大型优势企业的拉动效应逐渐显现。

我国信息技术服务业的行业集中度为 CR4=11.9%，CR8=13.6%，属于分散竞争行业的范围，目前我国已有两万多家企业，但以中小型企业为主，行业集中度非常低，竞争程度很高，行业结构非常分散，企业平均人数不足百人，上千人的企业不过百家。同时，行业集中度连续两年下降，行业存在着继续分散化的趋势。

截至2010年年末，全行业企业个数为20719家，比去年同期增加了2709家，企业平均收入为6450万元，同比增速为22.1%，自2007年以来，同比增速逐年递增（4.6%，13%，22.1%）。在行业中企业数量不断扩容的情况下，企业的平均规模在加速提升。2011年1—8月，企业平均收入为5359万元，比2010年同期增长22%，企业平均规模高速增长的态势得到了延续。

2011年1—8月，四川、江苏、北京、广东、辽宁、天津六省市的企业平均收入高于全国的平均水平15个百分点以上，其中北京市2010年企业平均收入比2007年年末翻一番，年均增速28.3%，近两年增速更是保持在50%以上，地区企业平均规模提升明显。2008年年末，企业平均收入高于全国的省区共有12个，到2011年8月末这一数字降低为6个且领先省份的领先幅度逐年增大，各地区企业发展不均衡的现象日益明显。

2010年，工信部长期监测的软件业务收入[1]前百家企业共实现软件业务收入3135.47亿元，比2009年同期增加了679亿元，同比增长67.7%，占全国行业总收入的23.5%；实现利润553亿元，同比增长13%。在百家企业中，软件收入超过100亿元的企业有4家，比上届增加1家；超过10亿元的企业有52家，比上届增加10家。排名前五位的企业软件业务收入均超过60亿元，总和为1653.57亿元，比上届增长30.1%，占百家企业近一半的产业收入。行业中的大型优势企业的规模和实力进一步增强，并逐步成为推动我国软件和信息技术服务业快速发展的核心支撑力量。

15.2.8 信息技术服务业企业研发创新活跃

作为一个应用型技术服务行业，信息技术服务业的研发人员和资金投入显示出较强的实用性，其投入来源与研发目标都表现出了明显的市场导向。在此背景下，本行业的科研创新目标

[1] 根据工信部的相关定义，此处软件业务与本文的信息技术服务业定义范围基本一致

明确，成效显著。

根据国家统计局的最新数据，2009 年信息传输和信息技术服务业[1]的研发人员为 90533 人，其中全职工作人员 67195 人，比重为 74.2%，为各行业最高，高出全国平均水平近 13 个百分点。博士 1086 人、硕士 11538 人，本科 19947 人，分别比全国平均水平低 4.4、0.8、7.7 个百分点，在各行业中处于中间水平。这反映出本行业研发人员的专职程度较高，对研发的依赖程度高于其他行业。另一方面，本行业的研发人员本科以上学历人员占比在行业中仅处于平均水平。这体现了信息技术服务业提供的并非尖端或高层级技术服务，更大比重是提供中高层级和基础层面的技术服务，这也从一个侧面反映出该行业并非高精尖科技行业，而是国民经济中的基本技术服务行业。

2009 年，信息传输和信息技术服务业的研发经费为 157 亿元，占全国总值的 2.7%，占产业增加值的 1.92%，略高于全国水平。经费的活动类型中试验发展占全部支出的 96.7%，显示目前行业的研发投入主要集中在商业价值较高的技术应用方面，基础研究投入占比不到 0.1%。经费的支出类型方面，日常性经费占 93%，其中人员经费占全部经费的 56%，是各行业平均水平的一倍多，从另一个角度反映出研发人员在本行业中的重要地位。经费来源方面，79%的经费来自企业资金，仅有 3%的资金来自政府拨款（各行业平均水平为 23%），反映出该行业研发活动主要受市场因素影响，体现出为市场需求进行研发和研发成果高商业转化率的显著特征。

据中国版权保护中心数据显示，2010 年全国计算机软件著作权登记量突破 8 万件，“十一五”期间登记量翻了二番，平均增速达 37%，华为、中兴等企业名列前位。同时，在 2010 年度国家科技进步奖评审中，中控科技、华为、中兴、恒生电子、信雅达等多家软件企业获得科技进步二等奖，信息技术服务业研发和技术创新成果显著。

15.2.9 存在问题

总体来看，经过多年发展，我国信息技术服务业整体水平有了很大的提高，已经具备了向更高层次发展的基础和条件，但依然存在以下突出问题。

① 产业发展环境需要进一步完善。目前，信息技术服务业的行业标准体系尚未建立，对产业定义、统计范围、业态重（热）点领域尚无统一的标准体系，这阻碍了产业的健康成长；行业管理体制亟待明晰，包含于信息技术服务业的产品服务门类众多，作为行业实际主管部门的工信部目前尚没有明确的行业整体管理架构和体制，整个行业缺乏统一的规制和部署；与信息技术服务业相关的产业政策有待落实、产业投融资机制有待健全，在行业定义尚不明晰的环境下，针对信息技术服务业的整体产业政策尚未出台，而已经出台的相关产业政策在增值税、营业税优惠，人才引进的落户和退税政策，增强技术研发投入等对企业有较大影响的具体政策措施尚不清晰，一些企业关心的研发费用的财务处理、技术研发扶持资金的分配机制、高层次

[1] 受统计口径宽度所限，本节数据均为信息传输业和信息技术服务业的总和数据，能够大致但并非精准地反映信息技术服务业的研发情况

人才的待遇政策等问题仅停留在讨论阶段。现阶段尚不成熟完善的产业环境一定程度上制约了行业的快速发展。

② 产业总体实力需要进一步增强。目前，我国信息技术服务业整体实力与国内成熟产业和发达国家同行业相比仍比较弱小，做大做强仍是今后相当长一个时期的主要任务。在国内，2010 年信息技术服务业增加值在全国 GDP 中占比首次超过 1%，但这仍不能满足国内各行业对信息技术服务的巨大需求和工业化信息化两化融合发展的大趋势。从全球来看，美国、西欧与日本等发达国家分别占据了全球信息技术服务业 47%、27%和 15%的份额[1]，与之相比我国信息技术服务业的发展尚显稚嫩。

③ 产业空间分布呈现出明显的不平衡。我国信息技术服务业的产业分布高度集中，全国 85%的产值由东部沿海地区尤其是粤京苏三地贡献，80%的产值集中在特大型中心城市，产业发展在地域上呈现严重的不平衡，地区间差异程度远远超过了整体国民经济发展的不平衡程度，这对地区之间填平数字化鸿沟是明显的不利因素。

④ 企业规模较小，技术创新能力不足，核心竞争力薄弱。在国际市场上，微软、谷歌、IBM、惠普、富士通、埃森哲、甲骨文、SAP 等 IT 巨头的规模庞大、知识资源充足、创新实力雄厚，引领了全球行业发展和技术创新的方向。而我国信息技术服务企业规模普遍偏低，缺乏能够引领产业发展方向的、能与国际巨头同台竞技的领军式企业。企业普遍缺乏核心技术和自主可控的关键技术及产品，提供关键性、不可替代性服务的能力较差，研发投入和技术创新能力不足，企业的综合竞争实力不强。2010 年，行业上市公司的研发投入仅占主营业务收入的 3.87%，专利等技术资源储备在资产结构中仅占 1.22%，这种缺乏核心竞争力的现实就决定了我国信息技术服务企业在全球产业价值链中的中下游地位，严重影响产业的积累和再循环能力以及深化结构调整的能力。

⑤ 企业服务能力不足，盈利能力不强。由于我国信息服务企业普遍规模小，竞争实力弱，故只能承接相对简单而薄利的项目，对利润水平高但是对服务水平和技术要求更高的项目则无力承担。据有关数据显示，我国信息技术服务企业的营业利润率在 7%左右，低于国际同行 11%的水平[2]。2010 年，行业上市企业营收增长率在 18%左右，净利润增长率为 12%，行业企业盈利增速大大低于营收增速，出现增收不增利的现象。服务能力不足、盈利能力不强已成为制约产业健康发展的一个不可忽视、亟待解决的问题。

⑥ 产业人才结构需要进一步优化。我国信息技术服务业从业人员现已超过 200 万人，但是行业中高层次、复合型人才、国际化人才，特别是领军型人才缺乏，基础层面的编码人员也处于短缺状态，人才结构性矛盾依旧突出。目前的人才培养体系、高等教育体系大量培养研究型人才，而信息技术服务业最需要的应用型技术人才，尤其是高层次的应用型技术人才明显不足，现有的人才培养模式已经不能满足产业发展的需求，教学培养与市场需求不相符合的局面亟待改变。

---

[1] 赛迪研究 2010.10

[2] 2010 年中国信息技术服务业产业发展研究报告. 中国电子信息产业发展研究院

15.3　信息技术服务业环境分析

15.3.1　信息技术服务业宏观环境分析

1. 行业经济环境分析

（1）宏观经济环境分析

2010 年，我国国民经济运行态势总体良好。全年国内生产总值 397983 亿元，按可比价格计算，比上年增长 10.3%，增速比上年加快 1.1 个百分点。分季度看，一到四季度分别同比增长 11.9%、10.3%、9.6%和 9.8%。分产业看，第一、二、三产业的增加值分别为 40497 亿元、186481 亿元、171005 亿元，增长分别为 4.3%、12.2%、9.5%。全年经济形势呈现前高后低的状态，国民经济正处于稳定增长转变的关键时期。

结合经济整体情况来看，我国的经济增长率由前些年的两位数的高速增长开始转变为平稳增长。经济增速表现为"陡起平落"。虽然经济增速有所放缓，但由于宏观控制水平的提高与前瞻性增强，周期底部大幅上抬，经济大起大落的现象有所缓解。

综合考虑近几年的宏观经济情况，预计我国未来经济增速将可控地放缓，经济波动也将更为平稳，信息技术服务业宏观经济环境良好。

（2）财政、货币政策分析

2011 年是"十二五"开局之年，我国实施的是积极的财政政策和稳健的货币政策。

2011 年预计全国财政收入 88910 亿元，全国财政收入增长率预计为 8%，全国财政总赤字预计安排为 9000 亿元，全国财政赤字率约为 2%左右，比 2010 年 2.5%的财政赤字率下降 0.5 个百分点。在国家推行"两化融合"的大背景下，铁路、公路、传统工业行业、金融、医疗等领域的信息化投入将会加大。2008—2010 年财政支持建设的项目大多进入了土建后的配套设施建设，信息化支出将是其中的重要部分。据预测，"十二五"期间我国单在铁路行业的信息化建设投入都将在千亿元以上，软件和技术服务类服务约占 20%～30%。巨大的财政投入将有利于信息技术服务业的发展。

另一方面，在国内通胀预期较强，物价上涨趋势较强的背景下，我国实施了更为稳健的货币政策，2011 年上半年央行连续 5 次上调存款准备金率，并于 2 月、4 月和 7 月 3 次上调存贷款基准利率，现已调至存款 3.5%，贷款 6.56%的十年历史最高点。流动性收紧的趋势明朗化，对信息技术服务业企业，尤其是中小型企业而言，其融资成本升高，资金链压力增大。

综上可见，国家货币政策可能会使信息技术服务业的融资成本上升，但国家积极的财政政策将会促进信息技术业的发展。总体来讲，国家财政、货币政策仍然有利于信息技术服务业的发展。

2. 行业政策环境分析

2009—2011 年 9 月底，国家先后颁布了一系列与信息技术服务业有关的法规政策。

在国民经济中的整体规划中，信息技术服务业有自己的定位。《中华人民共和国国民经济和社会发展第十二个五年规划纲要》中提到物联网应用、云计算等十大技术热点，为信息技术服务业发展指明了技术发展方向；《电子信息产业调整振兴规划》提出增强软件及信息技术服务业自主发展能力，坚持技术创新、应用创新和产业集聚式发展，实现软件及信息技术服务业的新跨越。

在税收政策方面，《关于技术先进型服务企业有关企业所得税政策问题的通知》指出对经认证的技术先进型服务企业，按15%的税率征收企业所得税。

在行业融资方面，《关于发挥科技支撑作用，促进经济平稳较快发展的意见》中强调要通过加快对关键技术研发和产品商品化与产业的政策鼓励，加大对科技创新的金融支持力度。

在行业的整体发展层面，国家出台了《国务院关于印发进一步鼓励软件产业和集成电路产业发展若干政策的通知》以接替 2000 年发布的“18 号文”，新政策从强化投融资支持、加大对技术创新支持力度、实施税收优惠等六个方面提出了进一步鼓励软件业和集成电路业发展的政策措施。

这一系列政策措施为信息技术服务业发展提供了历史机遇和有力支持，信息技术服务业所处政策环境良好。

3. 行业社会环境分析

① 数量庞大的计算机、互联网和手机用户为信息技术服务业的发展奠定了广阔的市场基础。根据中国互联网络信息中心 2011 年 7 月发布的《中国互联网络发展状况统计报告》，截止到 2011 年 6 月底，中国网民规模达到 4.85 亿户，较 2010 年年底增加 2770 万户；互联网普及率攀升至 36.2%，较 2010 年年底提高 1.9 个百分点。家庭电脑宽带上网网民规模达到 3.90 亿户，占家庭电脑上网网民的 98.8%，较 2010 年年底增加 840 万户。农村网民规模为 1.31 亿户，占整体网民的 27.0%，较 2010 年年底增长 4.9%。50 岁以上各年龄段网民数量增长较为突出，整体占比从 2010 年年底的 5.8%攀升至 7.2%。低学历网民继续增加，初中及以下学历网民占比从 2010 年年底的 41.2%攀升至 43.8%。91.3%的网民在家上网，在网吧、单位和公共场所上网的网民分别为 26.7%、33.0%和 14.8%。网民使用台式电脑上网的比例为 74.0%，使用手机和笔记本电脑上网的网民分别为 65.5%和 46.2%。网民平均每周上网时长上升到 18.7 个小时，较 2010 年年底增加 0.4 个小时。截至 2011 年 6 月底，我国域名总数为 786 万个。中国的网站数，即域名注册者在中国境内的网站数（包括在境内接入和境外接入）为 183 万个。上述数据表明国内的计算机、手机的普及率进一步提高，而且绝对应用规模庞大。计算机、网络和手机的普及程度提高，必将带动信息技术服务业的快速发展。

② 行业内仍存在严重的版权问题，损害行业健康发展。根据 IT 产业市场研究和预测机构 IDC 发布的《第七次年度盗版研究报告》，虽然中国的 PC 软件盗版率在 2009 年下降了 1 个百分点至 79%，但软件盗版所造成的商业损失高达 76 亿美元，对行业健康发展损害极大。虽然近年来政府在保护知识产权方面采取了积极的措施，并加大了推行企业软件正版化和打击盗版的力度，但就相关数据统计来看，信息技术服务业内的软件盗版问题仍然很严峻。

③ 信息技术服务业稳定快速的发展局面吸引社会资本、人才和其他社会资源向本行业汇

集。信息技术产业近年来频繁的技术突破和经济层面的繁荣使之成为了社会关注的焦点领域，微软创始人比尔·盖茨、盛大网络的陈天桥、阿里巴巴的马云、百度网络的李彦宏在这一领域创造的一个个财富神话成为了社会舆论中的热门话题。这种高关注度使社会对信息技术服务业逐步形成了较为积极的看法。同时，资本市场对信息技术服务业的关注度也越来越高，更多具有高学历的技术人才和管理人才投身信息技术服务业。这些成为了信息技术服务业进一步发展的新动力。

4. 行业技术环境分析

(1) 信息技术服务业重点技术

信息技术服务主要涉及的技术包括：软件技术、网络与通信技术、计算机技术、存储技术、数字音视频技术、网络和信息安全技术、信息技术应用、导航、遥测、遥控、遥感等技术。

表 15-2　**主要技术一览表**

大　项	具体技术
软件技术	可信网络计算平台
	中文信息处理与智能人机交互
	数字媒体与内容管理
	嵌入式软件
	软件服务技术
网络和通信技术	高性能多业务承载网技术
	宽带无线与移动通信技术
	业务控制与媒体处理技术
	宽带多媒体网络技术
	光通信技术
	网络技术
	智能终端技术
	智能信息处理和无处不在的通信网络技术
	数字内容与应用开发技术
计算机技术	高性能计算和高性能服务器技术
	网格计算技术
	计算机体系结构技术
	嵌入式计算技术
	高可信计算技术
	普适计算技术
	人机接口技术
	信息打印输出技术
	智能计算技术
	量子、光子、DNA 等计算技术

续表

大　项	具体技术
存储技术	磁存储技术
	光存储技术
	固体存储器技术
	存储系统技术
数字音视频技术	新一代音视频编/解码技术
	数字电视传输技术
	数字电视接收机软件技术
	数字接口和数字版权管理技术
	新型数字光盘技术
网络和信息安全技术	密码技术
	安全处理芯片技术
	电子认证、责任认定、授权管理技术
	计算环境和终端安全处理技术
	网络和通信边界安全技术
	应急响应和灾难恢复技术
	信息安全测评技术
信息技术应用	电子政务应用平台技术
	电子商务应用平台技术
	城市信息化技术
	企业信息化技术
	农业信息化技术
	服务业信息化技术
导航、遥测、遥控、遥感技术	新一代导航技术和产品的关键技术
	跟踪与数据中继卫星系统技术和产品的关键技术
	导航、测控基础性产品的关键技术
	导航、测控技术与其他专业技术融合的关键技术
	深空测控网系统的关键技术
	遥感产品的关键技术

资料来源：根据《信息产业科技发展“十一五”规划和2020年中长期规划纲要》整理

（2）行业技术现状

我国的信息技术服务业起步于20世纪80年代，虽然近年来平均每年以20%～30%的速度增长，但相较于美国、西欧、日本等国家，我国信息技术服务业的市场规模仍相对很低，仍有待于进一步的发展。

整体来讲，我国的信息技术服务业的技术水平仍然比较落后，在基础软件、平台软件以及高端应用领域的发展明显不足，目前我国的信息技术服务企业主要围绕一些低端的信息技术服务开展业务。在嵌入式软件领域，国内一些制造企业，例如华为、海尔等已具备了一定的国际竞争力。

(3) 行业技术趋势

总的来讲，信息技术服务业的技术趋势有如下几点。

① 在系统体系结构方面，过去的主机集中式和以 C/S 模式为主的计算模式正向分布式、网络化、基于 B/S 模式的多层体系结构方向发展，SOA（面向服务的架构）逐渐成为人们关注的焦点。中间件技术的出现为应用系统建立、运行和管理一个三层客户机/服务器模式提供了基础框架，缩短了应用开发的时间，提高了应用开发的成功率。目前中间件技术在对事务完整性的保证、对大规模并发处理的响应、对异构系统互联的透明支持以及对应用数据的安全性保护等方面已成为应用系统成败的决定性因素。

② 设计思想方面，SOA 已进入产品技术导入期。SOA 从最初的概念导入，到现在所有的中间件、管理软件等产品提供商都深入理解并推广 SOA，SOA 已经历了“领先厂商发现并提升用户本质需求”、“领先厂商与第三方研究机构创新、提出 SOA 理念”、“SOA 的技术架构和产品实现真正的用户应用尝试”和“多个领域产品提供商共同推广 SOA 的发展”等几个初期阶段。目前 SOA 理念、技术标准、产品应用正在多层次产品提供商的共同推动下迅速发展，SOA 的快速发展将成为必然。

③ 基于行业的业务基础软件平台快速发展。基于行业的业务基础软件平台产品正处于导入期，发展速度非常快。现在最大的特点是，新厂商急剧性地增加，但用户对它的认知度还不高。未来的两至三年，用户开始会对这个概念逐步认可和接受。当前进入该领域的厂商主要为两类：一是主流的管理软件厂商，该类厂商的业务基础软件平台产品当前已满足自身的应用软件架构逐步成熟化的需要，但尚未作为独立产品实现商用化；二是作为第三方提供业务基础软件平台的独立软件提供商，该类厂商的产品已具有一定市场规模。但以上所有厂商的产品的技术架构体系和实现方式都没有统一标准，产品处于典型的生命周期的导入期。

④ 在开发方法和开发模型方面，过去的瀑布式软件开发模型正向迭代式开发模型过渡。

⑤ 在开发工具方面，过去面向桌面的开发工具（如 Visual Basic、Delphi、C、C++等编程语言），正向面向网络/互联网的应用架构和开发工（J2EE、.NETXML/WebService）方向发展。

⑥ 在操作模式方面，从以前的安装客户端程序到桌面的“胖客户端”模式普遍转变为基于 IE 浏览器的“瘦客户端”模式。

⑦ 在操作平台方面，操作系统的功能越来越强大，越来越全面，不同操作系统平台之间互相取长补短，其性能差别将越来越小，通用工具软件市场空间将逐渐压缩。

⑧ 在行业的标准化方面，第三方非赢利性组织，如 ISO、W3C、OMG 等组织对软件业

的发展影响越来越大，单一厂商操纵整个软件业发展方向的可能性越来越小。

（4）新一代信息技术对信息技术服务业的影响

新一代信息技术涉及 3G、地球空间信息产业（3S）、三网融合、互联网和信息安全、云计算等[1]。新一代信息技术涉及的产业内容包括：加快建设宽带、泛在、融合、安全的信息网络基础设施，推动新一代移动通信、下一代互联网核心设备和智能终端的研发及产业化，加快推进“三网融合”，促进物联网、云计算的研发和示范应用；着力发展集成电路、新型显示、高端软件、高端服务器等核心基础产业。提升软件服务、网络增值服务等信息服务能力，加快重要基础设施智能化改造；大力发展数字虚拟等技术，促进文化创意产业发展。

新一代信息技术对信息技术服务业的影响具体有以下几点。

① 随着国家加快 3G 建设、支持集成电路、软件等重点产业发展，加快“三网融合”和物联网发展取得实质性进展，相关信息技术服务领域必将迎来前所未有的发展机遇。

② 物联网是行业信息化发展到较高水平时，行业之间实现物物相连，最终形成整个物连的世界。但从目前行业信息化发展的方向来看，智能电网、金融信息化、医疗信息化、交通信息化、地理信息系统以及环境监测等都是大力发展的方向。物联网的推进进一步促进了行业信息化的发展。

③ 云计算带来了一种计算方式的变革，为互联网的服务带来成本的大幅下降，并具有可伸缩动态扩展的特性。云计算也是一种商业模式的创新，通过按需计费、按时长/流量计费，降低了企业进入服务领域的门槛。

15.3.2 信息技术服务业微观环境分析

从产业的微观环境观察，一个行业的竞争激烈程度决定于现有竞争者之间的竞争、供应商的议价能力、购买者的议价能力、潜在进入者的威胁和替代品五个方面。

（1）供应商的议价能力

信息技术服务业的供应商主要包括：设备制造业、电子信息、电子元器件和计算机、网络设备业以及国外具有先进技术的软、硬件供应商等。一方面国内电子信息产品市场处于高度竞争状态，产品普遍供大于求，激烈的市场竞争造成电子类产品生命周期较短，总体价格呈现下滑趋势；另一方面信息技术服务业是典型的技术驱动型行业，基础性的信息技术，如操作系统、基础软件等，对于信息技术服务业的发展至关重要，而在这方面，国内发展严重不足，在关键技术上，只能被动地购买，导致国内的整个信息技术服务业在技术上受制于国外的技术服务商。综和各方面因素分析，信息技术服务业的供应商讨价还价能力较强。

[1] 参照中兴金通证券 2010 年 10 月 13 日，《新一代信息技术——“十二五”规划专题资料》，国金证券 2010 年 10 月 19 日《战略新兴产业政策篇专题分析报告——软件服务行业》整理

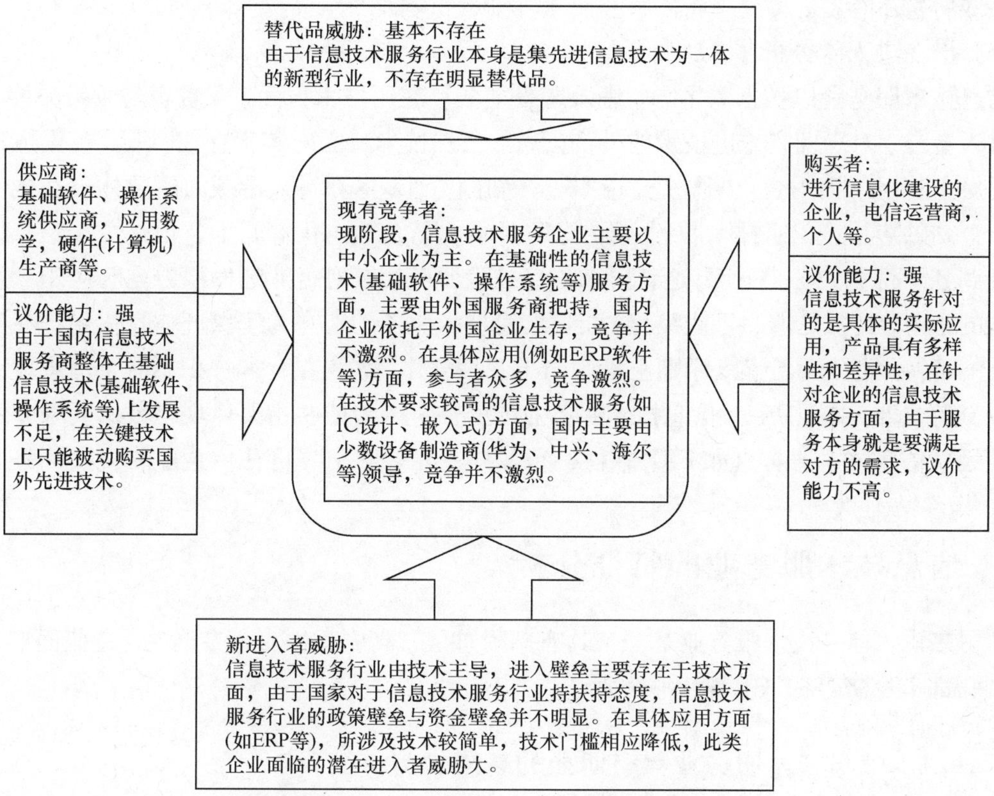

图 15-1　信息技术服务业微观环境图

（2）现有竞争者分析

信息技术服务企业所提供的服务根据其所依托技术的先进程度可分为三类：基础型的信息技术服务、应用型的信息技术服务与技术先进型的信息技术服务。在基础型的信息技术服务（如操作系统、基础软件等）方面，主要由国外的拥有先进技术的服务商把持，国内企业依托于其生存，竞争并不激烈；在应用型的信息技术服务业（如 ERP 软件、相关行业的系统集成等）方面，国内主要以中小企业为主，参与者众多，竞争激烈。在技术先进型信息技术服务（如 IC 设计、嵌入式软件等）方面，国内已形成了一些如中兴、华为、海尔等占优势地位的企业，由于该类业务通常与硬件设施联系紧密，要求相应的服务商具有一定的硬件生产基础，所以在该类业务方面，竞争并不激烈。

（3）购买者讨价还价能力

信息技术服务的购买者主要为有信息化需求的行业或企业。由于信息技术服务业所针对的客户多样、所要解决的问题千差万别，导致信息技术服务业的产品不可能是同质化的产品，而是差异化、多样性特点明显的产品。综上所述，购买者讨价还价的能力强。

（4）替代品分析

由于信息技术服务业本身是集先进信息技术为一体的新型行业，不存在明显替代品。所以，替代品威胁暂不存在。

（5）潜在进入者分析

信息技术服务业以技术为主导，进入壁垒主要存在于技术方面，在资金与政策方面，无明显的进入壁垒。对于拥有先进技术的外商而言，虽然技术壁垒对其不存在，但其在渠道建设与客户了解上相对于国内企业明显处于劣势。在国内方面，潜在进入者威胁主要体现在技术要求并不十分高的应用型信息技术服务（如 ERP 软件、行业信息化等）上，但是由于信息技术服务涉及到各个行业的各个方面，这就要求信息技术服务商针对行业的发展方向与应用环境有足够深入的了解，具备足够的行业经验；而且信息技术服务的客户为了保证信息化系统在运行和维护上的可持续性与稳定性，原则上都倾向于长期合作，这意味着客户积累对于信息技术服务类企业至关重要。综上所述，信息技术服务业的潜在进入者威胁主要体现在技术要求并不十分高的应用型信息技术服务（如 ERP 软件、行业信息化等）上，但在位企业的先发优势明显。

15.4 信息技术服务业的特征分析

总得来讲，信息技术服务业是一个具有高附加值、高成长性、高渗透性、覆盖面广、知识密集型和都市经济等特征的现代服务业。

15.4.1 信息技术服务业具有明显的高附加值特征

信息技术服务业的经营生产过程就是服务的过程，这种服务建立在先进的信息技术基础上，资源消耗低；企业员工在服务过程中使用知识和技能创造价值，劳动生产率高。这种低资源消耗，高价值创造的模式决定了信息技术服务业高附加值的特点，2010 年，行业主营业务收入为 1.3 万亿元，创造增加值约 4 千亿元，附加值率达到 30%以上，处于全国各行业中的较高水平。另一方面，由于信息技术服务业是依靠对传统行业的融合再造而发展的，不断发展的信息技术是推动其持续成长的强劲动力。因此，拥有广阔市场和稳定推动力的信息技术服务业有较大的可能实现快速的、可持续的发展，近十年来，其接近 40%的年均增速充分说明了该产业高速成长的特性。

15.4.2 信息技术服务业具有明显的高渗透性特征

信息技术服务业通过与工业等传统行业的结合来创造新的价值。它利用信息技术和电子设备改造传统行业中的一些重要流程环节，提升产业的智能化、自动化、信息化水平，重塑行业的运作方式，提升传统行业的附加值和经济效益，从而实现产业再造，完成产业的优化升级。这种服务方式决定了信息技术服务业高渗透性和高度覆盖的特征，它能渗透到经济社会的各个领域，在消耗更少的资源的前提下带动各行业的效率提升，推动经济结构优化和发展方式的转变，大幅提升社会的整体福利。实质上，信息技术服务业通过提供产品和服务，发挥其高渗透性和高度覆盖的特性，利用信息技术有效地推进、服务和支撑了国民经济各行业和社会生活各领域的信息化进程，在国家推行“两化融合”战略政策的过程中信息技术服务业起到了不可替代的重要作用。

信息技术服务业的行业、企业数据与区域国民经济的总量规模、发展程度存在一定程度的相关性是对信息服务业这一特征的有力佐证。当我们以省级区划为单位，对全国有数据资料的29个省市[1]进行横向的数据比较和相关性分析可以发现，信息技术服务业的产值与区域经济总量显著相关。地区GDP总量和第三产业增加值是反应区域经济总量的常规指标，能直观地反映出区域经济总量和服务业的规模。经分析，产业收入与GDP的相关系数为0.736、与第三产业增加值的相关系数为0.868，都处于较高的正相关水平上，这反映出信息技术服务业在经济总量较大的，特别是第三产业规模较大的区域发展得相对更快更好。

信息技术服务业的产业规模与区域经济发展程度也有一定的相关性。人均GDP、居民消费水平和第三产业在经济总量中所占比重反映区域经济发展程度，考虑到一些第三产业比重较高的省份地区，其人均第三产业增加值明显低于全国的平均水平，其经济发展水平明显落后于其他地区，这种第三产业比重较高的现象只是其工业化发展不足的表现，并不反映其经济水平的后工业化程度，所以在做分析时需要进行剔除。根据处理后的数据进行分析，产业收入与区域人均GDP相关系数为0.634，与居民消费水平相关系数为0.637，与第三产业占GDP的比重的相关系数为0.647，这反映出信息技术服务业的产业规模与区域经济的发展程度也存在正相关，在区域经济发展程度较高的地区本行业发展得相对较好，但是这一联系不及经济规模指标明显。

从企业的层面观察，各地区信息技术服务业企业数量和平均规模与区域国民经济总量和发展程度上也存在着一定的联系。企业数量与区域GDP、三产增加值的相关系数为0.681和0.836，与人均GDP、居民消费水平的相关系数分别为0.658和0.682。企业平均规模与区域GDP、三产增加值、人均GDP、居民消费水平的相关系数分别为0.617、0.620、0.416和0.437[2]。这反映出信息技术服务业企业的数量和平均规模与区域经济总量和第三产业规模存在着较高的相关性，经济总量较大、第三产业规模较大的地区本行业企业数量相对较多，企业平均规模相对较大。但企业数量、企业平均规模与区域经济发展程度的相关性相对较低。

从上述分析可以看出，目前我国的信息技术服务业各地区的产业规模、企业平均规模与企业数量与各地区的经济总量规模，尤其是第三产业的产值规模呈现出了较为密切的联系。同时，通过分析可以看出信息技术服务业在工业经济发展较成熟的，特别是一些已经进入后工业化阶段的地区发展得相对较快。这充分反映出信息技术服务业的高渗透性和覆盖面广的特征，区域经济规模越大，伴随着经济发展而产生的对信息技术服务业的需求就越是广泛和强烈，而由于信息技术服务业的渗透而再造的行业也对地区经济建设发展起到了重要的支持和拉动作用。事实上，在信息技术服务业处于优势地位的地区，信息技术服务业对国民经济的整体发展的拉动促进作用已经比较明显。例如，2010年，北京市信息技术服务业产业增加值1214亿，占GDP

[1] 青海、西藏无信息技术服务业统计数据，故不予考虑，后文无特殊说明均为此范围

[2] 后两项系数为0.05显著性水平

总量的 8.6%，对当年 GDP 增长的贡献率为 7.15%，拉动 GDP 增长 0.74 个百分点，成为北京市经济发展的一个重要的支撑点。再如，2010 年上海市信息技术服务业增加值约为 451 亿，占 GDP 总量的 4%，对 GDP 增长的贡献率为 5.62%，拉动增长 0.58 个百分点，信息技术服务业在上海市经济发展中也起着十分重要的拉动作用。信息技术服务业发展处于全国领先集团的广东、江苏、浙江、福建、山东等地区，信息传输及信息技术服务业对 GDP 增长的贡献率分别为 1.73%、1.53%、1.64%、1.40%、0.73%，分别拉动本地区的 GDP 增长为 0.21、0.19、0.20、0.20 和 0.09 个百分点，对地区经济发展起到了不可忽视的拉动作用。

15.4.3 信息技术服务业具有鲜明的知识密集型产业特征

信息技术服务业是按需方的要求利用信息技术提供服务的新兴行业。这个行业是在微电子技术、计算机技术、通信技术、传感技术、智能控制技术和网络技术奠定的基础上建立起来的，是在经济发展到后工业化时代需要强有力的提升动力的背景下应运而生的，是整合近几十年人类在信息资源的应用、开发、管理等方面的科学进步和技术突破为人类社会提供服务的革命性产业。在该产业的经营过程中，很少有传统意义上的产品提供给用户，更多地是利用雄厚的技术储备和不断的技术创新来实现用户飞速增长和快速变化的需求，从而创造价值。这一切都决定了本行业更多依靠技术资源而非实物资源，更多依靠脑力劳动者而非体力劳动者，更多依靠技术更新驱动而非规模扩张驱动。信息技术服务业企业在技术研发员工比例、专利技术等无形资产比例、研发投入等方面要高于全国大多数行业的水平，是有着鲜明的知识密集型特征的行业。

信息技术服务业的知识密集型特征决定了其对科技研发人员、资金及区域科研力量的需求是很高的，区域科研环境与信息技术服务业产业发展之间存在的相关性能够印证这一特点。信息技术服务业产业规模和企业平均规模与各地区高等教育水平的一系列指标呈或高或低的相关性。经分析，各地区信息技术服务业产业收入与区域高校数量、高校在校生、专任教师数、每十万人口高校学生数以及教育经费的相关性系数为 0.546、0.477、0.605、0.511、0.717，这其中以教育经费和高校专任教师的相关程度最高。类似的，各地区信息技术服务业的企业平均规模也与地区高等教育水平呈现一定的联系，企业平均收入与高校数量、高校在校生、专任教师数以及教育经费的相关性系数均为 0.6 左右。

另一方面，各地区信息技术服务业产业规模、企业平均规模与区域科研水平有着更为显著的相关性。经分析，信息技术服务业产业收入与区域研发人员数量、研发经费、授权专利数、技术交易量、科研机构数量等指标的相关系数分别为 0.773、0.77、0.792、0.671 和 0.708。企业平均规模与各指标的相关性与此类似，但相关系数为 0.5 左右，相关度不如前者明显。同区域高等教育水平相比，地区的科研水平更加显著地影响了地区信息技术服务业的产业发展规模和企业平均规模。

考虑到地区的经济发展同样会影响到地区的高等教育和科研水平，所以再采用地区 GDP 总量为控制变量进行前述一系列指标的偏相关分析，结果显示产业规模与每十万人中高校学生数、地区技术交易量的相关系数为 0.665 和 0.833，企业平均规模与高校在校生、高校专任教师数的相关系数为 0.812 和 0.840。这些指标之间仍体现出较强的相关性，这反映出信息技术服务业的发展与地区高等教育和科研水平有客观的、不受地区经济规模影响的内在联系。

这些联系反映出地区科研环境和科研支持力量对信息技术服务业的发展是有着切实影响的，这符合信息技术服务业的知识密集型产业特征。东部地区经济发达，高等教育水平和科研实力领先，其信息技术服务业的发展也领先于全国。而西部地区中四川、陕西等省份，正是发挥了丰富高等教育资源和相对完备科技研发体系的优势，在经济总量和发展程度相对落后的情况下实现了信息技术服务业的快速发展，并形成了发展为新的产业发展集群核心的态势。

15.4.4 信息技术服务业属于典型的都市经济产业

信息技术服务业是一个非常典型的都市型产业。作为一个利用新技术渗透到传统行业，实施再造并创造价值的产业，信息技术服务业对技术、人才、资本、信息化基础设施、产业环境和内容资源有着较高的依赖，这些资源在中心城市，尤其是特大型的国际化都市更为富集。

大都市往往是科研院所、高校、金融机构的所在地，技术、人才、资本优势明显；大都市的信息化基础设施更为完善，根据《中国数字鸿沟报告 2010》中的有关数据显示[1]，中国存在明显的数字鸿沟，主要存在于城乡之间和地区之间，那么作为地区之中信息化程度最高的大都市与全国大多数地区存在着目前难以逾越的数字鸿沟；大都市有更多信息化意愿较高的行业和企业，有相对完善的政策支持和制度保护，产业环境优于其他地区。

此外，提供信息技术服务没有明显的空间限制，这使相关企业即使在大都市也能面对全国展开业务。而都市经济的特点是现代服务业占主导地位，目前我国的大都市基本处于工业化向后工业化转化的阶段，需要大力发展现代服务业，提升城市服务能力，同时要对传统产业进行升级转型，提升城市综合竞争实力。

综合考虑上述这些因素，信息技术服务业天然地就适合在大都市进行发展，在都市圈中更容易起步、发展、壮大并形成规模效应。经调查，2011 年 1—8 月全国 4 个直辖市和 15 个副省级城市的产值占全国的八成以上，北京、深圳、南京、上海、济南五座城市的产值就超过了全行业的半数。

以北京为例，直至 2009 年，北京市信息技术服务业产值始终保持全国第一[2]。2010 年北京市信息服务业产值为 2320 亿元，占全国的 17.4%，产业增加值为 734 亿元，占 GDP 的 5.2%，行业固定资产投资总额为 52.5 亿元，占全国的 13.6%，行业上市公司融资额 68 亿元，占全国的 32%。2010 年工信部重点监测的行业前百家企业中，北京占 25 家，居全国第一，国家规划布局内重点软件企业北京占有 50 家，占全国的 27%。与其信息技术服务业独步全国的地位相对应的是北京作为全国的政治、文化、金融、教育、科研、信息中心的无可替代的独特地位。

[1] 国家信息中心信息化研究部“中国数字鸿沟研究”课题组 2010 年发布

[2] 2010 年，广东省首次超过北京市

北京市是全国文化中心，其文化创意产业增加值占地区生产总值的比重达到 12%，北京市文化创意企业总量和门类、文化艺术品交易总量等多项指标居全国之首，其文化艺术、新闻出版、广电影视、广告会展等信息内容服务业发展遥遥领先。北京市的高校数占全国的 3.6%，在校本科生占全国的 3.7%，专任教师占全国的 4.4%，每十万人中高校学生数 6196 人，是全国水平的近三倍。北京市拥有全国 4.5%的科研机构、2.6%的研发经费和 9.4%的研发人员，其中硕士以上学历人员更是占到全国的近 20%，其一年的技术交易成交量占全国的 40%以上。北京市的电话、互联网普及率全国第一，计算机和移动电话普及率全国第二，综合信息化发展指数全国第一。以北京为代表的大都市普遍在政治、经济、文化、教育、科研、信息化设施和内容资源方面有着绝对优势，这些优势为信息技术服务业的发展提供大量的市场需求和坚实的技术基础，同时提供了丰富的信息内容以支撑产业高速发展，而信息技术服务业的发展本身又为都市经济圈的产业升级、价值提升提供了强有力支持，这种都市化产业特征将在信息技术服务业今后的发展中更加明显。

15.5 信息技术服务业 2012 年及未来发展展望

回首 2010—2011 年度，乃至进入新世纪 10 年来我国信息技术服务业的发展历程，可以看到一条较为清晰的发展轨迹，在此基础上结合国际、国内形势，可以对 2012 年信息技术服务业的发展趋势作一展望。

15.5.1 信息服务业将继续保持高速增长

从国际来看，国际经济形势维持温和复苏态势的可能性较高，伴随全球经济复苏型成长，信息技术服务需求也将整体趋向增长，并呈现向新经济体转移，服务外包比重提升等特点。从国内来看，在“两化融合”的背景下，我国政府和大型国有企业在基础交通、水利、能源等传统工业领域的信息化建设会创造可观的市场需求，将有效推动信息技术服务业规模的扩张。同时，规模庞大的计算机、互联网和手机用户群体存有大量的信息技术服务需求，伴随着经济发展方式转变、经济结构调整，这些潜在需求将逐步转化为消费需求并推动产业的持续发展。预计，我国信息技术服务业产业规模 2012 年的增长速度仍将维持在 30%以上，产业规模将达到 2.3 万亿元左右。

15.5.2 信息技术服务业结构中服务类业务地位上升

近年来随着信息技术和企业战略的不断演进，信息技术服务的产业重点在发生着变化，由过去的以提供软件产品和维护转变为按需提供企业整体解决方案，包括系统集成、运营、咨询、培训等一系列服务。2012 年，产业的突出增长点仍将是服务类业务，随着部分行业的信息化改造和信息系统建设，企业在 SOA 架构、IT 治理、云计算、物联网实施方面的信息技术咨询需求量将迅速增加，系统集成业务也将获得稳定推动。而随着各行业信息化程度的提升，数据处理、IT 技术培训等方面的需求也将会有较大提升。在信息服务业整体结构中，信息技术咨询服务、数据处理和运营服务将保持高速增长，软件产品类业务的比重将进一步降低。

15.5.3 信息技术服务业将着力强化技术创新

在“两化融合”的大背景下，传统行业基础信息化建设的规模越来越大，技术要求越来越高，不掌握核心、关键技术的企业将被快速边缘化。国际市场上，在金融危机影响持续存在的情况下，发达市场企业将更加重视成本控制，其信息技术服务业将部分进行产业转移、加强服务外包，为我国创造了进行产业承接实现价值链上移的机会，但是这一产业的转移有很高的技术门槛，没有技术实力的国内企业将错失这次机会。在国务院《进一步鼓励软件产业和集成电路产业的若干政策》（又称“新 18 号文”）中以鼓励研发投入、严格落实产权保护和促进人才培养引进三方面支持企业的技术创新。现实需求和政策支持这两方面因素将刺激我国信息技术服务业企业强化技术创新，增强核心竞争力。在今后几年，信息技术服务业的技术发展的热点将集中在云计算、物联网、移动互联网和信息安全领域。2010 年以来，云计算已由一个技术概念逐步落地成为商业化的实际应用，目前和近几年的云计算应用主要增长点是“私有云”，阿里巴巴的“商务云”、百度的“框计算”、中国移动的“大云”目前都属于这个范畴，随着数据安全、传输瓶颈、可扩展存储能力等关键技术能力的提升，为公众和行业整体服务的“公用云”将逐渐成为云计算的主流。物联网是当前新一代信息技术的重要组成部分，通用物联网标识技术、智能监测和跟踪技术是各种物联网应用互联互通迫切需要发展的基础技术，也将是未来几年技术创新的焦点领域。移动互联网领域的技术创新是基于下一代通信网络和三网融合两大技术热点的，以“无线城市”为代表的追求无所不包、随时随地的互联网络技术以及基于这种新的网络环境的技术服务将会是部分信息技术企业的主要创新方向。另一方面，随着信息技术对传统行业渗透和再造，信息安全管理的需求高速扩大，未来几年，内容分类识别和过滤技术、数据保护技术、数据库安全管理和访问控制技术将成为信息安全技术创新的关注点。

15.5.4 信息技术服务业企业间并购重组热度上升

为了适应市场不断提升的服务需求，信息技术服务业企业的发展趋势是规模扩大化和技术高端化，这在客观上需要人才、资金、各类资源不断地集中到有发展优势的企业中，行业中的骨干企业能够通过并购实现做大做强或加速转型的战略目标。从全球市场来看，IBM、惠普、埃森哲、甲骨文、SAP 等大型信息技术服务企业已成为了引领行业发展方向，对相关产业有着巨大影响力的企业，与此同时这些企业仍然在持续进行着行业资源整合，通过并购或联盟等方式强化领先优势，如甲骨文收购 SUN，惠普收购 Autonomy，微软收购 skype 等都对行业产生了巨大的影响。自 2008 年到 2011 年 9 月底，在我国的 60 家信息技术服务类上市公司中，30 家公司进行了 39 次与并购、重组相关的事件，大型企业通过资本手段收购合适的企业，获取关键的知识筹码和技术创新资源，进一步巩固其领先优势，以期聚集行业资源形成规模效应。但是迄今为止，我国尚缺乏具有巨大行业影响力、能够引领行业发展方向、具有一定国际竞争力的领军型企业。2011 年推出的“新 18 号文”中首次强调了“强化投融资支持”，鼓励、支持企业跨地区重组并购，加强产业资源整合。这对信息技术服务企业实现跨地区重组并购，强化产业资源整合是重大的利好消息，这将在更大程度上刺激本行业企业的并购重组行为。在资本力量的支持下，有着独特核心技术的中小企业和创新企业将成为收购的重点，产业优势资源将进一步聚集，产业集中度将会得到提升，这将推动我国信息技术服务业的行业领袖型企业的孕育产生。与之相伴的是，众多的中小型企业如不进行整合，就必须在某一领域成为专家型企业，通过不可替代的核心竞争力保持在行业市场中的存在而不被淘汰，这将改变行业的竞争生态，提升行业的协同效应。

15.5.5 信息技术服务业将吸引更多的社会资金涌入

信息技术服务业服务于传统经济的特点决定了其拥有广阔的市场前景，技术的不断进步为其发展提供了可持续的强劲动力，高增速、可持续的特点使其受到社会资本的青睐。近几年，大量信息技术服务业企业在中小企业板和创业板成功上市，累计上市的公司从 2008 年的 27 家迅速增长为 2011 年的 60 家，2008 年至 2010 年累计融资额达 363 亿元，这说明资本市场对其不断增强的兴趣和信心。另外，不少风投和民间资本也蜂拥流向了信息技术服务领域。在最近的政策文件中提出的引导设立股权或创业投资基金，继续实施税收优惠政策等内容都将促进资本市场持续关注信息技术服务业，拓宽产业资金来源渠道，吸引更多的社会资本进入这一领域，为行业的迅速发展提供有力的资金支持。预计信息技术服务业 2012 年新增城镇固定资产投资将达到 850 亿元，未来几年的年均增速将超过 45%。

15.5.6 未来五年信息技术服务业的发展趋势

作为信息技术服务业的行业主管部门，工信部软件司的相关分析研究[1]认为，“十二五”期间我国软件和信息技术服务业将出现五个显著趋势。

一是网络化趋势。网络化成为信息技术发展的基本方向。计算技术的重心正在从计算机转向互联网，互联网成为软件开发、部署与运行的平台，将推动整个产业全面转型。软件即服务（SaaS）、平台即服务（PaaS）、基础设施即服务（IaaS）等不断涌现，无论是泛在网、物联网还是移动计算、云计算，都是软件网络化趋势的具体体现。

二是服务化趋势。服务化成为信息技术服务业转型的本质特征，软件构造技术和应用模式正在向以用户为中心转变。云计算是软件服务化的一种主流模式，它可以按照用户需要动态地提供计算资源、存储资源、软件应用等资源，具有可动态伸缩、使用成本低、可管理性好、节约能耗、安全便捷等优点。在服务化趋势下，向用户提供软件服务所带来的体验成为竞争的决定因素。

三是智能化趋势。智能化是软件技术发展的永恒主题。智能化是在海量信息基础上实现知

[1] 《软件服务业将呈网络化智能化趋势》，经济日报，2011 年 4 月 22 日

识的自动识别，赋予信息系统自适应能力，大幅提高资源配置效率。软件的感知范围逐步由温度、水、气、物体等物理形态向意识思维领域拓展，软件将能够从复杂多样的海量数据中自动高效地提取所需知识，软件开发语言更加高级化，开发工具更加集成化。

四是平台化趋势。平台化是软件技术和产品发展的新引擎。操作系统、数据库、中间件和应用软件相互渗透，向一体化软件平台的新体系演变。硬件与操作系统等软件整合集成，可降低IT应用的复杂度，适应用户灵活部署、协同工作和个性应用的需求。平台化趋势下，软件的竞争从单一产品的竞争发展为平台间的竞争，未来软件业将围绕主流软件平台构造产业链。

五是融合化趋势。融合化是软件技术和产业发展的新空间。软件技术业正步入高度分化基础上的高度融合阶段。一方面，软件的技术体系、业务领域越来越专业化；另一方面，软件与硬件、软件与网络、产品与业务、软件业与其他产业之间相互融合不断深化。融合化趋势催生了大量新技术、新模式、新业态，创造了巨大的市场需求。

第16章　中国信息技术服务板块上市公司竞争力评价

16.1　信息技术服务板块上市公司整体状况和主要特点

截止到 2011 年 9 月底，在中国大陆地区上市的，信息技术服务板块业务收入在 2011 年上半年主营业务收入中占比达到 20%以上的信息技术服务板块公司有 60 家。其中，上市三年以上的信息技术服务公司有 27 家。

从上市三年以上的这 27 家信息技术服务公司来看，2010 年，信息技术服务业上市公司的平均资产规模为 19.4 亿元，平均营业收入规模为 14.8 亿元，平均净利润规模为 1.5 亿元，分别同比增长 25.34%、18.39%、12.10%，相比于 2008 年的累计增长分别为 42.14%、42.65%、39.38%。

2010 年，信息技术服务业的行业毛利率为 32.92%，行业平均资产周转率为 0.76，行业平均资产负债率为 36.75%，行业平均流动比率与速动比率分别为 2.08 与 1.69，行业平均每股收益为 0.40 元。2008、2009 年对应数值与 2010 年相比大致相当，上下浮动不超过 0.1。通过与 2010 版《企业绩效评价标准值》中信息技术服务业全行业指标对比发现，除速动比率指标外，其他指标均属优秀。

16.1.1　上市公司平均资产规模持续增长

2010 年，行业中上市企业的资产规模迅速增长，在资本市场的支持下扩张迅速。

16.1.2　创业板开板促使信息技术服务公司上市加速

在 60 家信息技术服务板块上市公司中，2009 年之前上市的有 27 家，2009 年到 2011 年 9 月底上市的有 33 家。这主要得益于创业板的开板，创业板在 2009 年 10 月 23 日开板后，在创业板上市的信息技术服务板块企业就有 19 家，这显示出资本市场对新兴的知识密集型，有着高成长特性和较大潜力的信息技术服务板块公司的青睐。

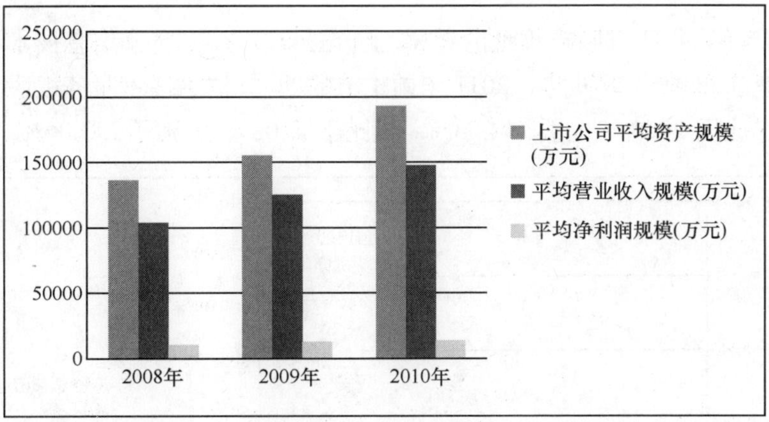

图 16-1　2008—2010 年上市公司平均规模

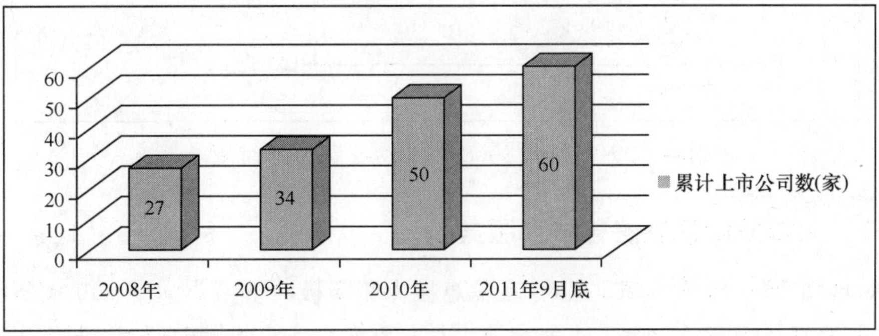

图 16-2　累计信息技术服务业上市公司数

16.1.3　信息技术服务板块上市公司以中小企业为主

60 家上市公司中，在中小企业版与创业板上市的中小企业有 44 家，占到 73.33%。这与我国信息技术服务业的整体情况是相符合的，大量有着技术创新资源的中小企业和创业企业以中小企业版和创业板为起点进入资本市场获取必要的资金以支撑其快速发展。

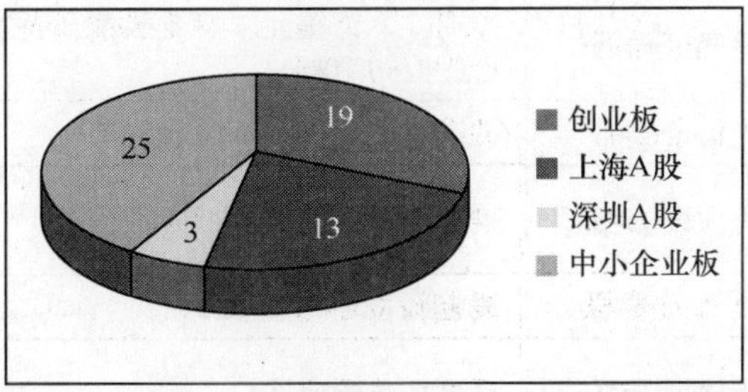

图 16-3　信息技术服务业企业上市板块分布

16.1.4 资本市场看好信息技术服务板块上市公司

根据2011年10月21日股市收盘价测算，上市三年以上的27家信息技术服务板块上市公司的平均市盈率为33.41。2010年，2011年前上市的50家信息技术服务板块企业的融资总额为214.15亿，相比于2009年上涨114.53%，相比于2008年上涨了243.06%。

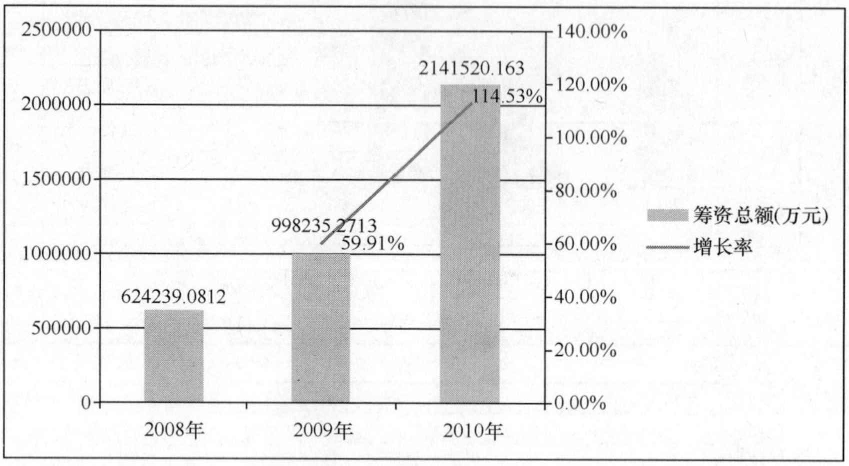

图 16-4 27家公司2008—2010年融资总额增长情况

16.1.5 上市公司深耕信息技术服务业

自2008年到2011年9月底，在60家信息技术服务板块上市公司中，30家公司进行了39次与并购、重组相关的事件。除一些个案外，大多数企业是按照战略部署，收购了一些有着相关技术资源和创新能力的中小企业，实现了技术产品上的优势互补与市场占有率的扩大，强化了技术创新实力和企业综合实力。

表 16-1 2007年—2011年9月信息技术服务板块上市公司并购、重组事件表

公司	时间	来源	事件	目的
鹏博士	【2011-05-25】	上海证券报	参股“孙”公司或接盘S*ST光明	家具
	【2010-11-11】	中国证券网	拟4亿元参股联合投资公司	短期财务性投资
东软集团	【2011-07-19】	中国证券网	出资3.5万美元，持有熙康开曼发行股份的70%	信息技术
	【2011-04-14】	上海证券报	投资以色列Aerotel公司	医疗信息化
	【2011-01-18】	上海证券报	收购望海康信73.14%股权	医疗卫生健康业应用软件产品
ST新太	【2010-11-24】	上海证券报	发起设立小额贷款公司	小额贷款
	【2010-09-08】	上海证券报	重组终告成功	合并注销广州新太，改善业绩
浪潮软件	【2008-05-15】	上海证券报	转让子公司股权	深圳市天和成实业发展有限公司

续表

公司	时间	来源	事件	目的
高鸿股份	【2010-08-28】	证券时报	转让高鸿恒昌科技有限公司 100%股权给控股子公司大唐高鸿信息技术有限公司	调结构控 3G-IT 连锁业务风险
	【2010-04-26】	证券时报	调整旗下公司持股比例	为了充分发挥资源优势
用友软件	【2013-03-03】	证券时报	收购北京伟库	布局云战略
中国软件	【2009-12-29】	中国证券网	1.3 亿收购长城软件	软件
国电南瑞	【2011-07-19】	上海证券报	竞购实际控制人同业资产	从事电网自动化及用电自动化业务
恒生电子	【2010-01-29】	上海证券报	147.6 倍市盈率买断股权，欲执掌聚源数据	金融资讯数据服务
华胜天成	【2011-07-28】	中国证券网	4000 万购广州石竹 30%股权	计算机软件
金智科技	【2010-07-26】	证券时报	设美国子公司投资太阳能	太阳能
国脉科技	【2009-12-12】	证券时报	5000 万增资海峡学院	人才培养
石基信息	【2010-07-23】	上海证券报	溢价 4 倍收购南京银石	计算机系统
海得控制	【2007-12-10】	中国证券网	合资公司获正式营业执照	海得电气
启明信息	【2011-06-17】	中国证券网	牵手三菱电机建合资公司	车载电子产品
拓维信息	【2009-08-06】	证券时报	5000 万设投资公司	备战并购
久其软件	【2011-03-30】	信息时报	成为同望科技二股东	工程项目管理、协同办公、系统集成三大领域
新世纪	【2009-11-27】	证券时报	4000 万收购南京江琛公司	自动化系统
	【2009-09-11】		增资杭州讯能科技有限公司	拟增资拓宽主营业务
立思辰	【2011-02-10】		刊登资产重组进展公告	详见公司于 2010 年 11 月 8 日刊登在《中国证券报》
华星创业	【2010-04-01】	对外投资的公告	审议通过了《关于投资浙江明讯网络技术有限公司的议案》	网络技术
皖通科技	【2011-09-23】	上海证券报	收购汉高信息 51%股权	计算机软件、硬件的开发、生产与销售
	【2011-09-19】	证券时报	购买烟台华东电子软件技术有限公司股份	港航信息化
	2010 年	《关于公司发行股份购买资产的议案》	购买烟台华东电子科技有限公司合法持有的烟台华东电子软件技术有限公司 100%股权	
天源迪	【2010-05-31】	天源迪科董监事会第二次会议决议公告	收购广州市易杰数码科技有限公司	移动互联网业务的开发和运营
赛为智能	【2010-12-30】	收购资产及对控股子公司增资公告	成都中兢伟奇科技有限责任公司	无线电监测测向设备、卫星地面站设备和监控管理系统开发、制造商

续表

公司	时间	来源	事件	目的
积成电子	【2010-12-10】	证券时报	收购增资控股慧集信息	计算机软硬件、网络集成系统、通信设备领域内技术开发
联信永益	【2010-07-21】	上海证券报	收购长沙艾特	战略加码烟草 IT 服务业
广联达	【2011-02-25】	证券日报	斥资 3.2 亿收购兴安得力	工程建设领域软件
	【2010-12-13】	证券日报	收购梦龙软件	工程建设领域软件
达实智能	【2010-11-18】	证券时报	6815 万收购黎明网络	自动售检票系统（AFC）、地铁公司核心业务信息系统上
启明星辰	【2011-06-14】	中国证券网	3 倍溢价收购网御星云	信息安全服务
迪威视讯	【2011-08-12】	第二届董监事会第六次会议决议公告	与中安科技集团有限公司合资设立项目公司	基于移动环境下的视频通信产品与应用平台的需求
大智慧	【2011-02-01】	中国证券网	拟收购财汇资讯	金融数据及应用供应商

16.2 信息技术服务板块上市公司业务发展状况

16.2.1 上市公司各类业务经营情况

根据上市三年以上的 27 家公司的年报所披露的业务项，可将信息技术服务类企业的业务分为五大类，分别是：系统类、软件产品类、服务类、开发设计类和信息增值类。

1. 系统类业务经营情况分析

系统类业务包括系统集成、具体软、硬件系统产品、行业智能化等业务。27 家上市三年以上的信息技术服务类公司中有 18 家公司开展该类业务。在 2010 年，这些上市公司的该类业务营业总收入额为 163.47 亿元，该类业务的平均营业收入规模 9.08 亿元，18 家公司中该类业务收入处于平均水平以上的有 6 家，排名前三的公司为：东软集团股份有限公司、国电南瑞科技股份有限公司、北京华胜天成科技股份有限公司，该类业务收入分别为 46.71 亿元、24.78 亿元、22.63 亿元。2009 年总收入额和平均营业收入规模分别为：138.23 亿元和 7.68 亿元，2008 年为 119.52 亿元和 6.64 亿元。2008 年到 2010 年的年均增长率为 16.95%。该类业务 2008 年到 2010 年三年的毛利率为 23.14%、22.64%、21.94%。2011 年系统类毛利率超过行业水平的有 6 家公司，毛利率水平排名前三的企业为：拓维信息系统股份有限公司、成都卫士通信息产业股份有限公司、国电南瑞科技股份有限公司，毛利率分别为 63.34%、56.61%、33.26%。

2. 软件产品类业务经营情况分析

软件产品类业务包括各类软件产品、ERP 软件等业务。上市三年以上的信息技术服务业企业中有10家公司开展该类业务。2010年，上市公司该类业务的营业收入总额为35.86亿元，该类业务的平均收入规模为3.59亿元，十家公司中该类业务收入超过平均水平的有3家，排名依次为用友软件股份有限公司、中国软件与技术服务股份有限公司、山东浪潮齐鲁软件产业股份有限公司，收入分别为17.55亿元、5.06亿元、4.48亿元。2009年总收入额和平均营业收入规模分别为为29.41亿元和2.94亿元，2008年分别为27.49亿元和2.75亿元。2008年到2010年的年均增长率为14.2%。该类业务2008年到2010年三年的毛利率为68.61%、71.3%、72.49%。在2010年10家上市公司该类业务毛利率水平超过行业水平的有5家，排名前三的分别为：深圳市金证科技股份有限公司、用友软件股份有限公司、远光软件股份有限公司，其毛利率分别为98.76%、94.16%、86.26%。

3. 服务类业务经营情况分析

服务类业务包括专业技术服务、咨询服务、软件外包服务、管理咨询服务，IT服务等业务。上市三年以上的信息技术服务公司中有16家公司从事该类业务。2010年，上市公司该类业务的营业收入总额为47.28亿元，该类业务的平均收入规模为2.96亿元，16家公司中该类业务收入规模超过平均水平的有5家，排名前三的依次为：用友软件股份有限公司、北京华胜天成科技股份有限公司、中国软件与技术服务股份有限公司，其该类业务收入分别为10.35亿元、9.62亿元、8.04亿元。2009年总收入额和平均营业收入规模分别为37.28亿元和2.33亿元，2008年分别为26.87亿元和1.68亿元。2008年到2010年的年均增长率为32.65%。2008年到2010年三年的毛利率为51.60%、50.84%、51.86%。在2010年，16家公司中该类业务毛利率超过行业水平的有9家，其中排名前三的为恒生电子股份有限公司、远光软件股份有限公司、用友软件股份有限公司，其毛利率分别为97.39%、88.57%、74.56%。

4. 设计开发类业务经营情况分析

设计开发类业务包括软件开发等业务。上市三年以上的信息技术服务公司中有9家公司从事该类业务。2010年，上市公司该类业务的营业收入总额为46.58亿元，该类业务的平均收入规模为5.18亿元，9家开展该类业务的公司中该类业务收入超过平均水平的有2家，排名依次为上海宝信软件股份有限公司、北京华胜天成科技股份有限公司，其收入分别为18.57亿元和8.44亿元。2009年总收入额和平均营业收入规模分别为39.17亿元和4.35亿元，2008年分别为31.75亿元和3.53亿元。2008年到2010年的年均增长率为21.12%。2008年到2010年三年的毛利率为42.39%、42.24%、45.18%。2010年，9家公司中该类业务毛利率超过行业水平的有5家，排名前三的依次为：北京中长石基信息技术股份有限公司、恒生电子股份有限公司、深圳市金证科技股份有限公司，其毛利率分别为99.93%、95.96%、92.08%。

5. 信息增值类经营情况分析

信息增值类业务包括智能交通、智能城市、高校信息化等业务。上市三年以上的信息技术服务公司中有11家公司从事该类业务。2010年，上市公司该类业务的营业收入总额为40.8亿元，该类业务的平均收入规模为3.71亿元，11家公司中，该类业务收入规模超过平均水平的有3家，依次为：中国软件与技术服务股份有限公司、成都鹏博士电信传媒集团股份有限公司、新太科技股份有限公司，其该类业务收入分别为：17.02 亿元、12.34 亿元、3.89 亿元。2009 年总收入额和平均营业收入规模分别为 38.29 亿元和 3.48 亿元，2008 年分别为 30.66 亿元和 2.79 亿元。2008 年到 2010 年的年均增长率为 15.37%。2008 年到 2010 年三年的毛利率为 33.62%、30.49%、33.23%。2010 年，11 家公司中该类业务毛利率超过行业水平的有 6 家，排名前三的依次为：福建新大陆电脑股份有限公司、安徽科大讯飞信息科技股份有限公司、拓维信息系统股份有限公司，其毛利率分别为：78.55%、76.10%、60.69%。

16.2.2 信息技术服务类上市公司业务结构分析

1. 各类业务规模持续增长，系统类业务对主营业务的增长贡献最大

2010 年，上市三年以上的信息技术服务类公司的主营业务总收入规模为 396.88 亿元，其中系统类业务、软件产品类业务、服务类业务、设计开发类业务和信息增值类业务的总收入规模为：163.47 亿元、35.86 亿元、47.28 亿元、46.58 亿元、40.8 亿元，对主营业务收入的贡献率分别为 41.19%、9.04%、11.91%、11.74%、10.28%，系统类收入对主营业务收入的贡献率最大。相比于 2009 年，主营业务及其中的各类具体业务的总收入规模增长率分别为：18.11%、18.26%、21.95%、26.84%、18.92%、6.56%，相比于 2008 年的累计增长率分别为：42.04%、36.77%、30.42%、75.96%、46.71%和 33.09%。2009 年到 2010 年各类业务对主营业务收入增长的贡献率分别为 41.48%、10.61%、16.44%、12.18%、4.13%，系统类业务对主营业务的增长贡献最大。

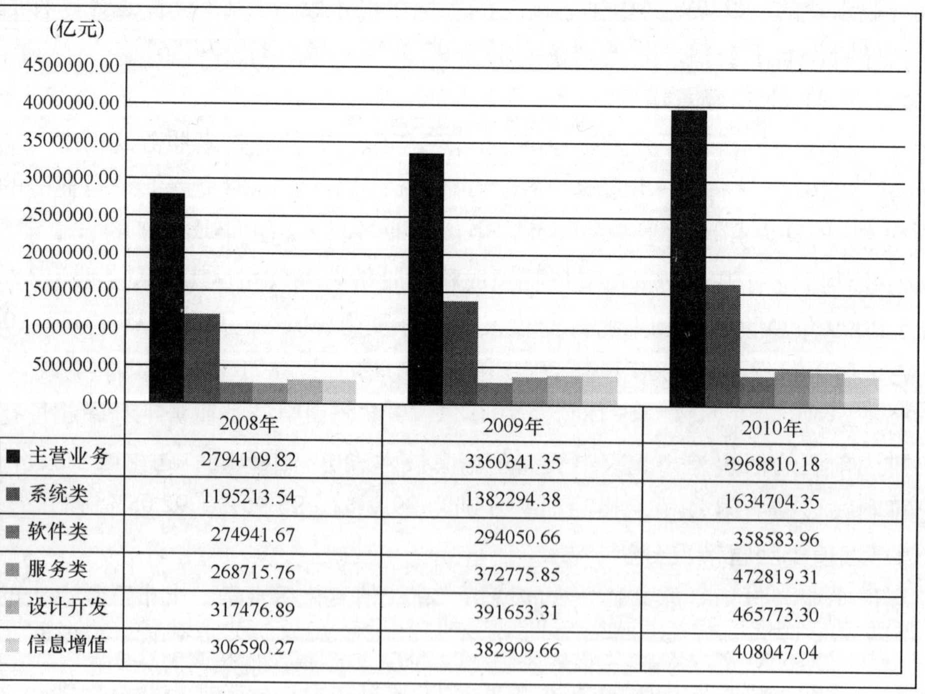

	2008年	2009年	2010年
■ 主营业务	2794109.82	3360341.35	3968810.18
■ 系统类	1195213.54	1382294.38	1634704.35
■ 软件类	274941.67	294050.66	358583.96
■ 服务类	268715.76	372775.85	472819.31
■ 设计开发	317476.89	391653.31	465773.30
■ 信息增值	306590.27	382909.66	408047.04

图 16-5 2008—2010 年各类业务收入规模情况

2. 上市公司毛利率稳定地保持在较高位置，软件类业务毛利最高

从上市 3 年以上的 27 家信息技术服务公司来看，2008 年到 2010 年，行业毛利率基本保持在 32.5%左右；其中系统类业务的行业毛利率最低，在 22.6%左右；软件类最高，在 70%左右。2010 年，系统类、软件类、服务类、设计开发类、信息增值类业务对毛利的贡献率分别为 27.45%、19.89%、18.77%、16.11%、10.38%。

3. 上市公司各类业务增长率变化不一，发展侧重于软件与服务

从 27 家上市公司的业务数据来看，2008 年到 2010 年，服务类业务的年均增长率最高，为 32.65%，这主要是由于许多上市公司开始认识到客户需要的是一种综合性的服务，并开始向综合型、技术领先型的综合信息技术服务商转型。另外软件类业务 2009 年到 2010 年增长率相比发生大幅的上升，主要是由于国家政策的扶持和公司对于高毛利率的追逐所致。相比其他业务，信息增值类业务 2009 年到 2010 年增长率相比于 2008 年到 2009 年发生大幅下降，主要是由 2010 年工信部延续了 2009 年年底开始的手机信息治理专项行动，各个运营商均采取了一系列措施加强信息监管力度来净化行业环境所导致的短期结果。

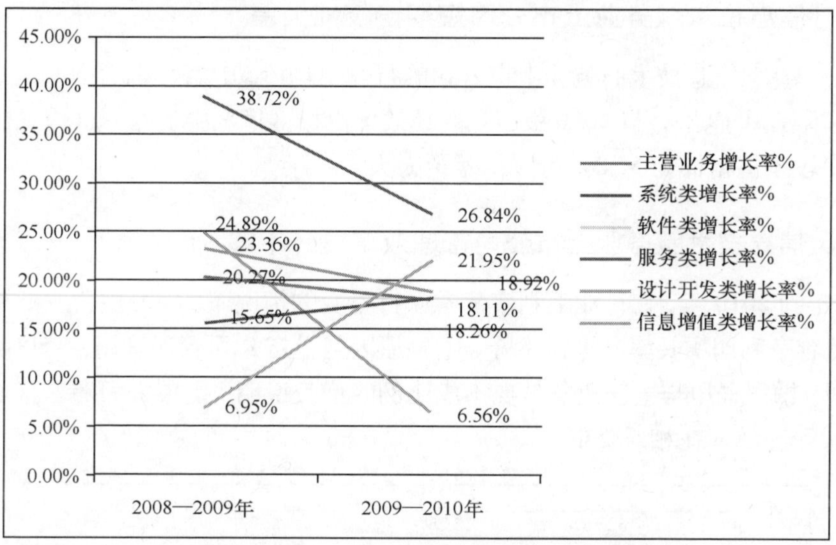

图 16-6 各类业务增长率变化情况

16.3 信息技术服务板块上市公司存在的主要问题

16.3.1 信息技术服务业上市公司地域分布极不平衡

60 家信息技术服务类上市公司分布在全国 14 个省、直辖市。其中，东部省份有信息技术服务业上市公司 50 家，中部、西部各 5 家。注册地在东部省份的 50 家上市公司中，有 37 家集中在北京、上海和广东；其中北京 16 家，上海 10 家，广东 11 家。

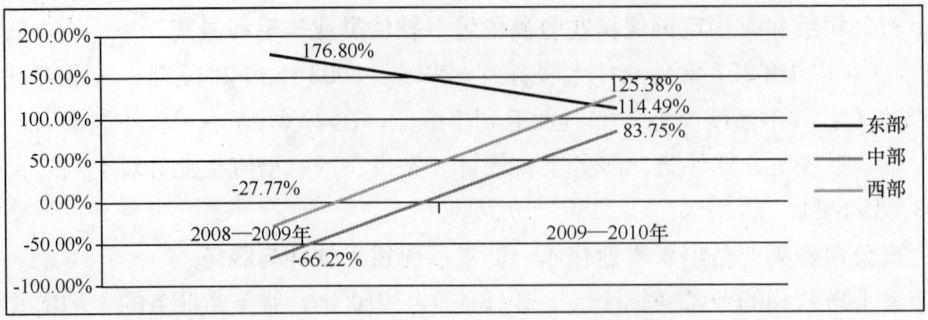

图 16-7　2008—2010 年东、中、西部信息技术服务类上市公司融资增速情况

2008—2010 年的三年中，东、中、西部信息技术服务业上市公司融资总额分别为 271.9 亿元、27.5 亿元、63.6 亿元，东部信息技术服务上市公司融资额是中、西部融资额总和的 2.98 倍。虽然随着近几年国家对于中、西部扶持政策的加大，中、西部信息技术服务业上市公司融资额增速在不断提高，东部融资额增速在下降，但实际融资额差距仍相当大。

16.3.2　信息技术服务业上市公司短期偿债能力差

2010 年，27 家信息技术服务业上市公司的行业平均流动比率与速动比率分别为 2.08 与 1.69，整体范围在 10 以下。与 2010 版《企业绩效评价标准值》中的指标（信息技术服务业全行业速动比率较差值指标为 50.3）对比，差距太大。

16.3.3　信息技术服务业上市公司管理效率提升不够

自 2008 年到 2010 年，在行业毛利率基本保持不变的情况下，随着主营业务增长率的小幅下降，却伴随着净利润增长率的大幅下降，主要原因是上市公司管理费用、销售费用的快速增长。管理费用、销售费用与主营业务呈现不成比例的增长说明：上市公司随着企业经营规模的扩大，经营、管理效率在相对降低。

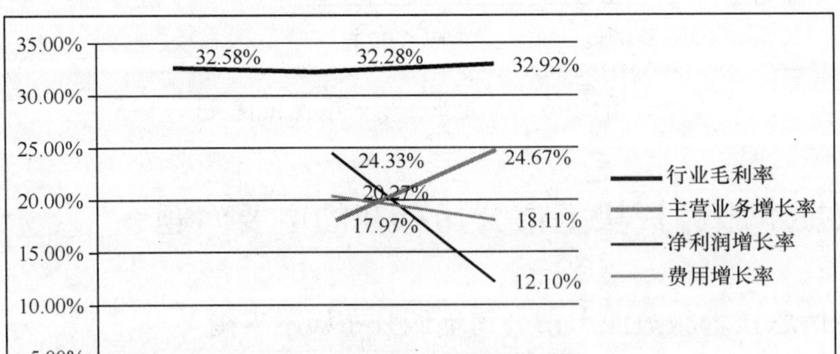

图 16-8　2008—2010 年信息技术服务类上市公司营业收入、费用、净利润增长情况

16.4 信息技术服务业上市企业综合竞争力评价

16.4.1 信息技术服务上市公司综合竞争力评价体系

综合考虑信息技术服务业的行业特点和资本市场对上市公司的要求，构成信息技术服务企业综合竞争力的主要是三方面能力，分别是获取资源的能力、技术创新的能力和履行责任的能力。

资源是企业生存发展的物质基础和前提条件。获取资源是企业进行各项经营活动的源头，利用资源的水平则决定了企业经营活动的效率。作为知识密集型企业，信息技术服务业上市公司资源维度竞争力主要体现在财务、技术、人力和市场资源的获取能力上。

创新是企业保持活力和进步的源泉。企业的创新活动包括技术创新、制度创新和商业模式创新等，对于信息技术服务业上市公司而言，技术创新是决定其核心竞争力的重要因素，在创新维度主要考察其创新投入和服务能力。

履行责任是企业义务，包括对利益相关者的责任、对社会的责任和对自然环境的责任等。履行这些责任是企业综合价值的体现，也只有认真履行这些责任才能够获得持续的竞争优势。对现阶段的信息技术服务业上市公司而言，主要考察对竞争力影响较大的履行经济责任和社会责任的能力。

基于以上三个维度，选取融资金融、技术专利储备、员工贡献率等 13 项基础指标建立综合评估体系如表 16-2 所示。

表 16-2 上市公司竞争能力评估体系

<table>
<tr><th>目标层</th><th>控制层</th><th>指标层</th><th>基础指标层</th><th>根据变异系数法计算权重结果</th></tr>
<tr><td rowspan="13">上市公司竞争能力 A</td><td rowspan="5">获取资源的能力 B1</td><td rowspan="2">财务资源指标 C1</td><td>融资金额 D1</td><td>8.20%</td></tr>
<tr><td>净资产收益率 D2</td><td>10.86%</td></tr>
<tr><td>技术资源指标 C2</td><td>技术、专利储备 D3</td><td>13.67%</td></tr>
<tr><td>人力资源指标 C3</td><td>员工受教育程度 D4</td><td>2.13%</td></tr>
<tr><td>市场资源指标 C4</td><td>主营业务规模 D5</td><td>11.72%</td></tr>
<tr><td rowspan="4">技术创新的能力 B2</td><td rowspan="3">创新投入指标 C5</td><td>科研投入程度 D6</td><td>11.55%</td></tr>
<tr><td>科研人员比例 D7</td><td>3.16%</td></tr>
<tr><td>员工贡献率 D9</td><td>8.11%</td></tr>
<tr><td>服务能力指标 C7</td><td>销售净利率 D8</td><td>7.24%</td></tr>
<tr><td rowspan="4">承担责任的能力 B3</td><td rowspan="2">经济责任指标 C8</td><td>每股收益 D10</td><td>6.31%</td></tr>
<tr><td>股利发放 D11</td><td>8.82%</td></tr>
<tr><td rowspan="2">社会责任指标 C9</td><td>每股社会贡献值 D12</td><td>6.33%</td></tr>
<tr><td>社会责任意识 D13</td><td>1.90%</td></tr>
</table>

16.4.2 信息技术服务上市公司竞争能力排名

基于上述评价体系，采用上市公司年报中披露的相关数据和文字进行综合评价可以得到信息技术服务业上市公司综合竞争力排名具体情况如表16-3所示。

表16-3 信息技术服务业上市公司综合竞争力排名情况

	综合得分	百分制得分	排名
用友软件股份有限公司	2.04	100.00	1
启明信息技术股份有限公司	1.79	87.72	2
北京华胜天成科技股份有限公司	1.49	72.92	3
东软集团股份有限公司	1.47	71.74	4
中国软件与技术服务股份有限公司	1.44	70.54	5
四川川大智胜软件股份有限公司	1.43	70.02	6
北京启明星辰信息技术股份有限公司	1.39	68.01	7
新太科技股份有限公司	1.38	67.47	8
深圳市银之杰科技股份有限公司	1.36	66.83	9
广联达软件股份有限公司	1.36	66.57	10
北京超图软件股份有限公司	1.33	65.14	11
北京中长石基信息技术股份有限公司	1.32	64.73	12
北京久其软件股份有限公司	1.31	64.22	13
安徽科大讯飞信息科技股份有限公司	1.29	63.20	14
国电南瑞科技股份有限公司	1.29	62.96	15
上海宝信软件股份有限公司	1.21	59.45	16
远光软件股份有限公司	1.18	57.75	17
珠海世纪鼎利通信科技股份有限公司	1.16	56.86	18
深圳天源迪科信息技术股份有限公司	1.16	56.84	19
大唐高鸿数据网络技术股份有限公司	1.10	53.83	20
云南南天电子信息产业股份有限公司	1.07	52.63	21
太极计算机股份有限公司	1.00	48.98	22
东华软件股份公司	1.00	48.74	23
北京世纪瑞尔技术股份有限公司	0.99	48.63	24
拓维信息系统股份有限公司	0.96	46.99	25
恒生电子股份有限公司	0.90	44.08	26
成都卫士通信息产业股份有限公司	0.90	43.98	27
深圳键桥通信技术股份有限公司	0.88	43.30	28
华平信息技术股份有限公司	0.87	42.52	29
杭州新世纪信息技术股份有限公司	0.86	41.95	30

续表

	综合得分	百分制得分	排名
易联众信息技术股份有限公司	0.86	41.92	31
国脉科技股份有限公司	0.84	41.16	32
江苏金智科技股份有限公司	0.83	40.65	33
成都鹏博士电信传媒集团股份有限公司	0.81	39.60	34
杭州华星创业通信技术股份有限公司	0.81	39.43	35
上海海隆软件股份有限公司	0.80	39.10	36
福建榕基软件股份有限公司	0.79	38.59	37
积成电子股份有限公司	0.76	36.98	38
中海网络科技股份有限公司	0.67	32.74	39
安徽皖通科技股份有限公司	0.66	32.52	40
网宿科技股份有限公司	0.65	31.60	41
北京立思辰科技股份有限公司	0.63	30.91	42
北京联信永益科技股份有限公司	0.62	30.59	43
福建新大陆电脑股份有限公司	0.60	29.49	44
深圳市金证科技股份有限公司	0.59	28.74	45
上海海得控制系统股份有限公司	0.55	26.78	46
深圳达实智能股份有限公司	0.49	24.15	47
深圳市赛为智能股份有限公司	0.46	22.34	48
山东浪潮齐鲁软件产业股份有限公司	0.38	18.66	49
湖南湘邮科技股份有限公司	0.29	14.01	50

上表结果中显示，除第一名用友软件、第二名启明信息外，信息技术服务业上市公司差距并不明显。用友软件与启明信息属于明显竞争优势型企业，百分制分数在80分以上。从第三名的华胜天成到第十五名的国电南瑞属于发展良好型企业，百分制得分在60～80之间；从第十六名的宝信软件到第四十三名的联信永益属于中等型企业，百分制得分在30～60之间；剩下的十七家企业属于竞争能力不足企业，百分制得分在30分以下。

16.4.3　信息技术服务业上市公司竞争力的影响因素分析

在信息技术服务业的上市公司的竞争力影响上：获取资源的能力是主要因素；技术创新的能力为重要因素；承担责任能力为补充因素。

表 16-4　　竞争能力各因素权重占比

上市公司竞争能力指标权重		
获取资源的能力	技术创新的能力	承担责任的能力
46.59%	30.06%	23.36%

1. 获取资源能力对信息技术服务业上市公司竞争力影响

各公司在获取资源的能力方面差距较大是造成各公司竞争能力差异的主要因素，其在上市竞争力评估体系中所占权重为 46.59%。在这方面排名前三的公司为启明信息技术股份有限公司、用友软件股份有限公司、北京华胜天成科技股份有限公司。

表 16-5　　获取资源能力各项指标权重

获取资源的能力				
融资金额	净资产收益率	技术、专利储备	员工受教育程度	主营业务规模
8.20%	10.86%	13.67%	2.13%	11.72%

在获取资源能力方面，差异最为明显的是技术、专利储备指标，这说明信息技术服务上市公司的技术积累程度差异化明显，上市公司需要持续关注技术创新以积累核心技术，启明信息在获取资源能力之所以排名最高，就是因为其在技术、专利储备方面表现良好。另外，在主营业务规模与净资产收益率指标方面，各公司差异也比较明显，华胜天成在主营业务规模上表现突出。

2. 技术创新的能力对信息技术服务业上市公司竞争力影响

各公司在技术创新能力方面的差异是造成竞争能力差异的重要因素，其在上市竞争力评估体系中所占权重为 30.06%。在这方面排名前三的公司为北京启明星辰信息技术股份有限公司、深圳市银之杰科技股份有限公司、北京超图软件股份有限公司。

表 16-6　　技术创新的能力各项指标权重

技术创新的能力			
科研投入程度	科研人员比例	销售净利率	员工贡献率
11.55%	3.16%	7.24%	8.11%

在技术创新的能力方面，科研投入程度的差异是造成创新能力差异的最主要因素，这说明有些企业对于自主技术创新的认识程度仍有待进一步提高。另外，在员工贡献率指标方面，各公司差异也比较明显，这说明信息技术服务上市公司对员工的关注程度存在差异。信息技术服务业作为技术驱动型行业，人是至关重要的发展要素，应给予足够的重视。

3. 承担责任能力对信息技术服务业上市公司竞争力影响

各公司的履行责任方面能力的差异是造成竞争能力差异的补充因素，其在上市竞争力评估体系中所占权重为 23.36%。在这方面排名前三的公司为深圳市银之杰科技股份有限公司、珠海世纪鼎利通信科技股份有限公司、北京世纪瑞尔技术股份有限公司。在承担社会责任方面，股利发放指标的差异最为明显，这说明有些信息技术服务上市公司对股东利益的关注不够。

表 16-7　　承担责任能力各指标权重

承担责任的能力			
每股收益	股利发放	每股社会贡献值	社会责任意识
6.31%	8.82%	6.33%	1.90%

16.4.4 对信息技术服务上市公司提高竞争能力的建议

1. 提高资源获取能力，尤其是提高核心、关键技术资源获取能力

对于一个企业而言，资源是一切经营行为的开端，是企业产生价值的基础。上市公司的资源储备和获取资源的能力就是其保证利益回报的硬性指标，其资源可使用年限就是其商业模式在资本市场的寿命年限。信息技术服务业作为典型的技术驱动型行业，对技术的依赖程度很大，而信息技术发展更新快，这就要求信息技术服务企业要有持续、稳定的技术资源获取通道。上市公司可从以下几方面着手：通过并购一些具有核心技术的小企业来增加技术储备；和具有先进技术的信息技术服务公司建立合作关系，从而获得技术支持；加快技术的产品化进程以赢得市场，获得资金回馈；加大对员工的培训力度，从根本上提升企业技术创新能力。

2. 加大创新力度，提高技术创新能力，提升服务能力

创新是企业可持续发展的永久动力，没有创新，企业就无法在随时变化的市场中应时而变，就没有适应市场和消费者需求的能力，最终的结局就是衰亡。对于信息技术服务业尤为如此。信息技术服务上市公司可从以下几方面着手：加大研发资金投入；加强对科研人员的关怀，为科研人员建立适合创新的机制与环境；进一步优化产品结构以提高盈利能力；注重技术整合层面上的创新，提供系统化的解决方案。

3. 提高对履行社会责任的认识并实际践行

当今世界是一个责任竞争的时代，公司之间的竞争在某种程度上已经表现为公司的社会责任理念和道德水准的竞争。信息技术服务上市公司可以从以下几方面着手：完善信息披露机制，为各利益相关者负责；制定合理的股利分配政策并执行，为股东负责；注重回馈社会。

附录1 大事记

编号	时间	地点	事件描述	企业/机构	影响/价值
1	2007 年 2 月	北京	联合下发了《关于进一步加强网吧及网络游戏管理工作的通知》	文化部等 14 部委	首次对网络游戏中的虚拟货币交易进行规范
2	2007 年 2 月	北京	《人民日报》面向全国正式发行手机报	人民日报出版社	成为现代通信技术与新闻传媒融合的标志性事件
3	2007 年 6 月	北京	发布《电子商务发展“十一五”规划》	国家发展和改革委员会、国务院信息化工作办公室	首次在国家政策层面确立了发展电子商务的战略和任务
4	2008 年 3 月	北京	根据第十一届全国人民代表大会第一次会议批准的国务院机构改革方案，设立工业和信息化部为国务院组成部门。将原信息产业部和原国务院信息化工作办公室的职责划给工业和信息化部	国务院	工业和信息化部成为我国互联网的行业主管部门
5	2009 年 1 月	北京	工业和信息化部为中国移动通信集团、中国电信集团公司和中国联合网络通信有限公司发放 3 张第三代移动通信（3G）牌照	工业和信息化部、中国移动、中国电信、中国联通	3G 牌照被认为会使中国电信业形成一条包括 3G 网络建设、终端设备制造、运营服务、信息服务在内的通信产业链，对扩大内需、刺激经济产生重要作用
6	2009 年 1 月	北京	首届中国网民文化节正式启动	中国互联网协会	内容涵盖与互联网相关的科技、运动、时尚、文化、动漫等领域。进一步引导健康的互联网文化前进方向，把网络文明建设推向更加深入的阶段
7	2009 年 6 月	北京	下发《关于网络游戏虚拟货币交易管理工作》的通知	文化部、商务部	规定同一企业不能同时经营虚拟货币的发行与交易，并且虚拟货币不得用于购买实物
8	2009 年 7 月	北京	出台了我国第一部文化产业专项规划——《文化产业振兴规划》	国务院	将动漫产业列入国家重点发展的八大文化产业门类之一，为动漫产业的发展提供了难得的机遇

续表

编号	时间	地点	事件描述	企业/机构	影响/价值
9	2009 年 8 月	北京	文化部印发了《文化部关于加强和改进网络音乐内容审查工作的通知》	文化部	文化部的网络音乐新规有利于在线音乐的规范化发展，通知的出台将为在线音乐运营商提供一个更为公平、规范的竞争环境，实现在线音乐产业链上下游企业的“共赢”
10	2009 年 10 月	北京	《关于贯彻落实国务院〈“三定”规定〉和中央编办有关解释，进一步加强网络游戏前置审批和进口网络游戏审批管理的通知》	国家新闻出版总署、国家版权局、全国“扫黄打非”工作小组办公室	该《通知》是目前依法规范管理网络游戏审批工作的重要文件。不仅是对国务院“三定”规定和近日中央编办有关解释的贯彻落实，也是实现网络游戏依法审批的良好开端，有利于解决长期以来在网络游戏管理中存在的自设审批、重复审查的问题，有利于规范网络游戏产业秩序
11	2010 年 1 月	北京	国务院总理温家宝主持召开国务院常务会议，决定加快推进电信网、广播电视网和互联网三网融合	国务院	三网融合工作正式启动
12	2010 年 1 月	北京	《广播电视广告播出管理办法》正式实施	国家广电总局	缩短广告播出量，重点监管影视剧插播广告、电视购物广告、名人作疗效证明的医药广告等
13	2010 年 1 月	北京	国务院常务会议决定加快推进三网融合总体方案		对于促进信息和文化产业发展，提高国民经济和社会信息化水平，满足人民群众日益多样的生产，生活需求，推动国内消费，推动新的增长点，具有重要意义
14	2010 年 2 月	北京	广电发首批 3G 视频牌照	广电总局	拿到牌照的企业就可以与运营商合作，正式纳入运营商的增值服务系统。这意味着，企业一旦获得 3G 视听牌照，中国移动等运营商对于其手机电视视频业务将可能采取免流量费优惠
15	2010 年 2 月	广西	广电总局叫停广西电信 14 市 IPTV 业务	广电总局	广西电信公司在广西擅自违规开展 IP 电视业务的行为得到了基本制止
16	2010 年 3 月	北京	国家广播电影电视总局发放首批三张互联网电视牌照	国家广播电影电视局、上海文广、中国网络电视台、杭州华数传媒网络	这一资质的获得将使这三家企业在“三网融合”中具备了在数字电视网、通信网和互联网上开展跨网跨屏融合新业务的条件，互联网电视产业将迎来新的发展前景

续表

编号	时间	地点	事件描述	企业/机构	影响/价值
17	2010 年 3 月		NetApp、思科、Vmware 结成 NCE 联盟	NetApp、思科、Vmware 公司	NetApp、思科和 Vmware 合作的三方联盟，能够集合不同领域的精英，以互补性极强的产品组成云存储解决方案，不仅方案的整合速度快，而且进可攻、退可守，是实现云存储最简单也是最实用的方式
18	2010 年 3 月	北京	CCBN2010 北京国际展览中心隆重开幕	CCBN	推进三网融合，共享广电未来。中共中央宣传部已把 CCBN 列入《文化体制改革经验 70 例》，作为成功企业范例向全国宣传文化系统推广，进一步确定了 CCBN 在中国广电产业发展、推动文化产品与服务贸易中所具有的深厚基础与深远影响力
19	2010 年 3 月	北京	CNTV 获首张互联网电视牌照	广电总局	这意味着国家网络电视台已获得了针对互联网电视业务的一种新许可
20	2010 年 4 月		谷歌正式退出中国市场	谷歌	在谷歌退正式退出中国大陆市场后，其在大陆的市场份额一直呈下降趋势，在下半年还曾爆出谷歌与华东代理商的纠纷事件
21	2010 年 4 月	北京	广电总局规范卫星接收安装服务	广电总局	依法维护广播影视事业建设和节目传播的正常秩序，打击非法生产、销售、安装卫星地面接收设施行为
22	2010 年 4 月	北京	广电总局清查 IPTV 违规业务	广电总局	保护国家网络信息安全
23	2010 年 5 月	北京	广电总局出台网络电视台申请资格	广电总局	明确规定了申请设立网络电台、电视台必须是各地广播电视播出机构。在具备申请条件的基础上由总局审批
24	2010 年 5 月		EMC World 美国召开重点关注私有云	EMC	EMC 通过 Vplex，可以实现数据在异地数据中心灵活自由的迁移，客户通过 Vplex 使用底层的资源，却并不需要知道具体物理资源的位置在哪儿
25	2010 年 5 月		微软起诉东莞网吧侵犯著作权纠纷案正式开庭	微软公司	被告东莞市动感网络通信有限公司购买原告微软公司 700 套正版 Microsoft Windows 操作系统软件，并一次性赔偿原告人民币 10 万元
26	2010 年 5 月	北京	广电总局出新规，著作权完整首获保护	广电总局	首次明确了“电视台播出电视剧时，应当依法完整播出，不得侵害相关著作权人的合法权益”

续表

编号	时间	地点	事件描述	企业/机构	影响/价值
27	2010年5月	北京	举行北京广播电视台成立大会暨揭牌仪式		推动实现首都广电事业和产业跨越式发展
28	2010年6月		HDS推出统一计算平台	HDS公司	HDS宣布推出其统一计算平台解决方案，是迈向私有云的关键一步。云计算和云存储带来数据中心的融合，在此大背景下，各个厂商都开始发布一些聚合数据中心产品
29	2010年6月	北京	第十四届中国国际软件博览会举行	东软、微软、中创、一汽启明等500多家国内外顶尖软件企业参加	目前国内规模最大、最具行业影响力的国际性软件专业展会
30	2010年6月	北京	文化部公布《网络游戏管理暂行办法》		这是我国第一部针对网络游戏进行管理的部门规章
31	2010年6月		三网融合试点方案颁布		不仅将现有网络资源有效整合、互联互通，而且会形成新的服务和运营机制，对信息产业结构的优化，以及政策法规的相应变革有重大影响
32	2010年6月	北京	发表《中国互联网状况》白皮书	国务院新闻办公室	说明了中国政府关于互联网的基本政策：“积极利用、科学发展、依法管理、确保安全”
33	2010年6月	北京	公布《非金融机构支付服务管理办法》	中国人民银行	《办法》将网络支付纳入监管
34	2010年6月	北京	三网融合试点城市地区首批名单出炉	国务院办公厅	按照试点地区（城市）应具备的条件，经国务院三网融合工作协调小组审议批准，确定了第一批三网融合试点地区（城市）名单
35	2010年7月	北京	《关于三网融合试点工作有关问题的通知》颁布	国务院	三网融合试点工作正式启动
36	2010年7月	北京	广电总局通知成立NGB工作组	广电总局	以NGB工作组的方式，凝聚产、学、研、用等相关单位的力量，建立高效运转机制，简化需求反馈、技术研发、产品化和运营应用流程，推进NGB技术研究成果的应用
37	2010年7月	北京	广电总局叫停证券节目商业化	广电总局	加强广播电视证券节目管理，最终以维护社会稳定
38	2010年7月	北京	广电总局首次颁发互联网电视牌照	广电总局	广电总局对该平台验收通过，互联网电视正式被放行
39	2010年8月	北京	《网络游戏管理暂行办法》正式施行	文化部	中国第一部针对网络游戏进行管理和规范的部门规章
40	2010年8月	北京	广电总局提出推进三网融合试点四要素	广电总局	最终确保广电在三网融合过程中健康有序发展

续表

编号	时间	地点	事件描述	企业/机构	影响/价值
41	2010年8月	北京	12个三网融合试点城市全已上报方案		这意味着三网融合试点即将正式实施
42	2010年8月	北京	国家广电网络公司召开第一次筹备会议	广电总局	组建国家级公司是国家推进三网融合的重大举措，也是全国有线电视网络整合取得实质性成果的重要标志
43	2010年8月	北京	广电总局批准国际台开办中国国际广播电视网络台	广电总局	开启了国际台以新媒体化为方向、以传统媒体与新兴媒体融合发展为特征加快构建国际传播体系的新的时代
44	2010年8月	北京	国家广电总局与中国进出口银行签署战略合作协议	广电总局	将为我国影视文化企业利用金融平台和资本市场走出去，开拓国际文化市场注入强劲动力，将有助于影视文化企业壮大自身实力，提高影视文化产品质量和加强品牌塑造，从而对扩大中国影视文化产品和服务的国际市场份额，提高我国文化软实力和国际传播能力产生积极影响
45	2010年9月	北京	广电总局发出《关于进一步促进和规范高清电视发展的通知》	广电总局	促进了高清电视节目和影视剧制作，带动了高清电视设备的研发和生产，提高了广播电视的服务水平和竞争力，营造了大力发展高清电视的良好氛围，为高清电视发展奠定了良好基础
46	2010年9月	北京	央广广播电视网络台获广电总局批准	广电总局	这是继中国网络电视台 CNTV 之后，又一个获准建立的中央级网络广播电视台
47	2010年10月		我国提交的 TD-LTE Advanced 技术正式成为 IMT-Advanced（4G）国际标准		其研发和产业化进程不断加快，目前已经初步形成国内外企业广泛参与的 TD—LTE 产业链
48	2010年10月	北京	出台《新闻出版总署关于发展电子书产业的意见》	国家新闻出版总署	提出要依法依规建立电子书行业准入制度，依法对从事电子书相关业务的企业实施分类审批和管理
49	2010年10月		北京、上海、深圳、杭州、无锡五个城市先行开展云计算服务创新发展试点示范工作		云计算是全球未来信息产业发展的战略方向和推动经济增长的重要引擎，我国将北京等五个城市作为国内先行开展云计算创新发展的试点示范城市，标志着我国的云计算开始在国家主导下，从概念逐渐走向应用层面
50	2010年10月	广州	CNTV 对亚运会部分赛事首次试用 3D 手段直播	CNTV	这将是我国所有电视节目中首次对体育赛事进行 3D 直播

续表

编号	时间	地点	事件描述	企业/机构	影响/价值
51	2010年10月	北京	北京完成IPTV与全国平台对接		这标志着北京的三网融合试点工作迈出了实质性一步
52	2010年10月		中国国际物联网（传感网）大会在国家传感网示范中心——无锡市隆重举行		近年来中国物联网产业规模最大、层次最高、影响力最深远的行业盛会
53	2010年10月	杭州	第十八届国际传输与覆盖研讨会（ICTC2010）		观众可以详细了解到“三网融合”从产品创新到业务应用的最新成果。同时，研讨会还举办了“广电无线传输与覆盖”和“网络电视台与云计算在视频领域的应用”论坛
54	2010年11月	北京	IT两会在北京召开		在北京召开的“IT两会”上，VMware大中华区总裁宋家瑜表示，国家现在规划“十二五”里面，整个“云计算”已经成为一个产业重点之一。广电行业各方更是纷纷将“云计算”纳入了发展计划之中
55	2010年11月	北京	央广3G手机电视集成播控平台通过国家广电总局验收	中国人民广播电台	中国移动的视频运营中心实现了互联互通
56	2010年11月		中国电信IMS部署最大挑战在于业务融合		鉴于IMS对于中国电信带来的价值是多方面的，其在试点之中也将重点放在了验证IMS为现网带来的业务能力提升、IMS网络演进、IMS能力开放等内容
57	2010年11月	北京	“新一代宽带无线移动通信国际论坛”在京举行		加速推动TDD技术产业国际化发展
58	2010年11月	广州	CMMB手机电视直播亚运会开幕式		这是国家手持电视运营商中广传播继北京奥运会、山东全运会、南非世界杯之后又一次参与重大体育赛事的报道
59	2010年12月	北京	2010中国存储峰会	Doit传媒集团	随着存储日益成为信息世界的重要载体，以存储产业为重点的中国存储峰会正朝着“信息世界大会”的方向转变，实现由存储到信息产业的跨越式发展
60	2010年12月	北京	广电总局：三网融合坚持行业分业监管	广电总局	三网融合坚持行业分业监管和共同发展，三网融合试点地区年底要达到城区90%双向覆盖的目标
61	2010年	北京	进一步鼓励软件产业和集成电路产业发展若干政策	国务院	

续表

编号	时间	地点	事件描述	企业/机构	影响/价值
62	2011 年 1 月	成都	成都兴网传媒和原四川省网、原成都市网实现了三合一		实现全城同看同一组电视频道
63	2011 年 1 月		广电信息公布重大资产重组预案		上海东方传媒集团有限公司以 7.67 元/股的价格收购广电信息 36.6%股份，总交易价格合计 19.9 亿元。新媒体企业百视通将以借壳的方式登陆国内资本市场
64	2011 年 1 月		中国国际广播电视网络台（CIBN）正式成立		标志着中国国际广播电台进入了以新媒体为龙头事业的发展新阶段
65	2011 年 2 月	北京	中国电信集团宣布启动“宽带中国、光网城市”战略	中国电信	提出这个计划，是根据中国电信的现有定位，也就是国家信息基础设施主要的提供者和建设者，这个计划本身是基于我们自己的企业定位来提出的。国家要推进“工业化和信息化”融合，要快速提升信息化整体水平
66	2011 年 2 月		中国社会科学院信息化研究中心召开“宽带鸿沟与第五次电信改革”研讨会		认为有必要进行第五次电信改革，具体改革方案为：将中国电信、中国联通的数据中心业务分拆出来整体打包并入广电
67	2011 年 2 月	北京	工信部整治手机淫秽色情专项行动总结表彰大会召开	工信部	中国互联网协会荣获整治手机淫秽色情专项行动“先进集体”称号
68	2011 年 2 月	北京	国家广电总局发展研究中心发布《中国视听新媒体发展报告（2011）》		从宏观层面分析总结了中国视听新媒体发展的基本格局和发展历程、政策法规与管理状况、技术应用与创新水平，介绍了国外视听新媒体发展现状及趋势
69	2011 年 3 月	北京	CCBN2011 主题报告会在北京国际会议中心成功召开		积极稳妥推进三网融合
70	2011 年 4 月	重庆	两江国际云计算中心暨中国国际电子商务中心重庆数据产业园启动建设		标志着中国最大的云计算中心实验区正式开建
71	2011 年 4 月	北京	《关于合作建立互联网知识产权纠纷调解机制备忘录》在京签署		完善知识产权保护的法律条文，对其进行保护，做到有法可依
72	2011 年 4 月		信息技术服务标准工作组成立		针对信息技术服务基础标准、系统建设标准化、运维标准化、服务管理标准化、治理标准化、服务外包标准化等六个领域进行了广泛深入的研讨，并对信息技术服务标准工作组下一步工作提出了宝贵的意见和建议

续表

编号	时间	地点	事件描述	企业/机构	影响/价值
73	2011年5月	深圳	英特尔首次进入中国存储业	Intel公司	英特尔公司的全球投资机构英特尔投资近日公布在中国首个存储企业投资项目，将注资国内存储厂商——深圳创新科存储技术有限公司。由于双方将在深圳超级计算中心进行合作，英特尔此次注资创新科技或将更好发挥深圳超算中心的作用，并进一步推进深圳国家云计算试点城市建设
74	2011年5月	北京	《中国互联网协会关于抵制非法网络公关行为的自律公约》发布	中国互联网协会	谴责非法网络公关行为，倡议互联网从业单位和广大网民营造文明诚信的网络环境
75	2011年5月		《支付业务许可证》（俗称第三方支付牌照）首度发放，第三方支付行业作为国家金融体系特别是支付体系重要补充的地位由此得到政策和法律确认		第三方支付被纳入到央行管理体系，合法性地位得到了确认，在这一前提下，第三方支付公司扩张规模和拓展新兴市场的力度将会逐步加大
76	2011年6月		CNTV 委托律所对 PPTV 展开大规模新媒体版权维权诉讼		PPTV 长期以来一直存在盗播 CNTV 享有版权的体育赛事的行为，这将有利于网络电视台的维权
77	2011年7月	北京	地面数字电视接收端系列国家标准宣贯会议在京召开		会议宣布了首批获得地面数字电视认证的企业名单，并颁发认证标志
78	2011年7月		核高基专项资金下发		“核高基”重大专项给了基础软件更强劲的支持力量，其巨资扶持将使我国政府拥有真正“安全、可靠、可控”的基础软件的目标转变成为现实
79	2011年8月	北京	《互联网终端软件服务行业自律公约》正式发布	中国互联网协会	规范互联网终端软件服务，保障互联网用户的合法权益，维护公平和谐的市场竞争环境，促进互联网行业的健康发展
80	2011年10月		《关于软件产品增值税政策的通知》发布		国发[2011]4 号文财税优惠政策落地，进一步明确了软件产品增值税优惠政策的适用范围、适用条件、即征即退税额的计算方法等具体内容，为该优惠政策的有效实施提供了政策依据
81	2011年10月		《中国信息技术服务标准（ITSS）白皮书》发布		《ITSS 白皮书》的发布，有助于解决 ITSS 体系庞大、贯彻实施标准难的问题；有助于树立我国的标准品牌；有助于通过标准来提升信息技术服务业服务质量、规范我国信息技术服务市场

续表

编号	时间	地点	事件描述	企业/机构	影响/价值
82	2011 年 11 月	巴西	华为公司向巴西政府捐赠云计算设备	华为公司	华为捐赠的设备将作为巴西全国教育和科研网的一部分。其提供的云计算设备将给该网络带来革命性变化
83	2011 年 12 月	北京	2011 中国存储峰会召开	Doit 传媒集团、存储在线、中国计算机协会	该大会内容涵盖中国存储市场的未来发展方向、企业级计算的前进展望、企业信息化与 IT 运维的经验分享、云计算与信息服务多个方面。通过呈现超过 20 场精彩论坛，更提供了包括海峡两岸存储产业交流论坛，2011 中国 IT 渠道高峰论坛 2011 中国存储风云榜以及中国存储十年回顾等精彩看点
84	2011 年 12 月	西安	国家云计算应用西安平台落户经开区	西安市工信委、工信部软件与集成电路促进中心	利用国家软件公共服务平台的技术、品牌、人才、渠道等资源，西安平台将致力提升西安市的产业公共服务能力，推进软件企业的自主创新，进一步促进西安地区甚至陕西省软件产业的快速发展，将西安建设成为西部最重要的云计算产业基地

附录2　北京邮电大学经济管理学院相关课程介绍

1. 北京邮电大学 MBA 项目

北邮 MBA 项目从 1998 年开始招生，经过 13 年的发展和努力，已经探索出了“IT+管理”的办学特色，现已毕业的 3000 余名校友分布在各个产业领域，大多已是高层管理人员和业务骨干。

2010 年，北邮 MBA 荣获“中国最具影响力 MBA 排行榜”第 9 名，MBA 毕业后“薪酬涨幅最快”第 2 名的佳绩；2011 年，北邮 MBA 荣获第七届“MBA 成就奖”特色院校第 1 名。2011 年毕业生主动就业率 100%，平均每名潜在就业的 MBA 学员拥有 3.8 个岗位选择。

北京邮电大学项目特色如下。

（1）雄厚的师资力量

学院教师拥有丰富的科研、教学、咨询和培训经验，为引领信息产业的发展做出了巨大贡献。全院 120 名教师大多数拥有海外学术背景，同时，他们的研究工作与国内企业，尤其是信息产业有着密切的联系，这使他们兼具国际化视野与本土实践，能够将前沿管理知识融入本土商业生态之中。作为补充，学院还从国内外聘请了一大批知名的企业家、知名人士为学员举行各种形式的讲座和实践课程。雄厚的师资保证让北邮 MBA 项目成为一个能够学到真东西的地方。

（2）理论联系实际的双导师制

学员除由校内专职导师指导学术之外，每位学员再配备一位企业导师指导学生完成企业实践，培养 MBA 学员的创新实践和综合能力。企业导师除带领学员进行社会实践和商业模式创新之外，还会部分参与到日常教学过程当中，保证了北邮 MBA 项目能够深入到企业实践第一线。

（3）商业模式创新

北邮 MBA 教育以培养学员的创新能力为己任，着力激发学员的想象力和创造力。通过商业模式创新，让学员综合应用所学，培养学员的市场敏锐感。商业模式创新项目全程由企业导师带领，以竞赛的形式完成商业模式创新计划书，对优秀项目提供投资及孵化建议，帮助学员把创新的想法变成现实。

（4）丰富的第二课堂

为开拓视野和活跃学员生活，北邮 MBA 打造了丰富的第二课堂。包括：熔炼团队精神的拓展训练、丰富多彩的学术讲座活动、形式多样的企业参访和校友访谈，以及激情迸发的体育竞赛。一年一度的 MBA 新年论坛和不定期的产业峰会则为学员提供了与企业领袖、政府高官、学术权威们面对面沟通交流的机会，既开拓了视野，又增长了见识。

（5）知名猎头公司职业生涯全程规划

北邮 MBA 中心与多家知名猎头公司建立了紧密的合作关系。从入校开始直到毕业离校，全程为 MBA 学员进行专业的职业生涯规划，包括：行业现状及发展趋势分析、职业定位建议、求职技巧培训等，全面提升学员综合素质。同时，北邮 MBA 专为学员组织多场企业招聘会，在毕业时通过校企合作的多个渠道发布企业招聘信息，让学员能够找到好工作。

（6）优秀的校友资源

北邮 MBA 拥有逾 3000 名 MBA 校友，这些优秀校友大部分人已经位处所在单位的重要管理岗位，且主要分布在像信息产业这样的朝阳行业中，成为独具特色的校友群体。MBA 新生从入学开始即可分享这一校友网络人脉资源，参加各种企业参访和校友访谈活动。MBA 校友会通过整合校友资源，提供各种新、老校友沟通平台，帮助学员拓展人脉，搭建事业平台。

长期以来，北邮 MBA 以其雄厚的师资力量，灵活的教学方式，生动的第二课堂，专业的职业生涯辅导，多渠道的国际交流与合作，以及丰富多彩的校内生活服务赢得了学员的赞誉，被学员们评价为是“能学到真东西的地方”、“能积累丰沛人脉资源的地方”、“能开拓眼界，拓展国际化视野的地方”、“能实现事业腾飞的地方”、“能创造机会落户京城的地方”。

2. 北京邮电大学 EMBA 项目

北京邮电大学 EMBA 项目于 2009 年获得国务院学位办批准，以造就信息时代管理精英为己任，注重于学员基于国际竞争环境下经营管理能力的培养，扩大业务视野，建立和拓宽人际与业务关系，全面掌握现代企业管理理论和决策方法，深入了解国内外企业的商业模式，具备国际战略思维和科学决策的能力。

北京邮电大学 EMBA 项目特色如下。

（1）院士讲坛

由院士领衔的权威性、前沿性讲坛。院士讲坛是以原中国工程院常务副院长朱高峰为代表的强大院士阵容，整合中国科学院及中国工程院等行业权威人士联合打造的“学术饕餮盛宴”。讲坛将以“前瞻、引领和创新”为主旋律，旨在培养通信行业具有前瞻性及创新性思维的高端管理人才。

（2）双导师制

北京邮电大学 EMBA 采用教授与企业家相融合的双导师培养模式，选择国内外著名的教授与行业内知名教授组建的师资团队，结合商界精英和行业翘楚组成的企业家团队，分别从理论与实践的角度让学员体会学识的真谛，达到学术与实战的完美结合。企业导师主要来自于通信行业以及上下游产业中的卓越领导者。

（3）商业模式创新项目

此项目由商界领军人物组成特聘导师团队，指导学员完成企业商业模式缔造或改进的策划方案。该项目采用小组竞赛模式，每个小组由特聘导师予以辅导，小组与特聘导师的配置为双向选择。最终结果由学院教授、业内专家、风险投资顾问组成的评审团从多个层面进行评定，同时协助具有市场价值的研究成果进行实施。

（4）移动课堂

北京邮电大学 EMBA 项目历来重视与区域经济相接轨、国际化与本土化相结合，侧重产业发展和模式创新。为加深 EMBA 学员与区政商界人士的沟通和交流，除了常规的教学以外，根据教学需要和学员需求设计异地教学模式，即移动课堂，采用多元化教学，增加与地方政府交流互动的同时还可考察各地优秀企业，借鉴管理经验。

（5）信息产业高端平台

现在北邮校友会已经有国内及国外共计 50 多个校友分会，北邮 EMBA 项目充分依托整个北邮的校友会资源平台，享受整个北邮的校友网络，在此基础上北邮 EMBA 建立自己的联合会，旨在打造信息产业高端人脉平台，不仅代表 EMBA 学员利益，服务 EMBA 学员，同时建立学员与社会以及企业界沟通交流的平台，最终实现学员个人职业生涯与所在企业共同发展的目标。

3. 北京邮电大学项目管理工程硕士（Meng-PM）

2004 年 6 月，北京邮电大学项目管理工程硕士（MEng-PM）获国务院学位办公室授权批准培养单位，2008 年获欧洲项目管理协会（IPMA）工程 IPMP 认证单位，2011 年 9 月，获美国项目管理协会（PMI）项目管理全球认证中心（GAC）国际认证。

经过 7 年建设、改革与发展的实践，北京邮电大学项目管理学科建立了一支具有教学经验丰富、教学特色鲜明、结构合理、高水平和高层次，且在国内外有影响的学术带头人和学术骨干。主持和主研国家级、省部级、企业级课题多项，发表学术论文 100 多篇，出版教材专著 20 多部，科研经费连年增加，取得了一批国内领先、国际先进的创造性科研成果，创造了巨大的经济效益和社会效益。截至 2010 年年底，北京邮电大学招收项目管理工程硕士 1415 人，其中 565 人获工程硕士专业学位。建设了 1 个教育部批准的高水平"工程项目管理和信息系统仿真实验中心"和 2 个 ICT 企业工程项目管理学生实习基地，同时，多名教师到美国、英国、挪威等国家进修学习、参加国内外学术交流。

使命和愿景：到 2015 年，跻身国内高校项目管理学科领先行列，达到国际项目管理学科先进水平，培养 ICT 行业项目管理高水平、高质量、高层次的复合型、创新型和应用型工程技术和工程管理人才，造就未来 ICT 行业工程领域的项目领袖，贡献创新成果，推动世界信息经济的发展和繁荣。

4. 北京邮电大学工程管理工程硕士（MEng–EM）

2010 年 6 月，国务院学位办公室授权批准北京邮电大学为"工程管理工程硕士专业学位授权点"培养单位。

几年来，工程管理学科依托管理科学与工程、通信工程主干优势学科，形成了培养具有工程管理能力的高层次、高水平应用复合型专业人才为特色的工程硕士教育模式，形成了一支集理论、科研、教学和社会服务为一体的学科队伍。目前，承担国家自然基金、国家科技攻关、国家部委等项目，取得了一批具有国内先进水平的科技成果，其中部分成果达到了国内领先水平；为中国移动、中国联通、中国电信、国防科工委、中国石油、中国石化等开展了咨询服务，赢得了良好的赞誉。为社会培养了一批工程管理本科、研究生、博士生，探索出一套工程管理理论与实践相结合的培养模式，受到了业界的广泛认可。

使命和愿景：到 2015 年甚至更长时间，建成“工程管理本科、工程硕士、工程博士”系列培养模式，在总体水平上将工程管理学科建成国内知名、国际有影响的重点学科；构建一支结构合理、工作高效、教学研究并重的博士教师梯队；培育 ICT 行业工程管理高水平、高质量、高层次的复合型、创新性和应用型工程管理人才，推动我国信息经济的发展和繁荣，争取创造更大的经济效益和社会效益。

后记

信息服务产业是伴随着信息技术发展起来的新兴产业。十余年来，手机、短信、网聊、SNS、游戏、团购形成了一个又一个的浪潮，人不论老幼，地不分南北，统统卷入，无一“幸免”。信息经济、信息消费、信息文化已蔚为经济—社会—文化大观。信息化、信息服务业正在深刻地改变着中国和世界。吾侪躬逢其盛，岂可无动于衷！

看着书稿，我们略感舒心。虽然它还嫌青涩，令人总有挂一漏万之感。但是倘能为国家之复兴、产业之发展略尽绵薄之力，也不枉作者和编委们的一番苦心孤诣。

本书中的部分资料来源于公开网络资源、业内专家及一些公司公布的材料和观点。在此，我们对这些资料的提供者一并表示感谢。

最后还要特别感谢的是中国信息经济学会和教育部高水平行业特色型大学战略研究基地，感谢他们的鼎力相助！

毋庸讳言的是，本书中还存在一些问题和不足。如个别观点有待商榷、引用不够准确或方法不够完善等等。任何疏漏之处，均请专家不吝赐教。

信息服务业作为一个迅速成长中的产业，仍在不断地发展、变迁、演进中，新的热点、新的问题层出不穷。要准确认识其发展规律远非一日一事之功。衣带渐宽终不悔，为伊消得人憔悴，我们唯有再次出发，继续前行！

此为记。

王宁

2012 年 1 月 1 日